创业学

王天力　周立华◎主　编
王光　张明晶　叶玮光◎副主编

清华大学出版社
北　京

内容简介

本书体例新颖，全面系统地阐述了创业学的基本概念、基本理论和基本方法。主要内容包括创业与创业学、创业活动与创业教育、创业环境与机会、商业模式开发、创业者与创业团队建设、创业规划、创业企业融资、创业者的自我管理、创业企业战略管理、创业企业人力资源管理、创业企业营销管理、创业企业财务管理、创业企业文化建设、创业企业经营中的法律问题、创业企业风险防范与危机管理、创业企业的前沿，共计16章。各章配有学习目的要求、创业小故事导读、重要概念、思考题、实训题和总结案例习题等，把创业学的理论与实践有机地结合了起来，以引导学生能够运用相关创业理论与知识，分析解决实践中所遇到的各种创业现象和问题。

本书既可作为高等院校本科经济与管理类专业和非管理专业研究生的教材，也可作为各类组织管理干部培训的教学用书，还可供有志于从事创业和正在经营创业企业的人士阅读和学习。

图书在版编目(CIP)数据

创业学/王天力，周立华主编. —北京：清华大学出版社，2013(2019.1重印)
ISBN 978-7-302-32885-8

Ⅰ. ①创…　Ⅱ. ①王…　②周…　Ⅲ. ①企业管理　Ⅳ. ①F270

中国版本图书馆CIP数据核字(2013)第136384号

责任编辑：刘志彬　左玉冰
封面设计：李伯骥
责任校对：宋玉莲
责任印制：李红英

出版发行：清华大学出版社
网　　址：http://www.tup.com.cn，http://www.wqbook.com
地　　址：北京清华大学学研大厦A座　　**邮　　编**：100084
社 总 机：010-62770175　　**邮　　购**：010-62786544
投稿与读者服务：010-62776969，c-service@tup.tsinghua.edu.cn
质量反馈：010-62772015，zhiliang@tup.tsinghua.edu.cn
印 装 者：北京九州迅驰传媒文化有限公司
经　　销：全国新华书店
开　　本：185mm×260mm　　**印　　张**：22.25　　**字　　数**：528千字
版　　次：2013年8月第1版　　**印　　次**：2019年1月第5次印刷
定　　价：38.00元

产品编号：051290-01

前　　言

创业活动是人类(人们)基本的实践活动。21世纪又是一个创业的世纪,因为纳斯达克创造了创业者迅速致富的奇迹。许多有着美好梦想的人,尤其是年轻人,甚至抛弃了自己的学业以及优越的工作环境,毅然下海创办自己的企业。比尔·盖茨的神话,史玉柱的闪电致富,阿里巴巴的电子商务传奇,这些不仅是创业者的梦想,而且也证明了在知识经济时代和信息时代的今天,依靠自己的知识、能力和素质及创业精神能够创造出人间奇迹。创业及创业精神已成为一国经济发展的原动力和国家竞争力的源泉。

我们所处的时代是"创业求生存","创业求发展"的时代。创业是经济社会中发挥关键作用的一种经济形态,作为经济增长的主要驱动力之一,创业活动能够推动创新成果向现实生产力转化。创业活动是一种复杂的社会现象。创业本身涉及心理学、社会学、管理学、经济学和思维科学等众多交叉领域的学科,同时创业对一个国家的政治、社会、经济及产业的演化有着重要作用。教育是立国之本,创业需要教育,在我国,创业教育已蓬勃发展起来。2010年5月,教育部高等学校创业教育指导委员会在北京举行了成立大会,进一步强调高等学校要更新教育教学观念,将创新创业教育纳入教学主渠道,同时,面向全体大学生,结合专业教育,将创业贯穿于人才培养的全过程。

我国经济的迅速发展创造了大量的创业机会,但创业能力不足却是当前普遍存在的问题。这就需要通过创业教育以及创业实践的积累来进一步提高创业能力。创业教育的目的是培养社会需要的创新创业人才,并非要求受教育者都去创建自己的企业,而是通过创业教育,培育创新和创业精神,使受教育者了解创业活动过程的内在规律,以帮助大学生理性地规划职业生涯和个人发展。因此,系统地学习创业知识,不仅能够培育和开发大学生的创新精神和创业素质,而且还可以培养和提高他们的社会生存能力、竞争能力和可持续发展的能力。

我国高校的创业教育已进入飞速发展时期,创业学已成为高等院校经管类专业基础必修课程和非经管类专业的选修课。目前创业学的教材版本颇多,但是大多数是通用性教材,专门针对应用型本科的教材甚少,而能够和课堂案例教学以及实训教学同步的教材更是稀缺。

基于上述原因,作者以多年创业学教学经验和创业实践为基础编写了这本应用型本科创业学教材。

本书具有以下特点:

(1) 可操作性:通过教学创业引导故事和章节中的应用阅读,使教师的教学和学生的学习更加可操作。特别是针对初学者能够通过创业故事和应用阅读引导帮助他们理解和掌握创业理论知识,同时感受理论知识是如何在实践中运用的。

(2) 易学性:通过教学引导创业故事和章节中的应用阅读,使学生对理论知识的理解和掌握变得容易，小故事体现背后的大道理，让学生在学习的过程中产生创业的勇气和动力，增强其创业的信心。

(3) 应用性：通过每章后面的思考题、实训题、案例分析，使学生将所学的理论知识与实际能很好结合，即学到的理论能在实际中应用。

(4) 针对性：本科应用型人才培养目标，核心是培养学生的各种能力。每章总结案例分析题，使教师明确在讲授知识点时应培养学生认知、理解、分析、综合、应变、思维、学习和创新等能力。

(5) 创新性：本书从内容、体例、结构等方面围绕应用型人才培养目标进行设计，不同于其他的创业学教程。

全书共16章，由王天力、周立华担任主编，王光、张明晶、叶玮光担任副主编，由吉林大学商学院博士生导师张秀娥教授担任主审。具体编写分工如下：第一、二章由王天力编写，第三章由王海燕编写，第四章由王光编写，第五、六章由叶玮光编写，第七章由赵宪敏编写，第八章由王学娟编写，第九章由张明晶编写，第十章由孙舒榆编写，第十一章由刘菲编写，第十二章由李跃编写，第十三章由金洪国编写，第十四、十五章由周立华编写，第十六章由王玉民编写。张秀娥教授对本书的内容、体例等方面提出了宝贵的建议，并对全书进行了审定。

本书在撰写过程中，参阅了大量国内外有关创业学的教材和著作，并引用了部分资料，在此特作说明。本书在编写过程中清华大学出版社给予了大力支持和帮助，在此一并致以诚挚的谢意。

由于编写水平有限，书中难免存在不妥之处，敬请广大读者和创业学界同行批评指正，以便做进一步修改、补充和完善。

编　者

2013年5月

目　　录

第一篇　创业总论

第一章　创业与创业学 …… **3**

第一节　创业的价值 …… 4

一、创业与经济增长 …… 4

二、创业与社会发展 …… 5

三、创业与人的发展 …… 6

第二节　创业及其类型与特征 …… 7

一、“创业”一词的来源 …… 7

二、创业的概念与内涵 …… 7

三、创业的特征 …… 8

四、创业的类型 …… 11

第三节　创业的要素与一般过程 …… 15

一、创业的核心要素 …… 15

二、创业的过程 …… 16

第四节　创业学的基础与发展趋势 …… 18

一、创业学的基础 …… 18

二、创业研究现状 …… 18

三、创业研究的发展趋势 …… 21

习题 …… 22

第二章　创业活动与创业教育 …… **24**

第一节　创业活动的回顾与发展 …… 25

一、主要发达国家创业状况与趋势 …… 25

二、我国创业状况与趋势 …… 32

第二节　创业教育 …… 35

一、国外创业教育 …… 35

二、我国创业教育 …… 36

习题 …… 38

第二篇　创业准备

第三章　创业环境与机会 …… **43**
第一节　创业环境分析 …… 44
一、创业环境概述 …… 44
二、创业环境的因素 …… 47
第二节　创业机会识别 …… 54
一、创业机会的概念、分类及特点 …… 54
二、创业机会的识别及来源 …… 57
三、创业机会的评价 …… 60
四、大学生创业机会的选择 …… 62
习题 …… 65

第四章　商业模式开发 …… **68**
第一节　商业模式的基本问题 …… 68
一、商业模式的定义 …… 69
二、商业模式的组成和分类 …… 70
三、商业模式的构成要素 …… 71
第二节　商业模式开发方法 …… 73
一、商业模式开发的原则 …… 73
二、商业模式开发的内容 …… 74
三、商业模式开发的步骤 …… 75
第三节　商业模式框架 …… 78
一、核心战略 …… 78
二、战略资源 …… 80
三、伙伴网络 …… 81
四、顾客界面 …… 82
习题 …… 83

第五章　创业者与创业团队建设 …… **87**
第一节　创业者及类型 …… 88
一、创业者的概念及特征 …… 88
二、创业者的类型 …… 93
第二节　创业团队组建 …… 94
一、创业团队的概念 …… 94
二、创业团队的类型 …… 96
三、如何打造“黄金团队” …… 97

习题 …… 105

第六章 创业规划 …… 109

第一节 创业目标规划 …… 110

一、创业目标的概念 …… 110

二、创业目标的原则 …… 110

三、创业目标的构成 …… 111

四、创业目标与风险 …… 113

第二节 创业规划内容 …… 114

一、市场计划 …… 115

二、经营计划 …… 116

三、财务计划 …… 116

第三节 创业计划制订 …… 118

一、导言 …… 119

二、计划执行概述 …… 119

三、行业分析 …… 119

四、风险企业的描述 …… 120

五、生产计划 …… 121

六、市场营销计划 …… 122

七、组织计划 …… 122

八、风险的估计 …… 123

九、财务计划 …… 123

十、附录 …… 124

第四节 创业计划书 …… 124

一、创业计划书概述 …… 124

二、创业计划书的内容 …… 126

三、如何写好一份创业计划书 …… 127

习题 …… 129

第七章 创业企业融资 …… 134

第一节 创业企业融资概述 …… 134

一、基本财务知识 …… 135

二、创业融资概述 …… 137

第二节 创业成本 …… 138

一、认识创业成本 …… 138

二、创业成本估算 …… 139

第三节 创业企业融资渠道与类型 …… 139

一、创业企业融资渠道与方式 …… 140

二、融资渠道与方式(工具)选择技术 …… 143
习题 …… 145

第三篇 创业管理

第八章 创业者的自我管理 …… 153
第一节 创业能力提高 …… 153
一、创业能力 …… 153
二、提高创业能力 …… 154
第二节 创业素质提高 …… 160
一、创业者素质 …… 160
二、创业者素质提高的途径 …… 161
习题 …… 167

第九章 创业企业战略管理 …… 169
第一节 创业企业战略及其管理的内涵 …… 169
一、创业企业战略的内涵 …… 170
二、创业企业战略的特征 …… 171
三、创业企业战略管理的内涵 …… 172
第二节 创业企业战略的选择 …… 172
一、差异化战略 …… 172
二、聚焦战略 …… 174
三、低成本战略 …… 175
第三节 创业企业战略实施与控制 …… 177
一、创业企业战略实施 …… 177
二、创业企业战略控制 …… 179
习题 …… 180

第十章 创业企业人力资源管理 …… 183
第一节 创业企业人力资源管理概述 …… 184
一、创业企业人力资源管理的内涵 …… 184
二、创业企业人力资源管理的重要性 …… 185
三、创业企业人力资源管理的基本特点 …… 186
四、创业企业人力资源管理的主要问题 …… 187
第二节 创业企业人力资源管理的运行体系 …… 188
一、创业企业人力资源管理模式 …… 189
二、创业企业人力资源战略规划 …… 190
三、创业企业人力资源管理的基础业务和日常事务性工作 …… 192

四、创业企业人力资源管理的核心业务 …… 194
习题 …… 202

第十一章　创业企业营销管理 …… 204
第一节　创业企业营销管理过程 …… 205
一、分析市场机会 …… 205
二、选择目标市场 …… 205
三、设计市场营销策略 …… 207
四、执行和控制市场营销计划 …… 215
第二节　创业企业市场进入 …… 216
一、进入方法 …… 216
二、营销队伍建设 …… 218
三、寻找顾客 …… 219
第三节　创业企业营销发展 …… 220
一、市场营销观念及其发展 …… 220
二、营销主体的变化和发展 …… 223
三、营销组合的发展 …… 223
习题 …… 224

第十二章　创业企业财务管理 …… 227
第一节　创业企业财务管理概述 …… 228
一、财务管理 …… 228
二、创业企业财务管理的目标 …… 229
三、创业企业财务管理容易出现的问题 …… 230
第二节　创业企业流动资产管理 …… 230
一、创业企业流动资产 …… 230
二、现金管理 …… 232
三、应收账款的管理 …… 236
四、存货管理 …… 237
第三节　创业企业利润分配 …… 239
一、利润及其经济意义 …… 239
二、创业企业利润分配的基本内容 …… 240
三、利润分配原则 …… 241
四、税后利润分配 …… 241
习题 …… 242

第十三章　创业企业文化建设 …… 245
第一节　企业文化概述 …… 245

一、企业文化的含义 …… 246
二、企业文化的内容 …… 247
三、企业文化的功能 …… 247
第二节　创业企业文化的内涵和特点 …… 248
一、创业企业文化的概念 …… 249
二、创业企业文化的特征 …… 249
三、创业企业文化的内涵 …… 250
四、创业阶段企业文化的特点 …… 251
第三节　创业企业文化的建设 …… 252
一、创业企业文化建设的重要性及意义 …… 253
二、创业企业文化建设的内容 …… 253
三、创业企业文化建设的层次 …… 255
四、创业企业如何进行企业文化建设 …… 256
习题 …… 258

第十四章　创业企业经营中的法律问题 …… 261
第一节　创业企业的法律制度 …… 262
一、企业与企业法人 …… 262
二、企业的法律形式 …… 263
三、企业法人申请注册登记 …… 268
第二节　掌握与创业密切相关的法律 …… 273
一、商标法 …… 273
二、专利法 …… 276
三、合同法 …… 278
第三节　创业者权益的法律保护 …… 282
一、聘请律师 …… 282
二、商标专用权的法律保护 …… 283
三、专利权的法律保护 …… 283
四、合同中的法律保护 …… 284
习题 …… 287

第十五章　创业企业风险防范与危机管理 …… 289
第一节　风险与创业风险 …… 289
一、风险的概念与特征 …… 289
二、创业风险的概念与特征 …… 291
三、创业风险的来源 …… 292
四、创业风险的分类 …… 294
第二节　创业风险防范 …… 297

一、创业风险防范的概念及体系 …… 298
二、创业风险防范过程 …… 298
第三节 创业企业危机管理 …… 304
一、企业危机与创业企业危机管理 …… 304
二、创业企业危机管理的原则 …… 306
三、创业企业不同成长阶段的危机管理 …… 308
习题 …… 312

第十六章 创业企业的前沿 …… 315
第一节 创业企业产权安排 …… 316
一、企业产权制度的含义 …… 316
二、创业企业产权安排的要求 …… 316
三、对创业者和创业关键人员的产权安排 …… 318
四、对员工的产权安排 …… 318
第二节 创业企业知识管理 …… 319
一、创业企业知识管理概述 …… 320
二、创业企业知识管理的内容 …… 321
第三节 公司创业 …… 322
一、公司创业概述 …… 322
二、公司创业的战略要素 …… 325
三、公司创业模型 …… 326
四、公司创业的障碍 …… 332
习题 …… 333

附录 创业计划书模板 …… 336

参考文献 …… 342

第一篇

创业总论

创业型社会的出现可能是历史上的一个重要转折点。

——彼得·德鲁克

第一章

创业与创业学

【学习目的与要求】

1. 理解创业的价值。
2. 掌握创业的基本概念与内涵。
3. 了解创业的特征与类型。
4. 理解创业精神的实质和内涵。
5. 掌握创业的核心要素及过程模型。
6. 了解创业学的学科基础及发展趋势。

【创业管理小故事】

创业：创造新价值

华旗资讯集团总裁冯军在一次创业演讲中讲道："中国要变成一个创新型的国家，要成为一个能够为全世界创造新的价值的国家，所以，我觉得我们每个人都可以成为创业者，不见得做经营，不见得做产品。从创业的角度来讲，有一个比较通用的定义，就是创造新的价值的事业叫创业。所以不管在企业领域，还是政府办公，抑或在其他各个领域，只要能为社会创造新的价值，这样的创业才是重要的。"

他接着讲道："大家知道中国已经持续了30年的改革开放和经济增长，这已经是个奇迹，但是这种奇迹靠什么延续下去，下一个30年的经济奇迹怎么去创造？这都是我们需要思考的问题。30年的经济奇迹是建立在中国制造的基础上，可以说咱们是全世界最大的加工厂。很多人以此为荣，但我觉得世界最大的加工厂在中国虽然为中国奠定了一个未来发展的基础，但是，我想请大家思考，如果说中国是世界最大的加工厂，那么印度是什么呢？印度是全世界的办公室。换句话说，我们中国辛辛苦苦干了半天才成为蓝领，而印度轻轻松松就当了白领。这就好比迪拜、阿联酋是全世界最大的市场和工地，但中国人却是工地上的工人，只能赚取最低层的利润，而高附加值的利润却被其他国家拿走了。这很值得我们思考。"

启示：创业和国家的经济增长密切相关，创造新价值的创业能够增强国家的经济和综合实力，同时为社会带来新价值。

第一节 创业的价值

一、创业与经济增长

创业对于经济发展的贡献为很多区域发展实践所证明，并且已被西方社会各界广泛认同。创业活动的活跃程度也是经济发展的“寒暑表”——发达国家衡量经济是否处于成长期的重要指标之一就是新创办企业的数量，而衡量经济是否处于萧条期的重要指标则是倒闭企业的数量。根据GEM(Global Entrepreneurship Monitor，全球创业观察)2007年的报告，我国创业活跃地区也是经济快速增长的地区，创业不活跃的地区，同时也是经济发展相对滞后的地区。创业活动与经济增长之间存在一定的相关关系。通过创业活动，可以为社会积极创造新产品、新价值，这充分推动了社会经济的发展；另外，在经济发展的条件下，投资活动、消费活动也更为活跃，这在一定程度上也推动了创业活动的发展。因此，创业活动与社会经济发展是相辅相成、相互促进的。

一国的创业活动的水平与一国的年经济增长是高度相关的。以创业精神和创业活动作为经济增长的关键驱动因素的创业型经济具有增强自主创新能力、转变经济增长方式和扩大社会就业的显著作用，它已成为一个国家或地区经济发展与繁荣的基础。

硅谷的发展是美国创业的杰出成就。硅谷成为美国经济发展的重要发动机。1999年，硅谷地区的GDP总值超过了3 000亿美元，占全美的3%左右，超过中国GDP总值的1/4。硅谷的创业形态带来持续不断的创业浪潮，带动了行业集群的迅速发展，从而为美国经济发展注入了巨大的动能。

我国要想从根本上实现经济社会长期持续平稳较快发展，关键是如何调整我国经济结构和经济增长模式，找到启动新经济增长的发展引擎。

经济结构转型包括需求结构转型、产业结构转型和投入要素结构转型三个层次，创业连接了投入、需求与产业三大环节，它是企业价值创造和产业发展的起点，更是产业内生式增长的永恒动力，是经济长期增长的内在源泉。创业对于产业结构调整有促进作用，成功的创业活动具有强烈的示范效应。当创业者发现一个新的产业机会，并且在这一行业中创造巨大价值之后，很快就会有追随者进入这一行业。众多创业者在同一个行业内部共同开垦的结果是使得这个行业内部的细分市场越来越多，消费者的需求被深度地开发，而且围绕核心的行业延伸出很多附带的价值和需求，更多的资金也被吸引到这个行业中。因此，创业活动对于行业的发展具有重要的推动作用。这一作用最终导致了整个国家或者区域范围内的产业调整——众多有能力的个体和大量的资金不断流入新的产业，旧的产业结构被重新调整。从硅谷的发展过程中可以清楚地看到这一点。

二、创业与社会发展

（一）创业活动对于技术发展有促进作用

创业活动是技术创新并实现产业化的主要形式之一。对于高科技创业活动来说，创业过程往往围绕一个核心的新产品，这一产品能否得到市场的认可，取决于它是否能够真正为消费者创造价值。因此，为了实现成功创业，创业者需要不断开发、调整产品，直到它能够真正具备市场价值。这一过程中，那些有价值的产品能够被创业者优选出来，而一些看起来很有价值但是不被消费者认可的产品或技术就会被淘汰。因此，从整个社会范围来看，创业活动的发展有利于技术和产品不断更新并且朝着人们真实需求的方向演进。

（二）创业对于就业有促进作用

从世界范围来看，各国的就业结果大致呈现同样的趋势，为一个国家解决就业问题的主力并不是大型企业，也不是政府办的企业，而是中小企业。世界各国超过一半的劳动力都是在中小企业就业。据统计，在就业创造过程中，就业人数在500人以上的大中型企业贡献较小，而在1～19人之间的小企业对于就业创造的贡献最大。

彼得·德鲁克认为，创业型经济是美国经济发展的主要动力之一，是美国就业政策成功的核心。创业形成的中小企业在1980—1999年间为美国创造了3 400万个新就业机会。而这一数据的前提是《财富》500强减少了500万个工作岗位。德国的中小企业也是德国劳动力的主要市场。美国1/3的家庭在新企业或正创立的企业中就职。据测算，每增加一个机会型创业者，当年带动的就业数量平均为2.77人，未来5年带动的就业数量平均为5.99人。因此，更多的机会型创业将产生更有助于提高创业带动就业的效应。随着机会型创业的增多，创业活动各项功能的贡献率在不断增加。因此，在当前高校就业形势十分严峻的情况下，单纯以就业为导向来解决高校的就业问题已经成为难以突破的瓶颈。大力加强创业素质教育，改变传统观念，由就业为主导转变为以创业带动就业的导向将是国家解决就业问题的关键突破口。

（三）创业活动对于社会文化有塑造作用

成功的创业活动能够在全社会范围内鼓励创业文化和创业精神。创业活动本质上是发现商机、整合资源、开发商机的过程。在这一过程中，创业者的积极创新、勇于冒险、自我实现的创业精神起到了重要作用。通过成功创业活动的示范，创业精神能够在全社会范围内流传开，形成一种全新的社会文化潮流，这对于整个国家的发展是非常有利的。当人人都梦想凭自己的勇气和信念去创造价值、开拓未来的时候，这个社会才是朝气蓬勃、蒸蒸日上的。因此，创业精神是社会前进的必要催化剂，这也正是创业活动最大的贡献。

三、创业与人的发展

人的发展指的是人的自身全面发展。人的自身全面发展包括人的身体、心理、物质、精神各个层面的发展。而人的自身发展的最高阶段是人的自由全面发展,也就是人能够以自己的意志、根据自己的兴趣特点、按照自身的价值去更自由地生存。同时实现一种自身对自我、家庭和社会的最大贡献。这种境界也就是马斯洛所阐述的人的需求层次中最高点的层次——自我实现。人的本性都是在追求良好的生存状态和更加自由的自身发展,而创业正是接近这样一种生存状态的最佳途径和最终目标。创业要求个体通过创业学习掌握一定的专业知识和专门技能,拥有健康的体魄,与他人和社会有较好的和谐共容的做人做事能力,最后在创业精神的指引下,凭借创新和开拓进取的能力在社会上发掘实现自我价值的机会。总之,这种强烈的内心发展需要和成功动机会形成人的良好的自身发展规划,激发人的创造潜能,在实现对社会的最大价值过程中体现自我的价值实现。这也就是为什么创业自近现代以来具有如此的吸引力,吸引如此众多的人去追求、去尝试。而那么多人对创业有着巨大的热情和激情,重要原因之一就是创业的成果不仅仅是外在的物质存在,更重要的还因为创业是人的内在需求和人自身全面发展的需要。

【应用阅读】

闲 兔 子

兔子问树上的鸟,为什么你可以整天什么都不做,就在那唱歌,而我却要整天跑来跑去呢?鸟说,你也可以啊!于是兔子就再也不跑来跑去了,而是整天待在树下,什么也不做,结果过来一只狼,把兔子吃掉了。

启示:如果你想获得更大的自由,就必须掌握必备的生活技能和生存本领,而且只有当你的各方面能力都发展到一定程度,才能够飞得足够高。

21世纪是知识、科技、经济以及物质高度发展的时代,然而,任何物质的充分发展都必须以人的全面发展为前提。马克思主义认为,物质世界是人的观念的对象化。我们所生存的物质世界的美好与和谐是以人的全面发展为前提的。而人的全面发展又以人的专业技能、社会技能、人文素质、创新能力全面发展为根本标志。创业对人的专业技能、社会技能、人文素质和创新能力都有着很高的要求,因而能够促进人在这些方面的根本提高。全面发展的人会更自觉地关怀他人、关怀自然、关怀社会、关怀人类的存在和价值。创业带动和促进下的人的全面发展,也必然会促进人类社会的健康稳定和可持续发展。

由创业的内涵特征可知,创业的创新性、创业精神、风险承担性、商机把握性、价值创造性和财富获得等对于一个人的综合素质和能力的要求是很高的。因而,创业的目标追求将促使创业者在知识、智力、能力、素质等方面都充分全面发展,并达到比较高的程度。

第二节 创业及其类型与特征

一、"创业"一词的来源

"创业"一词源于英文 entrepreneur，是"企业家"、"创业者"的意思，此单词的词源为法文 entreprend，意思是 between taking，指的是那些能够抓住资源与机会之间的一个连接点，凭借自己非凡的才能而创造价值的人。由于创业和企业家是密切相连的概念，所以"创业者"也就使用了英文 entrepreneur 一词。而企业家又和创业精神联系在一起，所以通常也将 entrepreneur 理解为"创业精神"。

二、创业的概念与内涵

随着全球创业的兴起，创业已经引起学术界越来越多的关注和兴趣，越来越多的人开始对这一新兴领域进行研究。尽管如此，创业还远没有形成一个单独的理论体系和学科领域，对创业的定义和内涵理解角度也各有不同。

经济学家约瑟夫·熊彼特(Schumpeter，1934)把创新看作创业的本质和手段，认为创业企业是"创造性破坏均衡"，即实现创新。创新是"革命"，这种革命就是创业者通过新的生产要素组合来改革生产模式的过程。约瑟夫·熊彼特认为，创业是：①引入一种新产品；②采用一种新方法；③开辟一个新市场；④获得一种新原料；⑤采用一种新组织形式。

柯兹纳(Kirzner，1973)则从创业者的心理特性，特别是认知特性来研究创业，他认为，创业者必须具有特殊的"敏感性"，只有能够敏感地感知到市场获利机会的人才可能成为创业者。可见，柯兹纳的创业理论更强调创业者的主观能动性。

奈特(Knight，1921)从创新的不确定性和创业者精神出发，认为创业的本质在于创业者以一定资本处理风险和不确定性的能力。

创业教育大师杰弗里·A. 蒂蒙斯(Jeffry A. Timmons)认为："创业是一种思考、推理和行为方式，它为机会所驱动，需要在方法上全盘考虑并拥有和谐的领导能力。"

希斯瑞克(R. D. Hisrich，2000)等认为，创业是一个发现并捕捉机会并由此创造出新颖的产品、服务或实现其潜在价值的过程。

德鲁克(P. F. Drucker)认为，创业是一种行为，其主要任务就是变革。

美国管理学会的教授协会定义了广义的创业：创业是对新企业、小型企业和家庭企业的创建和经营。

哈佛商学院教授史蒂文森(Stevenson H)对创业的定义是：创业是不拘泥于当前资源条件的限制对机会的追寻，将不用的资源组合以利用和开发机会并创造价值的过程。这一定义充分揭示了创业的实质内涵。

我国一些学者以及清华大学创业研究中心对创业的内涵进行了综合，认为，创业内涵包括以下几个方面：①创业是开创新业务、创建新组织、组合新资源、发掘和创造新价值等一系列的具有创新性的活动；②创业是企业管理的一种手段和指导思想；③创业是一种高风险的活动；④创业活动是在企业管理过程中实现的；⑤创业利润的三个来源：对于创新的回报、对于风险的补偿、对于企业高效管理和运作的回报。

值得一提的是，有些学者还将创业分为狭义、次广义和广义三个概念层次。狭义的创业是指创建一个新企业的过程；次广义的创业是指通过企业创造事业的过程，包括创建新企业和企业内创业两个层次的内容；广义的创业概念是指创造新的事业的过程，也即包括所有各种不同性质和规模的事业的创造，如家业这一小规模的“事业”。

综合以上观点，本书认为，从广义上而言，创业的本质是不拘泥于当前资源条件的限制对机会的追寻，将不用的资源组合以利用和开发机会并创造价值的过程。这种价值创造活动是一种创新活动，是通过创业者的创业精神体现出来的；狭义上，创业是创业者发掘创意，捕捉商机，承担风险并投入已有的技能知识，配置相关资源，为消费者提供产品和服务，为个人和社会创造价值和财富的创建新企业的过程。

三、创业的特征

从创业的内涵可以看出创业的典型特征为：创新性、创业精神、商机把握、风险承担、价值创造、财富获得。

（一）创新性

从熊彼特等人的论述中可以看到，创业活动的关键和核心特征在于创新，创新是创业的重要和本质属性特征。根据熊彼特的理解，他认为创业最大的特点就是创新，创业企业是“创造性破坏”均衡，是对资源、技术、人员的重新组合，即实现创新。熊彼特将破坏均衡视为创业者的职能，而修复均衡是模仿者、追随者的职能。

创业也就是创新实现的过程，创新是企业的活力和源泉，也是创业发展的内在推动力。创新不仅是一种有效的市场开拓和竞争手段，而且也能够降低企业的生产成本，提升盈利空间。同时创新还能够带来新的资源整合方向，支持企业的战略发展。新创企业的创新不仅仅是技术创新，还可以是管理创新、知识创新、产品创新和业务创新等，如盛大公司的网络游戏模式就是极其有价值的业务创新。

可以说，创新是新创企业和企业内部一项重要的资源，企业竞争优势与战略方向受到创新的重要影响。在创业的过程当中，持续的创新战略为创业者寻找准确的定位提供了有力的支持。如果说暂时没有创新的创业尚可以生存，那么，缺少创新源泉的创业将不可能实现永续经营。而永续经营应该是创业的使命和终极目标。所以，创新是创业持久成功的必备条件，是创业最关键的本质属性。

（二）创业精神

在上述这些创业的特征中，创业精神是最具代表性和核心的特征，创业的思想和行为都统领于创业精神这一典型特征之中。创业精神的核心是创造性，其主要特征是自觉能动性，表现为可操作性。创业精神在将创新能力转化为创新实践的过程中发挥出独特的作用。创业精神是创新精神的升华和高级阶段，因为它从思维意识开始转化到实践意识。创业精神推动着主观创新能力向现实创新能力转化，创造出有积极社会意义的创新成果，推动社会文明的发展。创业精神和创业的过程相伴相随，是创业的主要特征之一。

法国经济学家理查德·坎特龙(Richard Cantillon)认为创业精神突出表现为风险承担精神，法国的萨伊(Jeans-Baptiste Say)认为创业精神表现在管理技能和道德品质方面，如判断力和毅力等。美国著名管理学家彼得·德鲁克认为创业精神就是勇于变革的精神，即形成一种赋予资源以新的价值的创造性的行为能力的创新精神。米勒(Miller)则在1880年的一项研究中首次赋予创业精神新的含义，他认为，创业精神不仅可以指创业者的个性特征，也可以指企业的行为特征。这个研究奠定了公司创业精神概念的基础，他认为创业精神应该包括产品市场创新、冒险和主动行为，这个概念得到了学者们的广泛认可。也有学者将创业精神概括为创业者的主观世界中那些具有开创性的思想、观念、个性、意志、作风和品质等。

创业精神既包括创业的需要和动机，又包括创业的思想和方法。创业精神是自强自立精神、开拓创新精神和务实精神的综合体现。

自强自立是创业精神的基础，是创业成功的动力和精神支柱。创业具有实践的各种特征，它除了具有实践活动的普遍性外，还具有高于一般实践活动的特征：在人的自觉能动性方面，它特别突出了人的自主精神，即自由创造、自主创业、自立自强的精神，这种自主精神就是创业精神的基础。创业精神的强弱取决于人们自主创业的意愿，这种意愿也就是人的创业需要、创业动机，以及由此升华而成的创业理想，它构成人们的创业意识。创业意识从本质上说，就是一种自强自立的精神，它是人们创业的内在动力，是创业精神的基础内容。需要越强烈，动机越纯正，理想越切合实际，信念越坚定，创业精神就越持久、越稳定。有了这种持续稳定的精神支持，创业活动才会持之以恒。

开拓创新精神是创业精神的核心。创新精神之所以成为创业精神的核心，归根到底是由创业活动的开拓性所决定的。由于创业是一种创造性的活动，它就是要探索新的道路，开创新的事业，需要有推陈出新的意识，开拓创新的精神。它本身就是对现实的超越，就是一种创新。因此，创业离不开创新，创新是创业中应有之意。美国著名管理学家彼得·德鲁克认为，创业就是要标新立异，打破已有的秩序，按照新的要求重新组织。的确，创业就意味着创新，创新就意味着突破。具体到精神领域，则意味着要形成将变革视为正常的、有益的现象的精神，形成一种寻求变革、适应变革，并将变革当做开创事业的机会的精神，形成一种赋予资源以新的价值的创造性的行为能力，这就是创新精神，它是创业精神的核心。

务实精神是创业精神的归宿，是创业精神的落脚点。创业就是要创立一番事业，它是一种实质性的实践活动，要扎扎实实地付出艰苦的努力。因此，讲求实效、注意结果、踏实干事等务实精神，是创业精神的最终归宿。有了创业的意识和目标，拥有了知识、才能和品德，还只是一种潜在的精神，只能说这种精神具有了某种内在的价值。要使这种内在的价值转化为外在的价值，实现其价值，还必须靠脚踏实地的、创造性的劳动。没有这种务实的劳动，人就无法确定创业精神与社会需要之间的价值关系，就无法使创业的理念变成现实，使创业的计划变成财富，也无法实现创业的根本价值。

创业精神所关注的是“是否创造新的价值”，而不在于设立新公司。因此创业管理的关键在于创业过程能否“将新事物带入现存的市场活动中”，包括新产品或服务、新的管理制度、新的流程等。创业精神指的是一种追求机会的行为，这些机会还不存在于目前资源应用的范围，但未来有可能创造资源应用的新价值。因而创业精神是新创企业形成、发展和成长的原动力。

（三）商机把握

商业机会是指没有被满足的市场需求，是市场中现有企业留下的市场空缺。商业机会也就是创业机会，它意味着顾客能得到比当前更好的产品或服务的潜力。商业机会的识别是创业过程的起点，无论是新创企业从事何种事业，对商机的识别和把握都有着举足轻重的作用。创业者必须具有敏锐的直觉和判断力，及时、准确地识别和把握商业机会。

把握商业机会是对商业机会进行全面分析后，采取一定的商业模式将其转化为价值的过程，应该说，这种对商机的把握要比单纯地识别和发现商机更有价值和意义。创业者从发现和识别商业机会开始创业，商业机会是创业过程中的前提和必备条件，捕捉并利用商业机会将其转化为价值的过程贯穿在创业的基本过程中。

（四）风险承担

由于创业的不确定性和未知性，创业天然带有风险的属性。由于创业者的经验缺乏，对市场判断和商机把握都有很大的不确定性，由此产生风险。创业的另一英文单词venture就有“风险”的意思。创业者决定去创业，投入创业资源，选择和把握市场机会，就开始了风险承担。

在新创企业的发展过程中，由于企业资源匮乏以及市场环境的激烈竞争和波动性也会带来风险。创业活动的风险主要有机会风险、技术风险、市场风险、资金风险、管理风险和环境风险等。这些风险的程度有时远大于一般的商业风险。那么，创业者愿意承担风险去开创事业、整合资源以降低风险、采取有效的手段处置和规避风险则必然伴随创业的全过程。创业过程的复杂性也决定了创业是一种风险性的事业。

（五）价值创造

价值创造是创业活动的目的。创业过程中所体现出来的相关特征都是由新价值创造这一过程所派生出来的。比如，价值创造越大，其中的不确定性往往会越高，创业者可能承担的风险也越大，会需要更多的资源，付出更多的智力和行动，创新的幅度也要求更大，而创业者收获的财富也越大。

创业活动的价值创造是多方位的：创业活动带来新产品、新技术，甚至引发新的产业的发展，满足了消费者的需求，为消费者带来价值；创业活动使创业者获得巨大的收益，个人的自我价值和社会价值得到实现；创业活动也为其他所涉及的各个利益相关者带来了价值，例如，风险投资者通过创业活动获得了投资收益，政府部门获得了税收，社区解决了就业。因此,创业活动具有巨大的外部效应,其价值内涵具备强烈的外溢性。

(六)财富获得

可以说,所有的创业活动都有着为了获取回报收益才开展的特性。创业者承担了创业活动的不确定性和风险,为社会的一部分群体和个人创造价值,对社会产生推动和影响。依据风险和收益规律,这种过程以伴随创业活动的风险性和价值性为代价和成本,就必然会相应地产生效用和收益。创业收益既包括创业活动个人收益,也包括社会收益;它可能是经济性收益,也可能是非经济性收益,如声誉和地位。创业收益是创业者从事新事业开创应该得到的回报。创业活动的收益水平与整个社会创业的密集程度、创业活动类型以及创业活动本身的科学性都有很大的关系。

四、创业的类型

创业从不同的角度可以分为以下不同类型。

(一)生存型创业与机会型创业

依据创业者的创业动机不同,全球创业观察(GEM)首先将创业分为生存型创业和机会型创业。生存型创业(necessity-push entrepreneurship)是指没有对创业行为进行更好的选择,为了谋生不得不或不完全自觉地走上创业之路。这类创业大多没有长期的目标和强烈的创业主观愿望,往往会模仿他人,且规模较小;它只在现有市场上寻找机会,而很少创造新需求。由于其创业动机仅仅是为了谋生,往往小富即安,很难做大做强。机会型创业(opportunity-push entrepreneurship)的出发点并非单纯为了谋生,而是为了主动抓住和利用市场机遇创造价值和实现自身理想。由于其有强烈的创业意愿,往往能和敢于开拓新市场、创造新需求,从而可能带动新的产业发展,进而做大做强。

生存型创业产生的小规模的创业企业吸收和解决就业的数量有限,其简单重复的创业活动不仅停留在产业链低端,而且其进入竞争会加剧市场原有有序竞争,而由机会型创业催生的企业更有志于开发潜在需求,容易上升至产业的核心技术,提升和创造产业链高端价值,对于提高国家核心竞争力有很大溢出效应。世界发达国家的创业活动均以机会型创业为主,如美国90%以上的创业属机会型创业,而我国由于经济发展水平和社会环境的原因,机会型创业所占比例还较小,绝大多数的创业活动仍然是生存型创业。

生存型和机会型创业取决于多种因素,并非完全由主观因素决定。如创业者的能力及所处的外部政治、经济、文化环境都对创业类型的选择有决定性的作用。因此,加强创业教育和培训,提高创业者的内在创业能力和素质,创造良好的创业外部环境,就会逐步增加创业者选择机会型创业的机会和比例。

(二)个体创业与公司创业

按照新企业创建的渠道,创业可以分为个体创业和公司创业。

个体创业是指创业者个人或团队白手起家进行创业。而公司创业主要是由已有组织发起的创业性行为，通常称为二次创业或者公司内创业。虽然在创业本质上，公司创业和个体创业有许多共同点，但是由于起初的资源禀赋不同、组织形态不同、战略目标不同等，在创业风险承担、成果收获、创业环境、创业成长等方面也有很大的差异(见表1-1)。

表1-1 个体创业和公司创业的差异

个 体 创 业	公 司 创 业
创业者实现自我价值的过程	公司实现价值的过程
创业者承担风险	公司承担风险，而不是与个体相关的风险
创业者拥有商业	公司拥有特别是与商业概念有关的知识产权
创业者拥有全部或大部分事业	创业者或许拥有公司的权益，但可能只是很小部分
创业者的回报期待更大	创业者所能获得的潜在回报是有限的
创业者失败的几率更大	公司具有更多的容错空间，能够吸纳一定程度的失败
受外部环境波动的影响较大	受外部环境波动的影响较小
创业者具有相对的独立性	公司内部的创业者更多受团队的牵制
在过程、实验和方向的改变上更有灵活性	公司内部的规则、程序和官僚体系会阻碍创业者的策略调整
决策迅速	决策周期长
低保障	高保障
在创业意图上，可沟通的人少	在创业主意上，可以沟通的人多
至少在初期阶段，存在有限的规模经济和范围经济	能够很快达到规模经济和范围经济
严重的资源局限性	具有占有各种资源的优势

资料来源：Morris M，Kuratko D. Corporate Entrepreneurship. NJ：Harcourt College Publishers，2002：63.

(三) 大学生创业、失业者创业、兼职者创业和农民工返乡创业

按照创业主体的社会角色不同，可分为大学生创业、失业者创业和兼职者创业和农民工返乡创业。

大学生毕业后不选择固定职业就业，而是进行自主创业，以这些群体为主体的创业叫作大学生创业。大学生为了体现自我价值，愿意做自己想做的事，于是进行创业。他们有的以所学专业创业，有的却是非所学专业，却都可以创业成功。

大学生创业的主要模式有模拟孵化、概念创新、加盟代理、积累演进、连锁复制、分化拓展和技术创新等。按照大学生参加创业活动的时机划分，可以分为三种模式：兼职型创业、休学创业、大学毕业后创业。

模拟孵化模式是大学生受各种创业大赛的驱动和高校创业园区环境的熏陶、资助、催

化而进行的创业活动。该模式对资金、技术、创业者能力以及政府支持要求较高。限于大学生的专业特点和局限性,通常孵化项目属服务行业项目。

概念创新模式是大学生根据自己的新颖构想、创意、点子、想法进行的创业活动。该创业模式集中于装饰、教育培训、家政服务等新兴行业,创业的资金需求量较大,组织管理上个人独资、合伙、股份公司均可。但对个人的能力要求较高,要求创业者具有良好的知识、技术和素质。

加盟代理模式是大学生个人或团队以"小型办公室"形式从事创业活动,凭借加盟企业的品牌开展业务。财经类院校大学生选择这种模式的比例很高,选择行业主要是科技含量比较低的服务行业。在校大学生以此模式创业具有以下优势:一是充分了解学生的消费需求,立足校园以及周边市场,能够更好地服务学生消费群体;二是具有较高的市场敏感性,能深入了解市场,同时有较强的沟通能力,了解大学生市场的需求。但是由于缺乏创业基金,大部分的大学生选择加盟代理模式也只是做校园代理,企业规模和未来发展都受到了限制。

积累演进即大学生在实现就业的同时积累资本和经验,由个人或几个人组成创业团队而白手起家。该模式的资金需求较小,在管理上主要是采取自我雇佣的业主组织形式,产权关系上以个人独资或合伙投资经营为主。大学生利用专业知识对环境进行分析,在学校周围经营服装、餐厅、酒吧、化妆品等生意,积累原始资本。由于自身对大学生消费群体较了解,所以成功的概率较高。

不少失业者也可以通过自身努力,成功进行创业。这类创业大多选择服务性行业,因其投资少、回报快、风险低。

兼职者创业也占据了创业很大的一部分。大专院校、科研院所的教授和科研人员有的会利用业余时间创建公司;另外,一些在校的大学生、研究生在读书期间也可以创建公司。

农民工返乡创业是农民工在城市务工后,返回家乡,利用打工期间所掌握的知识和技能进行创业。大量的农民工通过返乡创业在工业化、城镇化、农业现代化建设中发挥着重要的作用。农民工返乡创业可以带动农村经济的快速发展,对于提高农民生活水平和文化水平,以及营造和谐向上的社会主义新农村具有很重要的意义。

(四)传统技能型、高新技术型和知识服务型创业

按照创业项目分类,可分为传统技能型、高新技术型和知识服务型三种。

传统技能型创业指使用传统技术、工艺进行创业。比如酿酒、饮料加工、工艺美术品、服装、食品加工、修理等行业中的独特技能拥有长久不衰的竞争力,许多现代技术也不无法与之竞争。

高新技术型创业指的是采用知识经济、高科技、知识密集型产业项目进行创业。高新技术型创业多带有前沿性,包含技术研发和开发的性质。

知识服务型创业是以各类知识咨询服务的方式进行创业。如律师事务所、会计师事务所、管理咨询公司、广告公司等。知识服务型项目具有投资少、见效快、周期短的特点。

【应用阅读】

“互助求职”带来新商机

眼下,不少大学生为了找工作,不惜在全国各地奔波,他们中间流行着一句话:“在家靠朋友,在外靠互友”!“互友”是一个网络,加入“互友”的人,可以为这些异地求职的大学生安排食宿,帮他们搜集各种招聘信息,甚至陪逛招聘会;而如果他们自己到外地求职应聘,也将享受“同等待遇”——这就是最新兴起的“互助求职”。创立这个网站的刘柏龙(哈尔滨工业大学2005届毕业生)告诉记者,随着“互助求职”概念的风行,网站规模不断扩大,目前已经有八千多名注册互友,每天在线三千多人。他开始和一些企业合作招聘,然后向企业收取一定的费用,来维持网站的运营。

启示:敏锐发现并充分利用网络时代的商机,可以寻找到更多不同于传统行业的创业机会。

(五)依附型、尾随型、独创型和对抗型创业

按创业风险分类,可分为依附型、尾随型、独创型和对抗型创业。

依附型分为两种情况:一是依附于大企业或产业链而生存。在产业链中确定自己的角色,为大企业提供配套服务。如专门为某个或某类企业生产零配件,或生产、印刷包装材料。二是特许经营权的使用。如麦当劳、肯德基,利用品牌效应和成熟的经营管理模式,减少经营风险。

尾随型创业即模仿他人创业。创业者所开办的企业和经营项目均无新意,行业内已经有许多同类企业,新创企业只是尾随他人之后,向他人学着做。尾随的第一个特点,是短期内不求超过他人,只求能维持下去,随着学习的成熟,再逐步进入强者行列。尾随的第二个特点,是在市场上拾遗补阙,不求独家承揽全部业务,只求在市场上分得一杯羹。

独创型企业可表现在诸多方面,归结起来,集中在两个层面:一是填补市场需求内容的空白;二是填补市场需求形式的空白。前者是经营项目具有独创性,独此一家,别无分店。大到商品独创性,小到商品的某种技术的独创性。独创性也可以表现为一种服务,如现在的搬家公司、起名公司、家政公司等。当然,独创型创业也具有一定的风险性,因为消费者对新事物总会有一个接受的过程。另外,独创型创业也可以是旧内容的新形式,比如产品销售上门、网络销售等。

对抗型创业是指进入其他企业业已形成垄断地位的某个市场,与之对抗较量。这类创业必须做到知彼知己,对市场情况了如指掌,然后依据自身优势,快速科学决策,抓住市场机会,成功创业。

(六)初始创业、二次创业与连续创业

按创业周期划分,可分为初始创业、二次创业与连续创业。

初始创业是一个从无到有的过程。创业者通过挖掘市场潜在需求、寻找商机、评估创

业机会、分析市场和自身优势与劣势，创立企业，并进行招聘员工、建立组织、投入资本、实施运营、营销产品或服务，不断扩大市场，逐步获得盈利的过程就是初始创业。初始创业通常是创业者不断地边干边学，同时他们也承担着很大的心理压力和经济压力。

传统的企业认为，新建企业为创业，老企业只存在守业问题，不存在创业问题。实际上，这种想法是不正确的。因为，在当今知识经济时代，信息迅猛发展，经济发展变化很快，全球经济一体化的形势下，唯一不变的是变化。因而，任何企业单纯地守业是守不住的。企业必须时刻保持变革的心态，在发展过程中也要考虑再次创业。因而，创业是个动态的过程，伴随着企业全部的生命周期。企业的生命周期分为投入期、成长期、成熟期和衰退期四个阶段。创业表现为投入期，而在成熟期还再次考虑开拓新市场、满足新需求、谋求新发展的，就是二次创业。二次创业可以使企业推迟进入衰退期，持久地保持成长期和成熟期的良好状态，彰显长久的竞争优势。

连续创业是指从初始创业到二次创业，再到三次、四次创业。在企业的生命周期中不断地制造、生产、研发、开拓新市场，从而进行多次连续的创业过程，使企业的规模、实力不断扩大，抗风险和适应能力不断加强，从而使企业不断做强做大，这个过程就是连续创业。

第三节 创业的要素与一般过程

一、创业的核心要素

创业的核心要素有创业者、战略资源、创业机会和市场。

（一）创业者

1. 创业者的内涵

创业者指开发一种新产品或提供一种新服务、开发使用新技术或资源、引入新方法和开发出新市场创建企业的个人或团队。

创业者是企业的创建者，是创新的策划者、实施者，是个人和社会财富的创造者。

2. 创业者的特征

创业者通常富于冒险精神、强烈的控制欲和成就欲，他们充满自信，具有吃苦精神，有战略眼光，同时脚踏实地，勤奋工作，很多人甚至是工作狂。

3. 创业者素质

创业者需要具备智、信、仁、勇、严五项基本品德和素质。

下列人不适合创业：

(1) 缺乏创业者应具备的心理素质、基本知识和基本能力的人；

(2) 不能立足自力更生、吃苦耐劳的人；

(3) 不乐于、不敢于、不善于借钱挣钱的人；

(4) 期望迅速致富的人；

(5) 不能凝聚一个创业团队，或不能融入某个创业团队，或不善于与人沟通的人；

(6) 乐于赌博式决策的人。

（二）战略资源

战略资源是指能建立竞争优势的资源。战略资源的特征有稀缺、有价值、难以复制和无可替代。

战略资源的类型有物质资源（physical）、声誉资源（reputational）、组织资源（organizational）、财务资源（financial）、智力和人力资源（intellectual/human）及技术资源（technological）。

（三）创业机会

创业机会是未明确市场需求或未充分使用的资源或能力。它不同于有利可图的商业机会，其特点是发现甚至创造新的目的—手段关系来实现创业租金，对于“产品、服务、原材料或组织方式”有极大的革新和效率的提高。

（四）市场

市场是指某种产品所有现实的和潜在购买者需求的总和。只有能创造或满足市场需求，企业才能生存。创业企业必须为顾客提供某种有价值的东西，即获得市场。

二、创业的过程

（一）创业的一般过程

创业的一般过程可以分别表述为表1-2和图1-1。

表1-2 创业的一般过程

第一阶段 识别与评估市场机会	第二阶段 准备并撰写商业计划	第三阶段 确定并获取创业资源	第四阶段 管理新创企业
创新性与“机会窗”的面积 机会的估计与实际的价值 机会风险与回报 机会、个人技能与目标 竞争状态	战略环境分析 创业团队准备 创业心理准备 撰写创业计划 营销计划 财务计划 生产计划 组织计划 运营计划	创业者现有资源 资源缺口与目前可获得的资源供给 通过一定渠道获得其他所需资源	创业管理 组织与人事管理 技术与产品管理 市场营销管理 财务管理 战略管理

（二）典型的创业过程模型

许多国外学者提出了经典的创业模型，这些模型已成为创业学研究的典范，国内外的许多研究均依据这些模型或者模型中的某个要素来进行。Timmons、Gartner 和 Wickham 的三个经典模型如图1-2～图1-4所示。

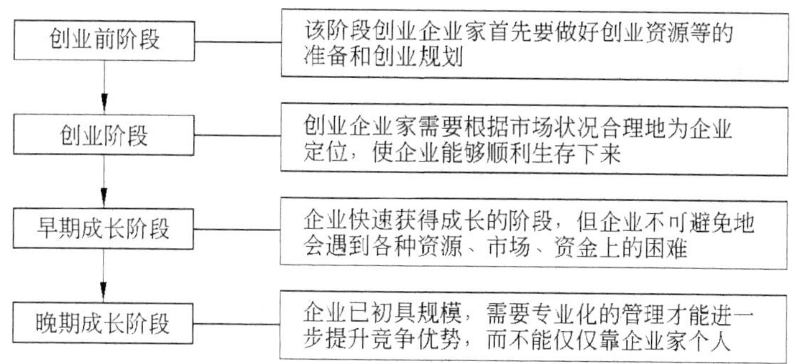

图 1-1　创业的一般过程

1. 蒂蒙斯（Timmons）创业学模型

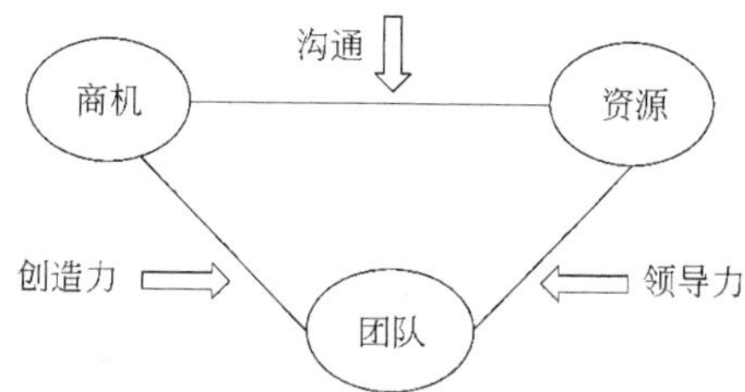

图 1-2　蒂蒙斯的创业学模型

2. 加纳（Gartner）创业学模型

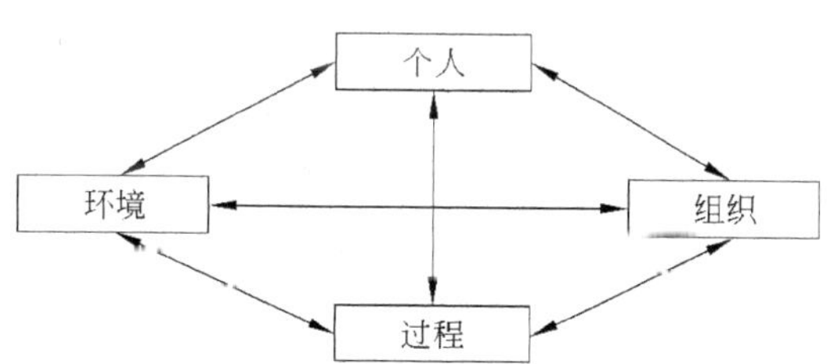

图 1-3　加纳的创业学模型

3. 威克姆（Wickham）创业学模型

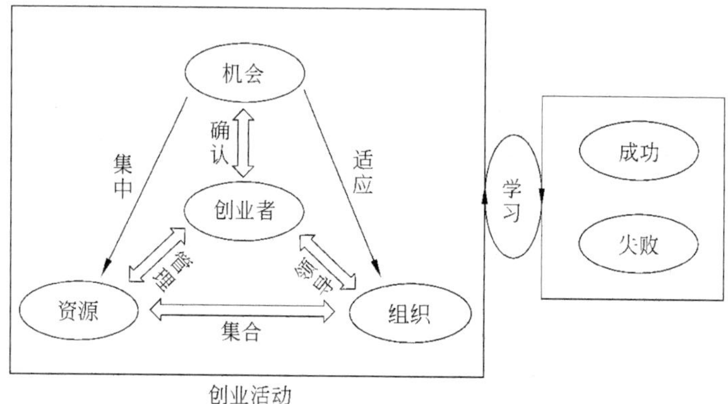

图 1-4　威克姆的创业学模型

上述三个模型各自从不同角度对创业的要素和过程进行了阐释，它们既有共性的特点，也有对不同问题的特殊强调。蒂蒙斯模型强调弹性与动态平衡，它认为创业活动随着时空变迁，商机、团队、资源三项因素会因比重发生变化而产生失衡的现象。三要素随时空的变迁而实现动态的平衡是此模型的核心。

加纳模型强调创业者要协调模型中的四个因素，各个因素相互影响，构成了网状结构，阐释了企业创建的基本过程。

威克姆模型强调以创业者为核心来带领团队发现机会、组织资源，同时为适应外部环境应不断学习。动态学习过程成为创业能否成功的关键。

第四节 创业学的基础与发展趋势

一、创业学的基础

人类进入21世纪，从全球范围来说，创业已成为经济发展的原动力。创业学顺应时代的要求应运而生。创业学是对创业的整个流程进行系统研究的学问。20世纪80年代以来，创业学在西方发达国家产生并不断发展，目前已经成为一个相对独立的管理学分支，为工商管理硕士专业的必修课程之一，在一些著名大学中已建立了创业学专业甚至创业学系。

创业学研究的对象是创业。创业是"创造一个企业"(而不必论其行业种类与起点规模等，只要是自主经营、自负盈亏、自我约束、自我发展的经济实体都是)。既然是"创造一个企业"，那就不是一蹴而就，而必然是个过程。这个过程有它自身的逻辑与实践的起点和终点，在起点与终点之间就是创业学学科的研究对象(赵延忱，2010)。由于创业(entrepreneurship)是一个跨学科的多层面的复杂现象，因而创业学也就涵盖了经济学、管理学、金融学、社会学、心理学、教育学、法学、商业伦理学、公共政策学等多门学科，涉及变革、创新、技术与环境的变化、新产品开发、小企业管理、企业与创业家个体和产业发展等多方面的问题。

创业学还是一门综合性、实践性和艺术性兼具的学科。经济和管理学是学科的重要基础，创业的过程是研究的对象和主线，创业者、创业机会、创业环境、创新、创业风险、创业投资、创业管理是创业学展示的核心概念和基础，这些内容独立或交互展开，形成了以创业者、基于创业的创新管理、创业融资、新创企业管理以及创业运行机制为基本内容的创业学理论的基本架构(王延荣，2012)。

二、创业研究现状

(一) 创业研究的领域归属问题

Katz(2003)指出，创业研究在过去20年内呈现爆炸式增长的态势，新的创业杂志、学术论文和会议、调查数据都在迅速增加。

技术进步、社会转型和经济变革掀起了创业与中小企业热潮，也唤起了学术界对创业研究的重视，创业研究已成为近期发展速度最快的研究领域之一。尽管学者们在一些基本问题上存在很大争议，如创业的定义、创业者的本质、分析单位、研究目的、促发条件等，同时还认为研究工作没有在理论上获得进展、缺乏有用的概念性框架，但他们对创业研究的兴趣和信心却不断增强。创业作为一个新型的学术研究领域正处于"黄金时期的初期"的说法得到了验证和强化，越来越多的学者参与到创业研究领域的建设中。关于创业研究的发展，目前有两大类观点：一类观点认为创业应归入已存在的学科领域；另一类观点则主张创业应成为一个独立的学科领域。尽管两者似乎是完全对立的，但事实上其发展路径在很多方面是相互依赖的。

1. 创业研究应归入业已存在的学科领域观点

根据这种观点，创业应该是一种从多学科、多视角来考察的现象或问题。因此，我们并不需要一种全新的创业理论，反而是经济学、心理学、财务学、营销学和管理学需要开发新的理论或拓展现有理论来解释创业现象的方方面面。从创业学科和领域的视角来看，这种观点很有吸引力，对创业学科而言，创业现象提供了在当前商业环境下应用和拓展既有学科理论的富有挑战性的背景，对创业领域而言，它有潜力快速进入高质量的学术专家的视野。然而，这种观点的缺陷在于把创业研究过分局限在既有领域和学科，忽略了对创业现象特殊性的认识，使得有些创业领域的问题仍然无法得到重视，结果是漏过了很多可能会对管理研究作出重要贡献的方面。从现实状况来看，创业研究人员主要来自既有学科领域，如社会学、经济学、财务学或战略管理，带来了各自母学科的一些知识。这种新的研究视角是有意的，但他们过分依赖母学科的知识，并且始终不渝地保持对这些学科的学术忠诚，从而不利于跨学科便捷的学术渗透和交融。

2. 创业研究应该成为独立的学科领域

Venkataraman(1997)认为，如果创业研究力图成为合法(或正统)的社会科学领域，就必须开拓独特的研究方向，建立能够解释和预测实际现象的概念性框架，而不是用其他领域的既有理论来进行解释，否则就很难证实其存在的合理性。作为一个独立的学科领域，创业研究试图弄清如何识别、创造和开发生产或提供未来产品或服务的机会，谁来完成这些过程，以及后果会是什么等问题。其核心假设是：①市场很难达到均衡，即使实现了均衡，受新知识和技术驱动的企业也会破坏这种均衡；②个体在识别和开发机会的能力上存在差异。这两种假设的集合创造了一个独特的知识空间，解决了机会为何、何时、如何出现，以及有些人为何、何时、如何成为创业者而其他人则不会的问题。这些问题的考虑和解决仍旧需要很多社会科学(如心理学、社会学、哲学、政治学、人口学等)以及技术创新和科学发现领域的真知灼见。如果研究人员继续依赖其他领域的既有理论，那么创业研究领域将继续被视为缺乏合法性。Phan(2004)甚至认为，"创业研究应该脱离应用经济学、心理学或社会学研究，更加注重能提供更强解释力的不可知理论"。只有当提出的问题、概念和解决方案不同于其他领域，并且其他领域的理论无法回答时，创业研究才能显现自己的特殊性，只有在阐明得到其他领域的学者认可的新理论以后，创业研究才会变成独立的学科领域。

其实，上述状况并不是创业研究领域所独有的。创业研究的现状是演化过程中必须经历的阶段。但是，要演化为一个具有自己的理论范式、方法工具和研究背景的学科，我们需要拓展研究范围，在更广的背景下考察创业过程和创业行为。

（二）创业研究取得的进展

Stevenson(1990)认为，关于创业研究的理论文献可追溯到 Cantillon（坎蒂隆）、Knight 和 Say 等学者的经典创业文献，他们的研究可以分为三大类：创业起因（创业者为什么会采取行动）、创业管理（创业者如何采取行动）和创业效果（创业者采取行动后会发生什么）。关注焦点的差异主要是由于研究人员的理论背景不同所造成的。经济学家统治了创业效果的研究，如芝加哥学派、德国学派和奥地利学派。相应地，创业起因的研究被心理学家和社会学家所统治，而创业管理的研究主要是从时间的角度考虑问题。由于不同的学科基于不同的基本假设，强调创业现象的不同方面，因此加重了创业研究的模糊性。但是经过众多学者的多年努力，创业研究还是取得了很大进展。

1. 形成了一些共同关注的研究焦点

已有创业研究关注的主题有：企业家网络和资源积累、公司创业和新事业开发、创业过程、创业者的心理素质、创业的社会结果、制度创业、高管特质和成功、创业的本质、新企业的劣势和生存机理、信任和关系资本、创业者的风险承担、创业成功的环境决定因素等。

虽然这些主题当中有些是重叠的，但大致说明了学者们关注的研究焦点，以及围绕这些焦点所形成的学术社区。例如以 Shane 为代表的一批学者的学术成果开始被大量引用。这说明创业领域正在不断朝着构建一致性框架的方向演化。

2. 得到了主流管理学界的关注和认同

Harrison 和 Leitch(1996)的文献分析显示，1987—1993 年间发表在主流管理学杂志（如 AMJ、ASQ、AMR、SMJ、JBV）上的创业研究成果代表了所有发表的创业研究的一部分，另外还有很多研究成果发表在专门关于创业和小企业研究成果的杂志上。而且，可以看到的是，创业学者开始在某些问题上达成共识，并由此产生了研究主题集中的趋势，因此发表在主流管理学期刊上的创业研究成果日渐增多。Busenitz 等(2005)的研究显示，1985—1991 年间每年发表在上述主流管理学期刊上的创业研究论文平均为 4.9 篇，而 1992—1999 年间则上升到 7.9 篇。总的来说，创业研究的重要成果越来越多地出现在主流学术期刊上这一事实表明，创业研究已经开始受到主流管理学界的关注和认同。另外，具体的主流管理学科也表现出对创业研究的极大兴趣。如营销学、战略管理、人力资源和组织行为学领域的学者已经投入大量的精力来发掘创业这种独特现象并探索能为其所在学科带来的理论创新。

3. 研究成果与其他管理科学领域的交互式应用拓展

管理科学领域其他成熟学科的研究成果对于新兴的创业领域具有巨大的借鉴和参考价值。例如战略管理就可以在战略的角度上为创业提供一定的理论基础。因为企业的长期生存取决于它们的战略行动和创业行动，前者侧重于建立当前的竞争优势，而后者则定位于对新机会的持续探索。而管理研究也在三个方面有助于创业研究：一是机会开发的组织特征和管理过程，二是与创业有所重叠的创新管理，三是新事业开发与企业绩效的关系。

随着创业研究的深入，一些相关的研究成果也开始以“回馈”的方式向其他管理科学领域拓展。例如Lumpkin和Dess(1996)认为创业的本质是新进入行为，强调不确定性、风险承担和超前行动。实际上，这种新进入行为对既有企业而言就是一种多元化活动，但关注点不同于战略管理中的多元化。创业研究可以说为战略管理和管理学融入了新的内涵。战略管理关注的是企业生命周期的中后端，而创业管理关注的则是前端。

三、创业研究的发展趋势

作为一个年轻的学科领域，创业研究还很不成熟，但的确它已经显现着朝着独立学科发展的趋势。

1. 创业研究从解释独特现象向创建理论的方向发展

20世纪80年代以来形成的创业研究热潮很快又形成了两大流派：一个是把创业活动作为一种独特的现象来进行考察，关注创业活动的独特问题，运用现有理论和相关学科知识来进行解释，试图解释创业的本质；另一个是把创业作为理论来研究，试图创建专门的创业管理范式。

目前，创业研究的丰硕成果主要集中在将创业活动作为特殊现象来考察这个方面，主要关注创业机会、创业活动影响因素、创业决策行为和创业者特质等问题。

然而，有些现象具有极端的行为和情景特殊性，现有理论根本无法解释。因此，一些学者力求建立新的创业理论，以突破创业研究的窘境。但新理论的提出有赖于众多学者的努力，从概念化到可操作化需要很长的时间，因此，目前这些研究仍处于探索阶段。

2. 采用技术方法创造知识

新兴的创业研究多年来主要采用技术方法来创造知识，关注创业现象和活动，主要采用实证方法。1994—1998年间发表的创业论文有82%是实证性的，只有18%是理论性的，而且实证研究的理论基础主要来自战略领域。然而，随着时间的推移，研究焦点也发生了一些变化，如从过去创业者的心理特征决定因素领域转向了对创业者特质性行为和认知的评价，越来越强调背景因素和创业行为。创业研究目前的发展阶段介于知识发展的技术方法与理论方法之间。

3. 采用交叉学科的视角进行研究

强调独特的创业研究领域并不排斥创业研究从多学科视角开展研究活动，两者并不矛盾(张玉利，2007)。鉴于创业作为一种现象和研究领域涉及众多的学科领域，因此，创业研究也必然要求从多学科的视角展开。很多学科也从很多方面为创业研究作出了贡献，如战略管理、组织行为学、心理学、社会学、经济学、法学等。目前创业领域的学者基本上也都注意到了其他学科对创业研究的帮助。但今后学者们不仅应继续借助其他学科的理论和研究成果运用到创业研究中，而且更应注意创业研究与其他学科的融合和互补。

习　题

【重要概念】

创业　创新　创业特征　创业精神　创业类型　创业要素　创业学

【思考题】

1. 什么是创业？创业具有什么价值？

2. 创业具有怎样的内涵与特征？

3. 什么是创业精神？创业精神的实质和内涵是什么？大学生应该具有怎样的创业精神？

4. 创业活动的类型有哪些？你认为哪些创业类型适合于你？

5. 创业的核心要素是什么？各要素之间是什么关系？

6. 创业学具有哪些学科上的特殊性？其发展趋势如何？

【实训题】

1. 根据创业的内涵和特征，结合自己了解的实际情况，说说创业者应具备怎样的创业能力和创业素质，以及为什么应具备这样的能力和素质。

2. 根据自己所学专业情况进行调研，了解所在专业有怎样的创业机会，以及你自己在专业领域内有什么样的创业设想。

【总结案例】

创业者在路上

自从郝强选择创业那天起，他就没有后悔过，虽然有时候会有困惑和徘徊，会觉得可能给自己定的目标太高，但是他一直觉得只有这样才能体现出自己的人生价值。

但是，这些天他遇到了前所未有的挑战，他很困惑，不知道该怎样来解决。一段时间内，在创业过程中遇到的太多困难和极度的辛苦劳累使他有了一丝退缩的想法，感觉自信心和激情都在不同程度上受到了很大的打击。自己这么拼命到底是为了什么？自己完全可以找个待遇很好的工作，而干吗要把自己弄得这么辛苦？自己应该怎么取舍？放弃吗？还是……

他开始反思，并从自身挖掘问题，原来真是自己出了问题，在一开始没有给自己设定一个灾难，比如说考虑创业万一遇到困难和出现问题时该怎么办。自己的求胜心太强，而没有提前让自己做好遇到困难的心理准备，只是凭着一时的激情来做。很多时候认为做事业有一个很好的理念是最重要的，但现在看来仅有激情和理念是远远不够的，还要有一套很好的商业模式，要知道自己的核心竞争力是什么。而这些自己还都没搞明白就开始做了，因而才出现了问题，这也是必然的。他想既然找到了问题的关键，就要想办法去弥补并寻找解决的方案。

郝强打开电脑想缓解一下自己的心情，可在桌面无意间打开了自己非常欣赏的一段话："每一个人都需要自己的成长空间，我们人的生活方式有两种：一是像草一样活着，你尽管活着，每年还在成长，但是你毕竟还是一棵草，你吸收雨露阳光但是长不大，人们可以踩过你，但他们不会因为你的痛苦而痛苦，不会因为你被踩了而来怜悯你，因为他们根本就没有看到你。二是像树一样地成长，即使我们现在什么都不是，但是只要你有树的种子，即使被人踩到泥土中，你依然可以吸收泥土的养分使自己成长起来，也许两年三年你长不大，但是十年八年二十年，你一定能长成参天大树。当你长成参天大树以后，在遥远的地方人们就能看到你。走近你，你能给人一片绿色、一片阴凉，你能帮助别人，即使人们离开你以后回头一看，你依然是地平线上一道美丽的风景线。树活着是美丽的风景，死了依然是栋梁之材，活着死了都有用。这就是我认为的做人的标准和成长的标准。"

看完这些后郝强又恢复了平静，他明白自己该怎么做了。失败不可怕，可怕的是失败以后不去总结教训并重新站起来。而何况自己现在还没失败，只不过是一个小小的挫折而已。

他的脑子里又响起了那一首歌："那一天，我不得已上路，为了不安分的心，为自尊的生存，为自我的证明，路上的辛酸已融进我的眼睛，心灵的困境已化作我的坚定……"

资料来源：http://www.jj59.com/35/2934/.

讨论：

(1) 什么样的人应该创业呢？有一份理想的工作还需要创业吗？

(2) 文中的郝强遇到的困惑和彷徨如果是你应该怎样解决呢？

(3) 你怎样理解文中关于"人的生活方式"的引用？对你有什么启发？

第二章

创业活动与创业教育

【学习目的与要求】

1. 掌握创业活动发展的基本脉络。
2. 了解创业活动的国内外发展情况。
3. 掌握创业教育的总体目标和宗旨。
4. 了解国内外创业教育的基本现状和趋势。

【创业管理小故事】

要全面实施创业教育吗？

西安外事学院董事长黄藤2011年在接受《中华工商时报》专访时表示，在普通本科学校开启创业教育是当前我国深化教育体制改革、实现人力资本强国战略的重要措施。而设立创业硕士，更有助于创业教育水平的提升。

黄藤说，虽然改革开放以来，中国教育事业有了长足的进步，但是中国高等教育的问题依然很突出。大学教育既不能做到“因材施教”，又不能达到“学以致用”，在这样的背景下，加上每年大学的扩招，大学毕业生普遍存在就业难的问题。而对本科生实施创业教育，这将促进大学生全面发展，以造就应用型人才，带动、提升就业水平。

早在2009年，西安外事学院开中国高等教育之先河，开办了国内第一家创业学院，对学生进行普惠式创业教育，开办创业精英班和普通班，系统进行创业训练教学，还特别配套设立了创业风险投资基金。该院编写了通识版的《创业学》教程，编订了创业教育教学计划，并请来有市场运营经验的商界精英讲学。

有关部门的统计表明，目前，中国大学生创业的比例超不过2%，且越是名校创业比例越低。而在国外，大学生创业的比例高达20%～30%。西安外事学院历届毕业生中，参与创业的接近10%，拥有的资产从十几万元到上千万元不等。

目前，“创业硕士”仍因高教编制的学位系列中尚无此“对口”专业而被否决。

启示：我国需要创业教育，本科阶段实施创业教育显得尤其迫切和必要。在学生教育的全过程全面实施创业教育将是我国经济和社会发展的必然。

第一节 创业活动的回顾与发展

一、主要发达国家创业状况与趋势

20世纪50年代以来，在新技术革命的推动之下，企业这一经济形态也在不断发展之中，一大批现代高新技术创业型企业在不断诞生和成长，并且充分引领了世界范围内的创新和创业潮流。在美国，过去几十年里，新企业的创立是其经济繁荣发展的主要原动力。其中，美国硅谷地区创业活动的发展最具有代表性，在这一区域，由技术进步所推动的创业活动成为世界范围内众多学者关注的对象。

（一）美国硅谷创业活动的发展

硅谷位于美国加利福尼亚州的旧金山南部地区北起圣马特奥（San Mateo）南至圣克拉拉（Santa Clara）的近50公里的一条狭长地带，是美国重要的电子工业基地，也是世界最为知名的电子工业集中地之一。第二次世界大战后，随着微电子技术高速发展而逐步形成的硅谷，在其发展过程中，与周边的一些具有雄厚科研力量的大学如斯坦福大学、加州大学伯克利分校和加州理工大学等，以及企业服务机构、投资者与创业者形成了良好的互动。

硅谷的发展事实上应当追溯到19世纪中叶的淘金浪潮。在1846年以前，加州周边大部分土地还是一片荒漠，到处都是流动沙丘。一个偶然的机会，当地的工人在河道中发现了金沙，于是成千上万的淘金者从美国的各个地区，甚至世界各个角落涌入加州。这里的人口由1847年的500人左右激增至1851年的3万人，这种人口增长速度一直持续到19世纪末。人口的剧增使得曾经的一个小村落迅速成为一个都市——旧金山，从而开始了众多创业者对各种商业机会的挖掘。淘金浪潮一直持续到20世纪50年代，一共采得了2430万盎司的黄金。淘金浪潮揭开了美国西部开发的序幕，同时以采矿业带动铸造、机械和木材等相关产业的发展，促进了为满足矿工生活需要的农牧业、交通运输业的发展。这一切都加快了美国西部城市化的进程。加州的面貌从此彻底改变，财富成为人们竞相追逐的奋斗目标，各类型的创业活动飞速发展。创业活动的发展预示着一个重要的时代——硅谷时代的到来。

“硅谷之父”福德瑞克·特曼（Frederick Terman）历任斯坦福大学的工学院院长、教务长和校长。他被人津津乐道的并不是其专业领域的成就，而是他对学生创业活动的鼓励和培养，以及他对硅谷地区高科技产业的重要奠基作用。特曼不仅以语言鼓励学生创业，同时还用自己的钱来投资学生的公司。在他所投资的企业中，惠普是最知名的企业之一。惠普成立于20世纪30年代，通常被认为是硅谷地区出现的第一个较为知名的高科技创业企业，在硅谷的发展史上意义重大。这个由斯坦福大学的两个毕业生Dave Packard和Bill Hewlett创办的公司通过掷铜板的方式决定了公司的名称（HP）。时至今日，惠普已经成为世界上最有影响力的公司之一。

第二次世界大战之后，特别是20世纪50年代之后，新兴技术公司的成长和发展使得硅谷地区发生了很大的变化，此时特曼已经成为学校的教务长，他四处奔走和政府签下了许多技术研究合同，这正是新型工程大规模发展的开端。1951 年，斯坦福大学成立了斯坦福工业园区以加强学术界和企业界的合作。斯坦福大学占地 8 180 亩，学校拿出其中 650 亩用于发展高科技无烟囱工业，并积极鼓励校内的研究走向社会和商业化。

硅谷地区经济演进的核心和动力是持续不断的创新，硅谷也被称为“创新谷”，这一地区创业活动的演变过程可以概括如下：持续不断的创新浪潮推动了经济的发展，在此过程中企业家充分利用各种机会探索新的商业模式，在创业活动的推动下，汇集创新人才和创新技术的新公司大批涌现。自第二次世界大战以来，至少有 4 次主要的技术浪潮影响着美国硅谷的发展，每一次浪潮都建立了人才、供应商、金融服务提供者的创新网络，而这种网络又将有助于产生下一次技术浪潮。

1. 第一次技术浪潮

第一次技术浪潮从 20 世纪 50 年代开始。第二次世界大战，尤其是朝鲜战争所引发的美国国防工业对电子产品的大量需求，为惠普等电子类企业发展带来了巨大的推动力。进入冷战阶段后，为了在军备竞赛以及太空技术上保持领先，美国国防部门投入了大量的资金用于开发先进技术。为了能够获得稳定的技术来源，国防部门同时资助不同的公司开发技术，这无疑直接推动了硅谷的技术基础设施和配套行业的建设，促进了技术的扩散。

2. 第二次技术浪潮

第二次技术浪潮发生在 20 世纪六七十年代，集成电路的发明推动了半导体工业的急剧发展。在这一阶段，包括英特尔和国家半导体公司在内的 45 家公司创建于硅谷。这些企业的发展充分带动了一种创新的文化，成为代表性企业。1971 年，Don Hoefler 为《电子新闻》(*Electronic News*)撰写了一系列文章，概括为“美国的硅谷”，从此硅谷这一名称一直沿用至今。

3. 第三次技术浪潮

第三次技术浪潮发生在 20 世纪 80 年代，在国防和集成电路技术创新浪潮建立的技术基础上，微处理器和个人计算机的兴起带来了硅谷的第三次技术浪潮。包括苹果公司在内的 20 多家计算机公司在这一时期先后创立。随后又带动程序设计及应用软件的开发，在很大程度上又带动了计算机产业的发展。IBM 等行业巨头在整个 80 年代都处于硅谷的前列。

4. 第四次技术浪潮

第四次技术浪潮发生在 20 世纪 90 年代，计算机网络技术的发展，推动了计算机向互联网发展，并产生了商业化发展。局域网和互联网的发展使得越来越多的用户可以在互联网上共享各种信息资源，网景、思科、亚马逊、微软等企业的竞争，客观上又促进了网络的流行和互联网企业的兴起。伴随着互联网技术的发展，众多拥有技术背景的创业者借助互联网以及 IT 技术挖掘全新商机，带动了硅谷地区又一波新的创业浪潮，并一直持续到今天。

通过数次技术创新浪潮，硅谷已经充分形成了以行业集群方式发展的创新经济，并带动了创业活动的蓬勃发展。

（二）硅谷创业经济发展的原因

很多学者对硅谷的发展由来以及推动因素进行了深入而丰富的讨论，在这些研究成果中，大多数学者都认为硅谷的成功是由多个因素综合作用导致的，这些因素包括以下几个。

1. 创业环境因素

创业环境包含了内部的制度文化环境和外部支持环境。如良好的制度环境，开放的商业环境，容忍冒险和失败的商业氛围，研究机构与高等院校密集，拥有专业的商业服务机构，企业、政府与非营利机构间的合作。

(1) 良好的制度环境

从美国的历史发展和制度演变过程来看，美国的整体制度环境非常完善，它们为规范企业市场经营环境、促进企业发展提供了必要的支持保障。制度环境的具体内容包括法律、法规以及证券、税收、会计、公司治理结构、破产、移民、研发和其他许多规范。它们虽然表面极其分散，但内在联系相当紧密，对创业活动的发展非常重要。美国的这些规范化的制度规则是硅谷之所以能够卓越的必要条件。

(2) 开放的商业环境

硅谷内的企业尽管竞争激烈，但都愿意分享知识(不包括公司秘密)。不同的组织都能够从某些知识的传播中获益。在这种开放的商业环境中，市场竞争者都可以在其他公司的平台或产品的基础上开发许多新应用、新产品，因而也为原有的平台提供了更广泛的用户。个人之间也乐于进行双赢的知识交流，无论是在正式还是非正式场合下，重叠的网络关系中人们的交流都是频繁而持久的。

(3) 容忍冒险和失败的商业氛围

硅谷的商业氛围尤其与众不同，甚至是独一无二的。大多数高科技企业在追逐最新科技和市场创造的机会的过程中遭到失败。风险回报不够高，同时又让失败的企业家感到耻辱的环境是创业的巨大障碍。在硅谷，有许多企业家失败后又成功地东山再起的例子。"失败是成功之母"这一格言得到这些企业家及其投资者的广泛认同，失败被视为一次学习的经历，很少有人在后续的创业中背负心理负担。

(4) 研究机构与高等院校密集

硅谷地区是研究机构和高等院校密集的地区，这些研究机构与高等院校为高科技创业活动提供了大量的科研成果。来自研究机构和高等院校的研究人员也是创业活动中重要的外部智慧来源，他们大多接受过良好训练并且通常富有行业经验，同时与产业界一直保持联系。通过双向的沟通交流，最新的科研成果和知识体系能够在研究机构和产业界直接实现良性流动。这些科研成果能够有效地提升企业内部研发工作的进程，使得创业活动的发展建立在不断地占据技术前沿的基础之上，当然，科研成果在创业活动中的应用也在很大程度上影响了研究机构内的科技活动，使得研究机构的创新活动与市场应用结合得更为紧密。

(5) 拥有专业的商业服务机构

在硅谷，为高技术企业所提供的专业商业支持服务一应俱全。在法律方面，硅谷的律师已经成为当地创业企业的重要资产，他们不仅是处理创立和运营新企业的法律程序的专家，同时也为缺乏经验的创业者提供咨询。在获取人才方面，猎头公司能够帮助企业寻找合适的人力资源，尤其是首席执行官与其他高层领导，这就确保了创业活动能够随时获得所需要的高级人力资源。在财务咨询方面，硅谷地区的会计师事务所超越了传统的审计师或报税顾问的职能，能够创造性地阐释会计业务，为新的风险企业的交易结构设计提供包括公共关系、营销、战略管理和其他领域的专业服务。这些多元化的商业服务机构为创业活动的推进提供了必要的支持。

(6) 企业、政府与非营利机构间的合作

在硅谷社区内，企业、行业协会、劳工组织与服务机构之间也建立了一致的目标。很多专门服务于创业活动的非营利机构，都是由私营企业出资，并大部分由私营企业领导，同时由公共部门和社区组织共同参与。这些机构致力于改善社区教育、建设基础设施、改变社区的面貌及提升社区政府行政效率。这些因素都在很大程度上改变了创业活动的外部环境，使得创业者愿意在区域内部实施创业活动。

2. 创业资源因素

影响创业活动的资源因素有知识、技术、人才以及资金流动等。

(1) 密集的创新知识

硅谷是一个创意的熔炉，企业家、大企业员工、大学师生、风险投资家和世界各地迁来此地的人们贡献了大量的创意，这些创意多种多样，包括新产品、新服务、新市场和新的商业模式等方面。世界各地的关于信息技术的创意以最快的速度在这里得到传播。这些为创业活动的开展提供了必要的创业机会来源。

(2) 聚集的创新性技术

技术是硅谷成功的另一个重要因素。作为高科技创业的集聚地，技术在硅谷发展过程中起到了重要的推动作用。一部分技术是硅谷的高素质创业者及其雇员所研发出来的，这些创新性技术不仅成为他们企业的独特竞争优势，而且充分推动了硅谷的产业发展。同时，领先技术也来源于硅谷地区众多大学、研发机构与产业界的互动。硅谷地区本身就是以斯坦福大学为中心建立起来的高技术密集区。在这一地区周边又拥有加州大学伯克利分校、加州理工等著名大学或研究机构，它们拥有丰富的科研成果以及大量训练有素的科研人员。通过企业与这些机构的互动，知识、创意、技术能够在企业、大学、研究机构中进行双向的流动，这在很大程度上推动了技术的发展。再加上开放的商业环境，使得这些技术成果能在开放的平台上交流、共享，这些都在很大程度上推动了创业活动的发展。

(3) 高质量的人才资源

硅谷里具有流动的高质量劳动力。由于价值回报巨大，大量人才从世界各地涌向硅谷，使得硅谷成为人才的磁石。许多工程师、科学家与企业家都曾在硅谷接受教育，他们在从事具有挑战性的工作中，不断提高技能。在人才汇聚的同时，硅谷的劳动力流动性非常强，充分满足了个人和企业对于人才高速持续周转的需要。高度流动的劳动力有助于集体学习，尖端技术因为技术人才的跳槽在企业间共享，整个硅谷地区随着知识的传播而受益。当然，人才的流动同时也有助于专业人员找到实现他们最大价值的位置。

(4) 高度活跃的资金流动

资金是创业活动必要的推动因素。由于高度成长性与高度风险性并存,创业活动难以从那些传统的融资渠道获得资金支持,它们往往更依赖于风险投资来获得资金。这是一类专注于高科技创业企业的投资,独特的投资方式使得它们可以在一定程度上规避创业活动的风险,在为创业活动提供战略支持的同时获得超额回报。在硅谷地区,风险投资非常活跃,这就为急需资金资源的创业活动提供了源源不断的资金。

3. 创业者因素

创业活动的实施主体是人,创业活动的成功首先应当考虑人的因素。在硅谷,才华和能力是个人成功的主要推动力,没有人会去追究创业者的种族、年龄、性别、经历、背景等因素,这就为硅谷带来了很多具备非凡能力的潜在创业者,也吸引了大批的高素质人才。在硅谷的成功创业者中,有很多甚至都是来自不同的国家或地区。例如,英特尔的创始人之一 Andrew Grove 来自匈牙利,雅虎的创始人之一杨致远来自中国台湾。这些创业者不仅为硅谷创造了巨大价值,同时借助个人与硅谷之外的区域、机构的联系为硅谷带来了新的资源和信息,以及彼此之间双向的沟通交流。

(三) 硅谷未来的发展趋势

1. 电子商务的不断发展和成熟

基于互联网经营模式的创新发展将是硅谷经济发展的主要趋势之一。在互联网各项应用中,很多学者都认为不断扩展的电子商务是将来最有发展机会的领域。互联网业务中,与电子商务密切联系的经营业务所占份额正在不断扩大。从硅谷当前发展来看,电子商务的基础设施建设也是硅谷互联网就业增长率的主要集中点,这些都为电子商务在硅谷内部进一步拓展空间提供了发展契机。

2. 创造性内容的不断丰富

在互联网经济中,浓缩高度创意的内容主宰一切。未来属于那些能够为互联网创造丰富多彩内容的人才。硅谷地区一次又一次的创业浪潮中所出现的全新商业模式已经被证明是硅谷经济的重要发动力。伴随着更多具备创造力的人才加入硅谷的高科技产业,硅谷的互联网产业将会呈现更为多姿多彩的业务经营方式。这些全新的经营方式有可能在未来的发展中取代现有的互联网经济模式,并且改变整个世界范围的互联网业务特征。

3. 生物信息科学的蓬勃发展

虽然硅谷的生物科学集群产业发展相对缓慢,但旧金山海湾地区仍是美国生物科学方面的领先者。21 世纪极有可能是生物技术的时代,基因研究将在医疗保健、农业和新材料方面起到革命性的应用。信息和医疗保健技术在生物信息业中的结合,及在医疗保健方面采用信息工程,将可能成为硅谷下一代的主流产业。

4. 硅谷内的各大强势产业已经开始适应全球经济的新现实,并在全球区域建立互利的合作关系

跨地区的合作以及更大范围的合作企业正在陆续出现。而全球经济一体化使得一些全球性的公司开始考虑将不同的经营流程根据运营费用、商业风险、人才优势和市场渠道等因素分散到不同的地区和区域,实现不同流程的最低成本和最高效率的运行,如将商业运作分为总部、研发、生产、销售等模块来进行最佳匹配和组合，从而实现公司结构的最优化和利润的最大化。

综观硅谷地区的发展过程，创新浪潮为创业者提供了大量的发展机会，使他们能够充分进行“创造性的破坏”。同时，创业者所实施的创业活动反过来又充分推动了区域范围内创新活动的发展。在这相互促进循环往复过程中，硅谷地区的创业活动便能够生机勃勃地发展起来。

（四）美国创业活动的其他情况

在美国，过去几年里，新企业的创立是其经济繁荣发展的持续动力。新的创业精神的崛起是美国创业经济发展的主要原因。其崛起原因如下。

1955 年时，世界大战已结束 10 年，美国经历了 10 年的经济快速增长，位于《财富》前面的 500 个大公司确立了大公司的突出地位。人们都羡慕和渴望能够在大企业工作，相反，对创业的态度却很冷漠。几乎没有这方面的课，也没有这方面的书籍出版。小公司大约有 450 万个。然而，也就是在这个时候，悄然间出现了一个新的趋势，即小公司成了美国人生活中日益重要的部分。到了 1965 年，小公司的数目为 670 万个；到 1975 年，小公司的数目为 2 200 万个。小公司在美国经济中的比重越来越大，重要性也日益增长。这其中的原因是多项且复杂的，很难用简单的话来概括。但是以下几个因素对经济产生的影响很大。

(1) 20 世纪 60 年代来自国外的竞争很激烈，美国的进口几乎与出口持平。到了 20 世纪 70 年代末，美国的主要市场变化迅速，尤其在汽车、电子、工业设备、服装、建筑以及农业机械等领域，国内生产商面对的是变幻莫测的环境，他们大量的市场份额被采用了与传统做法不同的竞争对手抢走。这种产业巨变给按传统方式经营的竞争者带来了困难，但给较小且灵活的竞争者带来了机遇。

(2) 20 世纪 70 年代末是美国经济史上的另一个分水岭——开始撤销管制。这一行动使很多领域发生了根本性的变化，如货运、空运、通信和金融业等都发生了根本性的变化。撤销管制带来的深刻变化的最为突出的表现是，很多小企业进入了多年来一直被大公司所控制的行业。

这两个因素具有很大的“破坏性”，它们改变了美国的很多经济结构，这一过程为很多创业者提供了他们所需要的机会。随着机会的延续，新企业的创办持续兴旺。到 1996 年，美国新创建的公司达 850 000 个，1997 年达 884 000 个，创历史最高纪录，之后每年有所下降，但仍然保持大约 6 000 000 个的旺盛势头。

(3) 组织结构以及裁员的实施。自工业革命以来，大型组织结构就成为美国稳定发展的重要因素，同时为个人提供了无限的机会。努力工作和对雇主忠诚就会带来光明的职业前途和有保证的退休生活。员工的收入较高，员工的利益与组织的成功挂钩。

随着美国经济情况的变化，组织与个人之间关系的基本观念也发生了变化。大批下岗和裁员成为很常见的事，即使是在经济景气时也如此。这是因为在市场竞争逐渐加剧的情况下，公司必须把成本降到尽可能低的程度，这意味着雇佣的人数应该保持在最低水平。市场的更加国际化使得公司面临着来自第三世界厂商低成本和不确定性的压力。保洁公司主席 Edwin L. Artzt 在评论他的公司裁员时说："为了保持竞争力，我们必须裁员。消费者要求得到更多的价值，我们的竞争对手在变得精干迅速，所以，我们也必须跑得更快，才能保持领先。"另外，裁员也会为上层管理者节约成本从而分得更多的奖金。所以一些规模大的裁员往往也出现在经济运作良好的公司。

(4) 社会变革。社会新技术的更新和应用，使得自动化和机器设备越来越多地代替人的工作，工厂内需要的工人越来越少。所以现今的大公司都在毫不犹豫地裁减员工，他们不会主动地在提供就业机会方面有所表现。1979—1993 年间《财富》杂志 500 强企业的总就业人数从 1 620 万降到了 1 150 万，下降将近 1/3。大公司的这种就业下降模式意味着，经济中的绝大多数就业机会的提供都将落在小公司领域。很多研究就业机会产生的分析家都指出，近年来，就业机会主要来自小公司而不是大公司。

在这种大的背景下，越来越多的人看到，为大公司工作已不再像以往那样为个人提供职业生涯保障。很多人在寻找新的职业生涯道路。而对很多人来说，新的道路即是自己创业。而如上所述的产业结果重组和撤销管制等变化恰恰为小企业的发展提供了前所未有的机遇。另外，还有很多很有能力和就业不充分的人员以及在大公司的管理人员，他们具有天赋、经验、干劲和社会关系，所以他们中的很多人想通过独立发展发挥自己的才干，创办自己的事业。

同时，创业教育明显增多，国家在激励策略及机会方面也全力支持创业。

（五）全球形势

在世界经济中，美国的创业者创业是最为活跃的，但这绝不意味着创办中小企业的现象只在美国存在。创业的浪潮也在世界其他地方掀起。世界各国都注意到广泛开展创业活动的优势，而且近年来，很多国家都设立了鼓励创办中小企业的项目。中小企业在许多国家都成为经济发展的主要动力。

在德国、英国、意大利、日本、非洲、亚洲等一些国家和地区，创业活动都非常活跃，对国家经济发展所做的贡献比重也越来越大。创业活动的一个最主要的原因是来自世界范围内变化的环境。

当今环境中最有力量的因素应该是变化。两个方面的变化可促进创业活动的迅速发展：一是市场变化；二是新市场的出现。

前面提到大公司在面临竞争对手的激烈竞争时，会想办法使用各种可能降低成本的做法来应付竞争。裁减雇员是其中的办法之一，另外一种经常采用的办法是将一部分非核心的业务外包出去，让外部公司来完成这些业务。外包正在日益变得极其常见，这为小公司提供了很多的机会。除了接受这样的外包任务外，小公司还可以通过与外部公司签约来提供服务，同样有效地参与市场竞争。它们还可以通过与不同的供应商结成联盟，设计产品、生产产品，甚至营销产品。公司与供应商的这种关系或联盟一直持续到完成合同所规定的所有任务，然后，这种关系告一段落，之后如果再有新的机会出现，就组成新的战略联盟。通过建立这种关系来完成把产品打入市场所需要的全部任务，创业者可以进入以往根本无法接近的市场，然后再逐步把业务做大。

市场的另一个变化是，市场继续细化，或市场一隅不断发展。在一个大的市场环境下，尤其是人口众多的市场内部，虽然产品市场的总规模通常都会被大公司所控制，但总有小部分客户寻找产品的某些特殊属性，这些人就构成了市场一隅。大部分这样特殊的需求量都太小，不能吸引大公司，这就给小公司提供了机会。要想从这种机会中受益，小公司就要把注意力集中在清楚界定的市场部分，准确了解属于这些市场部分的客户期望值，清晰准确定位，满足他们的需求，从而在狭窄的市场细分中抢占地盘，站稳脚跟。

新市场是指那些由于生活习惯、行为方式的改变或理念的改变而形成的新的市场。在过去20年左右的时间里，人们对环境问题越来越关注，因而，很多公司都在努力寻找和开发由关注环境问题引起的新需求和带来的新机会。大范围的产品或服务在绿色标志下营销，从回收利用的纸制品到环境友好性的维护草坪产品，应有尽有，这些产品都在竞相争夺消费者。而小公司规模小，机制灵活，调整产品线快捷，因而绿色市场提供了很多适合小公司来满足的机会。

其他的生活方式改变和观念的变革也会产生出机会。如人们逐渐对早餐的重视、对精神健康的消费、低碳生活方式以及动物的保护意识等都能促使小公司挖掘到可能的商机。

随着万维网的发展，商业经营的方式发生了变化。有人把这种变化称为从“场所营销”(实际的商业活动)到“空间营销”(通过电子手段做生意)的根本转变。实际上就是营销手段的根本变革，这种变革催生了数以十万计的网络公司或小公司的电子商务营销模式。它们正以新的商业模式力图占有一定的市场。其中，获取信息能力、创新能力、灵活性等都是小公司在当今迅速变化的市场进行有效竞争的武器。

二、我国创业状况与趋势

改革开放后的制度变革有三次浪潮，这三次浪潮伴随三代中国企业家的成长，也是三次经济高速增长的主要动力。第一次浪潮在20世纪80年代，主要是农村的“能人”转变为企业家。第二次浪潮在20世纪90年代，一批党政干部和知识分子下海经商。第三次企业家浪潮是2000年前后，随着互联网的发展，出现了一批以海归人员为主的专家型企业家。

20世纪70年代末80年代初，借助改革开放的春风，国内原来的大一统的计划经济被打破，出现了自由市场，同时出现了一些新的商机，有一部分人开始做小买卖，开一些小商店，成了万元户。抓住这一时期创业机会的主要是那些所谓的体制外部的边缘人，他们大多有想法、有眼光，能够及时发现政策空隙，把握机会创业成功。

20世纪80年代中后期创业活动的代表是乡镇企业的兴起。20世纪80年代进行的改革主要是在农村，通过家庭联产承包责任制等举措，农民收入增加，产生了很多新的需求，当时国内的生产供应系统更主要在城市，不能满足新的需求。1985年前后一部分农民企业家、乡镇企业家抓住这个机会办乡镇企业。这一时期对于乡镇企业的发展有两个有利因素：一是当时外部竞争环境不激烈，外资刚刚进入，城市经济体系还在计划经济体制下；二是乡镇企业发展的劳动力成本都比较低，土地成本也比较低。20世纪80年代中后期乡镇企业成为我国经济发展中的一个重要成分。

20世纪80年代末90年代初创业活动的代表是当时的下海经商活动。伴随着改革开放的继续深入，市场经济的蓬勃发展，股票、期货、基金等金融市场和房地产领域开放，许多知识分子和一些政府官员纷纷弃职经商，成为这一时期创业者的主要构成。相比之前的两次创业浪潮，这一波创业浪潮的创业主体相对知识素养较高，他们的成功也在很大程度上宣传、鼓励了市场经济观念，商业开始成为正面的词汇出现在报刊等媒体上。

20 世纪 90 年代末开始的新一波创业浪潮是创业活动真正意义上得到全社会关注的开始，这一波创业浪潮是伴随着硅谷的新经济浪潮而发展的。在这一波创业浪潮中出现了很多全新的名词，商业模式、风险投资、大学生创业、“80 后”创业等成为国内报纸、杂志上耳熟能详的词汇，国内对于创业活动的追捧也达到了前所未有的高度。旧的互联网明星企业还在市场上叱咤风云，一批新的互联网创业新星又成为市场的新宠儿。创业改变人生的观念也真正深入到大部分国人的心中。

就目前现状而言，国内的创业活动已经得到了蓬勃发展，但是还存在很多不足之处。全球创业观察(GEM)将各国家和地区的创业和商业活动明确区分为两类：早期创业活动和现有企业所有者。并且明确定义了早期创业活动中的两类人：初生的创业者和新企业的所有者与管理者。在此基础上，GEM 还定义了初生的创业活动指数、新企业所有者指数、早期创业活动指数、已有企业所有者指数和总体企业所有者指数五个主要创业活动指数来衡量一个国家和地区的创业活动情况。其中，初生的创业活动指数指的是初生的创业者在一国 18～64 岁人口中所占的比重。该指数反映一个国家在创业准备阶段的努力程度。新企业所有者指数指的是新企业的所有者和管理者在一国 18～64 岁人口中所占的比重。该指数衡量一个国家刚刚开始运作的新型企业活动状况。早期创业活动指数指的是这两类创业者总共所占成年人的比重之和。该指数用来反映一国早期创业活动的总体水平或规模。已有企业所有者指数指的是已有企业的所有者所占 18～64 岁人口的比重。该指数用来衡量一个国家中由个人拥有并管理已有企业活动的总体水平或规模。总体企业所有者指数指的是早期创业者和已有企业所有者在全部成年人的比重加总。由于存在一些既是早期的创业者，又是已有企业的所有者，因此，总体企业所有者指数一般低于早期创业活动指数和已有企业所有者指数之和。

根据全球创业观察报告，中国在全球的创业活动中处于非常活跃的状态，作为亚洲的发展中国家，目前已超过日本、新加坡、印度、泰国而位居前列。

TEA 指数(全员创业活动指数)2002 年为 12.3%，2003 年为 11.6%，2005 年为 13.7%，2006 年为 16.2%，2007 年为 16.4%，即每百名 18～64 岁的中国成年人中，有 16.4 人参与到了创办时间不超过三年半的创业企业中去，在全部参与创业观察的 42 个国家中居于第 6 位。

中国 2005 年全员创业活动指数(TEA)为 13.7%，表明中国早期创业活动处于比较活跃的状态，根据 GEM 公布的各国家和地区 TEA 指数排序，中国在全部参与创业观察的 35 个国家和地区中居于第 5 位，继续保持在各参与国家和地区中相对领先的地位。与其他亚洲国家相比，中国早期创业活动程度依然低于泰国，而高于新加坡和日本。

进一步分析 2005 年 GEM 公布的中国创业活动指数的其他一些数字，还可以对中国创业做一个较为准确的特征定位。一般地，将初生的创业活动指数分为机会型 TEA 指数和生存型 TEA 指数，分别对应机会型创业和生存型创业。根据统计数据，该年中国机会型 TEA 指数为 7.3%，在参与全球创业观察的国家和地区中居于第 12 位，处于中等略微偏上的水平。同时，作为衡量创业活动的另外一个指标，中国生存型 TEA 指数却高达 6.2%，居第 2 位，明显高于所有参与的国家和地区的均值 1.9%和中位数 1.0%。这表明，与其他国家相比，中国机会型 TEA 指数仍然高于生存型 TEA 指数。因而，中国总体上属于机会型和生存型并重的创业类型。

同时，根据全球创业观察(GEM)的调查结果，我国创业环境总体仍处于非良好状况，相对于发达国家，我国的创业环境是交叉的，但是相对于发展中国家，中国的创业环境还较好。在创业环境的具体构成上，中国相对好的方面是市场开放程度、研究开发转移、政府政策和政府项目以及有形基础设施，相对较差的是金融支持、教育培训以及知识产权保护，最差的方面是商务环境，即为创业提供服务的环境条件。根据这一调查结果，为了在更大的范围内鼓励创业活动，在创业环境建设方面，还需要各界人士付出更多的努力。

根据全球创业观察(GEM)(2010)的中国创业形态分析如下。

1. 创业排名

中国的创业活动在全球属于活跃状态，排名第 15 位。中国已经由生存型向机会型创业为主转变，但两种类型的创业仍然并存，机会型创业的比重并没有显著提高。

2. 创业特性

(1) 在创业性别比例上，中国创业的男性全员创业活动指数为 19.27%，女性全员创业活动指数为 13.43%。

(2) 年轻人是创业活动的主体力量。从创业年龄分布看，中国参与创业活动的主要年龄段在 25～34 岁之间，在 35～44 岁这一年龄段的创业依然活跃(在中、高等收入水平国家，创业者的年龄主要为 25～44 岁)。

(3) 受过高等教育(大学及以上教育)的创业者在增加。从参与创业人员的受教育程度分布看，高等教育以下人员是参与创业的主体。但是，从过去六年的趋势看，受到大学及以上教育的、参与创业的人数在增加。

3. 创新

创新有技术创新、市场创新、材料创新和商业模式创新等。

在 GEM 42 个参与国家和地区中，中国创业活动中的创新成分是很低的。在分类的三个中低收入组(东欧和中亚、拉丁美洲和加勒比海地区、其他)中，中国处于最低水平。

中国的创业活动仍缺乏以创新为内核的、高成长的、具有改善功能的创业项目。当前中国的创业活动的质量相对发达国家来说还亟待提高。

创业中缺乏创新，是一种创业素质缺失的体现，也是创新型创业者缺乏的后果。

4. 创业失败

中国创业的企业关闭率也比较高，2003 年的关闭率比世界平均水平高出一倍，排在对比国家的第 1 位。

据不完全统计，创业企业的失败率高达 70%以上，而大学生创业成功率只有 2%～3%。中国的创业仍处于创业意愿强、创业机会多、创业精神强、创业能力弱的状况。发达地区与不发达地区的创业差距拉大的主要原因在于人的因素。

【应用阅读】

跨越自己

有一天，龙虾与寄居蟹在深海中相遇，寄居蟹看见龙虾正把自己的硬壳脱掉，只露出娇嫩的身躯。寄居蟹非常紧张地说："龙虾，你怎么把唯一保护自己身躯的硬壳也放弃呢？难道你不怕大鱼一口把你吃掉吗？以你现在的情况来看，连急流也会把你冲到岩石上去，到时你不死才怪呢。"

龙虾气定神闲地回答："谢谢你的关心，但是你不了解，我们龙虾每次成长，都必须先脱掉旧壳，才能生长出更坚固的外壳，现在面对的危险，只是为了将来发展得更好而作出准备。"

寄居蟹细心思量了一下，自己整天只找可以避居的地方，而没有想过如何令自己成长得更强壮，整天只活在别人的护荫之下，难怪永远都限制自己的发展。

启示：每个人都有一定的安全区，对于那些害怕危险的人，危险无处不在。如果你想跨越自己目前的成就，就不要害怕失败，而是要勇于面对失败。向更广阔的人生挑战，才能取得更大的收获。

第二节　创业教育

一、国外创业教育

创业教育(enterprise education)是进行从事事业、企业、商业等规划、活动、过程的教育，是进行事业心、进取心、探索精神、冒险精神等心理品质的教育。

创业教育在国外和国内的情况有很大不同。国外创业教育从20世纪中叶开始到现在已有50多年的历史，经历了起步、发展和成熟阶段。国外发达地区和国家如欧洲、美国、日本和澳大利亚等国的创业研究发展比较迅速，创业教育体系也比较完备。其中美国的创业教育已经相当成熟和完善，其创业教育已经十分重视实践性活动和体验，社会各界还能提供强大的资金和经费支持，整个社会文化也倡导和扶持大学生创业的倾向和选择。一项美国的调查研究表明，37.6%的被调查的美国大学在本科教育中开设了创业学课程，有23%的大学在研究生教育中开设企业创业课程，38.7%的大学同时在本科和研究生教育中开设至少一门创业课。美国表现最优秀的上市公司与高新技术企业老板有86%接受过创业教育。美国创业教育体系相当完备，基本涵盖了从初中、高中、大学直到研究生的正规教育体系。创业学在许多管理学院或商学院成为工商管理硕士的主修或辅修专业。目前美国有超过1 800所学院、大学、社区学院开设了创业学领域的课程，有100余个创业学中心，开设创业学课程的还有工程学院、护士学院和艺术学院等。

美国创业教育的特色如下：一是注重学生就业观念的转变；二是注重创业教育有关内容的体验；三是创业教育组织极为活跃；四是创业教育取得了社会部分资金的支持。

在德国，从中小学到大学，均有旨在传授创业知识、激发人们创业精神的相关课程和促进高校学生和毕业生再度创业的促进项目。德国在1999年提出的口号是“要使高校成为创业者的熔炉”，同时他们提出目标，在今后不到10年中，每届有20％～30％的毕业生能独立创业。

英国政府于1998年启动了大学生创业项目(the graduate enterprise program)，并在大学课程中开设商业培训课程以促进大学生创业；英国有96％的高校开展了大学生创业教育。学校除了开展创业教育课程外，还有一个在全校推行的带薪实习项目，就是在本科课程中，开展“学习＋带薪实习＋学习”方式，让大学生获得许多书本中学不到的知识，而大学生通过真实的工作，更能体会专业知识的价值所在，更能了解自己的兴趣和能力，也更能明白自己的职业发展方向。

法国把创业教育视为增强国家竞争实力的一项重要活动。为此，法国专门成立了创业计划培训中心(CEPAC)以增强创业教育实力。

1998年，日本国会通过了《大学技术转移促进法》，在高校倡导就业和创业教育。

印度在1996年提出“自我就业教育”的概念，鼓励大学生毕业以后自谋出路，使其不仅是求职者，而且还是工作机会的创造者。

总之，国外的创业教育起步较早，其体系日趋发达和完善，大学生创业受到高校的各个层面的支持和鼓励。

二、我国创业教育

根据国际经验，引导和帮助高知青年创业，通过创业实现就业是最好形式之一。通过创业，不仅使创业者实现了就业，而且通过创业者的创业活动，还为社会创造了新的就业机会，带动了一大批人就业，形成社会创业就业的良性循环。创业教育，应从大学生开始，因此成为整个社会和教育界必须直面的问题。

我国创业教育始于20世纪末，1997年“清华大学创业计划大赛”正式拉开了我国创业教育的帷幕。1998年，清华大学经济管理学院率先开始了创新与创业管理方向课程。此后，国内一些高校也陆续开设了创业方面的课程。

1999年，教育部《面向二十一世纪教育振兴行动计划》中提出“加强对教师和学生的创业教育”。

2002年，教育部确定了清华大学等9所高校为创业教育试点单位，随后又连续举办了四届全国高校创业教育骨干教师高级研修班。由此，大学生创业教育在中国高校全面铺开。目前，创业管理成为工商管理的核心课程，许多院校将创业作为重要的专业方向。

很多大学设立了创业研究专业或者设有创业研究中心。例如：清华大学中国创业研究中心、南开大学创业管理研究中心、浙江大学全球创业研究中心、吉林大学创业研究中心等。

每个大学生都具备一定的创业能力，不论他们毕业后是去创业，还是选择就业，创业的精神和创业的能力都是非常重要的。创业管理课程的最终目标是培养学生的创业精神和创业意识，而不仅仅是鼓励学生一毕业就创业，或是接受一些技能培训，而创业是要教会学生“岗位创业”，即以一种创业的态度和思路来处理所在岗位的工作。目前企业最看好年轻人是否具有创业精神，通过课程激发学生的这种意识，无论就业还是创业，都将使学生受益终身。

应该说，国内的创业教育总体上还处于积极探索阶段，创业教育与国外的差距很大。中国大学生创业的比例不到毕业生总数的1%，而发达国家大学生创业占毕业生总数的20%～30%。国内的情况也有很大差异，很多国内重点高校在创业教育和创业教育理论研究方面发展较快，开设了许多创业教育的课程，创业活动开展也比较活跃，如参加“创业计划大赛”，设立“创业基金”，建立大学“创业科技园”，创立“创业孵化器”等，都在一定程度上鼓励和带动了大学生创业。但是仍有很多省份创业教育仍然发展较慢。与国外和国内先进的创业教育相比，我国创业教育主要存在以下几方面的问题。

1. 缺乏创业教育的理论研究

创业教育基本上停留在简单地开设几门课程上，创业教育理论研究的内容也基本上是仿效国内，千篇一律，研究的问题不深入，缺乏创业理论的独特性解释和特定的技术工具，研究的学术价值有限。由于缺乏专门从事创业教育研究的队伍，创业教育理论研究不足，创业教育缺乏理论指导。

2. 创业教育过于注重实务层面

虽然开设了很多的创业教育课程，但多是理论知识和技能的学习，而对创业必备的创新精神和创业精神以及品质和素质的培养却不重视。创业教育还没有真正上升到以理念指导的层面，缺乏鲜明的宗旨和目的。

3. 创业教育缺乏系统性

创业教育与学科专业教育分家，还没有融合于学校整体育人的体系之中，与学科专业教育也没能形成有机联系，常常游离于专业学科教育之外。这使得创业教育失去了学科专业的有力依靠，从而使其内功不足。

4. 创业教育缺乏实践

美国的创业教育已经表现出越来越强的实践性，并衍生出首先要求教师具有实战经验；其次课程过程中要求学生拥有商业实践。而国内创业教育大多还是由“学院派”教师执教，缺乏创业实战经验。而且，创业教育基本上没有操作性强的实践性课程。

5. 创业教育范围局限

创业教育在范围上多局限于少数学生，仍然带有很强的精英化色彩，缺乏对“人人能创业”的倡导和宣传。很多学生认为创业是那些具有特殊品质的人的专利，因而大部分学生不敢尝试和参与，而只是袖手旁观，从而成为创业教育的旁观者和看客，也使得创业教育不能普及。

借鉴国内外发达国家的创业教育经验和模式，今后我国的创业教育应注重加强以下几个方面。

1. 鼓励创业领域学术研究

创业研究对于创业教育的推动作用是非常明显的。以创业教育知名的百森商学院，其在创业研究领域具备相当的影响力。特别是应鼓励和加强民办大学及研究机构进行创业学术研究，通过学术研究来促进创业教育的深入发展。

2. 建立创业学科以促进创业教育的发展

学科的建立意味着这一领域能够成为一个有生命力的独立科学领域，有着自己的学科内核和研究边界，有特定的研究方法和技术工具。而目前创业领域虽然正在被众多学者所关注，但是离真正意义上的独立学科还存在一定距离。创业教育作为一种教育形式，无论是课程开设还是教育效果，都需要通过建立学科来增强其生命力和保证其长足发展，可以以一些高校作为创业学科建设的试点单位，使创业教育获得学科的有力支撑而快速发展。

3. 增加创业实践机会

对于高等学校来讲，增加学生更多的创业实践机会，加强学校和企业家的合作，让一些企业家加入教师队伍从事创业教学，引入实践性课程，增加课程中用于实践的时间，这些措施都能大大加快大学生创业素质和创业能力的转化过程。

4. 采取先进的创业研究方法

研究方法和工具的深入应用往往是一个学科领域发展和深化的条件和标准，创业研究的方法要更多采用先进的研究方法和研究工具，使用定量的技术方法，采用实证研究。

5. 创业的范围要扩展

创业教育不应只是作为大学教育的一部分，而是应扩展到中小学教育中，以培养一种创业精神为主旨，提升中国整体学生的创业能力和创新创业精神。国家应科学设计创业教育的整体体系，分阶段、有步骤地加以实施。

另外，创业教育要实现大众化教育，要建立创业教育的专门理念，以及构建创业的整合体系等，这些都是高校创业教育今后发展的方向。

习　　题

【重要概念】

创业活动　　硅谷文化　　全球创业观察(GEM)　　创业教育

【思考题】

1. 国外创业最早开始的背景是什么？
2. 国外创业热潮的开始以什么作为标志？
3. 国外创业的现状和趋势如何？
4. 我国创业始于何时？有哪些阶段？
5. 当前我国创业的形势如何？发展前景如何？
6. 为什么要开展创业教育？
7. 国外有哪些较为先进的创业教育理念和做法值得我们借鉴？
8. 我国目前的创业教育现状如何？有哪些不足？发展方向如何？

【实训题】

1. 结合你所在学校的创业教育情况，你认为目前学校开展的创业教育还有哪些不完善的地方？还应加入哪些内容？你对学校的创业教育有哪些具体的想法和建议？

2. 找到一位成功的创业者，请他谈谈自己的创业历程和创业体会。你是怎样理解创业的艰辛和收获的？你对目前大学生创业持怎样的看法？

【总结案例】

大学生创业面临的难题

自从第一家学生公司视美乐诞生起，学生创业便成为媒体炒作的热点以及在校大学生梦想一步登天的捷径。为了创业，不少大学生宁愿放弃宝贵的学习机会或学业，尽管各级政府也在为大学生创业鼓与呼，事与愿违的是大学生创业成功者少，失败者众。大学生创业到底怎么了？专家分析认为，大学生创业面临5道坎，而难以逾越。

1. 创新

创业要尽可能立足于自主知识产权，以前中国对知识产权保护的国际承诺主要是通过参加知识产权保护组织及其国际公约，或以双边协定的形式约定，保护力度有限。入世后，中国要参加世贸组织《与贸易有关的知识产权保护协定》(1994)，中国的知识产权保护将受到WTO争端解决机制的有力约束。这一点对于学生创业更显重要，有关专家指出，现在学生创业失败的多，一个重要原因就是忽视技术创新。学生创业一定要具备4个条件：其一，有自主知识产权的创造发明；其二，这一发明能转化为有市场前景的产品；其三，这一产品要有预期的销路；其四，要有可靠的资金提供者。有没有自主知识产权成为大学生创业能否成功的首要条件。

2. 知识

自1994年6月14日开始到7月8日"中关村创业2000"商业计划大赛创业计划递交截止期，大赛组委会共收到908份有效商业计划书。著名的风险投资公司维欣风险投资公司首席执行官说已发现了一些值得投资的计划。他发现许多创业者无法把自己的创意准确而清晰地表达出来，缺少个性化的信息传递，一些计划甚至是词不达意。他认为，在这种看似是语言表达能力的背后，反映的则是创业者缺乏对创业所需各种资源的准确理解，在这一点上，有着实战经验的企业人员要比在校学生强。落选的商业计划还普遍存在以下问题：不知道如何写商业计划书；对目标市场和竞争对手情况缺乏了解，分析时所采用的数据经不起推敲，没有说服力；相当多的计划书价格取向不明确，没有指明计划会给用户和市场创造什么样的价值，或用户为什么会购买他们的产品和服务，以及企业将如何盈利和保证正常运营；一些计划书虽有很好的创业思路，但其可操作性却难经推敲。这些无一不反映大学生在创业方面知识的缺乏。

3. 资金

"巧妇难为无米之炊"，没有资金，再好的创新技术也难以化为现实的生产力，"钱不是万能的，但没钱是万万不能的"。对于学生创业，这同样是真理。创意是花朵，但资金是水分，吸引不到资金的创意终将老去。北大毕业的"象牙塔"公司总裁李永新说："与理念相悖的投资人合作将是痛苦的创业过程。"无疑，资金是学生创业要翻越的第一座大山。为多家学生公司提供管理和投资咨询的远卓公司董事郑立新指出，学生创业吸引投资存在3个误区。首先是急于得到资金，给小钱让大股份，贱卖技术或创意。有不少核心技术拥有者在公司运营一段时间后，对当初的投资协议深感不满并提出毁约。而这样做的后果只能是在资本市场上臭名昭著。其次，即便投资人不能提供增值性服务和指导，仍与其捆绑在一起。最后，对风险投资不负责任地使用，烧别人的钱圆自己的梦。每一轮融资中的投资者都将影响后续融资的可行性和价值评估。因此，对于尚处早期的创业公司来说，应引入一些真正有实力、能提供增值性服务、与创业者理念统一的投资者，哪怕这意味着暂时放弃一些眼前的利益。

4. 心态

创业需要理智而不是冲动，创业需要冷静而不是狂热，现实中大学生对于创业如同"大跃进"似的，似乎只要开一个公司就会一蹴而就，就会财源滚滚。对行业缺乏深度审视，对社会和大众消费缺乏深刻了解，盲目创业，是学生创业的"通病"。清华创业园的罗建北主任说，当她询问一些想创业的同学是否对其产品和技术进行市场调查时，得到的往往是理想化的推理：中国有4亿人需要我们的产品，如果每人购买一件，每件100元，我们就有400亿元的销售市场。完全是一种虚无的"英雄梦"。"有创业热情是好事，但由于视野窄、理论性太强，导致不少原创缺乏可行性，经不起考验。学生不可过于自负，应当接受别人对其原创的打磨。"远卓公司的郑立新说。

5. 经验

指点江山，激扬文字，大学生的理想与抱负是有的，但"眼高手低"，在创业过程中除了能"纸上谈兵"之外，对具体的市场开拓缺乏经验与相关的知识。经验不足，缺乏从职业角度整合资源、实行管理的能力，是大学生创业失败的一个重要原因。试想，风险投资人若不在Yahoo初期引入职业经验人，Yahoo或许永远就是学生的一个想法。风险投资商更看重能有效组织产业资源的创业团队，并不看好那些徒有想法的聪明个人。因为即便再天才的想法也还是具有可复制性的，而团队的整体实力是难于复制的。

资料来源：http://jy.wxic.edu.cn/default.php?mod=article&do=detail&tid=665.

讨论：

(1) 进一步分析文中所提到的大学生创业面临主要难题的原因。

(2) 创业教育和大学生创业是什么样的关系？创业教育的目的和功能是什么？

(3) 你认为大学生创业需要具备哪些素质和能力？应进行怎样的准备？

第二篇

创业准备

当今企业之间的竞争，不是产品之间的竞争，而是商业模式之间的竞争。

——彼得·德鲁克

第三章

创业环境与机会

【学习目的与要求】

1. 了解创业环境的分析过程。
2. 理解创业环境的构成。
3. 掌握创业机会的概念、特点与分类。
4. 了解创业机会的识别过程及创业机会来源。
5. 掌握创业机会的评价准则与评价方法。
6. 了解大学生创业机会的选择策略。

【创业管理小故事】

广州的湖南味道

徐波和张勇光是从湖南来广州的打工者。2002年的一天，两个人坐在一起商量，长期这样打工下去不是个出路，得自己做点生意。想来想去，徐波说，广州有很多的湖南人，也有很多湘菜馆，但是，像我们这样的打工仔不必说，根本没钱总去下饭馆；而有些做生意的老乡虽然手头宽裕一些，但是经常下馆子的话，可能也不太容易。所以对于多数外来湖南人来说，很多时候还是自己在家里做饭吃。湖南人的口味比较特殊，包括做饭用的原材料，而且湖南人比较认死理、乡土观念重，如果我们能做点儿湖南土特产的买卖，说不定会有钱赚。

两个人说干就干，马上进行市场调查，果然，除了在一些大小超市有些湖南来的零星杂货外，广州的大街小巷真的是看不见一家专门经营湖南土特产的商店。

调查的结果让两个人大为兴奋。不久，两个人合伙投资十来万元的湖南杂货店在广州大道南方日报社附近正式登场亮相，商店取名为“湖南味道”。为了不让人误认为自己是随时会飞掉的“野鸡小店”，俩人花1万元请广州书画界的名家李华白题写了“湖南味道”四个字的招牌。招牌挂出来，厚重的墨迹果然让人肃然起敬。

在徐波和张勇光的店里，处处突出的都是“湖南味道”，所售货物都是地道湘产自不必说，连员工都是非纯正湖南人不用。走进徐波和张勇光的店里，触耳一片“湘音”。几乎没有经过什么曲折，徐波和张勇光的小店从第一个月就开始盈利，如今“湖南味道”在广州的湖南老乡中不说尽人皆知也差不多了。

启示：对创业环境敏锐的辨察力、及时有效的分析，能够使创业者捕捉到可贵的创业机会,甚至成就创业的最终成功。

第一节 创业环境分析

创业环境分析是创业战略、策略制定的首要步骤,创业环境分析结果从根本上决定着创业活动的成败。

一、创业环境概述

(一) 创业环境的含义与构成

生态学中,环境是指某一特定生物体或生物群体以外的空间,以及直接或间接影响该生物体或生物体生存的一切事物的总和。可以看出,环境是一个相对的概念,总是针对某一特定主题或中心而言的,所以我们所指的创业环境是指以创业活动为中心,并对创业者思想的形成和创业行为的开展产生影响和发生作用的各种因素和条件的总和。图 3-1 显示了创业环境的构成,首先是政治法律环境、经济环境、技术环境、社会文化环境、自然环境等宏观因素,这些因素对一个新企业的创办、生存和发展产生着间接但重要的影响,对创业者的投资兴业决策起着较大作用;其次是产业环境,即竞争环境,包括购买者的讨价议价能力、供应商的讨价还价能力、相关替代者的威胁、产业内的新进入者的威胁以及现存企业之间的竞争程度等方面,它们从根本上决定了产业的吸引力水平。而创业企业自身资源与能力构成的微观环境,则与产业环境一起,对创业者的创业决策产生着直接影响。

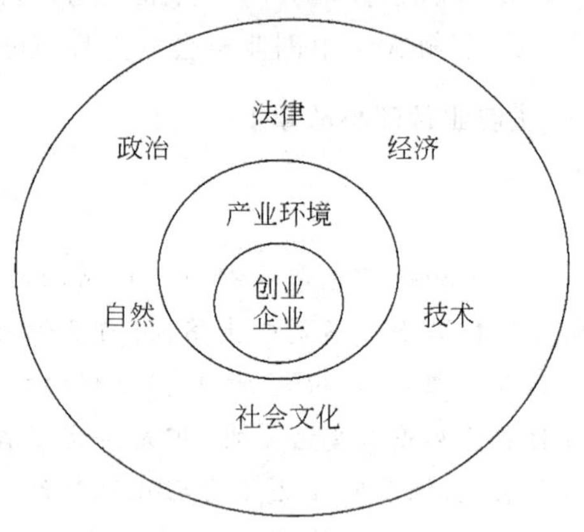

图 3-1 创业环境的构成

一般情况下,以上创业环境的各个组成部分,及各部分所包含的具体创业环境因素都具备以下共同的特征。

(二) 创业环境的特征

1. 客观性

企业总是在特定的社会经济和其他外界环境条件下生存与发展。环境作为企业外在的不以创业者意志为转移的因素,对企业创业活动的影响具有强制性和不可控制性。尽管企业难以按照自身的要求和意愿随意改变创业环境,特别是宏观环境(如一个国家的政治法律制度、人口增长以及社会文化习俗等,企业不可能随意改变它),但可以通过不断调整其策略去主动适应环境的变化。企业发展与环境变化的关系是:适者生存,不适者淘汰。因此，善于适应环境变化的创业企业就能生存并发展下去，不能适应环境变化的创业企业则难免被淘汰。

2. 差异性

创业环境的差异性不仅表现在不同的创业企业受不同环境的影响，而且同样一种环境因素的变化对不同创业企业的影响也不尽相同。例如，不同的国家、民族、地区之间在人口、经济、社会文化、政治、法律、自然地理等各方面存在着广泛的差异性，这些差异对创业活动的影响显然是不同的。由于外界环境因素的差异，创业企业应根据环境变化的趋势和特点，采取相应且适当的创业方式。

3. 相关性

在创业环境系统中，某一环境因素的变化往往会引起其他因素的变化，形成新的创业环境。例如，宏观环境中的政治法律因素或经济政策的变动，会引起产业竞争环境的变动，从而形成新的产业竞争格局。

4. 多变性

创业环境是企业创业活动的基础和条件，但这并不意味着它是一成不变的、静止的。事实上，创业环境是一个动态系统。构成创业环境的每一因素都受其他许多因素的影响，它们都随着社会经济的发展而不断变化。如我国消费者的消费倾向已从追求物质的数量化转向追求物质的质量及个性化，也就是说，消费者的消费心理正趋于成熟，这无疑会对企业创业活动产生最直接的影响。

当然，创业环境的变化，既会给企业提供机会，也会给企业带来威胁，因此有效识别动态创业环境为企业带来的机会与威胁成为创业成功的首要条件。

在创业环境分析中，为了更及时、有效地监测、预测到环境因素为创业企业带来的各种影响，我们需要明确创业环境分析的一般过程与方法。

（三）创业环境分析的过程

1. 扫描环境

扫描环境就是创业者首先识别关键因素及其特征的过程。扫描的目的是发现业已存在的变化。成功的扫描能提前发现重要的变化，给创业企业以足够的时间来适应。

创业者应该扫描大量的信息来源。《经济研究》、《商业周刊》、《经济学动态》等是大量信息的可靠来源。新华社的网络新闻、特别报道和经济类专题节目等电视节目为信息提供了一个普遍和连续的来源。在互联网上冲浪也已成为一种重要的扫描途径。除此之外，可以通过"人与人"之间的相互交往进行扫描，企业家可以向其他领域很多职业的从业者和专家进行咨询。企业家可以从会计师、律师、工程师、咨询师，甚至教授那里获取信息和建议。环境扫描使企业家对环境条件很敏感，有时候看起来很像是他们的直觉。

2. 监控环境

监控指的是跟踪影响未来新企业生存和获利能力的关键因素的演变、进展的过程。扫描过程获得的信息被输入监控过程中。对所识别出的与创业企业相关的特定趋势和事件进行实时监控，以便证实或者推翻它们将如何影响企业的相关推测。监控不能泛泛地进行，它应比扫描更加集中。创业者应跟踪专门的期刊，有选择地向专家咨询，从而明确环境因素对创业企业影响的可能性结果。

3. 预测环境

预测使创业者为将来开发出接近真实的计划方案。这些方案与经营要素相关，如价格水平、利率变动方向等。例如，一个典型的预测是如果货币供给以超过目标的速度增长，通货膨胀就会发生。事实上，预测的输入信息来源于监控获得的资料。

为了能深刻洞察未来，预测需要使用一系列技术手段。当人们利用预测来帮助企业搜寻创业机遇和揭示环境对这些机遇的约束时，应遵循以下五个分析步骤：

(1) 选择对于企业来讲至关重要的环境因素。

(2) 挑选用于预测的信息来源。它们应该是那些你一直在监控的信息。

(3) 评估、选择预测方法。

(4) 将预测结果结合到你的企业创建计划中。

(5) 跟踪预测结果的主要内容，将实际结果与预测结果进行比较。如果有差距，应该寻求新的预测方法并重新从第一步开始。

表 3-1 概括了四种预测方法及其成本与优点。

表 3-1 新兴产业、创业企业与新型产品预测基本方法

预测方法	描　述	成本	复杂性
场景展开	选择小范围市场试运行，观察消费者的反应	高	低
德尔菲法	采取不记名与反复进行的方式，组成专家组，轮番征询专家意见，归纳修改至意见趋于一致	中等	高
联合预测	由某一职能领域的几位专家进行联合预测，即单独预测再加以集中	低	低
头脑风暴法	在一个宽松的群体情境中产生创意	低	中等

4. 评估环境

评估环境是环境分析的四项任务中最困难、最重要的一项。本阶段创业者必须回答最有难度的问题："所有这些意味着什么？"必须说明的是，在评估大多数创业机遇时，得出人们一致同意的情况可能很少。事实上，我们刚才所描述的四个分析过程看起来条分缕析，但其所遵循的模式更多是出于直觉，这就是通常所说的"创业的洞察力"或者"先见之明"。

我们之所以在创业环境分析过程中投入大量精力，主要是因为分析创业环境具有以下意义。

（四）创业环境分析的意义

1. 创业环境分析是创业活动的基础

创业活动是在复杂的市场环境中进行的。社会生产力水平、技术进步变化的趋势、消费者需求结构的改变、国家一定时期的政治经济政策等，都直接或间接地影响着创业活动。成功的创业者，都十分注重市场调查与分析市场环境。忽视环境分析，通常会使企业创业活动遭受影响和冲击。

2. 创业环境分析利于创业者寻求市场机会

市场环境中的环境威胁和机会恰似一枚硬币的两面，一面的存在以另一面的存在为前提，且在一定条件下可以相互转化。如果创业者不注重市场环境的分析，它所失去的不仅是新的市场机会，而且可能遭受变化了的市场环境的威胁；如果对环境威胁十分重视，积极地寻求规避威胁的对策，不仅可能消除威胁，而且极有可能将威胁转化为创业企业发展的新机遇。

3. 创业环境分析为创业决策提供了依据

创业者的创业活动要受到各种环境因素的制约，创业企业的内部条件、外界的市场环境与创业经营目标的动态平衡，是科学决策的必要条件。在风云变幻的市场环境和激烈的市场竞争中，"适者生存"同样是颠扑不破的真理。创业企业的各种活动与决策都应当具备一定的科学性，这种科学性主要来源于对市场环境的客观分析。企业只有认真分析自身的内部条件和外部的市场环境，充分了解自己所拥有的实力，并找出自身优势和不足，明确它们能够为创业活动的开展带来哪些相对有利条件以及可能面临的环境威胁，从而为创业决策的科学性提供充分的客观依据，促使创业企业在创业活动开展过程中所投入资源得到最优配置，确保创业企业在激烈的市场竞争中站稳脚跟。

下面我们就来一起具体了解影响创业企业经营活动的各部分环境因素。

二、创业环境的因素

如前文所说，创业环境主要包括对一个新企业的创办、生存和发展产生着间接但重要的影响的宏观环境；根本上决定了产业的吸引力水平的竞争环境，对创业者的创业决策产生着直接影响的企业自身的微观环境。下面我们就逐一看一下各部分环境中的具体因素以及它们对创业企业产生的影响。

（一）创业宏观环境因素

宏观创业环境指对企业创业活动带来市场机会和威胁的主要社会力量，包括人口、经济、自然、技术、文化等因素。创业企业及其所处的产业环境的参与者，无不处于宏观环境之中。

1. 人口环境

人口是构成市场的第一位因素。市场是由有购买欲望同时又有支付能力的人构成的，人口的多少直接影响市场的潜在容量。从影响市场需求的角度，对人口因素可作如下分析。

（1）人口总量

一个国家或地区的总人口数量多少，是衡量市场潜在容量的重要因素。目前，世界人口环境正发生明显的变化，主要趋势是：首先，全球人口持续增长，人口增长首先意味着人民生活必需品的需求增加。其次，美国等发达国家人口出生率下降，而发展中国家出生率上升，90%的新增人口在发展中国家。

(2) 年龄结构

随着社会经济的发展、科学技术的进步，以及生活条件和医疗条件的改善，人们的平均寿命大大延长。人口年龄结构变化的主要趋势是：首先，许多国家人口老龄化加速。其次，出生率下降。如美国等发达国家人口出生率下降，出生婴儿和学龄前儿童减少，给儿童食品、童装、玩具等生产经营者带来威胁，但同时也使年轻夫妇有更多的闲暇时间用于旅游、娱乐和在外用餐。

(3) 地理分布

人口在地区上的分布，关系市场需求的异同。居住在不同地区的人群，由于地理环境、气候条件、自然资源、风俗习惯不同，需求的内容和数量也存在差异。

(4) 家庭组成

家庭组成指一个以家长为代表的家庭生活的全过程，也称家庭生命周期。按年龄、婚姻、子女等状况的不同可以判断不同家庭所处的相应生命周期阶段，所处阶段不同，需求的内容和特点以及购买决策的过程、消费行为模式都会不同。

(5) 人口性别

性别差异给市场需求带来差异，购买习惯与购买行为也有差别。一般来说，在一个国家或地区，男、女人口总数相差并不大。但在一个较小的地区，如矿区、林区、较大的工地，往往是男性占较大比重，而在某些女职工占极大比重的产业集中区，则女性人口又可能较多。

2. 经济环境

经济环境一般指影响企业创业方式与规模的经济因素，如消费者收入与支出状况、储蓄与信贷状况、经济发展状况等。

(1) 收入状况

市场需求指人们有支付能力的需求。仅仅有消费欲望，有绝对消费力，并不能创造市场；只有既有消费欲望，又有购买力，才具有现实意义。

在研究收入对需求的影响时，常应用以下概念。

① 个人收入。指城乡居民从各种来源所得到的收入。各地区居民收入总额，可用以衡量当地消费市场的容量，人均收入多少，反映了购买力水平的高低。

② 个人可支配收入。指从个人收入中，减除缴纳税收和其他经常性转移支出后，所余下的实际收入，即能够用以作为个人消费或储蓄的数额。

③ 可任意支配收入。只有在可支配收入中减去这部分维持生活的必需支出，才是个人可任意支配收入，这是影响市场需求变化的最活跃的因素。

(2) 支出状况

支出状况主要指消费者支出模式和消费结构。收入在很大程度上影响着消费者支出模式与消费结构。随着消费者收入的变化，支出模式与消费结构也会发生相应变化。研究表明，消费者支出模式与消费结构，不仅与消费者收入有关，而且受以下因素影响：家庭生命周期所处的阶段；家庭所在地址与消费品生产、供应状况；城市化水平；商品化水平；劳务社会化水平；食物价格指数与消费品价格指数变动是否一致等。

(3) 储蓄与信贷状况

储蓄指城乡居民将可任意支配收入的一部分储存待用。储蓄的形式,可以是银行存款,可以是购买债券,也可以是手持现金。较高储蓄率会推迟现实的消费支出,加大潜在的购买力。

信贷指金融或商业机构向有一定支付能力的消费者融通资金的行为。主要形式有短期赊销、分期付款、消费贷款等。消费信贷的规模与期限在一定程度上影响着某一时限内现实购买力的大小,也影响着提供信贷的商品的销售量。如购买住宅、汽车及其他昂贵消费品,消费信贷可提前实现这些商品的销售。

(4) 经济发展状况

企业的创业活动要受到一个国家或地区经济发展状况的制约,在经济全球化的条件下,国际经济形势也是企业创业活动的重要影响因素。

美国学者罗斯托的经济成长阶段理论,把世界各国经济发展归纳为五种类型:传统经济社会、经济起飞前的准备阶段、经济起飞阶段、迈向经济成熟阶段及大量消费阶段。凡属前三个阶段的国家称为发展中国家,而处于后两个阶段的国家称为发达国家,经济发展阶段的高低直接决定着创业环境特征。

我国 1988—2010 年的 22 年间,GDP 年均增长 9.8%,人均 GDP 年均增长 8.0%。经济的高速发展,极大地增强了中国的综合国力,显著地改善了人民生活。同时,国内经济生活中,也还存在一些困难和问题,如经济发展不平衡、产业结构不尽合理、就业问题压力很大等。所有这些国际、国内经济形势,国家、地区乃至全球的经济繁荣与萧条,对创业企业都有重要的影响。问题还在于,国际或国内经济形势都是复杂多变的,机遇与挑战并存,企业必须认真研究,力求正确认识与判断,相应制订创业战略与计划。

3. 自然环境

自然环境主要指创业者所需要或受创业活动所影响的自然资源。创业活动要受自然环境的影响,也对自然环境的变化负有责任。创业管理者当前应注意自然环境面临的难题和趋势,如很多资源短缺、环境污染严重、能源成本上升等环境问题。因此,从长期的观点来看,自然环境应包括资源状况、生态环境和环境保护等方面。自然环境的破坏往往是不可弥补的,创业战略中实行生态创业、绿色创业等,都是维护全社会的长期福利的创业行为。

4. 政治法律环境

(1) 政治环境

① 国内政治环境。包括党和政府的各项方针、路线、政策的制定和调整对创业的影响。创业企业要认真地进行研究,领会其实质,了解和接受国家的宏观管理,而且还要随时了解和研究各个不同阶段的各项具体的方针和政策及其变化的趋势。

② 国际政治环境。一般分为"政治权力"和"政治冲突"两部分。随着经济的全球化发展,我国企业对国际创业环境的研究将越来越重要。政治权力指一国政府通过正式手段对外来企业权利予以约束,包括进口限制、外汇控制、劳工限制、国有化等方面。政治冲突主要指国际上重大政治事件和突发性政治事件。

(2) 法律环境

法律环境指国家或地方政府颁布的各项法规、法令和条例等。法律环境对市场需求的形成和实现具有一定的调节作用。企业研究并熟悉法律环境,既可保证自身严格依法管理和经营,也可运用法律手段保障自身的权益。

5. 科学技术环境

科学技术是第一生产力,科技的发展对经济发展有巨大的影响,不仅直接影响企业内部的生产和经营,同时还与其他环境因素互相依赖、互相作用,给企业创业活动带来有利与不利的影响。例如,一种新技术的应用,可以使创业企业创造一个明星产品,产生巨大的经济效益;同时,新技术的应用,也会影响企业创业策略的制定等。创业企业在进行科技环境分析研究时应注意:

(1) 新技术出现的影响力及对创业活动可能造成的直接和间接的冲击;

(2) 了解和学习新技术及发展动向,以便采用新技术,开发产品以求生存和发展;

(3) 利用新技术改善服务,提高企业的服务质量和效率;

(4) 利用新技术对企业进行管理,提高管理水平和企业创业活动效率;

(5) 新技术的出现为人民生活方式带来的变化及其对企业创业活动可能造成的影响。

6. 社会文化环境

社会文化主要指一个国家、地区的民族特征、价值观念、生活方式、风俗习惯、宗教信仰、伦理道德、教育水平、语言文字等的总和。主体文化是占据支配地位的,起凝聚整个国家和民族的作用,由千百年的历史所形成的文化,包括价值观、人生观等;次级文化是在主体文化支配下所形成的文化分支,包括种族、地域、宗教等。文化对所有创业的参与者的影响是多层次、全方位、渗透性的。它不仅影响企业创业组合,而且影响消费心理、消费习惯等,这些影响多半是通过间接的、潜移默化的方式来进行的。主要包括教育水平、宗教信仰、消费习俗、消费流行与亚文化群等几个方面。

下面再来共同了解对创业经营活动有着更直接影响的产业环境因素。

(二) 创业产业环境因素

产业环境分析的目的是对产业的吸引力水平进行评价,同时确定产业中的哪一部分是最有吸引力的。该分析会表明创业企业应该采用的合适的竞争战略类型以及应该获取和开发的资源。

决定产业的吸引力水平的综合分析工具是五力竞争分析模型,如图 3-2 所示。该模型描述了产业内决定价格、成本关系,及决定产业利润水平的五种力量。

1. 供应商的议价能力

供方力量的强弱主要取决于他们所提供给买方的是什么投入要素,当供方所提供的投入要素价值构成了买方产品总成本的较大比例、对买方产品生产过程非常重要或者严重影响买方产品的质量时,供方对于买方的潜在讨价还价力量就大大增强。一般来说,满足如下条件的供方集团会具有比较强大的讨价还价力量:

(1) 供方产业为一些具有比较稳固市场地位而不受市场剧烈竞争困扰的企业所控制,其产品的买方很多,以至于每一单个买方都不可能成为供方的重要客户。

(2) 供方各企业的产品各具有一定特色,以至于买方难以转换或转换成本太高,或者

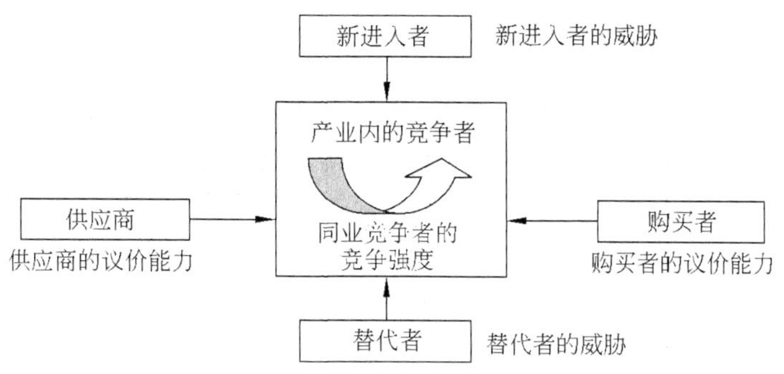

图 3-2 五力竞争分析模型

很难找到可与供方企业产品相竞争的替代品。

(3) 供方能够方便地实行前向联合或一体化,而买方难以进行后向联合或一体化。

2. 购买者的议价能力

购买者主要通过其压价与要求提供较高的产品或服务质量的能力,来影响产业中现有企业的盈利能力。一般来说,满足如下条件的购买者可能具有较强的讨价还价力量:

(1) 卖方的购买者的总数较少,而每个购买者的购买量较大,占了卖方销售量的很大比例。

(2) 卖方产业由大量相对来说规模较小的企业所组成。

(3) 购买者所购买的基本上是一种标准化产品,同时向多个卖方购买产品在经济上也完全可行。

(4) 购买者有能力实现后向一体化,而卖方不可能实现前向一体化。

3. 新进入者的威胁

新进入者在给产业带来新生产能力、新资源的同时,将希望在已被现有企业瓜分完毕的市场中赢得一席之地,这就有可能会与现有企业发生原材料与市场份额的竞争,最终导致产业中现有企业盈利水平降低,严重的话还有可能危及这些企业的生存。竞争性进入威胁的严重程度取决于两方面的因素,这就是进入新领域的障碍大小与预期现有企业对于新进入者的反应情况。

进入障碍主要包括规模经济、产品差异、资本需要、转换成本、销售渠道开拓、政府行为与政策(如国家综合平衡统一建设的石化企业)、不受规模支配的成本劣势(如商业秘密、产供销关系等)、自然资源(如冶金业对矿产的拥有)、地理环境(如造船厂只能建在海滨城市)等方面,这其中有些障碍是很难借助复制或仿造的方式来突破的。

预期现有企业对进入者的反应情况,主要是采取报复行动的可能性大小,则取决于有关厂商的财力情况、报复记录、固定资产规模、产业增长速度等。

总之,新企业进入一个产业的可能性大小,取决于进入者主观估计进入所能带来的潜在利益、所需花费的代价与所要承担的风险这三者的相对大小情况。

4. 替代品的威胁

两个处于同产业或不同产业中的企业,可能会由于所生产的产品是互为替代品,从而在它们之间产生相互竞争行为，这种源自替代品的竞争会以各种形式影响产业中现有企业的竞争战略。首先，现有企业产品售价以及获利潜力的提高，将由于存在着能被用户方便接受的替代品而受到限制；其次，由于替代品生产者的侵入，使得现有企业必须提高产品质量，或者通过降低成本来降低售价，或者使其产品具有特色，否则其销量与利润增长的目标就有可能受挫；最后，源自替代品生产者的竞争强度，受产品买方转换成本高低的影响。总之，替代品价格越低、质量越好、用户转换成本越低，其所能产生的竞争压力就强，而这种来自替代品生产者的竞争压力的强度，可以具体通过考察替代品销售增长率、替代品厂家生产能力与盈利扩张情况来加以描述。

5. 同业竞争者的竞争程度

大部分产业中的企业，相互之间的利益都是紧密联系在一起的，作为企业整体战略一部分的各企业竞争战略，其目标都在于使得自己的企业获得相对于竞争对手的优势，所以，在实施中就必然会产生冲突与对抗现象，这些冲突与对抗就构成了现有企业之间的竞争。现有企业之间的竞争常常表现在价格、广告、产品介绍、售后服务等方面，其竞争强度与许多因素有关。

一般来说，出现下述情况将意味着产业中现有企业之间竞争的加剧，这就是：产业进入障碍较低，势均力敌竞争对手较多，竞争参与者范围广泛；市场趋于成熟，产品需求增长缓慢；竞争者企图采用降价等手段促销；竞争者提供几乎相同的产品或服务，用户转换成本很低；产业外部实力强大的公司在接收了产业中实力薄弱企业后，发起进攻性行动，结果使得刚被接收的企业成为市场的主要竞争者；退出障碍较高，即退出竞争要比继续参与竞争代价更高。在这里，退出障碍主要受经济、战略、感情以及社会政治关系等方面的影响，具体包括资产的专用性、退出的固定费用、战略上的相互牵制、情绪上的难以接受、政府和社会的各种限制等。

产业中的每一个企业以及欲进入某个产业的新企业或多或少都必须应付以上各种力量构成的威胁，而客户也必须面对产业中的每一个竞争者的举动。根据上面对于五种竞争力量的讨论，创业企业可以采取尽可能地将自身的经营与主导竞争力量隔绝开来，努力从自身优势出发影响产业竞争规则，先占领有利的市场地位再发起进攻性竞争行动等手段来应付五种竞争力量，以逐步建立并增强自己的竞争实力。

当然，除了大的宏观环境以及周遭的产业环境对创业公司的创业活动产生着直接或间接的影响，创业企业自身的微观环境因素也是决定创业经营活动能否顺利开展的关键因素。

（三）创业微观环境因素

1. 企业资源

创业者在整个创业过程中所依赖的创业资源可以分为有形资源和无形资源。

(1) 有形资源

有形资源是指那些看得见、能量化的资产。有形资源不仅容易被识别，而且也容易被估算出来，如厂房、设备、资金等。许多有形资源的价值可以通过财务报表予以反映。有形资源包括四类：财务资源、组织资源、实物资源、人力资源。

（2）无形资源

无形资源是指那些根植于企业历史的、长期以来积累下来的、不容易辨识和量化的资产。如企业的创新能力、产品和服务的声誉、专利、版权、商标、专有知识、商业机密等均属无形资源。无形资源一般分为两大类：技术资源和声誉资源。

企业资源分析旨在确定企业资源的状态、企业在资源上表现出的优势和劣势以及对未来战略目标存在的资源缺口等。企业的成功源于对资源的成功开发和利用，因此，必须做好企业资源分析工作。

2. 企业能力

企业的能力指的是企业分配资源的效率，通过能力的运用，企业能够将资源有目的地整合在一起，从而达到一种预想的最终状态。反过来，企业的能力也在有形资源与无形资源的不断整合中产生。一般地，企业能力应该建立在发展、积累信息和知识以及在企业内部员工之间交流信息与知识的基础上。只有这样，企业能力才能在不断重复和实践中变得越来越有价值。

在信息时代，人力资本所拥有的知识是企业最重要的能力，也是企业所有竞争优势的来源。这一点对于创业活动来说尤为重要。相对于较为匮乏的其他资源和能力，人才是创业中最可贵的因素。

3. 企业核心竞争力

企业的核心竞争力指的是能为企业带来超越竞争对手的竞争优势的资源和能力。尽管企业核心竞争力的主要来源是资源和能力，但是并非所有的资源和能力都能成为企业的核心竞争力。因而，如何合理利用资源和能力建立自己的核心竞争力是企业必须解决的重要问题。为了分析何种资源能够构成企业的核心竞争力，企业可以采用以下四个标准来判断。

（1）有价值的能力

它是指那些创造被顾客所重视的价值的能力。普拉哈拉德和哈默认为，核心能力给顾客带来的价值应是核心的价值。企业在确定其核心能力时，必须判断该项能力是否对顾客看重的价值起重要作用。

（2）独特的能力

它是指那些现有和潜在竞争对手极少能拥有的能力。从竞争的角度来看，一项能力要成为核心能力必须有一定的独特性。如果某种能力为整个行业所普遍掌握，就不能成为核心能力。这种能力是企业自身通过不断学习、创造、提高而逐步建立起来的，具有独到之处，竞争对手无法靠简单模仿而获取，因此能给企业带来持久的竞争优势。

（3）难于模仿的能力

它是指其他企业不能轻易模仿建立的能力。一般能力是可以被竞争对手模仿的，只有那些不易模仿的能力和技能才是有价值的核心能力。决定企业能力难以模仿性的条件一方面指的是企业的历史性，即企业基于特定的历史条件而发展起来的独特而有价值的组织文化和品牌是其竞争对手很难进行模仿的；另一方面也包括那些社会关系层面的能力，如企业内部的人际关系，以及企业在供应商和客户之间的信誉等。

(4) 不可替代的能力

它是指那些不具有战略对等资源的能力。如果两种不同的企业资源和能力在执行相同战略的情况下能分别产生价值,那么它们就称作战略对等资源。总的来说,一种能力越难被替代,它所产生的战略价值就越高。能力越不可见,就越难找到它的替代能力,竞争对手就越难以模仿。

综上所述,只有符合有价值的、独特的、难于模仿的和不可替代的四项标准的能力才是核心能力,只有核心能力才能帮助企业获得持久的竞争优势。

第二节 创业机会识别

通过上一节对创业环境分析的了解,我们明确了都有哪些创业环境因素以及它们是如何影响企业的创业活动的,在接下来的这一节中,将介绍在环境分析的基础上如何有效识别与正确评价有利于企业创业或创业发展的创业机会。

一、创业机会的概念、分类及特点

创业始于机会,并因机会而存在。如何在创业环境分析的基础之上发现、抓住机会、实现机会的价值,是潜在的创业者需要关注的重要问题。首先要理解机会的概念,把握创业机会的特点,才能在模糊不清的环境中识别并捕捉真正有价值的创业机会。

(一) 创业机会的概念

创业机会在整个创业过程中处于非常重要的位置,创业活动是从发现、挖掘、利用某个创业机会开始的。创业机会主要是指具有吸引力的、较为持久的有利于创业的适时商业机会,创业者据此可以为客户提供有价值的或增加了价值的产品或服务,并同时使创业者自身获益。

1. 创意与创业机会

创意即创造性的想法与构思,它存在于人们的头脑思维中,创业者对机会的识别源自创意的产生,要求不但具有创业指向同时具有创新性的想法。同时,一个创意可以在市场环境中行得通,不仅要具有创造性、新颖性,而且还要有现实意义,创业者不仅要让这个创意能够吸引人们的眼球、能为人们提供产品或服务,还要有能力实现盈利。

【应用阅读】

只活一年的"e国1小时"

2000年,成立一年的e国网宣布推出"e国1小时",承诺每5平方公里放上一个配送点,只要产品在这个点上,北京城内在网上订单发出1小时内免费送货到用户指定地点。

这种与互联网联合的超快速物流配送模式引起人们很大的关注，同时也获得了同样多的怀疑，“e国1小时”带来了巨大的配送成本，e国还能赚钱吗？卖得越多不是亏得越多？没有新资金的介入，e国还能够支撑多久？有的人则干脆认为“e国1小时”只是“市场运作而已”。e国面临着巨大的舆论与盈利压力，而一年以后，不出所料，“e国1小时”退出电子商务市场，宣告失败。实际上e国的悲剧是在于对市场认识不够，在市场成熟前过早切入市场，商业概念没有经得住市场考验。因为在2000年，中国无论是物流、支付还是配送，甚至网购人群都极不成熟。若想靠一家公司来撑起整个产业链，简直是天方夜谭。

启示：有了创意之后，创业者需要进行市场研究，并且在此基础上对市场机会进行辨别和筛选，将创意转化为目标消费者的现实需求，并有能力将创意发展为可以在市场上进行检验的商业概念，从而转化为企业利润。

2. 商业机会与创业机会

创业机会属于商业机会的范畴，但是一种特殊的商业机会，创业机会能够为企业带来超额经济利润，而一般商业机会则注重改善现有利润水平。但是把握一般商业机会同样能够创业，其差别在于把握创业机会的创业活动的风险更高，相应的回报也更高，在创业活动中，大部分创业者都是把握一般商业机会从而成功创业的。

（二）创业机会的分类与特点

1. 创业机会的分类

我们根据创业机会的来源和发展情况对创业机会进行分类并提出创业机会矩阵。这个矩阵中有两个维度：横轴以探寻到的价值（即机会的潜在市场价值）为坐标，这一维度代表着创业机会的潜在价值是否已经较为明确；纵轴以创业者的创造价值能力为坐标，这个能力包括通常的人力资本、财务能力以及各种必要的有形资产等，代表着创业者是否能够有效开发并利用这一创业机会。按照这两个维度，将不同的机会划分为4种类型，如图3-3所示。

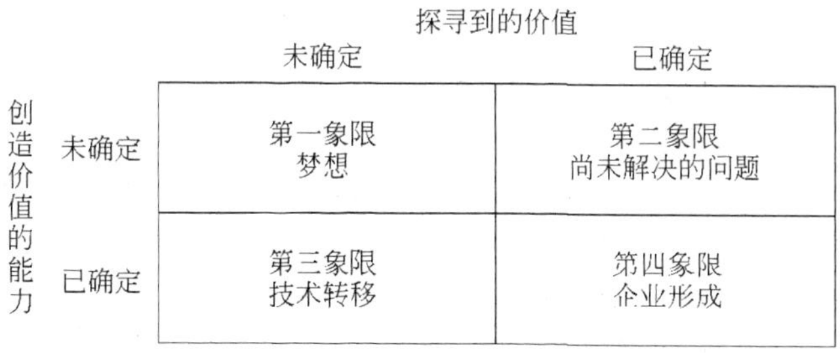

创造价值的能力 \ 探寻到的价值	未确定	已确定
未确定	第一象限 梦想	第二象限 尚未解决的问题
已确定	第三象限 技术转移	第四象限 企业形成

图3-3 创业机会的4种类型

在左上角的第一象限中，机会的价值并不确定，创业者是否拥有实现这一价值的能力也不确定，我们称这种机会为“梦想”。第二象限中，机会的价值已经较为明确，但如何实现这种价值的能力尚未确定，那么这种机会是一种“尚未解决的问题”。对于左下角的第三象限，机会的价值尚未明确，而创造价值的能力已经较为确定，这一机会实际上是一种“技术转移”，创业者或者技术开发者的目的是为手头的技术寻找一个合适的应用点。在右下角的第四象限中，机会的价值和创造价值的能力都已确定，这一机会可称为“业务或者说是企业形成”。

2. 创业机会的特点

(1)“机会窗口”性

所谓“机会窗口”，是指将商业想法推广到市场上所花的时间。由于创业机会存在于一个动态的、发展变化的背景下，通常被比作“窗口”，这说明了机会的适时性很重要，如图 3-4 所示。

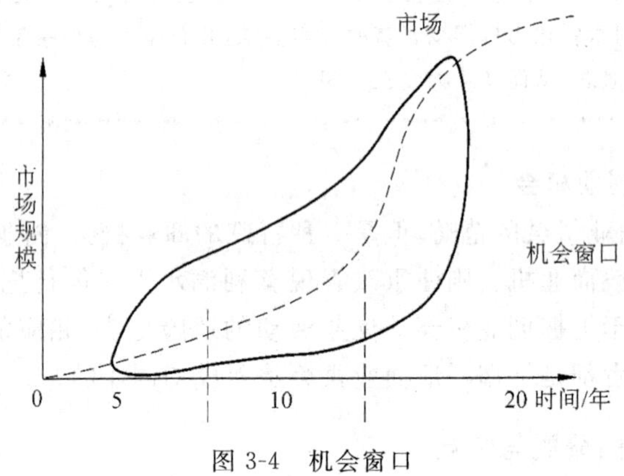

图 3-4 机会窗口

创业者在“机会窗口”的哪个阶段进入市场，在很大程度上决定了创业的成败。一般来说，市场规模越大，特定机会的时间跨度越大，市场的成长性越好。但如果创业者一定要等到“天时、地利、人和”各种条件都具备的时候再开展创业实践，可能之前的商机已经不复存在。

【应用阅读】

机不可失，时不再来

真格基金创始人徐小平在一次采访中说道：我是搞创业投资的，有一件事因为遗憾想和大家分享一下。2009 年，当时我的一个助理告诉我 MSN 和 QQ 的区别，我当时还真是第一次听说 QQ 和 MSN，生性喜欢关注新事物的我，对 IM 工具立即产生了强烈的兴趣。但我助理的一句话毁了我一次发财机会，她说，一般 Office 白领都用 MSN，层次比较低的人，都用 QQ。于是，自认“层次比较高”的我当然就用 MSN 了，再也不关注 QQ。于是，QQ 后来发生的惊天动地的成功，与我失之交臂；否则，我怎么也会在企鹅几块钱的时候买一点，然后在十块钱的时候卖掉啊！这就是俗话所说的：“机不可失，时不再来。”

启示：适度的前瞻性以及对市场变化趋势的判断力是创业者必需的素质，在这个基础上，对机会的敏锐判断与把握则是创业成功的关键。

(2) 可开发性

如上所述,多数创业机会具备很强的不确定性,其潜在价值依赖创业者的开发活动,即创业机会不是被发现出来的,而是被开发出来的。在实际创业活动中,创业机会价值大小取决于创业者掌握和能整合到的资源,以及对资源的利用能力。创业者资源可分为内部及外部资源。内部资源主要是指创业者个人的能力,包括自身的专业知识、技能、执业资格、社会声誉等资源。外部资源主要是指人脉资源,及其所拥有的社会人际网络或社会资本。只有创业者所拥有的资源、战略开发方案与创业机会能够做到良好匹配,创业机会的价值才能得到最大提升。

(3) 可盈利性

创业机会的可盈利性是指机会对创业者具有的价值性。创业者可以利用它谋取利益,得到足够的利润回报,体现在提供产品或服务为购买者和最终使用者创造和增加价值的基础之上,满足需求的成本必须低于人们所期望的价格,需求的规模同时必须达到一定水平。

通过以上的学习,我们已对创业机会的含义有一个很好的理解,下面再看一下如何识别创业机会为己所用。

二、创业机会的识别及来源

(一) 创业机会的识别

识别创业机会是企业家运用机会进行创业的前奏,是创业过程的关键环节,创业过程就是围绕着机会进行识别、开发、利用的过程,而机会识别这一环节稍有疏忽就会使创业活动产生较大的偏差。

1. 创业机会的识别过程

创业过程开始于创业者对创业机会的把握。创业者从成千上万繁杂的创意中选择了他心目中的创业机会,随之不断持续开发这一机会,直至最终收获成功。在此过程中,机会的潜在预期价值以及创业者的自身能力得到反复的权衡,创业者对创业机会的战略定位也越来越明确,这一过程称为机会的识别过程,如图 3-5 所示。

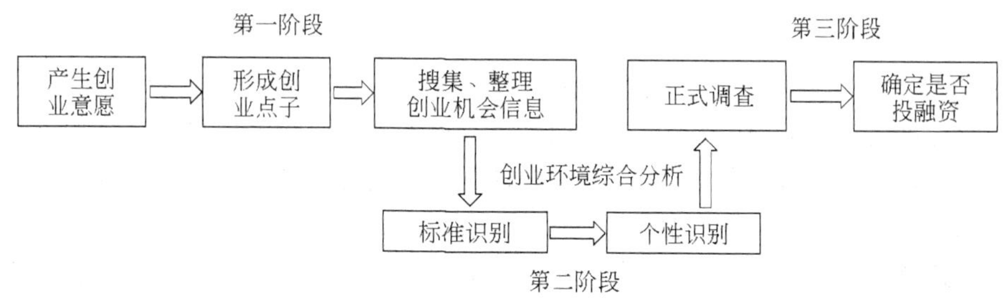

图 3-5 创业机会的识别过程

第一阶段,这一阶段创业者对整个经济系统中可能的创意展开搜索,如果创业者意识到某一创意可能是潜在的商业机会,具有潜在的发展价值,就将进入机会识别的下一阶段。

第二阶段，相对整体意义上的机会识别过程，这里的机会识别应当是狭义上的识别，它包括两个步骤：首先是通过对整体的市场环境及一般的产业分析来判断该机会是否在广泛意义上属于有利的商业机会，这是机会的标准化识别阶段；第二步是考察对于特定的创业者和投资者来说，这一机会是否有价值，也就是个性化的机会识别阶段。

第三阶段，实际上这里的机会评价已经带有部分"尽职调查"的含义，相对比较正式，考察的内容主要是各项财务指标、创业团队的构成等。通过机会的评价，创业者决定是否正式组建企业，吸引投资。

应当注意到，在一些研究中，机会识别和机会评价是共同存在的，创业者在对创业机会识别时也有意无意地进行评价活动。在他们的分析框架中，机会识别和机会评价并非是完全割裂的两个概念，创业者在机会开发中的每一步，都需要进行评估，也就是说，机会评价伴随于整个机会识别的过程中。在机会识别的初始阶段，创业者可以非正式地调查市场的需求、所需的资源，直到断定这个机会值得考虑或是进一步深入开发；在机会开发的后期，这种评价变得较为规范，并且主要集中于考察这些资源的特定组合是否能够创造出足够的商业价值。

2. 影响创业机会识别过程的因素

创业机会识别过程是一个不断调整、反复均衡的过程。不同的创业者可能愿意关注不同的创业机会，即使是同一个创业机会，不同的人，对其评价也往往不同。因此，影响机会开发与识别的因素也成为研究重点之一。在影响机会识别和开发的各项因素中，主要可以分为两个方面，即机会的自然属性和创业者的个人特征。

(1) 机会的自然属性。机会的特征是影响人们是否对之进行评价的基本因素。创业者选择这项机会是因为相信其能够产生足够的价值来弥补投入的成本，创业机会的自然属性在很大程度上决定了对其未来价值的预期，因而会对创业者的机会评价产生重大影响。主要包括机会下的市场需求、市场结构和规模以及市场利润指标等。

(2) 创业者的个人特征。对于机会识别来说，更重要的因素应当来自创业者的个人因素，因为从本质上说，机会识别是一种主观色彩相当浓厚的行为。事实上，即使某一机会已经表现出较好的预期价值，但是并非每个人都能从事这一机会的开发，并且坚持到最后直至成功，因此，创业者的个人特征对于机会识别来说更为重要。其主要包括以下几种。

① 警觉性与风险感知性。创业者比一般的经理人更加渴望信息，更倾向于在信息搜索上花更多的时间。同时，创业机会识别结果与创业者的风险感知显著相关，而创业者的风险感知又取决于创业者的自信心、不依赖计划、渴求控制等因素。成功的创业者需要有执着的信念，并且能够坚持他们的事业直至最后成功。

② 创造性思维和创新意识。从某种程度上讲，机会识别实际上是一个创造过程，创造性思维贯穿始终。

③ 专业知识背景。在通常情况下，对某个领域专业知识了解较多的人，本身对相关专业内容存在的问题、发展的现状较为敏感，对领域内机会更具警觉性。

④ 从业经验。在某一特定产业领域中的先前从业、学习经验有助于创业者识别机

会。多数创业者的创业想法是在修改、完善以前从事产业的创业想法。

⑤ 社会关系网络。通常情况下，拥有良好的社交网络资源的人，较容易得到并识别到更多的机会。

（二）创业机会的来源

机会的来源是影响现有市场均衡的因素。一方面，市场供给的一方可能对市场变化造成影响，例如一种具有潜在价值的新技术的发明、新的生产工艺的开发，可能影响市场供给的成本和收益，或带来新的市场、创造新的价值。另一方面，市场需求的变化同样带来巨大的商机，例如新的需求的出现以及需求方式的改变等，有经验的创业者都可能从中找到富有价值的创业机会。值得注意的是，创业者应当从不同市场类型的角度考察机会的不同来源。对于产品市场的商业机会，其机会来源主要有以下几个。

1. 变化

一方面，具有潜在价值的新技术的发明、新的生产工艺的开发，可能最终带来新的市场，创造新的价值，带来新的机遇。另一方面，市场需求的变化同样带来巨大的商机，例如新的需求的出现以及需求方式的改变等，有经验的创业者都可能从中找到富有价值的创业机会。

除此之外，政策、新法规、经济环境等宏观环境发生的变化会引起人们行为规则乃至消费行为的变化，人们通过这些变化可能会发现新的创业机会。

2. 竞争

竞争提供新的利益，提升产品或服务性价比，或功能更完善，使消费者得到更多实惠。也就是说，如果能够弥补竞争对手的缺陷和不足，更快、更可靠、更便宜地提供产品和服务，也许在以此为目标的同时我们就会找到新的机会。

3. 问题

对已有的市场进行细分，找到适合自身发展的“缝隙市场”，深入研究消费者需求，在致力于为满足消费者特有、潜在需求而提供产品与服务的同时，寻找到创业机会。

【应用阅读】

郑州火师傅

郑州火师傅是创办于2011年下半年的一家创业型食品公司，公司产品全部被冠以“火师傅”品牌，如火师傅水饺、火师傅方便面及火师傅奶茶、绿茶、冰红茶等，火师傅“火”在哪了？原来，这些被冠以火师傅名称的食品外包装全部带有开盖即可自动高温加热的功能，放上原材料和水包，不用多长时间，一碗热气腾腾的方便面、一杯冲泡好的浓香奶茶就会摆在面前！公司创办人李先生说：“就是觉得大家生活节奏快，而当前的快餐冲泡食品和饮料都离不开开水，那没有开水的时候怎么办？我觉得这可能是个机会！”

启示：出色的创业者通常擅长利用市场空白创建一些缝隙企业，解决尚未被解决的、目前刚刚呈现或暂不典型的消费者问题，从而抓住能够持久成长且能够盈利的创业机会。

三、创业机会的评价

（一）创业机会的评价准则

创业活动具有综合性、多变性、复杂性的特点。创业活动的这些特点在很大程度上决定了人们对创业机会的甄别难以通过简单的非此即彼的逻辑进行判断，也不能采用片面的财务或是技术指标加以筛选。因此，在选择创业机会时，应对创业项目实施的各个方面进行综合评估，以下是针对创业机会的评估准则及其内涵，旨在为创业者评估及是否投入创业开发的决策提供参考。

1. 市场评估准则

(1) 市场定位：一个好的创业机会，必然具有特定的市场定位，专注于满足顾客特定需求，同时能为顾客带来增值的效果，创造市场价值。

(2) 市场规模：一般来说，市场规模大，进入障碍低，竞争程度略为下降，但是如果规模很大，市场非常成熟，成长空间小，利润空间必然很小。所以，市场规模的大小不足以判断创业机会的优或劣，我们应结合其他指标进行综合判断。

(3) 市场渗透力：对于一个具有巨大市场潜力的创业机会，市场渗透力（市场机会实现的过程）评估将会是一项非常重要的影响因素，预测市场需求的大幅成长之际，明确最佳进入时机。

(4) 市场占有率：从创业机会预期可取得的市场占有率目标，可显示创业公司未来的市场竞争力。一般而言，低于5％的市场占有率，新企业的市场竞争力并不高。尤其处在高科技产业领域，新企业只有拥有成为市场排名前几位的能力，才有可能受到投资者的青睐。

(5) 产品的成本结构：产品的成本结构，也可反映新企业的未来前景。例如，通过变动成本与固定成本的比重及经济规模产量大小等可以判断企业创造附加价值幅度及未来可能的获利空间。

2. 效益评估准则

效益评估主要包括合理的税后净利、达到损益平衡所需要的时间、投资回报率、资本需求、毛利率、退出机制与策略等。

(1) 达到损益平衡需要的时间：合理的损益平衡的时间应该能在两年以内达到，否则不是一个值得投入的创业机会。但是，少数创业机会确实需要经过比较长的耕耘时间，通过前期投入创造进入障碍，保证后期持续获利。

(2) 投资回报率：考虑创业可能面临的各项风险，合理的投资回报率应该在25％以上。一般而言，15％以下的投资回报率是不值得考虑的创业机会。

(3) 资本需求：对于资本需求量较低的创业机会，投资者一般会比较欢迎。通常，知识越密集的创业机会，对资金的需求量越低，投资回报反而越高。

(4) 毛利率：毛利率高的创业机会，相对风险较低，也比较容易取得损益平衡。一般而言，理想的毛利率是40％。当毛利率低于20％的时候，这个创业机会就不值得再予以考虑。

(5) 退出机制与策略：由于退出的难度普遍高于进入，所以一个具有吸引力的创业机会，应该为所有投资者考虑退出机制以及退出的策略规划。

(6) 合理的税后净利：一般而言，具有吸引力的创业机会，至少需要能够创造15%以上的税后净利。如果创业预期的税后净利在5%以下，那么这就不是一个好的投资机会。

（二）创业机会评价方法

美国百森商学院的蒂蒙斯教授提出的机会价值评价基本框架是目前国际上公认的较为权威的评价体系。蒂蒙斯从一个机构投资者或一个旁观者的角度来分析，并结合机会本身的特点和创业者特质进行综合评价，概括总结出了一个评价创业机会的框架，其中涉及8大类53个条目的详细评价指标。虽然该评价体系未必适用于所有情况，但它是目前创业研究领域中相对比较完整的定性评价方法，如表3-2所示。

表3-2 蒂蒙斯机会价值评价指标

产业和市场	市场容易识别，可以带来持续收入 顾客可以接受产品或服务，愿意为此付费 产品的附加价值高 产品对市场的影响力大 将要开发的产品生命长久 项目所在的产业是新兴产业，竞争不完善 市场规模大、销售潜力大 市场成长率在30%～50%，甚至更高 现有厂商的生产能力几乎完全饱和 5年内能占据市场领导地位，达到20%以上 拥有低成本的供货商，具有成本优势
经济因素	达到盈亏平衡点所需要的时间在1.5～2年以下 盈亏平衡点不会逐渐提高 投资回报率在25%以上 项目对资金的要求不是很大，能够获得融资 销售额的年增长率高于15% 有良好的现金流量，能占销售额的20%～30%以上 能获得持久的毛利，毛利率要达到40%以上 能获得持久的税后利润，税后利润率要超过10% 资产集中程度低 运营资金不多，需求量是逐渐增加的 研究开发工作对资金的要求不高
竞争优势	固定成本和可变成本低 对成本、价格和销售的控制较高 已经获得或可以获得对专利所有权的保护 竞争对手尚未觉醒，竞争较弱 拥有专利或具有某种独占性 拥有发展良好的网络关系，容易获得合同 拥有杰出的关键人员和管理团队

续表

管理团队	创业者团队是一个优秀管理者的组合 产业和技术经验达到了本产业内的最高水平 管理团队的正直廉洁程度能达到最高水准 管理团队知道自己缺乏哪方面的知识
个人标准	个人目标与创业活动相符合 创业家可以做到在有限的风险下实现成功 创业家能接受薪水减少等损失 创业家渴望进行创业这种生活方式，而不只是为了赚大钱 创业家可以承受适当的风险 创业家在压力下状态依然良好
收获条件	项目带来附加价值的具有较高的战略意义 存在现有的或可预料的退出方式 资本市场环境有利，可以实现资本的流动
致命缺陷问题	不存在任何致命缺陷问题
理想与现实的战略差异	理想与现实情况相吻合 管理团队已经是最好的 在客户服务管理方面有很好的服务理念 所创办的事业顺应时代潮流 所采取的技术具有突破性，不存在许多替代品或竞争对手 具备灵活的适应能力，能快速地进行取舍 始终在寻找新的机会 定价与市场领先者几乎持平 能够获得销售渠道，或已经拥有现成的网络 能够允许失败

对于表3-2中所述的53个问题，做出简单的“是”、“否”判断，然后将回答“是”与“否”的问题分别相加，求得两者数目总数比值，比值越大，则意味着机会价值与可行性越高，从而依此对不同的创业机会进行定性比较，这可以为创业者或投资者进行机会评价时提供一个有效参考。

由于大学生创业的特殊性，下面从大学生创业群体的角度出发，来继续探讨创业机会与创业策略的选择。

四、大学生创业机会的选择

（一）大学生创业者存在的问题

首先，大学生的创业环境具有一定的特殊性，表现为：在诸如社会文化、创业教育、创业政策、税收和科技园区政策等方面，大学生创业环境更为宽松；另外，大学生创业环境不仅包括校外环境，还包括校内环境。良好的创业环境为大学生创业者带来了很多创业机会。

但大学生创业者的社会身份和成长经历又决定了其自身存在不少问题，主要表现为以下几点。

1. 大学生缺乏创业素质

一是缺乏创业意识，表现为安于现状、等待、依赖的心态。一部分大学生甚至缺乏应有的社会责任感、社会使命感。二是缺乏创业个性，表现为意志薄弱、情感脆弱，缺乏自信、独立性、敢为性、适应性、坚持性等心理品质。三是创业能力不强，表现为缺乏经营管理能力，特别是综合性的能力，如社交能力，搜集信息、处理信息的能力，发现机会、利用机会、创造机会的能力等。

2. 大学生知识结构不完善

通过高等教育的学习，专业知识的积累是创业成功的充分条件。虽然大学生的主修专业为大学生创业提供了进入与之相关产业的基本专业知识，但是由于其他方面的限制，我国大多数大学生创业者并没有选择自己的专业领域作为创业领域，这与大学生另外一种专业知识，创业相关理论的缺乏有关。由于我国创业教育发展较为薄弱，多数大学生在创业意识、创业方法和创业能力等方面缺乏系统的理论学习，这导致我国大学生在创业过程中创新能力不足，不能有效将自身的知识结构与所从事产业充分结合，学以致用。

3. 大学生缺乏实践经验

大学生虽然有理想与抱负，但大多“眼高手低”，在创业过程中除了能“纸上谈兵”之外，对具体的市场开拓缺乏经验与相关的知识。具体表现为缺乏对企业的管理经验和市场的销售渠道和营销经验。一个企业能够正常运行，不仅要有好的项目、资金保证，还必须有一批高素质的企业管理者。这批管理者不仅是在书本上学过企业管理和经营，更重要的是要投身于企业管理的实践。

因此，大学生必须尽早着手，注重创业素质的自我培养。

（二）大学生创业者应具备的素质

我们已知，创业者的个体能力与发掘机会并利用机会有关，因此，大学生创业者应在以下几方面提高创业素质。

1. 坚忍品质及抗压能力

大学生在大学校园轻松单纯的氛围中养成的浪漫的、理想的心理状态，往往难以经受社会的风吹日晒。创业者在实施的过程中还有许多随之而来的压力，包括心理焦虑、挫折、孤独感。大学生创业者应勇于面对压力，在逆境中能够坚持目标，顽强坚忍；同时，这些品质也是大学生创业者建立创业团队、吸引风险投资必有的精神品质。

2. 认知能力

大学生创业者应该具有敏锐的观察力与准确的市场判断力，这与其具有较强的社会认知能力有关。大学生应把创业看作是一种机会而不是风险，对信息的发掘要形成独特的认知，具备打破陈规惯例束缚的创造性思维能力。

3. 社会关系网络及社会人脉资源

个人社会关系网络的深度和广度影响着机会识别，这已是不争的事实。在通常情况下，建立了大量工商领域及相关领域专家联系网络的大学生，会比那些拥有少量关系网的人容易得到更多的创业机会。

4. 创新精神

大学生创业者必须具备创新精神。高校毕业生凭借其年轻的生机和活力，拥有更多的创造性和创意激情，并且头脑灵活、充满想象、不墨守成规，具备勇于打破常规的特质，同时掌握了一定程度的人文知识和现代科技知识，这些特征使大学生能够更好地迎接创新活动的挑战。

【应用阅读】

"90后"女孩微博卖鸡

河南开封一名"90后"女孩贾梦，大学毕业后和父母一起出资20多万元在郑州西郊开办了一家绿色养鸡场。2011年9月16日，她发出了第一条关于卖鸡的微博："让人吃上放心肉、放心蛋，搞生态养鸡，这是我的创业选择。"随后，她又连发了四条微博，分别上传了关于鸡场养殖环境的照片以及生态养鸡的想法。让贾梦意外的是，由于网友的热情转发，她的微博得到了郑州媒体的关注。当年"十一"期间，她通过微博卖掉了300多只生态鸡。

启示：生活在"e"时代下的新一代年轻人，掌握着以社会化媒介为依托的沟通与交往的观点与技术，这使得他们能够具备充分的条件以新颖独特的想法去改革创业办法、创新创业经营思路。

另外，在培养自身创业素质的基础上，大学生还要注重做好创业产业的选择。

（三）大学生创业机会的产业选择

一般情况下，从大学生自身条件、成长经历与社会背景的角度出发，以下产业宜为创业初入产业。

1. 高科技成果聚集产业

大学是科研成果和科技人才聚集的地方，在高科技领域创业有得天独厚的优势。作为大学生，如果在某一领域有自己的科技成果，则可以利用自己的专业背景、专利成果走科技创业的道路。常见的大学生高科技创业领域包括互联网应用开发、建立电子商务网站、生物制药、新能源技术开发及应用、软件开发等。高科技领域创业要将科技成果转化成商品，这是考量利用科技成果创业是否成功的一个重要因素。应当注意的是，一些研究成果在从理论到实际投入生产、包装上市的整个过程中需要投入大量人力和物力，这有赖于该项目能否吸引到风险投资和其他一些创业基金支持，而创业投资者更看重的是创业计划真正的技术含量有多高，在多大程度上是不可复制的，以及市场盈利的潜力有多大。

2. 智力服务

大学生创业应发扬自己的知识储备优势，选择一些需要专业知识的智力服务，如翻译、家教培训、活动策划、设计工作室等。

3. 创新创意产业

创意产业指那些从个人的创造力、技能和天分中获取发展动力的知识密集型产业，以及那些通过对知识产权的开发和创造潜在财富和就业机会的活动。创新创意领域的创业机会主要包括个性产品定制、创意设计、互联网社会化媒介制作、表演艺术、出版等。大学生拥有更多的创造性和创意激情，同时掌握一定的人文知识和现代科技知识，这些特征使高校毕业生能够更好地适应于创新创意产业。

（四）大学生创业机会的选择策略

作为一名有创业意愿的大学生，需要做好哪些准备？需要从哪做起？大学生创业机会的选择一般应遵循以下几个基本策略。

(1) 扬己之长，避己之短。不与产业强者展开硬碰硬的直接竞争，集中优势做强自身的特色。

(2) 选择机会应发挥兴趣主导的优势，将兴趣爱好发展成为具有商业可行性的创业项目。

(3) 在新技术研发报道、专利公告等信息面前做一个有心人。新技术的出现、新产品的研制意味着生产及生活条件的改善，随之而来是人们行为和生活方式的改变，这其中都可能蕴含着大量未被开发的商机。

(4) 选择过程谨慎论证、大胆实践。前期做好充足的调研论证工作，抓住机会并将想法付诸实践，在实干中摸索，逐步确定发展方向。

(5) 挖掘缝隙市场，查找他人创业项目之不足，思考如何改进。善于从别人的忽视之处下手，以此做到“见缝插针，标新立异”。

(6) 关注政府的相关产业发展引导举措。政府为了更好地贯彻其产业政策，促进相应的产业健康发展，通常会对相关的产业采取相应的优惠政策，大学生在做创业选择时可以充分考虑这些优惠政策，关注国家政策优先支持的相关领域。

习　　题

【重要概念】

创业环境　　五力竞争分析模型　　创业机会　　创意　　创业机会窗口

蒂蒙斯机会价值评价分析

【思考题】

1. 思考技术变革、生态变化和人口统计变化如何造成创业机遇。现在正在进行的技术变革以及生态变化趋势和人口变化趋势是什么？它们创造了哪些创业机会？

2. 替代者和进入壁垒是怎样影响产业的吸引力和获利水平的？

3. 你认为好的创业机会应具备哪些基本条件？

4. 结合自身情况，考虑自己如何去识别创业机会，选择创业项目。

5. 在大学校园当中，有为数不少的同学对个人创业很感兴趣，但同样有创业意愿，为什么有的人能够发现创业机会，而另一些人却看不到创业机会呢？谈谈你的想法。

【实训题】

1. 与同学们或朋友们一起讨论你所想到的与创业有关的创意。

2. 课下了解你感兴趣的福布斯中国富豪创业史,谈谈对你有何启发。

3. 蒂蒙斯教授提出的机会价值评价框架,已经成为创业机会自我评价以及风险投资人甄选创业项目的重要标准。阅读这些标准后,选择一两位身边认识的从事创业活动的亲友,做实地调查。看看他们是如何评价创业机会的,并与蒂蒙斯教授提出的标准进行对比,看他们在理解创业机会方面有何差异,并据此给他们提供建议或意见。

【总结案例】

做华东第一的酱菜

1991 年,24 岁的赵继英只身来到江苏扬州,木匠出身的他利用自己的特长搞起了玻璃家具加工。经过 4 年的打拼,赵继英的玻璃家具生意在扬州当地做到了第一,掘到了第一桶金 7 万元。这在当时已是一笔巨款。

从 1994 年开始,玻璃家具产业开始走下坡路。有天晚上,赵继英到老乡承包的影视厅去,他发现这个四百多座的影视厅,4 元一张的门票,几乎每天晚上满座。赵继英算了一下,他的朋友每天可以赚 1 000 多元,比玻璃家具赚钱容易多了。

于是赵继英又一头扎进了录像业。1995 年元旦,赵继英的影视厅正式营业,然而不到 10 个月,却亏了 2 万元。他发现,附近生意好的电影公司影视厅有空调,座位是高靠背软座;而自己的影视厅没空调,座位又是简易的翻座硬木椅。

找到症结后,当年 10 月份,赵继英又借了 2 万元,换上了软绵舒适的沙发,生意马上火了起来。第二年夏天,他又用赚来的钱买了空调。

1996 年下半年,趁热打铁的赵继英又开办了第二家影视厅。从 1995 年到 2000 年,赵继英的影视厅连锁经营搞得红红火火,最多的时候数量达到 5 家,成为扬州当地录像业的"老大"。

可是,随着 VCD 产业的迅速发展,从 1999 年开始,录像业开始走下坡路。赵继英很快察觉到了。

2000 年下半年,赵继英开始忙着物色新的产业。当时,他手头上已积攒了 120 万元的资金。"这一次创业要小心,一定要选择一个不会走下坡路的产业。"赵继英暗下决心。

一天,赵继英在翻阅扬州当地报纸时,看到了崭露头角的南京"小菜一碟"公司的报道,他不禁眼前一亮:扬州酱菜这么有名,像扬州的"三和四美",生产酱菜已有几百年历史了,这说明这个产业非常有生命力。于是,赵继英直奔南京,找到"小菜一碟"公司,并与他们签订合同,成为了"小菜一碟"的浙江经销商。当时的指标是,赵继英一年的销量要达到 180 万元。

2001 年,赵继英在杭州注册成立了杭州博宏贸易公司。第一年,赵继英卖了 120 万元,却亏了 20 万元。而且由于营业额没达到 180 万元的最低限额,公司被取消了纳税人资格。没有纳税人资格,产品就进不了超市。赵继英没有灰心,第二年他又重新注册了一家杭州博鸿贸易公司,在他的不懈坚持与努力下,当年销售额达到 240 万元。

而这时的赵继英已不满足于只做一家经销商,他要做自己的品牌。2005 年,赵继英注册了“博鸿小菜”商标，开始经营自己的产品。按他的话来说，十几年的个体户终于走上了品牌的道路。通过物色各地生产质量过硬、有当地特色的食品生产企业，委托它们生产公司的产品。这一“借鸡生蛋”的模式使得公司的业务迅速扩张。之后，赵继英又从酱菜产业向其他食品产业进军，2008年他推出了“菜博士”高端山茶油。

但是，随着最近几年国内食品安全生产事故频发，如苏丹红、三聚氰胺、瘦肉精……让国内的老百姓经常提心吊胆。原有的“借鸡生蛋”、生产外包模式虽然能使企业迅速扩张，但也有个弊端，就是对食品的源头无法准确掌握，不能做到全程监控。

“要保证食品安全，一定要从基地抓起。”赵继英决定从其新推出的“菜博士”高端山茶油抓起。通过实地了解，赵继英最终选择了山清水秀、有“浙西南油库”之称的遂昌山区，2009年在那里建立了2.6万亩的山油茶原料基地。通过参股的形式，与当地山茶油专业合作社签订合作协议。平时由合作社管理，公司则经常派人进行监控、检查，包括施肥、压榨、装罐等都有严格要求。

这时，赵继英已经开始投资建设自己的生产基地——浙江菜博士食品科技有限公司，并于2011年上半年投产。基地位于余杭高新农业开发区内，总投资660万美元，占地面积10 000平方米，主要加工山茶油。

同时赵继英还在余姚建立了自己的榨菜原料基地。“我们今后的发展方向就是一步步建立自己的原料基地，并继续实行委托加工。这样整个产业链我们都能控制。”

2013年，公司准备推出高端榨菜，初步定价是30克3元左右，相当于一斤50元，比其他榨菜贵得多。“我们的榨菜，用的是最好的原料，要去皮和大部分水分，100斤原料只能做20斤高端榨菜，而且工艺、配料也都不一样。我们现在生产的榨菜是100斤原料做40斤产品；而一般榨菜企业因为不去皮或去得很少，100斤原料可以做80斤榨菜甚至100斤。”赵继英解释道。

截至目前公司已走过了整整11个年头，赵继英充满信心地说：“前10年是打基础阶段，接下来的10年是发展阶段。对大多数创业型企业来说，5 000万元销售额是个瓶颈，我们也一样。去年我们的销售额是6 000万元左右，同比增长30%左右，我们还在打基础，为网点发展铺路，包括与华东最大超市‘大润发’的合作（主要在江苏）。所以今年公司的业绩有望爆发，达到1亿元的销售额。我接下来的目标是——酱菜做到华东地区第一。”

资料来源：王燕平，赵继英：把小菜当大事业来做，两次创业做到第一，http://biz.ce.cn/ldl/201201/12/t20120112_22993561.shtml.中国经济网.

讨论：

（1）文中创业者的三次创业经历有何不同？说明什么问题？

（2）结合蒂蒙斯教授提出的机会价值评价框架，分析该创业者第三次创业选择“酱菜”项目的优势。

（3）目前该公司选择了哪些目标客户？如果由你来做创业决策，你会如何选择？

第四章

商业模式开发

【学习目的与要求】

1. 了解什么是商业模式。
2. 了解商业模式的构成要素。
3. 掌握商业模式开发的方法。
4. 掌握商业模式的开发框架。

【创业管理小故事】

沃尔玛为什么成功

众所周知,沃尔玛将传统的零售业做到了全世界,其成功的理由就是“天天低价”。可沃尔玛为什么能把“天天低价”持续下去呢?

首先,从自身经营来说,沃尔玛处处都精打细算,力求降低经营成本。商场没有专门的办公室,办公室同时又是仓库,经理们经常站着开会,所有的文件纸两面都用。

其次,通过与供应商建立战略联盟,加强深度合作,沃尔玛在物流配送、库存控制和信息共享等多方面展开合作。

再次,沃尔玛成功地培养了大量的忠诚客户。沃尔玛通过两条基本途径培育忠诚客户:一是通过团队对客户信息与消费倾向变化的交流与把握,提供客户需要的低价产品和服务;二是通过“山姆会员店”锁定了大量忠诚顾客。

最后,是信息化建设的能力。沃尔玛全球卫星定位系统使得公司整体销售成本比行业平均水平低3个百分点。

启示:沃尔玛的成功不是像国内许多企业那样是建立在不断挤压供应商而成功的,而是系统的成功,是由客户、供应商、企业组成的大系统的成功,是建立在整个产业价值链的商业模式的成功。

第一节　商业模式的基本问题

说起商业模式,人们自然会想起管理大师彼得·德鲁克的那句名言:当今企业间的竞争,不是产品之间的竞争,而是商业模式之间的竞争。

互联网出现之前的传统经济中，占统治地位的是传统的商业模式理论。这个理论的关键商业模式就是高的市场占有率、高的生产效率决定了利润，因此要提高利润就需要市场扩张。这样的情况下，比较适用的理论就是诸如波士顿顾问集团的增长份额矩阵和经验曲线，戴明博士的全面质量管理理论，特劳特的“定位”思想，安德鲁斯的SWOT分析矩阵，迈克尔·波特的五力模型、三种基本战略和价值链分析理论等。在这些理论的指导下，企业专注于采用价格或者其他手段提高市场份额。

但随着以互联网为代表的高科技的应用，以互联网产业为代表的新经济让人们对商业模式开始了关注和思考。在互联网时代，创业者凭着几页纸的商业策划书和有吸引力的商业模式就可以轻而易举地获得成百上千万元的风险投资，而传统的产品、服务、管理等都成为商业模式的从属。商业模式决定了一切。只要你可以像说故事一样将一个商业模式讲得完美，就马上可以聚集大量的财富。在这个时候，人们对商业模式开始倍加关注。

一、商业模式的定义

商业模式(business model)是一个比较新的名词，大约是在20世纪60年代出现在国外学者的文献中。综合国外学术界的有关研究，商业模式的定义大致上可以归纳为三类：盈利模式论、价值创造模式论和体系模式论。

（一）盈利模式论

该理论认为商业模式就是企业的运营模式、盈利模式。

对于营利性企业来说，盈利的概念包含两个元素：现金流和利润。因此，所谓商业模式就是企业探求所经营业务的利润来源、生成过程和产出方式的系统方法，并且围绕企业如何盈利这个核心来配置企业资源和组织企业所有内外部活动的一个行为过程。通过商业模式的设计企业可以清晰地明确如何盈利。简单地说，就是关于企业“做什么，如何做，怎样赚钱”的问题。

比如迈克尔·拉帕认为，商业模式就其最基本的意义而言，是指做生意的方法，是一个公司赖以生存的模式，一种能够为企业带来收益的模式。

（二）价值创造模式论

该类理论认为商业模式就是企业创造价值的模式。

马格利·杜波森等人认为，商业模式是企业为了进行价值创造、价值营销和价值提供所形成的企业结构及其合作伙伴网络，以产生有利可图且得以维持收益流的客户关系资本。

阿福亚赫和图西提出，应当把商业模式看作公司运作的秩序以及公司为自己、供应商、合作伙伴及客户创造价值的决定性来源，公司依据它使用其资源、超越竞争者和向客户提供更大的价值。

（三）体系模式论

该类理论认为商业模式是一个由很多因素构成的系统，是一个体系或集合。

Mahadevan认为，商业模式是对企业至关重要的三种流——价值流、收益流和物流的混合体。

Amit和Zott将商业模式描述为为了开拓商业机会而设计的交易活动各组成部分的组合方式。在他们的框架中，详细描述了通过公司、供应商、渠道和顾客的网络协作来实现交易的方式。

为了定义商业模式，Tapscott和Ticoll还提出了B-Webs的概念。B-Webs是指基于网络的商业，它代表了一种供应商、渠道、商业服务的提供方、设备供应商以及顾客都以网络作为主要的沟通和交易手段的独特的系统。

综合以上观点，本书认为商业模式的含义是：为实现客户价值最大化，把能使企业运行的内外各要素整合起来，形成一个完整的、高效率的、具有独特核心竞争力的运行系统，并通过最优实现形式满足客户需求、实现客户价值，同时使系统达成持续盈利目标的整体解决方案。

二、商业模式的组成和分类

（一）商业模式的组成

在商业活动中，我们把“如何获得资本”的方法称为融资模式；把“如何赚钱”的方法称为盈利模式；把“如何使整个系统高效率运作起来”的方法称为管理模式；把“如何生产产品”的方法称为生产模式；把“如何卖产品”的方法称为营销模式。现在，我们通常所说的经营模式其实就涵盖了盈利模式、生产模式、管理模式和营销模式，如图4-1所示。

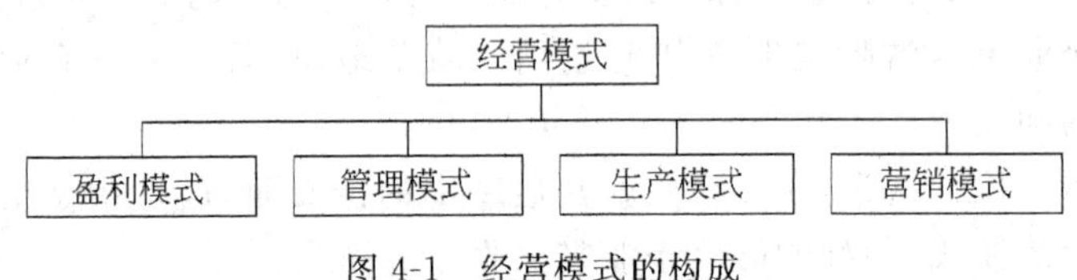

图4-1 经营模式的构成

无论是融资模式、管理模式、经营模式还是盈利模式、营销模式、生产模式，这些都是商业模式的组成部分，而不是全部，其中任何一种模式的改变，都能带来商业模式的变化。如营销模式的任何一次创新，生产模式、管理模式的任何一次改变和融资模式的任何一次突破，以及所创造价值的再发现，或是客户需求、潜在需求的再满足，或是成功地创造了一个需求，或是解决了一个新的问题、突破了某个瓶颈，甚至是对整个游戏规则的颠覆等，都能直接改变其商业模式，从而引领企业走向成功，这在实践中是屡见不鲜的。所以，社会上许多人往往把个体的改变当作商业模式的全部，这也不是全错的，只是不全面、不完整而已。

（二）商业模式的分类

商业模式可以从多个角度进行分类。

1. 产业价值链的角度

从产业价值链的角度划分，有小系统（企业内）和大系统（企业所处整个产业价值链）的商业模式。如“超级女声”，作为主办方的湖南广电集团，集全省各台（频道）的优势，广泛的集中地在所有的黄金时段播放“超级女声”的节目、花絮，几乎是倾全力来打造“超级女声”的品牌，同时还广泛地将蒙牛、掌上灵通、百度等许多企业拉进“超级女声”的产业链中，让它们共同参与创造价值并形成长长的产业价值链。

2. 空间定位的角度

从空间定位划分，有虚拟空间的商业模式，如利用互联网工具运营的企业，新浪、搜狐等门户网站，以及百度、QQ、淘宝网等服务网站；有现实空间的商业模式，如联想、海尔、国美、青岛啤酒等实体企业。

3. 企业资本的构成性质的角度

从企业资本的构成性质划分，可以分为四类：第一，以产业资本为主的商业模式，如以格兰仕、长虹为代表的以生产加工为主的企业；第二，以商业资本为主的商业模式，如沃尔玛、易初莲花为代表的以商业零售为主的企业；第三，以金融资本为主的商业模式，如银行、信托公司、投资公司等；第四，以产业资本、商业资本相结合的商业模式，如国美、苏宁、海尔、联想等企业。

4. 企业生存依赖度的角度

从企业生存的依赖度划分，也可以分为四类：第一，以偏重于融资模式为主的商业模式，即对金融工具有很高依赖度的模式；第二，以偏重于管理模式为主的商业模式，即对企业的运行效率进行改变就能改变公司命运的模式；第三，以偏重于营销模式为主的商业模式，如直销公司等；第四，以偏重于生产加工为主的商业模式，如格兰仕等。

总之，可以从各种不同的角度对商业模式进行分类，而且各种分类中，有相互重叠交叉的。这正说明了经济领域里的复杂性、多样性，也反映出企业往往是多种模式并用的，也才有了企业商业模式独特性、个性化的现实。

三、商业模式的构成要素

根据商业模式的定义可以看出，商业模式往往被看作一个系统，而系统就必须有基本的构成要素。对于商业模式的构成要素尽管在学术界有一些不同的观点，但普遍认为它是由多个维度组成的，并不存在单一的商业模式。下面就介绍几种代表性的观点。

1. Hamel 的观点

Hamel(2000)认为商业模式由四大要素组成，即核心战略、战略资源、顾客界面和价值网络。

2. Scott M. Shafer 的观点

根据 Scott M. Shafer(2005)的研究，商业模式的要素可归为四大类，即战略选择、价值网络、价值创造及价值获得。

(1) 战略选择

战略选择是企业根据自身定位、发展方向等综合所做出的判断，这也是商业模式的开端。选定适合的战略是商业模式成功与否的关键。战略选择要首先从消费者入手，根据企业的资格能力，利用企业的品牌吸引效应，制定出有效的策略来应对竞争者，特别是提供差异性的产品或服务，并对目标市场进行细分并且明确其服务范围，最终完成实现企业的价值主张的使命。

(2) 价值网络

有限的资源限制了企业的经营活动范围，这就势必要求企业重视其在整个产业链中所处的地位，并衡量其所能提供的价值。企业只有不断提升其在产业链中的地位，为消费者提供独特的价值，才能获得持续的利益。

(3) 价值创造

商业模式的过程就是企业价值创造的过程，价值的创造体现于企业在流程、行动中利用自身所拥有或是以其他方式所取得的资源、资产，并对其进行整合再生产，使其能够为目标客户所使用。

(4) 价值获得

商业模式的宗旨就是实现企业价值即价值获得，这也是企业选择战略实现的最直接的体现。价值获得是从商业模式的多个要素中提炼出来的，能简练地描述出商业模式所追寻的目的。价值获得也是商业模式最后一个环节。

3. 克里斯滕森的观点

2008 年 12 月哈佛商学院克里斯滕森教授在《哈佛商业评论》上发表了“如何重塑商业模式”一文，这是对商业模式一次新的定义，主要包含四方面的内容：客户价值主张、盈利模式、关键资源及关键流程。

关键资源是企业在创造价值流程中的基础，关键流程则贯穿于企业利用这些关键资源的过程，这两个方面相配合旨在为客户提供价值即满足客户价值主张。客户价值主张是指某种为客户创造价值的方法，这也是企业实现利润的直接方式。这一整套活动都是在企业能够盈利的基础上进行的，也就是在这一系列的活动中形成了企业自身的盈利模式。

4. 亚历山大·奥斯特瓦德和伊夫·皮尼厄的观点

在《商业模式新生代》中，亚历山大·奥斯特瓦德和伊夫·皮尼厄认为商业模式的构成要素有九个：客户细分(CS)、价值主张(VP)、渠道通路(CH)、客户关系(CR)、收入来源(RS)、核心资源(KR)、关键业务(KA)、重要合作(KP)及成本结构(CS)。

5. 布鲁斯·巴林格的观点

美国著名学者布鲁斯·巴林格认为商业模式包括核心战略、战略资源、伙伴网络和顾客界面。

本书采用布鲁斯·巴林格的观点，在后面将详细讨论有效商业模式的四大关键要素。

(1) 核心战略(企业如何竞争)。

(2) 战略资源(企业如何获得和使用资源)。

(3) 伙伴网络(企业如何构建和培育合作伙伴关系)。

(4) 顾客界面(企业如何与顾客互动)。

我们将在第三节中对上述四个要素进行详细解释。

第二节 商业模式开发方法

毫无疑问,商业模式对于企业经营具有十分重要的意义与作用。那么,对于创业企业来说,如何设计一个优秀的商业模式呢?

首先需要指出的是,每个创业企业在设计自己的商业模式时,都需要从本企业的实际出发,从解决本企业发展的瓶颈着手,整体考虑,整体安排,从而找到一个适合本企业发展的、具有创新性的商业模式。通过对大量成功企业的案例分析,可以看到,凡是成功的优秀企业,它们所设计的商业模式必然遵循一些基本原则。

一、商业模式开发的原则

当今企业经营环境发生了激烈的变化,主要特征是:信息化、市场化、全球化。传统的商业模式受到严重挑战,这就要求企业商业模式要不断创新,以适应经营环境的深刻变化。

基于当今世界经营环境的深刻变化和企业的发展趋势,通过大量成功案例的分析,我们认为商业模式的开发应遵循以下七大原则:客户价值最大化原则、持续盈利原则、资源整合原则、创新原则、融资有效性原则、组织管理高效率原则和风险控制原则。

1. 客户价值最大化原则

一个商业模式能否持续盈利,是与该模式能否使客户价值最大化有必然关系的。一个不能满足客户价值的商业模式,即使盈利也一定是暂时的、偶然的,是不具有持续性的。反之,一个能使客户价值最大化的商业模式,即使暂时不盈利,但终究也会走向盈利。所以我们把对客户价值的实现再实现、满足再满足,当作企业应该始终追求的主要目标。

2. 持续盈利原则

企业能否持续盈利是我们判断其商业模式是否成功的唯一的外在标准。因此,在设计商业模式时,能盈利和如何盈利也就自然成为重要的原则。当然,这里指的是在阳光下的持续盈利。持续盈利是指既要能"盈利",又要能有发展后劲,具有可持续性,而不是一时的偶然盈利。

3. 资源整合原则

整合就是要优化资源配置,就是要有进有退、有取有舍,就是要获得整体的最优。

在战略思维的层面上,资源整合是系统论的思维方式,是通过组织协调,把企业内部彼此相关但却彼此分离的职能,把企业外部既参与共同的使命又拥有独立经济利益的合作伙伴整合成一个为客户服务的系统,取得 1+1>2 的效果。

在战术选择的层面上,资源整合是优化配置的决策,是根据企业的发展战略和市场需求对有关的资源进行重新配置，以凸显企业的核心竞争力，并寻求资源配置与客户需求的最佳结合点，目的是通过组织制度安排和管理运作协调来增强企业的竞争优势，提高客户服务水平。

4. 创新原则

一个成功的商业模式不一定是在技术上的突破，它可能是对某一个环节的改造，或是对原有模式的重组、创新，甚至是对整个游戏规则的颠覆。商业模式的创新形式贯穿于企业经营的整个过程之中，贯穿于企业资源开发、研发模式、制造方式、营销体系、市场流通等各个环节，也就是说，在企业经营的每一个环节上的创新都可能变成一种成功的商业模式。

5. 融资有效性原则

融资模式的打造对企业有着特殊的意义，尤其是对中国广大的创业企业来说更是如此。我们知道，企业生存需要资金，企业发展需要资金，企业快速成长更需要资金。资金已经成为所有企业发展中绕不开的障碍和很难突破的瓶颈。谁能解决资金问题，谁就赢得了企业发展的先机，也就掌握了市场的主动权。

6. 组织管理高效率原则

高效率，是每个企业管理者都梦寐以求的境界，也是企业管理模式追求的最高目标。用经济学的眼光衡量，决定一个国家富裕或贫穷的砝码是效率，决定企业是否有盈利能力的也是效率。

按现代管理学理论来看，一个企业要想高效率地运行，首先要解决的是企业的愿景、使命和核心价值观，这是企业生存、成长的动力，也是员工干好的理由；其次是要有一套科学而实用的运营和管理系统，它解决的是系统协同、计划、组织和约束问题；最后还要有科学的激励方案，它解决的是如何让员工分享企业的成长果实的问题，也就是向心力的问题。只有把这三个主要问题解决好了，企业的管理才能实现高效率。

7. 风险控制原则

设计再好的商业模式，如果抵御风险的能力很差，就会像在沙丘上建立的大厦一样，经不起任何风浪。这个风险既指系统外的风险，如政策、法律和行业风险，也指系统内的风险，如产品的变化、人员的变更、资金的不继等。

二、商业模式开发的内容

商业模式的开发，必须考虑以下四个方面的内容：客户选择、价值获取、战略控制和业务范围，如表 4-1 所示。企业要取得成功，其商业模式设计必须保证上述要素之间的协调性，确保各个要素之间相互促进。

表 4-1 设计商业模式应考虑的内容

构成要素	要解决的问题	具 体 内 容
客户选择	对哪些客户提供服务	能够为哪些客户提供价值？哪些客户有利润？放弃哪些客户？
价值获取	如何获得盈利	如何为客户创造价值从而获取其中一部分作为利润？采用什么盈利模式？

续表

构成要素	要解决的问题	具 体 内 容
战略控制	如何保护利润流	客户购买的诱因为何？价值判断与竞争对手有何不同？特点何在？哪些战略控制方式能够抵消客户，或竞争对手的力量？
业务范围	从事何种经营活动	向客户提供何种产品、服务或解决方案？从事何种经营？满足哪部分需求？将哪些业务进行分包、外购或协作生产？

资料来源：亚德里安·J. 斯莱沃斯基，等. 发现利润区. 北京：中信出版社，2000：13.

1. 客户选择

商业模式中的“客户选择”是指确定公司的目标客户群。根据自己的特长，公司有机会在客户群体中选择和区分最适合它的，或者它最有能力服务的客户。当价值转移到一个新的客户群或一个新的客户子群的时候，企业可能改变它的目标客户群。对于一家公司来说，这可能是一个痛苦的变化，改变目标客户群是一家公司最困难的决策之一。但这是关键的一步，你需要问自己：“我选择谁作为我的客户？我不再将谁作为我的客户？”

2. 价值获取

商业模式中的“价值获取”是指公司为上述客户创造价值的时候，如何得到回报。传统的方式是，企业通过出售产品和收取服务费来获取价值。以产品为中心的思维将自己限制在这种获取价值的传统方式上。今天，创新的公司采取比从前更加广泛的获取价值的方式：提供融资、提供辅助产品、提供解决方案、在价值链下游的合作、价值分享、许可证经营以及其他许多方式。创新者以高度创新的方式为客户提供价值并得到回报。

3. 战略控制

商业模式中的“战略控制”是指公司保护自己的利润流的能力。这里要回答这样的问题：客户为什么要向我购买？为什么客户必须向我购买？

4. 业务范围

商业模式中的“业务范围”是指公司从事的经营活动、提供的产品和服务。它要回答的问题是：“我在业务范围上需要做什么样的变化，以留住恰当的客户，带来高额利润，实现战略控制？”

三、商业模式开发的步骤

（一）确定业务范围以寻求产品在市场中的最佳定位

大量经营实践表明，定位（业务范围的确定和目标市场的定位）是设计商业模式的一项重要工作。比如前几年的新兴科技领域，由于市场尚未成形，顾客需求还不明确，很难发掘新技术的价值将如何在新市场中具体呈现。因此许多网络公司的商业模式大都欠缺具体的顾客需求信息，只能以网络科技的发展趋势来描绘未来市场的美景。但这正是一些企业投入于新兴科技市场所遭遇的主要风险：新技术具有创造价值的高度潜力，但新事业却持续大幅亏损。

对企业业务范围的确定是成功进行价值定位的重要一步，因为业务范围的确定会对企业所收集到的信息起过滤作用,它将告诉企业的决策层哪些机会应该抓住,哪些应该放弃。企业通过确定业务范围可以界定出自己的客户和竞争者、合作伙伴这些利益相关者及应该拥有的资源和能力等。具体来讲,创业企业可以参照成功企业来确定自己的业务范围:①按照企业所销售的产品或服务来确定自己的业务,如施乐公司处于复印机行业,丰田公司处于汽车制造行业,新华航空处于航空服务业;②针对某类客户群的某些需求确定企业的业务,如通用电气的客户解决方案的业务定位,东软的软件供应商定位等;③依据企业所处的行业价值链环节确定其业务,如品牌制造商、供应商、零售商等;④按照企业的关键资源能力及其组合来确定其业务,如麦当劳、肯德基从事特许加盟,迪士尼从事品牌授权,如家从事连锁经营等。

(二)分析和把握顾客需求以锁定目标客户

实现成功的价值定位的另一种活动就是锁定目标客户。识别和确定企业的目标客户意味着企业必须考虑服务于哪个地理区域和客户细分。分析和把握客户需求的关键是识别和满足新的或潜在的顾客需求或掌握客户未被满足的隐性需求,从产品创新转变到需求创新,以发现新的增长机会。

【应用阅读】

目标客户的锁定

每一个企业的商业模式,首要工作就是要选择客户、定义客户。设计商业模式时,最怕的一句话就是"老少皆宜",产品或服务谁都适合。也许你的企业经过长期的发展,可以做到天下通吃,打遍天下无敌手,每一人都是你的客户,但是一开始绝对不可以,一开始必须找一个精准的客户群切入,切入越精准,风险越少,成功越可期待。

例如Kappa服装针对的客户群体就是那些"宣称要运动,也应该要运动,但从不运动的人",或者是那些"要有运动的感觉,但不希望出汗的人",这个客户素描非常生动,也很有趣。很多读者,尤其是企业家、中高级经理人都是Kappa标准的目标用户群。企业家、中高级经理人因为经常应酬、工作生活不规律,都变成了"三高"、有了脂肪肝,他们太需要运动了,但却有N个理由不运动;同时,办企业、带团队都需要有激情,要有运动感,但他们却往往不想出汗。

启示:创业企业对目标客户的定位越精准、越独到,寻找客户的速度就越快、成本就越低,甚至客户会自己找上门来,这样成功的概率就越大,风险就越小。

(三)构建企业独特的业务系统以提高对手模仿的难度

业务系统顾名思义就是一系列业务活动有机构成的系统和网络,主要指企业与客户、供应商及其他合作伙伴所形成的价值链网络,它反映的是企业与内外利益相关者之间的交易关系。业务系统的构建是商业模式设计的核心部分,商业模式的与众不同和难于模仿主要通过业务系统之间的差异来体现。

企业在构建独特的业务系统时，首先要针对不同的利益相关者确定关系的种类及相应的交易内容和方法；其次在明确各利益相关者在价值链中的业务活动之后，制定出科学合理的利益分配机制，实现共赢。业务系统中利益相关者之间形成的关系网络是一套复杂的运行机制，深嵌于企业价值链中，因此不易被对手模仿。

（四）发掘企业的关键资源能力以形成核心竞争优势

业务系统决定了企业所要进行的活动，而要完成这些活动，企业需要掌握和使用一整套复杂的、有形和无形的资产、技术和能力。让商业模式运转所需要的相对重要的资源和能力，统称为"关键资源能力"。企业发掘和运用企业的关键资源能力有助于形成和打造核心竞争力，获得相对于对手的竞争优势。商业模式中关键资源能力的确定方法是以企业内的单个能力要素为中心，寻找、构造能与该能力要素相结合的其他利益相关者；同时对企业内部价值链上的能力要素进行有效整合，以创造更具有竞争力的价值链产出。

（五）构建独特的盈利模式

盈利模式指企业利润来源及方式。相同行业的企业，定位和业务系统不同，企业的收入结构与成本结构即盈利模式也不同。即使定位和业务系统相同的企业，盈利模式也可以千姿百态。构建科学而独特的盈利模式对企业长久发展有着重要的战略意义。

【应用阅读】

惠普的盈利模式

最好的盈利模式是什么？不是客户一年才买一次，最好是"大宝，天天见"，客户每天都用这个产品，你每天就有收入。

例如买一台惠普打印机，一两千元钱，属于固定资产，需要经理签字，甚至有些企业还要老板签字。但这样一个打印机，惠普公司其实是没有利润的，物流费用、市场营销费用、人员费用计算在内，利润有限。但卖硒鼓、墨盒，两三百元钱，属于耗材系列，根本不用经理签字，行政专员签字就可以了，甚至前台签字就可以购买了。所以销售这样的产品，厂家的利润就相当可观。

不靠卖打印机赚钱，而是靠卖耗材赚钱，我们把这种模式统称为"剃刀＋刀片模式"。即便剃刀卖得很便宜，但是刀片使用量很大，这样获取利润就非常大。

启示：独特的盈利模式是企业持续盈利的关键要素之一。

（六）提高企业价值

在商业模式的整个体系中，起点是价值定位，中间是价值创造活动：业务系统、关键资源能力和盈利模式，归宿是投资价值。投资者最终关注的就是企业的投资价值，这是商业模式不可或缺的部分。一个企业的投资价值是指投资对象（项目/业务/企业）未来预期可以产生的自由现金流的贴现值。在影响投资价值的众多因素中，最重要的当属自由现金流结构。因此,对于企业来说,如何优化自由现金流结构,获得较大的自由现金流是提高企业价值的关键。简单来讲,要获得较高的企业价值需要投资少、收入多、运营成本低。从资本市场投资价值看,任何市场规模大的行业和具有持续成长能力的企业,都有可能受到资本市场的追捧。因此,企业投资价值规模小、价值实现效率低和价值增长速度慢的原因并不在于行业传统,而在于商业模式的传统和落后。

总之,创业者在设计商业模式体系框架时,应注意以下几点。

(1) 商业模式并非一成不变,只有在一定条件和一定环境下才能获得成功。商业模式所能创造的价值会随着旧格局的持续打破而不断减少,这就要求企业不能固守商业模式,而应不断对其审视和梳理。商业模式的内涵需要随环境变动,在执行时保持高度的弹性。主动自觉地去发现它的弱点,并适时调整、修正、创新,应对变化,才能立于不败之地。

(2) 不能过度迷信商业模式。许多技术创新面对的是一种不确定性极高的未来环境,而市场信息也无法全盘取得,因此没有一个商业模式能确保未来利润一定会被实现,也没有所谓最佳的商业模式。客观地讲,商业模式只是一种赚钱的工具和方式,它只在某种特定的条件下发生作用,不要奢望有了商业模式就有了利润。

(3) 不能简单模仿商业模式。不同行业和不同性质的企业生存和发展的环境不同,意味着没有哪两个企业会有着完全一样的商业模式,一个企业的商业模式应当仅仅适用于自己的企业,不可能被其他企业原封不动地照搬。企业应结合自身的资源、能力,打造出自己的独特的商业模式。要清楚商业模式是一个有机整体,各个组成部分之间有内在联系,是一个良性循环系统,是这些部分协调发生作用的有效机制。它与企业的组织结构、制度安排、组织人员和企业文化相互融合、相互配套,如果只是简单地从形式上加以模仿,那后果会不堪设想。

第三节 商业模式框架

我们讨论完了商业模式的开发,对商业模式的内涵及运作方式有了更深层的了解,因此,有必要针对如何设计商业模式来进行学习。

根据布鲁斯·巴林格的观点,商业模式包括核心战略、战略资源、伙伴网络和顾客界面四个要素(见表 4-2)。

表 4-2 商业模式的构成要素

核心战略	战略资源	伙伴网络	顾客界面
企业使命 产品/市场范围 差异化基础	核心能力 战略资产	供应商 其他重要关系	目标顾客 销售实现与支持 定价结构

一、核心战略

商业模式的第一个要素是核心战略,它描述了企业如何与竞争对手进行竞争。企业的使命陈述、产品/市场范围、差异化基础是核心战略的基本要素。

（一）使命陈述

使命陈述的思想最早由管理学大师德鲁克提出，他认为企业必须有本企业的宗旨和使命的明确界定，而企业的三个经典问题是：我们是什么？应该是什么？将来应该是什么？管理学经典《基业长青》一书也认为：核心使命是公司存在的根本原因，并在引导和鼓舞公司方面起了更重要的作用。

我们认为，使命是企业存在的最重要的理由，它提供了一个企业存在的目的及其活动范围等方面的信息。而使命陈述则可以被定义为企业存在目的的持久性陈述，它界定了一个组织与另外一些类似组织的差别。一个好的企业使命陈述向公司全体员工解释我们到底干什么这个问题。

【应用阅读】

阿里巴巴的使命——让天下没有难做的生意

2008年金融危机爆发后，迅速波及中国的出口型企业。国家统计局当时公布的CPI数据显示，人民币升值和物价上涨的压力仍然会在未来较长一段时间内维持，因而对中小企业信贷收紧的趋势也会持续。这就意味着，以出口为基本导向的中小型企业将会第一次面临原材料增长和生产成本增加以及出口渠道受阻的多重压力，因此有悲观的经济学者说，中国的中小企业或将迎来密集的“破产潮”。而事实上，在广东东莞、浙江义乌等地区，这种形势已经出现。而作为全球几千万家企业的电子商务运营平台，阿里巴巴也面临着巨大的考验。

在此背景下，马云给阿里巴巴的员工发了一封内部邮件。在信件中，他毫不讳言阿里巴巴正在面临严峻的考验，但他认为当下的阿里巴巴已经拥有了极强的抗击打能力，因而他要求旗下员工不要过多地考虑股价波动问题，而是应该拥有一个理性的思考：在新一轮的经济寒冬来临时，阿里巴巴究竟要承担什么样的社会责任，以及要成为一个什么样的公司。

因而，在这封公开信中，马云说，帮助这些企业渡过难关是阿里巴巴的使命。他甚至认为，只有在这样的情况下，才能真正完美地诠释出“让天下没有难做的生意”的内涵。他要求，“我希望大家忘掉股价的波动，记住客户第一，记住我们对客户、对社会、对同事、对股东的长期承诺。当这些承诺都兑现时，股票自然会体现你对公司创造的价值”。

启示：一个伟大的组织能够长久生存下来，最主要的条件并非结构形式或管理技能，而是我们称为使命的那种精神力量，以及这种精神力量对于组织的全体成员所具有的感召力。

（二）产品/市场范围

产品/市场范围定义了企业集中关注的产品和市场。

首先，产品的选择对企业商业模式的选择有重要影响。例如，亚马逊网站起初是作为网上书店而创建的，不过它逐渐开始销售 CD、DVD、珠宝和服装等其他产品。它的商业模式现在已经拓宽，涉及对出版商之外的其他很多供应商和伙伴关系的管理。同样，雅虎网站起初提供免费的互联网搜索服务，并通过在网站上创造广告空间来获利。这种商业模式到 2000 年早期，电子商务泡沫破灭时不再奏效了，广告收入锐减。之后雅虎网站修改了它的商业模式，将更多的订刊服务包括进来，以创造更稳定的收入流。

其次，企业从事经营活动的市场也是其核心战略的重要因素。例如，戴尔公司把企业客户与政府机构作为它的目标市场，Gateway 计算机公司则把个人、小企业和首次购买计算机的客户看作目标顾客。对这两个企业来说，它们的选择对形成自己的商业模式有重要影响。

（三）差异化基础

新创企业将自己和竞争对手进行差异化十分重要。如果新企业的产品或服务不能与竞争对手相区别，那顾客有什么理由购买新产品呢?

从较宽泛的视角看，企业一般会在两种战略(成本领先和差异化)中选择其一，从而在市场上给自己定位。采用成本领先战略的企业努力在产业内获取最低的成本，并以此来吸引顾客。相反，采用差异化战略的企业以提供独特而差别化的产品，以质量、服务、时间或其他方面为竞争基础。大多数情况下，新创企业采用成本领先战略往往很困难，因为成本领先要求规模经济，这是需要花费一定时间和投入较大资金的。

企业选择的战略会对它的商业模式产生很大影响。成本领先战略要求商业模式专注于效率、成本最小化和大批量。结果，由于专注于低成本，而使成本领先的企业不会追求产品的新颖。相反，差异化战略要求商业模式集中于开发独特产品和服务，索要更高价格。而且，差异化的企业把大量精力和财力用于创造品牌忠诚上，即顾客对某个品牌产品的忠诚。品牌忠诚是有价值的资产，因为它会使顾客重复购买某个品牌的产品。

二、战略资源

如果缺乏资源，企业将难以实施其战略，所以企业拥有的资源会影响其商业模式的持续性。对新创企业来说，两种最重要的战略资源是企业的核心能力和战略资产。

（一）核心能力

核心能力是一种资源或者能力，是企业胜过竞争对手的竞争优势的来源，它是超越产品或市场的独特技术或能力，对顾客的可感知利益有巨大的贡献，并且难以模仿。核心能力的例子有，索尼公司的小型化能力、戴尔公司的供应链管理能力和 3M 公司的管理创新能力。企业的核心能力决定了企业从什么地方获得最大价值。为了指明自己的核心能力，企业应当识别具有如下特征的技术：独特性；对顾客有价值；难于模仿；可向新机会转移。

企业的核心能力使得企业能够将自己差异化，并创造独特价值。例如，戴尔公司的核心能力包括供应链管理、有效装配产品和服务于企业客户，所以它的商业模式使它能够向企业客户提供价格便宜、技术新颖、使售后服务更有意义的计算机。如果戴尔公司突然开始装配和销售音乐设备，分析家可能会对其新战略持怀疑态度，并有理由追问："为什么戴尔公司要追求这种超出其核心能力的战略呢?"

从长期来看，通过核心能力可以获得成长以及在互补性市场上建立优势地位也很重要。例如，戴尔公司已经建立了装配和销售个人计算机方面的核心能力，并开始将它们移向计算机服务和其他电子设备市场。

不断增加的证据表明，发展核心能力，把精力集中于核心业务，将使企业受益。这种趋势意味着，企业正越来越集中于产品或服务价值链中更小的环节，并成为它所服务市场的专家。贝恩公司最近通过对几个国家的近两千家上市企业研究发现，在长达十多年的时间内，那些实现价值创造并且年增长率达 5.5%企业中有 80%的企业在某个核心业务方面处于领导地位。这些证据表明，企业在一个或两个业务上做好，比在许多业务上保持平均水平要好得多。

（二）战略资产

战略资产是企业拥有的稀缺、有价值的事物，包括工厂和设备、位置、品牌、专利、顾客数据信息、高素质员工和独特的合作关系。一项特别有价值的战略资产是企业的品牌。例如，星巴克花了很大力气来建立品牌形象，其他咖啡零售商要想获得同等的品牌认知需要付出极大努力。企业最终试图把自己的核心能力和战略资产综合起来以创造可持续竞争优势，这也是投资者评价企业时给予最多关注的因素。

三、伙伴网络

由于新创企业不具备执行所有任务所需的资源，因此它们要依赖其他合作伙伴以发挥重要作用。在很多时候，企业并不愿独自做所有事情，因为完成一项产品或交付一种服务的很多工作，对构建竞争优势未必重要。例如，戴尔公司因其装配计算机的专业技术而具有差异化优势，它从英特尔公司那里购买芯片。戴尔当然可以自己制造芯片，但它在这方面不具有核心能力。同样，戴尔公司依靠联合包裹服务公司和联邦快递公司递送产品。企业也依赖伙伴提供知识资本，以创造复杂的产品和服务。

企业的合作伙伴网络包括供应商和其他伙伴，下面将逐一讨论。

（一）供应商

供应商是向其他企业提供零部件或服务的企业。例如，英特尔公司是向戴尔公司提供芯片的供应商。供应链是参与某产品的生产过程，从原材料获得到最终销售的所有企业组成的网络。几乎所有的企业都有供应商，它们在企业商业模式的运作中起着重要作用。

传统上，企业与供应商维持有限的关系，并把它们看作竞争对手。需要某种零部件的生产商往往与多个供应商联系，以寻求最优价格。然而，过去 20 年来，企业逐渐抛弃了这种与供应商的短期关系,转而与之结成合作伙伴以达成互利目标。这种转变来自竞争压力,竞争压力推动企业经理仔细审视价值链的上下游,以便发现节约成本、提高质量和改善市场进入速度的机会。管理者们开始越来越多地关注供应链管理,它是贯穿产品供应链的所有信息流、资金流和物质流的协调。企业管理供应链的效率越高,其商业模式的运作效率也越高。

那些与供应商发展了更好合作关系的企业,往往能找到方法推动供应商以更高效率运作。很多企业因而减少了供应商数目,并与它们更紧密地结合在一起。例如,太阳微系统公司每年50亿美元的支出中90%付给了20个供应商。为了更好地利用与这些企业的关系,太阳微系统公司与其中5个较大的供应商组成了一个特别委员会,以共同解决重大问题。

(二) 其他重要关系

除了供应商,企业还需要其他企业协作来使商业模式有效运作。战略联盟、合资企业、合作网络、社会团体和行业协会是这种合作关系的一些常见形式。普华永道最近的一项调查发现,过去三年中,超过半数的美国快速成长企业都组建了多元化的合作关系,以此来支持自己的商业模式有效运作。依这项调查来看,合作关系给这些被调查企业"带来了更多的创新产品、更多有益的机会和高成长率"。由此可见,创业者创建具有可持续竞争优势的新企业的能力,依赖于企业自身技能,也依赖于外部合作伙伴的技能。

四、顾客界面

顾客界面是指企业如何与顾客相互作用。相互作用的类型依赖于企业选择如何在市场上竞争。例如,亚马逊公司只通过互联网销售书籍,而巴诺书店则通过传统书店和网络两种途径来售书。在计算机产业存在好几种顾客界面模式,戴尔公司通过网络或电话直接销售计算机,而惠普公司主要通过零售商店销售,Gateway计算机公司(类似于戴尔公司)主要通过网络和电话销售产品。

对新创企业来说,顾客界面的选择对于它如何竞争以及将它定位于产品或服务价值链的哪个环节非常重要。顾客界面的三个要素是目标市场、销售实现与支持和定价结构。

(一) 目标市场

企业的目标市场是企业在某个时点追求或尽力吸引的有限的个人或企业群体。企业选择的目标市场影响它所做的每件事情,如获得战略资产、培育合作关系以及开展推广活动等。拥有清晰界定的目标市场将使企业受益。对那些主要向其他企业销售产品的企业而言,不仅选择目标市场很重要,而且了解目标企业中谁是主要决策人也很重要,这样企业的销售努力才可以准确聚焦。

（二）销售实现与支持

销售实现与支持描述了企业产品或服务“进入市场”的方式，或如何送达顾客的方法。它也指企业利用的渠道和它提供的顾客支持水平。所有这些都影响到企业商业模式的形式与特征。

企业愿意提供的顾客支持水平，也影响它的商业模式。有些企业将自己的产品和服务差异化，通过高水平的服务和支持向顾客提供附加价值。顾客服务包括送货和安装、财务安排、顾客培训、担保和维修商品保留计划、便利的经营时间、方便的停车、通过免费电话和网站提供信息等。如前所述，戴尔公司拥有范围宽广的多层次服务内容，以便向公司客户提供它们需要并且愿意为这些服务支付费用的支持。选择适当的服务种类是戴尔商业模式的重要组成部分。

（三）定价结构

企业的定价结构随企业目标市场与定价原则的不同而变化。企业既能以普通方式，也能以特殊方式通过定价结构对自身进行差异化。一般而言，新创企业很难通过价格实现差异化，而这却是很多具有规模经济的大企业的常用战略。

总之，新创企业必须从整体角度审视自己并积极构建有效的商业模式才能获得成功，这对新企业非常有用。而企业商业模式的主要构成要素是它的核心战略、战略资源、伙伴网络和顾客界面，关注这些要素对新创企业成功至关重要。

习　　题

【重要概念】

商业模式　　核心战略　　战略资源　　伙伴网络　　顾客界面

【思考题】

1. 什么是商业模式？
2. 商业模式开发的原则是什么？
3. 如何设计商业模式？
4. 商业模式要解决的核心问题是什么？
5. 商业模式的构成要素有哪些？

【实训题】

从亚马逊网站、Google网和易趣网3家企业中任选一个。对于你所选的企业，请指出它的核心能力，并解释核心能力如何强化了它的商业模式，进而有助于获得竞争优势。

【总结案例】

阿里巴巴的商业模式

1 000 万个创业机会；每天超过 1 亿人登录消费；全年交易额超过 1 万亿元，占到全国社会消费品零售总额的近 5%，相当于 eBay 和亚马逊全年交易额的总和……2012 年，阿里巴巴旗下的淘宝和天猫实现了令人瞩目的高速成长。

这家 10 年前年交易额仅 1 亿元的电子商务网站，不仅实现了超过 1 万倍的规模裂变，更引领着商业模式创新之先河，改变了国人的消费习惯，并影响到生产、批发、零售等整个产业链。

从 1999 年创办被誉为"网上广交会"、旨在帮助中国中小企业进军海外市场的阿里巴巴 B2B(business to business，即企业间电子商务)，到 2003 年为中小型卖家度身打造的 C2C(customer to customer，即消费者间电子商务)平台淘宝集市上线；从 2008 年推出旨在吸引优质商家与中高端消费者的 B2C(business to customer，企业对终端消费者)品牌商城，到 2011 年 11 月宣布淘宝商城独立，并使用全新中文名称"天猫"，再到 2013 年年初启动 C2B(customer to business，即消费者驱动)战略，推出大规模消费者定制平台——聚定制……13 年来，阿里巴巴持续创新商业模式，在潜移默化影响国人消费习惯的同时，也改变了生产、批发、零售等整个产业链，大大提升了商业的协同效应。

一、从商家驱动到消费者驱动

点击团购网站，选择实惠的餐饮、住宿等生活类服务，许多人都曾尝试过；登录淘宝或京东商城，货比三家后选择比实体店价格优惠的生活用品，也早已不是什么新鲜事。但是，上网定制自己喜欢的彩电，让大牌设计师给自己量身定做一件衣服，而且还不用多花钱，很多人恐怕想都没有想过。

淘宝两黄钻买家"想飞的鱼"，去年就体验了一次梦幻般的购物——买到了一条由国内十佳服装设计师之一邓立夫亲手设计的梦想中的裙子。

事情发生在 5 月 9 日。当天 10 点，在淘宝网聚划算平台上，由国内大牌设计师精心准备的 6 件女装的设计稿和 3D T 台秀正式上线，直接面对消费者的检验。消费者的下单量将直接决定该设计是否投入生产。这其中，包括吴海燕、吴吉、邓立夫这样的国内顶尖服装设计师。

"想飞的鱼"很快出手。一个礼拜后，她与全国各地的其他买家一样，不但收到了新鲜出炉的设计成品，而且还附有设计师签名证书和限量证明。

"让设计师直接面对客户(designer to customer，D2C)，是淘宝推出的最新网购模式之一。"淘宝网聚划算平台总监慧空告诉记者，"团设计"得到了在淘宝网购年轻人的高度认可。最终，吴海燕一件标价 688 元的衣服，在高于淘宝女装平均 2.5 倍的价格的情况下，销售出去 2 267 件；邓立夫设计的连衣裙卖出 974 件。更值得一提的是，所有服装产品在 7 天内完成了从按单下料、设计生产和物流发货的全过程。

另一次尝试是定制彩电。去年 9 月，聚划算联合海尔发起"双节买家电，定制最划算"活动，8 天就有 100 多万名消费者针对电视尺寸、边框、清晰度、能耗、色彩、接口六大定制点投票，由海尔根据投票结果安排生产，最终成交 32 寸定制彩电 8 322 台。

1月5日，阿里巴巴集团聚划算事业群宣布，启动C2B（消费者驱动）战略，针对家电、家居、旅游、电信等市场，推出大规模消费者定制平台——聚定制，争取2013年定制商品成交50亿元。

从C2C到D2C、C2B，只是阿里巴巴商业模式创新的一个缩影。阿里巴巴董事局主席马云曾明确提出，在新的属于互联网时代的商业文明中，大规模标准化的制造将遭到摒弃，制造者将以消费者的意志为标准进行定制化的生产。而阿里巴巴的使命就是不断创新商业模式，最终打造这样一个以消费者为开端和核心，由消费者、渠道商、制造商、电子商务服务提供商（CBBS）构成的生态系统。

二、做“水、电、煤”等基础设施的提供者

去年“双11”购物狂欢节，淘宝和天猫一天完成191亿元交易额，一举超越美国网络星期一，成为全球最大的网上购物节。然而，随后举办的“双12”购物节，淘宝和天猫却改变了玩法。它们没有组织大规模的全场五折优惠活动，而是玩起了“小而美”。

“我们明确提出，‘双12’购物节的目标不是销量，而是要玩出些味道。”阿里巴巴总参谋长曾鸣告诉记者，“小而美”简单地说，就是电子商务服务提供商退到后面，把运营权完全交给卖家，做什么活动、折扣多少，完全通过卖家和买家之间的互动来决定。

“我们更趋向于做整个电子商务企业‘水、电、煤’等基础设施的提供者。”曾鸣说，电子商务生态系统的核心是开放、协同和分享，这要求阿里巴巴在运营模式上摒弃传统，更多依靠卖家的创造力，自己的精力则聚焦在生态系统、规则、平台、数据与信息共享等基础设施上。只有这样，才能真正实现物种多样性，平台上的创新协同才会越来越多，有创造性的小企业才会更容易冒出来，阿里巴巴内部也才更容易涌现创新的想法。

为了推动生态系统的创立，2012年7月23日，阿里巴巴宣布新“七剑”架构调整，淘宝、一淘、天猫、聚划算、阿里巴巴B2B及阿里云6大子公司，被重新调整为淘宝、一淘、天猫、聚划算、阿里国际业务、阿里小企业业务和阿里云7大事业群。阿里巴巴B2B的中小企业，将通过淘宝、一淘、天猫、聚划算，与消费者对接起来，阿里云则在打通底层数据中起到基础性作用。

“新‘七剑’架构的实质，是将阿里巴巴平台上成千上万家中小企业和淘宝市场体系有效结合，最终将形成一个有机的整体——从消费者到渠道商，再到制造商的CBBS市场体系。”曾鸣指出，近两年，在基础设施建设方面，阿里巴巴同样进行了许多创新的尝试。

创新之一是淘宝数据。为了满足淘宝客户对于数据分析、挖掘、解读及相关资讯信息的商业需求，2010年的3月，阿里集团视为核心战略资源的淘宝数据正式向全球开放。曾鸣解释说，人类社会正在从工业文明走向信息文明，未来将呈现“开放、透明、分享、责任”的新商业文明，数据会前所未有的重要，淘宝向全球开放数据就是要真正地去运用数据，让数据为消费者、小企业服务。

创新之二是社会化大物流体系。2011年“双11”购物节带来的快递爆仓，许多人至今记忆犹新。然而，得益于大淘宝平台推出的物流数据共享系统，2012年“双11”购物节天量的包裹却在一周左右的时间里投递完毕。

“我们打通了与淘宝卖家、主要快递公司间的信息共享，这样，哪条线路拥堵，系统就会提醒卖家晚一点发货，或者选择其他的绕行线路。”曾鸣说，在打造基于互联网的全社会物流信息共享平台之后，下一步阿里巴巴将打造一个供应链实施协同平台，“只有当电子商务从网络零售走到供应链实时协同，价值链的每一个环节才不是线上线下的一个个孤岛，其价值才能在互联网上真正实现”。

资料来源：http://it.southcn.com/9/2013-01/28/content_62909650.htm.

讨论：

(1) 阿里巴巴商业模式的开发体现了什么原则？

(2) 根据商业模式的相关理论分析阿里巴巴成功的原因。

第五章

创业者与创业团队建设

【学习目的与要求】

1. 了解创业者的个人素质。
2. 了解创业者的基本条件。
3. 理解企业者的动机。
4. 掌握创业团队的组建。

【创业管理小故事】

创业改变了迪士尼的命运

当年，年轻的美术设计师迪士尼因为经济拮据，与太太租住在一间破陋的屋子里。无论白天黑夜，都有成群结队的老鼠在房间里上蹿下跳，疲于奔命的迪士尼夫妇也常借着老鼠的滑稽动作慰藉心情。

一天，因付不起房租，他们被房东赶了出去。穷困潦倒的年轻夫妇只好来到公园，坐在长椅上暂度时光。

"今后怎么办呢？"两人左思右想，苦无良策。

太阳开始西沉，夜幕即将降临，迪士尼夫妇几乎感到穷途末路。这时，从迪士尼的行李包里忽然伸出一个小脑袋，原来，那是他平时最喜欢逗弄的一只老鼠，想不到一只小动物也有点人情味，跟着他们一起离开了公寓。迪士尼望着老鼠那滑稽的面孔，脑海里忽然冒出一个前所未有的创意，他惊喜地叫了起来："对啦，世上像我们这样的穷人一定不少，他们也得有自己的快乐，让可爱的老鼠去逗他们开心吧。"

第二天，迪士尼便开始了别出心裁的创作。不久，一个活泼可爱的米老鼠(Mickey Mouse)卡通形象来到人间。一家公司老板慧眼识珠，特邀迪士尼合作制作米老鼠卡通连环画和电影。为了生存，迪士尼靠米老鼠开始了自己的创业生涯。随着米老鼠的走红，迪士尼终于时来运转，他开创的迪士尼事业如日中天，极富特色的迪士尼卡通画、电影、玩具、工艺品等产品迅速传播，大型娱乐场所——迪士尼乐园随后也在美国创建，迪士尼成了著名的创业英雄。

创业成功的迪士尼每当回首往事时，总是感慨地说："米老鼠带给我的最大收获，并非金钱和名誉，而是一种无价启迪：当你那孤独的灵魂流浪到穷途末路时，不要灰心，也不要失望，只要找到创业之路，命运总会改变。"

启示：企业给创业者带来的最好礼物是自由、时间、创造力、思维、想象力的自由，自由能使创业者兴奋，从而激励他们奋发图强，实现创业目标。

第一节 创业者及类型

一、创业者的概念及特征

创业是一个振奋人心的字眼，创业既体现出开创崭新的事业，又衬托出振奋人心的创业过程（从过程看，创业是不分成功与失败的），又能够让人看到创业成功后的辉煌（无论是物质还是精神）。

由于创业与创业者是分不开的，因此了解什么是创业者，对于我们更好地理解创业，树立创业精神，最终成为一个成功者，有着十分重大的作用。

什么是创业者？如何在概念上界定创业者？

早在1803年，法国经济学家萨伊就曾说过并加以论证。萨伊认为："创业者是能够将资源从生产力低的地方转移到生产力高、产出多的地方。"但是萨伊没有明确地告诉我们究竟谁是创业者。因此，关于创业者和创业精神的定义至今含混不清。而且社会是动态和发展的，过于僵化的概念并不利于这个创业时代的发展。我们只能从动态和发展的角度去理解和认识创业者。

1. 创业者的概念

创业者有广义与狭义之分。

广义的创业者是指那些自己去开办新的小型企业的人和所有独立开创属于自己事业的人。他们都可以说是在"创业"，都在力图改变自己的命运。

但是，世界管理学大师彼得·德鲁克（P. F. Drucker）却强调指出："并不是所有新开办的小型企业都是创业型企业或具有创新精神。创业者首先要有创新精神。"彼得·德鲁克在《创业精神与创新》这本书中这样写道："一对夫妻开办一家熟食店或在郊区开办一家墨西哥餐厅，也是要承担风险的，他们算不算创业者呢？事实上，他们所做的不过是步同行们的后尘。因为他们只是相信此地就餐人数会增加，因此既没有创造出新的、令人满意的服务，又没有创造出新的顾客需求。按照'创造新满意和新的需求'的标准，他们虽然开办了一个新的企业，但称不上是创业者。"因此，狭义的创业者应该是："创业者就是要标新立异，打破已有秩序、按新的要求重新组织。"（萨伊在200多年前下的定义）这也正如熊彼得所言：创业者的任务就是"创造性地破坏"。

2. 创业者的基本特征

在香港曾经是赤手空拳的少年，在经历了半个多世纪的磨砺与奋斗之后，而一跃成为香港首富的李嘉诚；在改革开放后涌现出来的新一代创业者，如柳传志、王选、张朝阳等，他们创业的成功，固然不能否认天时、机遇、环境等客观因素的作用，但在他们身上却都具有一些创业者所具有的共同特征。

作为创业者，必须具备如下几个基本特征。

(1) 风险意识与创新精神

创业会有一定的风险。尽管管理学大师彼得·德鲁克认为,"……所谓的创业者的无知,缺乏管理方法,违反管理规律,从而给创业精神的发挥蒙上了风险的色彩……",但是,不管怎样,创业者都要承担一定的风险。只有具有了风险意识,才能够在创业初始合理地规避风险,并把握创业过程中核心要素管理;也只有具有一定的风险意识,才能够使新产品、新技术、新服务走向实际化运作,才能够使新创企业度过艰难的创业过程而迅速成长,走向创业成功。

只有那些敢为天下先的创业者,才有可能成为实干家。因为他们敢于大胆尝试、不怕挫折、敢于进取,敢于走前人没有走过的路,做前人没有做过的事。而那些缩手缩脚、光说不做,并且事事都害怕失败,没有勇气面对困难,因循守旧的人,虽然也可以领取到营业执照,也能进入创业者的行列,但很快就会被淘汰出局而不能走向创业的成功,也就不能成为创业者。

(2) 吃苦精神

创业是一个创造的过程,人的创造力与人的智商(IQ)有很大的关系。普遍地看,智商高的人要比智商低的人更富于创造力;在创业的创造性活动中,不单纯是创造性的构思,更重要的是创造性的实践。因此,创业的成功需要坚忍不拔的意志和甘于奉献的精神。勤奋、吃苦、执著、奉献是所有创业者的共同特征。

(3) 良好的商业品德

尽管社会上流传着所谓"无奸不商"的说法,但事实上,真正的商人是最讲信用的。作为一个立志创业的人,首先应该立德。假如没有良好的品德,而认为创业就是为了实现自己的个人私利,肯定不会创立起事业;即便能够把企业办起来,甚至也能"辉煌"一时,但终归只是昙花一现。良好的品德是成功创业者的共同特征。正如圣人孔子曰:"富与贵,是人之所欲也;不以其道得之,不处也。贫与贱,是人之所恶也;不以其道得之,不去也。"

(4) 战略眼光

创业者必须有远大的眼光,才能够带动社会的进步。先知先觉是一个创业者成功的必要条件。所谓先知,就是要发现新的、潜在的机会,培育并把握这个机会。仔细分析一下,大多数创业者都能够比其他人更能够寻找或捕捉到一个有利的机会,并把握住这个机会,实现自己的目标。

(5) 脚踏实地、雷厉风行

对于生命而言,时间是最稀缺、最宝贵的资源,因为它是一维的、永远向前的、不可逆转的。成功,无论是结果还是过程,都是一定空间下的时间概念:一是速度性;二是持续性。成功的创业者一旦捕捉到良好的创业时机,便抓住不放,并且立即投入,踏踏实实地去做。"本来我们应该……","那么,或许什么时候人们得……","我们该干什么……",如果你一旦开始创业,就应该让这些阻碍你成功的废话在生活中消失。无论任何事情,只要对你的事业有利,去做就是了!需要的是不停地叮嘱自己:"到某月某日必须达到这个或那个目标,为了这个目标,努力!加油!"

(6)勤奋与工作狂

几乎每一个创业者都近乎是工作狂。因为摆在你面前的是一个全新的领域,你不但要具有一个好的主意，而且还要有脚踏实地的工作态度和作风，以此证明你的工作能力。世界富豪艾夫赖得·佛勒认为："任何一个有雄心的年轻人，都能走上成功之路，但必须勤奋，不但要手脚勤奋，更要勤用脑子。"创业者在创业初期以及发展阶段，往往比其他人要多工作许多小时，但并不是一味地增加工作时间就能获得成功。研究表明，每周工作50个小时左右，工作效率是最佳的。

(7) 自信

创业者并不是天才，总有人在某些方面比他们强。但创业者往往拥有比常人强得多的自信，这让他们能克服重重困难。自信对于创业者至关重要，特别是创业初期，困难重重。当你的信念就要崩溃的时候，一定要告诉自己，再坚持一下，成功常常就出现在这"再坚持一下"之中。

(8) 机敏

如何面对风险以及各种不确定性的因素，是每一个创业者所必须面临的问题。尤其是在信息不安全、时间紧迫的情况下，做出最优决策。这就要求创业者必须头脑灵活、心思机敏。

(9) 关心政治

经济与政治从来都是密切相关的，创业者应该多关心政治。事实上，成功的创业者都十分关心政治，一般都具有政治思维的广度和深度，能够吃透国情，并善于运用政策。

成功的创业者也许还有很多的优秀特征，在这里不一一阐述。需要说明的是，创业者并不是了不得的人物，未必一定具备这些特征才可以创业，或只要具备了这些特征就一定能够创业成功。但是，有些特质是需要的，如果欠缺的话，可以培养一下，那么人人都可以创业，人人都能够成为成功的创业者。

3. 人人都可以成为创业者

尽管在创业者的特征中，对创业者的行为特征做了一个介绍，但是在历史和现实中，古今中外，不乏普普通通的人靠着自己的顽强拼搏和不懈努力去创业，最后成为成功人士。无论是国外的戴尔·卡耐基、麦当劳兄弟、比尔·盖茨、福特、普洛斯特、希尔顿等人们所熟知的超级巨富和世界经济领域中叱咤风云的一代天骄，还是中国近代工业开始的创业者，比如范旭东、侯德榜、王进喜等老一代创业者，再到改革开放后新一代创业者，如柳传志、王选、张朝阳，以及不能一一道出姓名的创业者，虽然他们出身不同、性格各异，但他们成功的案例说明，成功之路就在自己的脚下，只要肯于创业、善于创业、乐于创业，我们丝毫不比任何人逊色。

(1) 人人都可以成为创业者，有国家法律和政策的支持

改革开放的二十几年，中国人经历了四个创业阶段，掀起了三次创业高潮。

第一次创业高潮是：1988年4月，全国人大通过的宪法修正案，增加了"国家允许私营经济在法律规定的范围内存在和发展"的内容，掀起了我们国家第一次创业浪潮。它的发表使一大批有文凭、有稳定工作的人走上自我创业之路，"下海"一词成为当时的热点。

第二次创业高潮是：1992年改革开放的总设计师——邓小平的南方谈话。他提出"三个有利于的标准"再次为私营经济的发展敲起了锣鼓。邓小平是这样提出问题的：

“改革开放迈不开步了，不敢闯，说来说去就是怕资本主义的东西多了，走了资本主义道路。要害是姓‘社’还是姓‘资’的问题。判断的标准，应该主要看是否有利于发展社会主义生产力，是否有利于增强社会主义国家的综合实力，是否有利于提高人民的生活水平。”私营经济和个体经济又遇到一次生长的春风，作为国民经济的重要组成部分，它们受到越来越多的注意和礼遇，第二次创业浪潮由此应运而生。

第三次创业浪潮是：1999 年年末通过的《中华人民共和国个人独资企业法》。以规范和保护私有经济发展为目的的《中华人民共和国个人独资企业法》在九届全国人大常委会第十一次会议上获得通过。这是全国人大自 1999 年 3 月修改宪法，明确提高非公有制经济的地位以来实施的第一个立法举措。这部法律从 2000 年 1 月 1 日起施行，标志着非公有制经济大发展时代的来临。

(2) 人人都可以成为创业者，不受资金财力的限制

人生就像一场生存竞赛，在这场竞赛中如果能够巧妙地进行策划，准确地把握人生优势，科学地运用优势条件，就可以奠定坚实的成功基础。

也许有人会问：“我当然知道应该把握自己的人生，可是没有钱，又怎么能获得成功?”是的，有了钱获得成功就容易许多，对于创业者来说更是如此。但是在现实生活中，并不是每一个人都有足够的资金，而他们却取得了创业成功，甚至超过了那些富家子弟所取得的成就。因此，创业者有充足的资金固然很好，但是别忘了，没有钱同样可以创业成功。

在市场经济的大潮中，靠白手起家者成千上万，他们没有先天的优势条件；相反，其中许多人有着不幸的家庭，有不少人从小就失去了父母，根本没有人给他们提供创业资金的支持。

有社会心理学家曾对 100 家公司的创始人进行过调查，发现这些创业者大多幼年时父母就死亡或者离异。这种状况一方面促使他们从小就产生了一种不安全感，决心长大以后赚取足够多的钱，使自己不受贫困的威胁；另一方面，又使他们从小就养成独立自强的心理，由此坚定了以后成功的信心。所以说没有钱并不可怕。事实上，许多创业成功者在创业时并没有多少资金，但他们能够通过各种途径筹措所需资金，并走上致富、成功之路。如旅店大王希尔顿在创业时，完全是向他人借钱投资，才成为世界上最著名的旅店大王的。只要有赚钱的动机，总会有成功的机会。

《中华人民共和国个人独资企业法》的实施，最大的突破是降低了企业经营做“老板”的门槛，也就是 2000 年人们常说的“1 元钱做老板”。按照国际上通行的惯例，规定注册资金被视为剥夺穷人投资权利的违法行为，因此，大多数国家都取消了个人注册公司时的资本条件。对于中国来说，取消注册资本金的限制性条件是颇具象征性意义的。因为，根据法律规定，只要有固定的经营场所且连续经营的，都可以重新注册为个人独资企业。

这种变革，改变了过去只有“富人”才能创办企业的陈规，办公司不再是“富人”的专有权。在中国日益市场化的今天，要说我们的社会开始走向一个人人都可以创业的时代应该不为过。因此，还可以说，我们已经开始进入更加尊重人的个性和个人创业的时代。

可见，创业者没有创业的本钱不用担心，关键在于仔细思考，确定自己的创业目标，一步步朝这个目标迈进。

(3) 人人都可以成为创业者,不受学历的限制

教育对创业者的创业成功是非常重要的,但是,学历不是创业成功的决定性因素。尽管高学历更有助于成功,但它并不妨碍低学历者进行创业并取得成功。学历代表一个人所拥有的书本知识的多少,但不证明一个人的实际动手能力和思维、实践才能;相反,如果一个人只知道炫耀自己的学历,那么这种学历只不过是一种毫不值钱的装饰品,并不能给他的拥有者带来实际的财富。

事实上,学历只代表一个人曾经学过哪些知识,即使是某些领域的专家和学者,他们也不见得都能解决所有的实际问题。当然,我们这样说不是想否定学历和理论的作用,而是想提醒那些有创业梦想的人,不要担心自己的学历,只要敢想,创业对你来说就是一件值得尝试的事。

比如,在十分重视个人创业的美国,就非常重视个人的实际工作经历,而对学历却不是必需的考虑。据说在美国如果要再就业,首先被问到的问题是:"你曾经干过什么工作? 今后想干哪行? 有这方面的经历没有?"正是在这种重视经历的社会创业环境中,才造就了比尔·盖茨这样的世界首富式人物。

据有关调查表明:在成功的创业者中,有50%以上的人是初中或高中毕业,20%的人是小学毕业,而真正大学毕业的人还占不到10%。

以上事实说明,受教育程度与能否独自创业和能否创业成功不是完全成正比的。田千里在《老板论》中写道:"从正常情况看,老板接受教育程度的分布曲线是两头大、中间小。即高中以下文化程度的创业者比重较高,但因缺乏基础教育,失败的可能性较大,特别是公司进入较大规模后,失败的可能性更大。而硕士以上,特别是到了博士,创业的激励因素大大降低,冒险性和实干能力下降,加上已有的社会地位,所以这些人创业的几率很小。但这些人一旦创业,成功的比例则相对较高。"田千里进一步分析说:从各种调查看,中国老板的受教育的平均值在大专水平,而年青一代的老板则以本科学历为主。

(4) 人人都可以成为创业者,创业者不需要特殊的性格特色

正如一位著名企业家说:"我见过个性和气质千差万别的人,在面对企业挑战时都做得非常出色。"他们有的是艰苦创业、白手起家的典范,有的是企业创新的技术精英,有的是高瞻远瞩、目光敏锐的领导者,有的是百折不挠、愈挫愈奋的实践家。

(5) 人人都可以成为创业者,没有年龄的限制

也许有人会说:"我现在太年轻,社会阅历及经验不足,不适合创业,等到中年以后再说吧!"

其实,这种想法是大错特错的。为什么呢? 因为对于创业者来说,经历和阅历固然重要,但是,人的创业智慧和才能则更为重要。只要你能抓住机遇,只要你拥有创业的智慧和才能,不管你的年龄有多大,都有可能取得创业的成功。

由此可见,年龄并不是制约创业成功的最大障碍,创业并没有时间和年龄的限制。成功的创业虽然需要冒险,但只要有相应的经历和判断能力,不管你的年龄有多大,你都同样可以创业,并取得成功。

综上所述,在这个发展和创新日益加速的时代,只要抓住机遇,每个人都有成功的可能。它不在于你学历的高低和性格的差异,创业不分高低贵贱。没有钱的人可以成功,没

有背景的人可以成功，没有学历的人也能成功！只要拥有创业的激情，那么你就可以下定决心，用自己的热情和智慧，在这个新的创业时代发挥自己的创业精神，朝着既定的目标前进，那么成功离你就不远了！

二、创业者的类型

美国学者弗雷德里克·韦伯斯特对创业者进行了分类。

1. "康替龙型"创业者（以18世纪法国经济学家理查德·康替龙的名字命名）

他们将人、财、物结合起来创立全新的企业。这是一种"古典型"的创业者，他们在市场上寻找未被开发的机会，然后通过创新利用这些机会。这类创业者不只是建立新企业，他们的创新成果往往成为整个行业赖以存在的基础，他们开发的也不仅是一项新产品，还包括制造产品的新技术。比如亨利·福特和他的汽车生产流水线、托马斯·爱迪生和他的家用电器产品、比尔·盖茨和他的软件操作系统等，他们都可以称为"产业制造者"。

2. "管理型"创业者

他们在现有企业内，以创业者的方式管理企业。他们通常是企业的首席执行官或高级管理者，具备创新精神，领导企业并推动企业向前，尤其是在企业面临变化的时候。管理型创业者也常被称作"小企业主"。"小企业主"是自己拥有企业并自己经营的创业者，企业规模小可能是因为企业处于发展初期，或者企业主有意控制企业规模。因为小企业足以使他们的生活有保障，并使他们有能力控制自己的生活。对此，他们已经心满意足。

就我国国情，从创业者动机和意图对创业者进行划分，可以分成以下三类。

1. 生存型创业者

他们多为下岗工人、失去土地或因为种种原因不愿困守乡村的农民以及刚刚毕业找不到工作的大学生，这是我国数量最大的一类创业人群。清华大学的调查报告表明：这一类型的创业者占我国创业者总数的一大部分。在这类创业者中，多数是为生活所迫而创业，为了谋生，其创业范围一般限于商贸流通业，即便少量从事实业，也基本是小打小闹的加工业。当然其中也不乏因为种种机遇而成长为大中型企业的，但数量极少。

2. 变现型创业者

一般是过去在党、政、军、行政、事业单位掌握一定权力，或者在国企、民企当经理人从而聚集了大量资源的领导者。他们在机会适当的时候下海开公司、办实业，实际是将过去的权力、资源和市场关系变现，将无形资源转化为有形的资产。

3. 机会型创业者

这种类型的创业者又可分为两种：一种是盲目机会型创业者，大多数极为自信，做事冲动。这种类型的创业者多数同时是博彩爱好者，他们容易失败，但一旦成功，往往能成就一番大事业。另一种是冷静机会型创业者，他们是创业者中的精华，其特点是谋定而后动，不打无准备之仗，他们掌握了独特资源，或是拥有专门技术，一旦创业，成功率通常很高。

第二节 创业团队组建

一、创业团队的概念

（一）创业团队及组成要素

不同的学者从不同的角度界定了团队（team）的定义。路易士（Lewis，1993）认为团队是由一群认同并致力于达成共同目标的人所组成，这一群人相处愉快并乐于工作在一起，共同为达成高品质的结果而努力。在这个定义中，路易士强调了三个重点：共同目标、工作相处愉快和高品质的结果。盖兹贝克和史密斯（Katezenbach、Smith，1993）认为一个团队是由少数具有“技能互补”的人所组成，他们认同于一个共同目标和一个能使他们彼此担负责任的程序。盖兹贝克和史密斯也提到了共同目标，并提到了成员“技能互补”和分担责任的观点，同时还指出团队是少数人的集合，相互交流的障碍较少，比较容易达成一致，也比较容易形成凝聚力、忠诚感和相互信赖感。但是，团队必定是以达到一个既定结果为最终目标，共同的目标是团队区别于群体的重要特征。因此，创业团队需具备五个重要的团队组成要素。

1. 目标

创业团队应该有一个既定的共同目标，为团队成员导航，知道要向何处去，没有目标这个团队就没有存在的价值。目标在创业企业的管理中以创业企业的远景、战略的形式体现。

2. 人

人是构成创业团队最核心的力量。三个及三个以上的人就形成一个群体，当群体有共同奋斗的目标时就形成了团队。在一个创业团队中，人力资源是所有创业资源中最活跃、最重要的资源。应充分调动创业者的各种资源和能力，将人力资源进一步转化为人力资本。

3. 定位

第一，创业团队的定位。创业团队在企业中处于什么位置，由谁选择和决定团队的成员；创业团队最终应对谁负责；创业团队应采取什么方式激励下属。第二，个体（创业者）的定位。作为成员在创业团队中扮演什么角色，是大家共同出资，委派某个人管理；还是大家共同出资，共同参与管理；或是共同出资，聘请第三方（职业经理人）管理。

4. 权限

创业团队中领导人的权力大小与其团队的发展阶段和创业实体所在行业相关。一般来说，创业团队越成熟，领导者所拥有的权力相应越小。在创业团队发展的初期阶段，领导权相对比较集中。高科技实体多数是实行民主的管理方式。

5. 计划

计划的两层含义：①目标最终的实现，需要一系列具体的行动方案，可以把计划理解成达到目标的具体工作程序。②按计划进行可以保证创业团队的顺利进度。只有在计划的操作下创业团队才会一步一步地贴近目标,从而最终实现目标。

(二) 创业团队的重要性

一个好的管理团队对于企业的成功具有举足轻重的作用。新企业的发展潜力(打破创始人的自有资源限制,从私人投资者和风险资本支持者手中吸引资本的能力)与企业管理团队的素质之间有着十分紧密的联系。

(1) 创业团队可能为创始人提供一种替代就业的方式、为几个家人和几个外人提供就业机会的公司,也可能是一个具有较高发展潜力的公司,前者和后者之间的主要区别在于是否存在一支高质量的管理团队。一个喜欢单打独斗的创业者固然可以谋生,然而一个团队的营造者却能够创建一个组织或公司——能够创造重要价值并可能有多种收获选择的公司。

(2) 没有创业团队的企业也许并不会注定失败,但要建立一个没有团队而具有高潜力的企业却极其困难。当然,确实有一些创业者讨厌合伙人,还有一些创业带头人只有在拥有绝对控制权的情况下才会觉得合伙制令人满意。也就是说,他们需要的是雇员而不是合伙人,这种态度不仅针对企业的内部人员,也针对企业外部的投资者。例如,有一位创业者,他建立了一家增长稳定但发展较为缓慢的高科技企业,其销售额在成立后的10年内增长到200万美元。随着光纤技术领域新专利的不断涌现和相关技术的日新月异,这家企业逐渐引起了风险投资家们极大的投资兴趣,他曾有几次获得超过500万美元的融资机会,但是他都拒绝了,因为投资者们要求拥有51%以上的股份。对此,他只是简单明了地说:“这家企业是我多年来苦心经营起来的,我不愿意把它的控制权拱手相让。”这显然和上述的规则相悖。

(3) 创业团队对于企业的成功有着重要的影响。风险投资家相信团队非常重要,有风险资本投入的企业其生存率高于平均数。另外,这些风险投资的回报相当丰厚。一项针对104家20世纪60年代创办的高科技企业的研究报告指出:在年销售额达到500万美元以上的高成长性企业中,有83.3%是由创业团队建立的;而在另外73家停止经营的企业中,仅有53.8%的有数位创始人。这一模式在一项近期的研究中表现得更为明显。这是一项关于“128号公路100强”(波士顿市郊地区沿着128号公路,包括成功的新风险企业在内的顶级公司)的调查,调查结果显示:这些企业中成立5年及以下的平均年销售额达到1 600万美元,成立6～10年的平均年销售额达到4 900万美元,而那些成长为更为成熟的企业则可达到几亿美元。这项调查还发现,这些成功企业中的70%拥有多名创始人,有36家有3位以上的创始人,17%的企业创始人在4位以上,9%的企业在5位以上,还有一家公司是由一个8人的团队组建的。

(4) 创业团队的存在与否关系重大,其素质的高低也非常重要。正因为如此,风险投资家越来越注重并积极参与管理团队的塑造和提高。一项最新研究表明:团队创建、团队工作历史以及新企业团队和风险投资家之间的合作越来越重要。与20世纪70年代相比,80年代的风险资本迅速增长,而风险投资者对管理团队的重视程度也在这一时期有了显著提高。另一项研究是针对投资于高度创新型技术企业的风险资本的,它也显示了管理团队的积极作用。这种局面到了 90 年代更加明显。

诚然,合适的合伙人在企业中的确能够起到极有价值的作用。另外,越来越多的证据也显示,创业者们正面临着孤独、紧张和来自各方面的压力。至少找到合适的合伙人将有助于减轻这些压力。但问题的关键是要识别合适的合伙人并与之共事,这往往需要预料到一些关键性问题和障碍,并在非常恰当的时机解决,不能太早,也不能太晚。

【应用阅读】

三只老鼠

有三只老鼠结伴去偷油,可是缸深油少,根本喝不着。后来它们想到一个办法:一只咬着另一只的尾巴,轮流到缸底喝油。可是当一只咬着另一只的时候,最先到底的老鼠心想:油这么少,轮流喝不过瘾,今天既然运气好,不如自己痛快喝个饱。中间的老鼠心想:缸底的油又不多,万一第一个喝光了,岂不是白白为他人做嫁妆?还不如把它放了,自己也跳下去喝个痛快。而第三只老鼠心想:油这么少,等他们两个吃饱喝足,哪还有我的?不如自己也跳进去饱喝一顿。于是,第二只老鼠狠心地放掉第一只老鼠的尾巴,第三只也迅速地放掉第二只老鼠的尾巴。它们一起抢喝为数不多的油,当喝完想要出去的时候却发现:由于缸太深,它们再也逃不出油缸。可想而知,当主人发现的时候它们所面临的悲惨下场。

启示:它们为什么不能合作创造共赢的团队氛围?源于彼此之间的不信任和只注重个人的狭隘的眼前利益,而忽视了整体的长远利益。可见,如果公司缺乏合作意识,没有团队精神,那么受损的还是公司本身。

二、创业团队的类型

从不同的角度、层次和结构,可以划分为不同类型的创业团队,而依据创业团队的组成者来划分,创业团队有星状创业团队、网状创业团队和从网状创业团队中演化而来的虚拟星状创业团队。

(一)星状创业团队

一般在团队中有一个核心人物,充当了领队的角色。这种团队在形成之前,一般是核心人物有了创业的想法,然后根据自己的设想进行创业团队的组织。因此,在团队形成之前,核心人物已经就团队组成进行过仔细思考,根据自己的想法选择相应人员加入团队,这些加入创业团队的成员也许是核心人物以前熟悉的人,也有可能是不熟悉的人,但这些团队成员在企业中更多时候是支持者角色。

这种创业团队有几个明显的特点:

(1) 组织结构紧密,向心力强,主导人物在组织中的行为对其他个体影响巨大。

(2) 决策程序相对简单,组织效率较高。

(3) 容易形成权力过分集中的局面，从而使决策失误的风险加大。

(4) 当其他团队成员和主导人物发生冲突时，因为核心主导人物的特殊权威，使其他团队成员在冲突发生时往往处于被动地位，在冲突较严重时，一般都会选择离开团队，因而对组织的影响较大。

这种组织的典型例子，如太阳微系统公司(Sun Microsystem)创业当初就是由维诺德·科尔斯勒(Vinod KhMla)提出了多用途开放工作站的概念，接着他找了乔(Joy)和本其托斯民(Bechtolsheim)两位分别在软件和硬件方面的专家，和一位具有实际制造经验和人际技巧的麦克尼里(McNeary)，于是，组成了 Sun 的创业团队。

(二) 网状创业团队

这种创业团队的成员一般在创业之前都有密切的关系，如同学、亲友、同事、朋友等。他们一般都是在交往过程中，共同认可某一创业想法，并就创业达成了共识以后，开始共同进行创业。在创业团队组成时，没有明确的核心人物，大家根据各自的特点进行自发的组织角色定位。因此，在企业初创时期，各位成员基本上扮演的是协作者或者伙伴角色(partner)。

这种创业团队的特点是：①团队没有明显的核心，整体结构较为松散。②组织决策时，一般采取集体决策的方式，通过大量的沟通和讨论达成一致意见，因此组织的决策效率相对较低。③由于团队成员在团队中的地位相似，因此容易在组织中形成多头领导的局面。④当团队成员之间发生冲突时，一般都采取平等协商、积极解决的态度消除冲突，团队成员不会轻易离开。但是一旦团队成员间的冲突升级，使某些团队成员撤出团队，就容易导致整个团队的涣散。

这种创业团队的典型是微软的比尔·盖茨和童年玩伴保罗·艾伦，惠普的戴维·帕卡德和他在斯坦福大学的同学比尔·体利特等。多家知名企业的创建多是先由于关系和结识，基于一些互动激发出创业点子，然后合伙创业，此类例子比比皆是。

(三) 虚拟星状创业团队

这种创业团队是由网状创业团队演化而来的，基本上是前两种的中间形态。在团队中，有一个核心成员，但是该核心成员地位的确立是团队成员协商的结果，因此核心人物从某种意义上说是整个团队的代言人，而不是主导型人物，其在团队中的行为必须充分考虑其他团队成员的意见，不如星状创业团队中的核心主导人物那样有权威。

三、如何打造“黄金团队”

(一) 锻造“黄金团队”

当询问任何一位经验丰富的企业家或投资者“如何才能使企业取得成功”时，他们通常会回答说：“一个伟大的团队。”因此，如果你有一个很棒的创业想法，但没有一支团队来帮你落实，你会怎么办？答案就是：着手打造一个团队。

1. 一切从你开始

首先，坦诚地评估你自己的能力，以及它对打造一个团队的影响。初创企业需要恰当的技能组合来推动企业的发展。每个企业都各有特点，但通常都需要下述角色和技能：

(1) 企业领袖——推动业务发展、交流愿景和激励团队的能力；

(2) 技术创新者——根据市场和业务需要来开发产品的能力；

(3) 市场和销售——关注客户、提升业务和扩大销售的能力；

(4) 财务——管理预算和现金流，帮助筹措资金；

(5) 运营——使组织及其管理流程达到效率最大化。

这些角色可以分别由一些个人担当，也可以交给能力互补的团队、精心挑选的顾问以及导师负责。关键在于，你能清楚地认识自己的能力，并招募与你能力互补的人员加入团队。

最难作的一个决策是，评估你是否有能力成为一个优秀的领导人，或者说首席执行官。也许你更适合做二号人物或技术总监。创始人常犯的错误是缺乏商业技能的技术型创业者却坚持担当领导角色。毫无疑问，比尔·盖茨是一位富有激情的技术怪才，但他同时也是一位精明的企业家，所以，微软才得以长足发展。因此，你一定要坦诚地剖析自己。

2. 核心管理团队的物色

一旦审视好了自己，了解了自己的优点和不足，接下来，就需要拉上一两位能力互补的人员入伙。以下建议有助于找到这类人才：

(1) 弄清你的企业需要哪些技能、经验和人脉；

(2) 开始在你的交际圈里"散播消息"；

(3) 考虑所有现在及以前的同事和朋友——能够与谁合作；

(4) 开始参加相关的商业社交活动，着手建立你的交际网；

(5) 加入社区社交网络以及企业家和小企业团体；

(6) 与"社会枢纽"中的重要人士交谈，如行业协会、商务顾问和孵化器经理人。

3. 核心团队潜在人选的考察

考察核心团队潜在人选，可从以下几个方面进行：能力、经验和人脉的契合度；激情、动机以及与企业愿景和文化的契合度；对企业进行投资的可能性；完成工作的能力等。

为此，需要做一些尽职调查——至关重要的是，要花时间来考察他们，浏览他们的简历和背景，在网上充分地搜寻信息。这样一天下来，你才可能确定这个人是否敬业而且可信。

选择何时拉他人入伙最合适？这就需要考虑新管理团队成员和企业的资金状况。一种方法是，先拉一个人入伙，让他全职工作，当企业发展到一定阶段，再拉第二个人入伙。切记不要太轻易地拉太多人入伙。

图 5-1 是斯坦福大学的史蒂芬·布兰葛和汤姆·考斯科教授开发的，他们为创业者选择团队成员提供了一个有趣而且有用的视角。

4. 展开合作

在找到理想的管理团队之后，就需要努力探寻有效的合作方式。需要做的事情有：确立清晰的业务方向和业务模式；总结经验，不重复犯同一个错误；召开每周例会，以

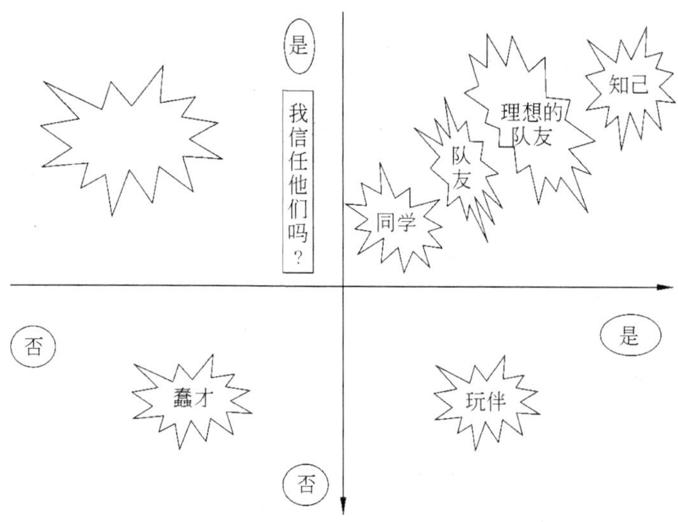

图 5-1 创业者如何挑选创业伙伴

交流、跟踪进度，并设定方向；定期召开“焦点会议”或规划会议——每季度至少召开一次，可能的话应加大会议频率——不要只埋头于日常事务，要抬起头来，对你所处的位置及发展方向做出判断；打造你需要的企业文化，企业创始人和企业经营初期决定了企业的文化。

5. 聘请一位创业导师

许多创业者都能够从与经验丰富的商务人士的聊天与接触中受益良多。这些人通常可以担当非正式的导师，实际上也算是创业团队中的一员，为企业的发展做出贡献。

理想的导师人选应该具备：相关的业务经验；广泛的商业人脉关系；与你个性契合，欣赏并认同你所做的事情和愿景。

寻找导师并不像你想象的那么困难。你要做的就是争取第一次见面的机会，强调你想要创办一家新的企业，希望能够占用他(他们)30 分钟的时间，听听他(他们)的高见。如果首次会面进展顺利，那就询问他(他们)是否愿意成为你的创业导师——同样，你需要强调自己不会占用他(他们)太多时间，非常看重他(他们)的经验。许多成功人士都乐意帮助下一代创业者起步——所以，如果你不问，你就永远无法知道他(他们)是否愿意成为你的导师。

【应用阅读】

两　头　鸟

从前，在某个国家的森林内，有一只叫作“共命”的两头鸟。该鸟的两个头“相依为命”。遇事向来两个“头”都会讨论一番，才会采取一致的行动，比如到哪里去找食物，在哪儿筑巢栖息等。有一天，一个“头”不知为何对另一个“头”发生了很大误会，造成谁也不理谁的仇视局面。其中有一个“头”,想尽办法和好,希望还和从前一样快乐地相处。另一个“头”则睬也不睬,根本没有要和好的意思。如今,这两个“头”为了食物开始争执,那善良的“头”建议多吃健康的食物,以增进体力;但另一个“头”则坚持吃“毒草”,以便毒死对方才可消除心中怒气。于是和谈无法继续,只有各吃各的。最后,那只两头鸟终因吃了过多的有毒食物而死去。

启示:一个团队内的成员应该为了一个目标的存在和发展而努力,若发生什么不愉快的事,大家应开诚布公地解决,如果没有一个共同的目标,也就不会有相应的团队存在。

6. 成立企业联盟和寻找合作伙伴

你并不需要将企业所需的所有技能都纳入麾下,让其直接为你服务。许多创业企业发现,成立企业联盟或者把业务外包给其他专业公司也能够取得不错的效果。比方说,一家战略型网络营销企业可以把业务外包给科技网络公司、平面设计师和摄影师等。

(二)创业团队的互补

创业团队的互补是指由于创业者知识、能力、心理等特征和教育、家庭环境方面的差异,可能对创业活动产生不利影响,通过组建创业团队来发挥各个创业者的优势,弥补彼此的不足,从而形成一个知识、能力、性格、人际关系资源等方面全面具备的优秀创业团队。

1. 创业团队互补的意义

创业团队和创业产业选择是新企业创立前的主要决策要素,根据调查发现合伙形式创业的比率为60.5%,独立创业的比率为39.5%,表明企业家更倾向于合伙创业。这主要因为合伙创业有利于分散创业失败风险;通过团队成员之间技能互补能提高企业家驾驭环境不确定性的能力,从而降低新企业的经营失败风险;更为重要的是,调查还发现合伙创业具有更强的资源整合能力,能同时从多个融资渠道获取创业资金,保证创业资金的获取。

2. 创业团队互补的途径

从人力资源管理的角度来看,建立优势互补的创业团队是保持创业团队稳定的关键。创业者需要什么样的创业团队,依赖于创业机会的性质和核心创业者的创业理念。形成一个团队的关键一步是核心创业者评价其创业战略。他首先要考虑是否想把创业企业发展为一个有潜力的百年企业;其次是评价需要什么样的才能、技能、技巧、关系和资源,弄清楚创业者已经具备什么和还需要补充什么。创业团队是人力资源的核心,“主内”与“主外”的不同人才、耐心的“总管”和具有战略眼光的“领袖”;技术与市场两方面的人才都不可偏废。创业团队的组织还要注意个人的性格与看问题的角度,如果一个团队里有能够提出建设性、可行性建议的成员和一个能不断地发现问题的批判性的成员,那么这将对创业过程大有裨益。

研究表明,大多数创业团队组成时并不是考虑到成员专业能力的多样性,大多是因为有相同的技术能力或兴趣,至于管理、营销、财务等能力则较为缺乏。因此,要使创业团队能够发挥其最大的能量，在创建一个团队的时候，不仅要考虑相互之间的关系，最重要的是考虑成员之间的能力或技术上的互补性，包括功能性专长、管理风格、决策风格、经验、性格、个性、能力、技术以及未来的价值分配模式等特点的互补，以此来达到团队的平衡。太阳微系统公司就是一个非常值得借鉴的例子。创业初期维诺德·科尔斯勒找来的三个人分别是软件专家、硬件专家和管理专家，太阳微系统公司的创业团队非常稳定，稳定的团队为其带来了稳定的发展。

创业团队由很多成员组成，那么这些成员在团队里究竟扮演什么角色，对团队完成既定的任务起什么作用，团队缺少什么样的角色，候选人擅长什么、欠缺什么，什么样的人与团队现有成员的个人能力和经验是互补的，这些都是必须首先界定清楚的。这样，我们就可以利用角色理论来挑选和配置成员，所挑选出的成员，才能做到优势互补，用人之长。因为创业的成功不仅是自身资源的合理配置，更是各种资源调动、聚集、整合的过程。

(1) 不同角色对团队的贡献

不同角色在团队中发挥着不同作用，因此，团队中不能缺少任何角色。一个创业团队要想紧密地团结在一起，共同奋斗，努力实现团队的远景和目标，各种角色的人才都不能或缺。

① 创新者提出观点。没有创新者，思维就会受到局限，点子就会匮乏。创新是创业团队生存、发展的源泉。企业不仅开发要创新，管理也需要创新。

② 实干者运行计划。没有实干者的团队会显得比较凌乱，因为实干者的计划性很强。“千里之行，始于足下”，有了好的创意还需要靠实际行动去实践。而且实干者在企业人力资源中应该占较大的比例，他们是企业发展的基石。没有执行就没有竞争力。只有通过实干者踏实努力的工作，美好的愿景才会变成现实，团队的目标才能实现。

③ 凝聚者润滑调节各种关系。没有凝聚者的团队，人际关系会比较紧张，冲突的情形会更多一些，团队目标完成将受到很大的冲击，团队的寿命也将缩短。

④ 信息者提供支持的武器。没有信息者的团队会比较封闭，因为不知道外界发生了什么事。当今社会，信息是企业发展必备的重要资源之一。世界是开放的系统，创业团队要在社会中生存和发展，没有外界的信息交流，企业就成了一个自给自足的封闭小团体。而且，当代创业团队的成功更需要正确、及时的信息。

⑤ 协调者协调各方利益和关系。没有协调者的团队领导力会削弱，因为协调者除了要有权力性的领导力以外，更要有一种个性的引召力来帮助领导树立个人影响力。从某个角度说管理就是协调。各种背景的创业者凝聚在一起，经常会出现各种分歧和争执，这就需要协调者来调节。

⑥ 推进者促进决策的实施。没有推进者效率就不高，推进者是创业团队进一步发展的“助推器”。

⑦ 监督者监督决策实施的过程。没有监督者的团队会大起大落，做得好就大起，做得不好也没有人去挑刺，这样就会大落。监督者是创业团队健康成长的鞭策者。

⑧ 完美者注重细节，强调高标准。没有完美者的团队的线条会显得比较粗，因为完美者更注重的是品质、标准。但在创业初期，不能过于追求完美；在企业的逐渐成长过程中，完美者要迅速地发挥作用，完善企业中的缺陷，为做大做强企业打下坚实的基础。现

代管理界提出的"细节决定成功"观点，进一步说明完美者在企业管理和发展中的重要作用。

⑨ 专家则为团队提供一些指导。没有专家企业的业务就无法向纵深方向发展，企业的发展也将受到限制。

(2) 团队角色搭配

团队当中有不同的角色，角色和角色间配合的时候，也会存在着若干问题，在角色搭配的时候需要加以注意。

① 创新者碰到协调者上司，这时他们间的关系应该没有问题，因为协调者善于整合各种不同的人一起去达成目标；但如果创新者碰到实干者上司往往就会不太理想，因为实干者喜欢按计划做事，不喜欢变化。

② 作为同事，创新者和凝聚者之间不会有问题，因为凝聚者擅长协调人际关系；但如果一个创新者碰到另一个创新者同事，这时两人会围绕着各自的立场和观点展开争议，内耗也就可能出现。

【应用阅读】

古木和雁

一天，庄子和他的学生在山上看见有一棵参天古木因为高大无用而免遭砍伐，于是庄子感叹地说："这棵树恰好因为它不成材而能享有天年。"晚上，庄子和他的学生又到他的一位朋友的家中做客。主人殷勤好客，便吩咐家里的仆人说："家里有两只雁，一只会叫，一只不会叫，将那只不会叫的雁杀了来招待我们的客人。"庄子的学生听了很疑惑，向庄子问道："老师，山里的巨木因为无用而保存了下来，家里养的雁却因不会叫而丧失了性命，我们该采取什么样的态度来对待这繁杂无序的社会呢？"庄子回答道："还是选择有用和无用之间吧，虽然这之间的分寸太难掌握了，而且也不符合人生的规律，但已经可以避免许多争端而足以应付人世了。"世间并没有一成不变的准则，面对不同的事物，我们需要不同的评判标准。对于人才的管理尤其明显。一个对其他企业相当有用的人对自己来说不一定有用，而把一个看似无用的人摆正地方也许就能为你创造出意想不到的收益。

启示：聪明的创业者应该学会发现人才的优点，使得人尽其才，尽量避免人才浪费。审慎选择适当人选是非常重要的，而这必须靠平日不断观察、留意每个人的发展动态。在检视的过程中，不仅要发掘能干的部属，并且还要剔除办事不力的员工。

③ 创新者的领导，如果碰到一个实干者下属会很高兴，因为有人在把他具体的工作细节往前推，这正好是一种互补；但要碰到一个推进者下属，他们间的矛盾可能就会激化。

④ 两个完美者在一起，可能作为上司的完美者并不欣赏作为下属的完美者，因为完美者永远觉得自己的标准是最高的，很难接受别人的标准；但完美者如果碰到实干者同事，往往彼此间很欣赏；如果碰到一个信息者上司，就会与他有一些冲突，因为信息者对于外界的新鲜事物接受很快，而完美者主张只有120%的把握才去做，他们在要不要采取新的方式和方法问题上存在一些分歧。

类似的不同团队成员之间还会有很多配合关系，也都需要一一了解。

在了解不同的角色对于团队的贡献以及各种角色的配合关系后，就可以有针对性地选择合适的人才，通过不同角色的组合来达到团队的完整。并且由于团队中的每个角色都是优点和缺点相伴相生，领导者要学会用人之长、容人之短，充分尊重角色差异，发挥成员的个性特征，找到与角色特征相契合的工作，使整个团队和谐，达到优势互补。优势互补是团队搭建的根基。团队竞争是创业企业赖以战胜大企业的主要法宝。大企业可以聘用非常好的职业经理人，而在创业之初，创业企业则只能通过团队精神在人力资源上超过大企业。所以，若能寻找到好的优势互补的合作伙伴，创业成功就有了一半的保证。当代社会，社会分工越来越细，最专业的事就要交给最专业的人去做，胜算才会更大；也只有优势互补的团队才能充分发挥其组合潜能，也肯定优于个人创业的单打独斗。

在一个创业团队中，成员的知识结构越合理，创业的成功性越大。纯粹的技术人员组成的公司容易形成以技术为主、产品为导向的情况，从而使产品的研发与市场脱节；全部由市场和销售人员组成的创业团队缺乏对技术的领悟力和敏感度，也容易迷失方向。因此，在创业团队的成员选择上，必须充分注意人员的知识结构——技术、管理、市场、销售等，充分发挥个人的知识和经验优势。

（三）创业团队应注意的一些问题

不同的创业者在共同的创业愿景鼓舞下，形成了创业团队。搭建一支优秀的创业团队对任何创业者而言，是一项至关重要的工作，是保证创业团队沿着共同目标，求同存异，最后实现团队愿景的组织保证。团队应该注意以下问题。

1. 知己知彼

有些创业者认为，绝大多数创业团队的核心成员都很少，一般是三四人，多的也不过十来人，如此少的团队成员从企业管理角度来看，实在是“小儿科”，因为人数太少，几乎每个从事管理工作的人都觉得能够轻易驾驭。但实际上，这个创业团队成员虽少，但是都有自己的想法与观点，特别是当团队中具备领导特质的人有两个或两个以上时，团队成员在内心有不服管的想法。因此，我们对创业团队中的每个成员都不能抱以轻视的态度。

一个优秀的创业团队的所有成员都应该相互非常熟悉、知根知底。《孙子兵法》中云：“知己知彼，百战不殆。”在创业团队中，团队成员都非常清醒地认识到自身的优、劣势，同时对其他成员的长处和短处也一清二楚，这样可以很好地避免团队成员之间因为相互不熟悉而造成的各种矛盾、纠纷，迅速提高团队的向心力和凝聚力。同时，团队成员的熟悉更有利于成员之间工作的合理分配，最大可能地发挥各自的优势。

现在，国内许多大学生选择创业，他们选择的合作伙伴也多是同学、朋友、校友，但还是很快就失败了。为什么呢？因为他们选择的合作伙伴虽然都是他的“熟人”，但是他与那些“熟人”之间最缺乏交流、沟通，说到底，团队成员还是相互陌生的。

2. 有胜任力的带头人

在企业管理和市场营销中，经常谈论领导者的核心竞争力。事实上，在创业团队中，带头人作用更加重要。带头人正如大海航行中巨轮的舵手，指引着创业团队的方向。

创业团队中必须有可以胜任的领导者，而这种领导者，并不是单单靠资金、技术、专利来决定的，也不是谁提出什么好的点子，谁就当头。这种带头人是团队成员在多年同窗、共事过程中发自内心认可的，应该在创业团队中有巨大的、无形的影响力，能够有一呼百应的气势和号召力的领导者。

【应用阅读】

县令买饭

南宋嘉熙年间，江西一带山民叛乱，身为吉州万安县令的黄炳，调集了大批人马，严加守备。一天黎明前，探报来说，叛军即将杀到。

黄炳立即派巡尉率兵迎敌。巡尉问道："士兵还没吃饭怎么打仗？"黄炳却胸有成竹地说："你们尽管出发，早饭随后送到。"黄炳并没有开"空头支票"，他立即带上一些差役，抬着竹箩木桶，沿着街市挨家挨户叫道："知县老爷买饭来啦！"当时城内居民都在做早饭，听说知县亲自带人来买饭，便赶紧将刚烧好的饭端出来。黄炳命手下付足饭钱，将热气腾腾的米饭装进木桶就走。这样，士兵们既吃饱了肚子，又不耽误进军，打了一个大胜仗。这个县令黄炳，没有亲自捋袖做饭，也没有兴师动众劳民伤财，他只是借别人给自己烧饭，县令买饭之举，算不上高明，看来平淡无奇，甚至有些荒唐，但却取得了很好的效果。

启示：一个优秀的管理者，不在于你多么会做具体的事务，因为一个人的力量毕竟是有限的，只有发动集体的力量才能战无不胜，攻无不克。管理者尤其要注重加强培养自己驾驭人才的能力，知人善任，了解什么时候、什么力量是自己可以利用，以助自己取得成功的。四两拨千斤，聪明的人总会利用别人的力量获得成功。管理者最大的本事是发动别人做事。

许多创业团队在很短的时间内就消亡了，很重要的原因在于创业团队的带头人根本不是一个合格的领导者。而领导者的作用就是"决定一切"！

许多年轻人雄心勃勃，希望一日升天，他们敢于第一个吃"螃蟹"，但是他们不一定能胜任创业团队带头人，他们最多只是起到了一种"先锋"示范作用。

3. 有正确的理念

要坚信组织能够健康地发展下去，相信创业团队一定能够获得成功。不要一开始就想着失败，尤其不要用那些"经典"的理论"只能共苦，不能共甘"、"天下没有不散的筵席"等支配自己的思想和行动，应该树立坚定的信念，要坚信团队的事业一定会成功。

4. 有严格的规章制度

俗话说，"没有规矩不成方圆"。最初创业时就把该说的话说到，该立的字据一定要立到，不要碍于情面。把最基本的责、权、利说得明白透彻，尤其股权、利益分配更要讲清楚，包括增资、扩股、融资、撤资、人事安排及解散等。这样在企业发展壮大后，才不会出现因利益、股权等的分配分歧产生团队之间的矛盾，导致创业团队的分散。

习　　题

【重要概念】

创业动机　生存型创业者　机会型创业者　创业意识　创业者素质
创业者能力　创业者角色转换　创业团队　创业"黄金团队"

【思考题】

1. 创业动机的类型和创业意识的特点有哪些?
2. 中国创业者类型有哪些?
3. 创业者的素质分为哪些类型?各个类型又分别包含哪些具体的素质?
4. 创业者素质是创业者成功所必需的吗?谈谈你对成功创业者素质的认知。
5. 创业团队组建要素有哪些?
6. 怎样锻造"黄金团队"?
7. 创业团队应注意哪些问题?
8. 在不同的创业阶段创业者角色是如何转换的?

【实训题】

1. 每个同学在网上搜集两个创业成功者的创业经历,以小组(2～4 人)为单位进行讨论。

(1) 分析创业者成功的因素所在。

(2) 分析自己在哪些方面具备创业者素质条件,哪些方面要加强提高才能加入创业者行列。

2. 虚拟组建创业团队的游戏,激发学生的创业思维、团队意识,鼓励学生创造性地去解决问题。

(1) 学生自发制定游戏规则和程序。

(2) 讨论题:

① 创业团队组建游戏中每个同学有何体会、建议?对于解决问题有何好处?

② 分析每个学生的团队意识、智商、情商等素质。

【总结案例】

绝配的携程团队

梁建章、沈南鹏、季琦和范敏构成的携程创始人团队是中国互联网企业里的构成最复杂、职位变动和交接最多的一个,但却是过渡最平滑、传闻最少的一个,如果他们不曾为彼此安排好发展空间并保证利益,不曾为大局做出妥协,携程绝难安存至今。

2000 年年初,携程创始人之一季琦的职位由 CEO 变为了联席 CEO,另一创始人梁建章开始分权,同任 CEO。年中,季琦改任总裁,梁建章为唯一 CEO。2002 年,携程和首旅共同投资创建连锁酒店如家,季琦离开携程,执掌如家。为达上市要求,携程在 2003 年撇清了和"交易关联方"如家的投资关系。季琦成为如家的独立当家人。

季琦的职位和身份的变化,后来被梁建章称为"确实非常重要的时点",该变化为携程后来的发展"摆平"了道路。

不过直到2006年的末春,季琦才向《中国企业家》披露:看到经济型连锁酒店的机会,并要创立如家的创意其实出自梁建章,而不是他自己。而携程另两位创始人,现任董事长梁建章和CEO范敏都把投资如家称为"集体智慧"。尤其梁建章,显然没有把发掘出一个供创业伙伴施展的机会当作对外宣讲的资本。

在彰显一种低调风格之余,这里面还隐含着一个如何处理各个创始人之间力量消长的经典版本:如何为彼此安排好发展空间并保证利益,如何为大局做出妥协。

携程创立之初的1999年,四位创始人依据各自经历大体定下了人事架构。沈南鹏出任CEO,他此前是德意志银行亚太总裁。季琦和梁建章相继出任CEO,前者此前创办上海协作科技,擅长市场和销售,主外;后者是甲骨文中国区咨询总监,擅长IE和架构管理,主内。最后一个加入的范敏,此前是上海旅行社总经理和新亚酒店管理公司副总经理,则出任执行副总裁,打理具体旅游业务,而后逐步升任COO以及CEO。

论及性格,季琦有激情、锐意开拓;沈南鹏风风火火,一股老练的投资家做派;而梁建章偏理性,用数字说话,眼光长远;范敏则善于经营,方方面面的关系处理得体。四人特长各异,各掌一端,在公司内部有相当的共识。

携程正式运营半年之后,季琦由CEO转任联席CEO,乃至总裁,梁建章成为唯一CEO。同为创始人,两人原本并行的关系变化为上下级。

在季琦主政的半年里,携程走的是旅游信息平台的"门户"式路线,烧钱比较快;但2000年互联网泡沫破灭,公司的第二笔融资所剩不多。乃至梁建章掌舵之后,开始借并购大举转向酒店和机票的预订业务,这成为后来的携程主业。梁认为自己有比其他创业人更丰满的经验。第一,在国外管理过大公司;第二,在国内也具备两年经验,了解国情;第三,懂IT,知道如何用ERP式的模板去优化一个公司的管理。这正是要用互联网平台和IT技术去改造传统旅游产业的携程所需要的。

如果在"江湖文化"兴盛的中国传统企业里,如此变动通常会引发意气之争,或导致一场血雨腥风的较量,甚至企业就此沉沦。不过在携程,由梁建章出任CEO执掌大权,却是"没什么异议"。

携程四人团队在1999年创业之时皆人到中年,都已在各自领域功成名就,"驾驭过大的商业"。这跟其他创业者有天壤之别。那个时候,丁磊、马化腾、李彦宏都还是技术青年,马云是英语翻译,张朝阳刚从麻省理工学院毕业不久,而陈天桥则还在政府部门。

简单说,这是一群成年人。每个人的成长所需要遭遇的挫折和付出的成本在创业之前都已经历,而不需要把那些"成长的烦恼"带给携程。"大家的出发点都是考虑怎么对公司有益,不会感情用事,少有江湖气。"梁建章说:"这种分工是不难得到的结果。"

但即使如此,"感情上还有一定的说服工作。"梁承认。就在独任CEO的同时,风格强硬的他又对几位创始人约法两章:第一,你们可以提意见,我也很愿意听你们的意见,但既然我是CEO,最后要我说了算。第二,如果有新人进来,不一定是在你们之下。只要他们比你们强……

实际上在季琦转任总裁之后，就开始不再全面涉入携程的日常管理。创立如家的建议也就是在这个时候被梁建章提出来，并很快达成共识。季琦在随后的一两年时间里，就专心致力于如家的规划。在寻求首旅共同投资如家之后，携程在一年多的时间里也持续给予资源上的帮助。

即使携程撇清了和如家的投资关系到纳斯达克上市之后，季琦仍握有跟梁建章、沈南鹏相差无几的股份。三人所占比例分别是5.2%、6.3%和7.3%。

"如果没有摆平这个职位分工，最后携程也不会有这么好的发展。"梁建章说。新机会的发掘和新平台的搭建，为一场可能发生的人事波动画下完美句号。即使在诸如是否和首旅合资等问题上同梁建章等人发生过冲突，但直到今天，季琦面对媒体仍然不吝啬对其他三人的赞许，尤其认为梁建章"既有开掘新市场的敏感，又具备守定江山的严谨"。

如果说"季琦出走"所体现的价值在于人为安排的智慧和技巧，那"范敏打工"所能表达的则是一种成熟的心态。

跟季琦曾出任联席CEO一职不同，范敏自到携程之初就一直处于梁建章的"领导"之下。梁建章任CEO的6年间，范敏先后任执行副总裁和COO，直接向梁汇报。虽然在管理层级上低人一等，但范敏在和梁建章的相处之中一直把他作为"合作伙伴"看待，做"对等的交流"。最终，范敏替代梁建章出任CEO，而梁留任董事长。

范敏打了一个比喻来形容四个创始人的定位"我们要盖楼，季琦有激情、能疏通关系，他就是去拿批文，搞来土地的人；沈南鹏精于融资，他是去找钱的人；梁建章懂IT、能发掘业务模式，他就去打柱，定出整体框架；而我来自旅游业，善于搅拌水泥和黄沙，制成混凝土去填充这个框架，楼就是这样造出来的"。

所以范敏以为，拿到批文和搞到土地之后，季琦算是基本完成使命，当然会出去另谋天地，他成为第一个离开携程的人；在携程成功上市之后，沈南鹏也功成身退，成为第二个离开的人；而在打基础、定架构的工作完成之后，梁建章就退出一线，到董事长的位置上去谋划下一代的业务模式；不停地往模式里添加内容是一个更为持续的工作，所以范敏逐渐挑起大梁。

如今，季琦把如家交给了请来的经理人打理，自己则开始了新的创业，要打造另一个商务酒店连锁品牌"汉庭"。沈南鹏受聘全球第一大风险投资商美国红杉的中国区合伙人，成为了专为创业企业融资的"找钱专业户"。

梁建章一连用了几个"幸好"来表达对创始人之间能够平滑过渡和交接的欣慰。在他眼里，"幸运"来自几个方面：第一，大家都是愿意作牺牲的人；第二，有各自的专长互补，分工上容易达成共识；第三，至少在当时几年内，各人在各自领域都是最强的。梁建章说，假如能从外界招聘到比创始人更出色的人，"照道理"应该拥有更高的职位，但实际上肯定是"麻烦"的事情。

其实季琦和沈南鹏先后离开携程，是否受到外来人挑战这一点，很大程度上针对着能否接替梁建章执掌CEO权杖的范敏。

在1999年约定创业之前，季、梁、沈已是好友。三人相约进入旅游业后，就决定要找一个旅游业人士加盟。当时季、梁两人遍访上海旅游界的能人，但发现"优秀人才确实不多"，只要看中的就一一登门造访，这其中还包括春秋旅行社的创始人王正华。但最后，

“真正有这个激情、冲动和胆量跳出来的也就是范敏一个。”梁建章说。

创业伙伴起点一定要高、宁缺毋滥，这是三人最初的决定，为此，必须不拘泥小节。季琦至今仍拿当年的“冷遇”跟范敏说笑。1999年年末第一次去找范敏的时候，“来意不明”的季琦被范敏的秘书挡在门外，坐了几十分钟“冷板凳”。范敏说，幸好季琦没有因一时之气离开，否则自己失去了一个机会，携程也可能就不会这么完美。

现在，刚接替CEO位置的范敏也有了自己的接班人计划，也以培养出一个几十人的中高层管理团队为荣。他给下属灌输一个观点，主管如果能非常安心地在外面休假，你的部门还能运转很好，你才是合格的。

范敏说，光靠一个人做到底的公司，是一个没有希望的公司。言谈之间，语气平和。

资料来源：http://www.0375.gov.cn/2010/0624/1683.html.

讨论：

(1) 什么是创业团队？什么是“黄金团队”？

(2) 依据案例，分析团队成员在团队中的作用。

(3) 结合案例“绝配的携程团队”，谈谈自己的学习体会。

第六章

创业规划

【学习目的与要求】

1. 理解创业目标规划。
2. 了解企业规划的内容。
3. 掌握创业经营规划的制定。
4. 掌握创业计划书的撰写。

【创业管理小故事】

霍英东读报获商机

一次偶然的机会，霍英东无意中看到当时香港政府的《宪报》，上面刊有不少拍卖战时剩余物资的通告。第二次世界大战后，在冲绳岛、菲律宾周围海域残留有很多战时物资，如登陆艇、炮弹壳、胶管等。有关方面就把这些物资运来香港，当作垃圾品拍卖。霍英东脑袋一转，心想："有不少物资是目前市面上需要的，一买一卖，也许能赚些钱。"

他随即开始打听有关情况。但多数人都不知道政府拍卖物资的消息。原来港府的《宪报》全是英文，一般市民即使见过，也不一定明白上面的内容。霍英东中学时读的是英文书院，自然一看就明白。从此，霍英东就时时留意《宪报》上的招标通告。

一次，他看中招标通告上的40部轮船机器，这些机器略经修理，就可以使用。参加投标，须付100港币。当时霍英东帮母亲管账，母亲只管他衣食住行，是不给薪酬的，所以他分文没有。最后他向妹妹借了100港币参加投标，出价1.8万港币。几天后，港府通知霍英东，他中标了，要他准备1.8万港币去取货。

接到中标通知后，霍英东又发愁了：这1.8万港币从哪里来呢？他知道母亲向来管钱甚严，不可能将这一大笔钱让他拿去做买卖。为了能够把握住这次机会，他到九龙去找一位好朋友，希望朋友帮他想办法做成这桩买卖。这位朋友一听，很感兴趣，就一起去仓库看机器。看了机器，这位朋友对霍英东说："别到处找人借钱了，干脆4万港币，把这些机器卖给我算了。"霍英东一听，喜不自胜，一口答应。这宗无本生意，霍英东净赚2.2万港币。在那时，2.2万港币可不是个小数目，于是他开始琢磨怎样做生意。

启示：创业成功的关键，在于创业意识的培养，要有敏锐发现商机的眼睛，以及当机立断的决策能力，因为机会转瞬即逝，只有冷静分析市场，并作出准确的决策，才能抓住机会，创业成功。

第一节 创业目标规划

富爸爸说："创业就像不背降落伞从飞机上跳下去，再在空中造伞，盼着它能在落地前打开。要是伞没造好就摔到了地上，要想再爬上飞机跳一回可就难了。"由此可见，创业的风险是巨大的，创业成功是非常困难的。而在创业之前，明确创业的目标则是创业成功的关键一步。

一、创业目标的概念

在心理学中，目标被定义为"个体要努力达到的具体的成绩标准和结果"。我国学者袁登华、王重鸣(2005)把目标理解为个体或群体在一定时间内所期望达到的行为结果，是满足人的需要的对象。由此，我们将创业目标定义为创业者在创业过程中努力争取达到的预期结果。具体来说，创业目标包括"干什么"、"怎么干"、"干的结果是什么"三个方面的内容。"干什么"是创业目标的逻辑起点，即明确创业的具体目标。"干什么"选择的准确与否直接关系到创业的成败，因此必须慎之又慎。"怎么干"是指如何实现目标，主要涉及实现创业目标的措施、方法和步骤。"干的结果是什么"也就是创业实践的归宿点。在对创业结果进行预测时，必须对风险有清醒的认识和把握，既要向最好的方向努力，也要做最坏的打算。

二、创业目标的原则

良好的创业目标可以决定你一生的前途、命运和今后的事业成就。因此，我们务必要科学、谨慎地确定创业目标。创业目标的确立既要考虑到个人的价值观、兴趣爱好和实际能力，也要充分考虑一些客观环境因素，努力使自己的创业志向与社会发展总趋势相一致。具体来说，创业目标的确定需要遵循以下原则。

首先，创业目标要尽量清晰明确、易操作和可实现。只有能够达成的目标才能称得上是真正的目标，才是有意义的目标；不能达成的目标，尽管看起来十分美好，但却因为无法实现，就好比镜中花、水中月，虚无缥缈。

其次，创业目标要有吸引力和合理性。一个有吸引力的目标不仅切合实际、科学合理，而且应当具有一定的挑战性，要付出相当的努力才能达到。

再次，创业目标应该是经过深思熟虑的，不是一时冲动所产生的结果。它可能是儿时的梦想，也可能是通过生活经验的积累或现实的需求而产生的；同时它应该是一个慎重成熟的决策，因为一旦确定创业目标，创业者就要为之长期持续地努力，甚至是奋斗终生。成熟而具有远见的目标可以激励创业者发挥出自身的最佳潜力和创造性，激励创业者全力以赴、百折不挠、走向成功。

最后，创业目标应该符合自身条件和个性化。他人创业成功的道路可以走，但并非人人都可以成功。有些路对他人来说可能是铺满鲜花的大道，但对你来说也许就是充满荆棘的陷阱。如果你和他人的生存环境、成长历程不同，你和他人就形成了差异，这种差异决定了你不能随便踏上一条现成的创业之路。因此，创业者必须根据自己的条件、所处的环境来选择适合自己的创业目标。

【应用阅读】

创业目标是强大的超动力

文字处理机算不上什么科学的大发明，它只是把打字机、显示器和相当初级的计算机加以结合。但是，这几种现成物品的结合却带来了真正的创新，它迅速地改变了办公室工作。王安博士在20世纪50年代想到把它们结合在一起时，已经人到中年的王安仅是个单枪匹马的创业者，他以前一直做研究工作，没有创业管理之经验与好的记录，创业资本也非常有限。但他一开始就执意于创造一个新的产业，并改变办公室工作。结果，他获得了非凡的成功。

已经被省政府列为第三梯队干部培养的史玉柱，读完硕士后，毅然辞职。其父母和妻子感到不可思议：放着稳稳当当的政府官员不做，偏要辞职，把自己推向漂泊的生活中，他是为什么？此时的史玉柱已经下定决心，他对朋友说：“如果下海失败，我就跳海。”创业豪情近乎悲壮。

启示：充足的资金支持、完善的管理理念并不是创业成功的决定性因素，关键还是创业者要有“发现”的眼睛和必胜的决心。

三、创业目标的构成

创业目标一般分为个人目标和企业目标，二者相互联系、相互区别。创业者创建企业的目的首先是实现个人目标，而创业者的个人目标与企业目标又是密不可分的，个人目标在很大程度上决定着企业目标。

（一）个人目标

创业本身带有强烈的个人色彩。从某种意义上讲，创业者创业就是为了实现个人价值目标。可能是为了追求一种自己所期望的生活方式，也可能是为了获得资本收益，甚至只是为了挑战自己和不被人管理。通常，创业者的个人目标与企业目标是不可分离的，个人目标的实现与企业目标的实现相辅相成。在确定创业企业的目标之前，创业者必须对自己的个人目标有准确的定位，而且必须经常反省自己的目标是否发生了变化。

创业者个人目标实现的主要形式有：企业控制权，即创业者自己决定企业内外战略和方针，推荐或指定接班人的权力；资本价值，创业者拥有创立企业的产权；货币价值，获得年薪、分红、退休金、各种奖金；精神价值，主要是指创始人理念成为企业核心价值观；品牌价值，指个人品牌价值、个人知名度或公司、产品和本人姓名的关联性；特殊价值，中国特殊体制下承认企业家个人价值的各种形式。

个人目标是创业者理想与信念的具体体现，更是构成创业企业目标的基石。确立良好的个人目标，可以为创业带来强大的动力；相反，一个错位的个人目标则可能给创业带来灾难性后果。因此，创业者在确立个人目标时，切忌以下几点。

1. 目标过高，缺乏实现的可能性

创业者在确定个人目标时，既要考虑到社会时代的需求，又要结合自己的实际能力和掌握的资源。虽然通常情况下目标越高，动力越大，但是目标过高，缺乏实现的可能性时，往往适得其反。

2. 目标过低，缺乏激励作用

制定目标是为了鞭策征程，然而若目标过低，低于自己的能力，不费吹灰之力就能达到，就会缺乏激励作用，没有太大的实质意义。

3. 目标过空，缺乏可操作性

创业者在确定个人的总体目标后，还应该对其进行分解，把总体目标变成具体、可操作的子目标，或者把总目标分解成阶段性的小目标。只有使目标具有层次性，目标才具体可行。

（二）企业目标

明确个人创业目标后，创业者应该考虑：要建立什么样的企业？

创业者的个人目标，决定其创业企业的类型及规模。追求生活方式的创业者并不需要大规模的企业，因为创业者要亲自参与企业的各项事务，当企业过于庞大时，可能会阻碍创业者享受生活；相反，寻求资本收益的创业者则追求构建大的企业架构，因为只有使企业达到一定的规模，创业者才能获得所期望的资本收益，并最终将公司脱手。企业是否能够长期、持续地发展并不是他们所关心的，他们只是要从频繁交易中追求盈利。还有一种是希望自己建立的企业能够不断发展壮大的创业者，他们则需要做好长期经营的心理准备。为了获得持续的竞争优势，创业者必须把利润不断投入到企业再生产中。

建立创业团队，让大家跟你一起干，就要把你的目标变成大家的目标，成为大家都想做的事情，这样自然就形成一个利益整体，为了这个目标的实现，团队才能形成更为强大的力量。那么，企业如何确定自己的目标，又如何使它与大家的目标相一致，进而把大家凝聚在一起共同奋斗呢？

1. 目标要远大

只有目标远大，才能吸引更多的人参与，才能吸引更多有能力的人加盟。秦始皇的志向是统一六国，所以六国之内的栋梁之才争相跟随。对于创业者来说，创业初期往往把盈利当作最高目标，固然企业发展必须以金钱为支撑，但如果始终以追求金钱为终极目标，必然会陷入困境。这就是为什么很多小企业在创业起步时很团结，但发展中期团队就会逐渐出现内部分裂，目标不再统一，团队失去凝聚力。

2. 目标要清晰

目标是团队奋斗的希望，在前进的过程中，必然会充满很多困难和挑战，若目标不清晰，员工很容易出现动摇，并对企业的发展前景产生怀疑。这种怀疑是企业致命的管理问题。在竞争对手的打击和威胁下，人都容易变化，并且人的变化往往内在而含蓄，等管理者发现并采取行动时，往往为时已晚。例如马云曾向员工这样描绘过企业目标：阿里巴巴要成为一家百年企业，于未来十年内进入全球三大顶级互联网公司的行列，同时成为一家财富500强企业。这样的目标是何等清晰又鼓舞人心！

3. 目标要与大家的利益息息相关

目标要成为团队的凝聚力，除了目标应当为大家认可，还需要与大家的利益息息相关，否则大家可能在一段时间内支持你、同情你，但不会长久跟随你，更谈不上"以身相许"。因此，要把企业的目标分解得与每个员工相关，目标才具有团队凝聚力。

在创业阶段，生存是第一位的，一切围绕企业生存运作，一切危及生存的做法都应该避免。最忌讳的是在创业阶段就提出不切实际的扩张目标，盲目铺摊子、上项目，结果只能是"企而不立，跨而不行"。那么如何实现企业的生存目标呢？赚钱是企业生存的唯一希望，是企业管理的首要目标。在创业阶段，亏损、赚钱、又亏损、又赚钱，可能要经历多次反复，直到最终持续稳定地盈利，才算是度过了创业的生存阶段。

企业生存目标是初创阶段最为基础的愿景。然而随着企业的发展、新的人力资源的投入，以及管理团队中管理者的介入，企业目标有可能发生新的变化。这就要求创业者不仅要适时调整企业的目标，而且在企业管理中要适当增加压力。可通过各种方式传递企业决策层的信号，通过企业文化、企业绩效管理体系建立企业的战略目标。

四、创业目标与风险

创业过程中，风险无时不在、无处不在，创业者究竟应该如何管理风险，努力实现自己的创业目标呢？

一方面，创业者必须协调好创业目标与他们的风险承受能力的关系。创业过程必将面临种种困难与风险，同时每个人的风险承受能力又不同。因此，在确定创业目标时，尤其在考虑建立一个企业时，创业者需要将可能面临的困难与风险纳入创业目标的确定过程，协调好创业目标与创业者风险承受能力的关系。

另一方面，创业者必须树立正确地对待风险的态度——机会大于风险。管理大师德鲁克曾说过："不要试着最大限度地降低风险，你的职责是最大限度地扩大机会。"机会始终是伴随风险出现的，着眼机会的人往往容易成功，而着眼风险则往往意味着放弃。

中华网成立于1997年，成立之初是新华社对外宣传的窗口，与新浪、搜狐是同一起跑线上的门户网站。但由于经营不善，一度处于崩盘的边缘。在危急关头，公司总裁力排众议，寻找新的发展机会，冒着极大的风险做出了一个改变中华网命运的决定，将公司集资的4亿～5亿美元用来发展软件和外包业务。目前，中华网已经成为全球最大的企业软件供应商之一。2007年营业额达到全球软件业务第18名。由此可见，创业者只有把握机会，抢占市场先机，才能获得成功。

第二节 创业规划内容

在花费时间和精力准备创业经营规划之前,创业者应该对企业经营概念做一个快速的可行性研究,看是否存在可能的成功障碍。尽管可以获得信息的来源有许多,但这些信息应该主要集中于市场、财务和生产。在当今时代,互联网可以为创业者提供有价值的信息资源。在可行性研究开始之前,创业者应该清楚地定义企业目标。这些目标可以帮助创业者确定什么是需要做的以及如何实现。这些目标也可为创业经营计划、市场营销计划以及财务计划提供一个框架。目标如果定得太一般化或不可行,创业经营计划就难以控制和实施。下面的例子可以说明这一点。

吉姆·麦柯瑞(Jim McCurry)和盖瑞·库辛(Gary Kusin)有一个极好的想法:经营一个零售店,向家庭市场而不是企业市场销售计算机和游戏软件。在头脑风暴过程中,他们发现还没有这样的零售商来满足这个目标市场的需求。这样,他们所设想的是一个几乎未被发掘的市场。

在实现他们的目标方面,他们所准备的计划显得过于单薄和乐观。幸运的是,盖瑞有一个老朋友罗斯·佩罗特(Ross Perot),可以向他们提供关于创业经营计划的建议。罗斯从他们薄弱的书面计划中找出了一些漏洞,并教授给他们一些新的知识,告知他们什么是好的计划。例如,他们计划在第一个月内就开 12 家店,而且年内还准备开更多的店。但他们并不知道如何开业或在什么地方开店。这样的计划显然难以实现,因为起步阶段的规模过于庞大。但罗斯·佩罗特也很喜欢这个经营设想,并在一家银行为他们作了 300 万美元的信用担保,同时拥有三分之一的权益。在这个支持者和合作者的帮助下,这两个创业者重新完善了计划,开始追求更加合理的目标。他们的第一家店于 1983 年在达拉斯开业。他们把公司命名为巴比奇(Babbage's),即以 19 世纪的数学家、第一台计算机的设计者查尔斯·巴比奇(Charles Babbage)的名字命名。今天,这家公司已经拥有 259 家连锁店,销售额达到 2.09 亿美元,在消费者软件销售商中排名领先。

【应用阅读】

计划工作

北京有一家中外合资企业——北京松下显像管有限公司(简称北京松下),它自建立生产以来,获得了良好的经营业绩,曾连续获得多项荣誉,确立了在中国工业界的地位。

北京松下对计划工作非常重视,在他们看来,制订一份良好的工作计划,工作也就完成了一半。为了强调工作计划的重要性,公司将制订计划工作能力作为职员考核的标准之一。

每年,公司总经理都要制订工作计划,拟定公司本年度的活动经营方针,制订该年度的活动计划,设定合适的目标。制订计划的目的在于推动以目标管理为中心的事前管理,克服无计划的随机管理。公司总经理曾形象地说:“等着了火再去泼水,傻瓜都会,管理的责任在于防止火灾的发生。”

北京松下最具代表性的就是推行“事业计划”。它的编制往往始于该财政年度的前几个月，其内容包括生产、销售、库存、设备投资、材料采购、材料消耗、人员聘用和工资参数等一系列详细计划及以此为前提的资金计划、利润计划和资产负债计划。“事业计划”来自全体职工的集体智慧，其中的“标准成本”、“部门费用预算”等，使职工们看到各自的岗位职责与经济责任。总之，“事业计划”的实施大大加强了企业从投入到产出经营活动的可控性，指明了全体职工为实现经营目标而协调努力的方向。

启示：体现计划工作的重要性。计划工作的任务，就是根据社会的需要及组织的自身能力，确定组织在一定时期内的奋斗目标；通过计划的编制、执行和检查，协调和合理安排组织中各方面的经营和管理活动，有效地利用组织的人力、物力和财力等资源，取得最佳的经济效益和社会效益。

在上述例子中，两位创业者开始时缺少可行的经营目标以及对如何实现这些目标缺乏理解。这两个创业者是幸运的，得到了朋友的指导，但不是所有的创业者都那么幸运。重要的教训是，创业经营计划不能随心所欲地制订，它必须有一个合理的目标。

我们可以把上面这个例子与约瑟夫·威尔逊的 Ecomen 公司加以对比。在创业初始，威尔逊有一个明确定义的目标，并把它转变为特定的、成功的市场营销战略。例如，威尔逊的目标，即用所投入的资本生产 567 台机器，使得他能够集中于他的目标市场并控制企业的增长和费用支出。根据这个计划，早期的损失被减到最小。当公司的资本需要发生变化的时候，计划也随之改变，并最终做出一个重大决策，即把合资企业卖给一个合适的对象——与 Ecomen 联合开发并销售新的改进产品的 Steris 公司。

一、市场计划

对创业者来说，首要的信息要素就是其产品或服务的潜在市场信息。为了判断市场的规模，创业者需要明确地定义市场。例如，该产品最可能被男性购买还是女性购买？产品面对高收入顾客还是低收入顾客？是城市居住者还是农村居住者？是高教育水平人群还是低教育水平人群？目标市场的明确定义将会使新创企业的市场规模及市场目标的确定较为容易。例如，有个创业者开发了一个独特的高尔夫球训练辅助器，该产品可以使用户在淡季时在地下室或在车库里进行训练。该产品可以确定击球的距离、右曲球或左曲球。该产品所定义的市场为：立志提高得分的狂热的高尔夫球手。

为了对市场的潜力作出评价，创业者应该考虑从贸易协会、政府报告以及已发表的有关研究成果中收集信息。在某些情况下，这些信息是比较容易得到的。在我们这个高尔夫的例子中，创业者应该能够从第二手资料中估计出市场的规模。一般来说，高尔夫杂志及高尔夫协会将会按地域提供有关高尔夫市场的信息。另外，关于这个市场的人口统计学方面的信息也可以获得，而来自高尔夫商店的有关训练辅助器的信息也会有所帮助。通过与这些商店进行接触并与之讨论这种产品，可以为创业经营计划提供一些有价值的看法。由此，创业者就可以确定该市场的大概规模。

二、经营计划

制造运营的可行性研究依赖于企业的特点。创业者所需要的大多数运营信息可以通过直接接触适当的信息源而获得。创业者可能需要的信息包括以下各个方面。

1. 地点

需要确定公司坐落的地点，地点的确定主要需考虑顾客、供应商以及分销商的容易接近性。

2. 制造运营

需要确定企业运作所需的基本的机器和装配运营，也要确定是否这些运营需要分包以及由谁来分包。

3. 原材料

需要确定所需要的原材料以及供应商的姓名、地址以及成本。

4. 设备

应该列举出所需要的设备以及这些设备是要购买还是租赁。

5. 劳动力技能

确定所需的技能、每项技能所要求的人数、工资，并估计这些技能可以从哪里获得、如何获得。

6. 空间

确定企业运作所需的空间总数，包括这些空间是否需要拥有或租赁。

7. 间接费用

确定对制造予以支持的每项费用，如工具、供应、公用事业、薪水等。

三、财务计划

在准备创业经营计划之前，创业者必须对企业的盈利能力有一个完整的评价。这个评价主要是要告诉潜在的投资者：这家企业是否将会盈利，创办企业并满足短期财务需求需要多少钱以及这些钱将如何获得（例如，通过发行股票或债券）。

【应用阅读】

企业财务预算

某企业的财务预算包括利税计划、流动资金计划、财务收支计划、财务收支明细计划表和成本计划等。其中财务收支明细计划表详细地规划出企业各管理部门的主要收支项目的金额数量。又例如：某企业财务收支明细计划中，仅就科技开发费一项就具体规划出新产品的研制、老产品的完善化、科研、新工艺开发、日常费用、描图费和其他项目的预算金额。它事实上规定了新产品试制计划、新品试验计划、产品完善化工作计划、采用国际标准计划、新工艺计划等派生计划的规模,同时也是这些派生计划的综合反映。

启示:预算实质是一种控制方法,它能使计划工作做得更细致、更精确。

要判断创立一个新企业的可行性,一般需要三方面的财务信息:

(1) 在起步阶段至少三年中的预计销售额及支出费用;

(2) 起步阶段三年中的现金流数据;

(3) 现在的资产负债表数据和起步头三年的资产负债预估表(proforma balance sheets)。

前12个月内每个月以及以后几年的预计销售额和支出费用的确定,要根据前面所讨论的市场信息。每一项支出都应该以月为基础来确定。现金流的估计要考虑到企业在所选定时间内满足费用支出的能力。现金流的预测应该是以整个年内按月为基础,确定初始现金、预计可收账款和其他收据以及所有的支出。

【应用阅读】

北京金考花卉公司的凋谢

Gingko 在英语中是银杏的意思,同时也是北京金考花卉公司的英文译意。

金考花卉公司于2002年3月创立,是以荷兰花卉进口为主管业务的股份制公司。股东由三位有相关工作经验的年轻人组成。但随着业务的发展,他们的矛盾和分歧与日俱增。其中管理机制不明晰首当其冲,这也和几位创业者缺乏必要的管理意识有关。

金考公司虽然是股份制企业,但在内部管理和组织结构上却依然停留在个人单打独斗的原始状态,更糟糕的是,他们认为财务只要"不算错钱"就可以了。企业成立接近一年时的状况是:销售日报只起到反映销售流水的作用;库房台账只能表明还剩些什么商品;而反映企业资金流动和盈利能力等财务状况的财务制度,时至金考倒闭仍未建立;相关的财务数据只是凭借掌握在一个人手中的几组销售、进货数值简单地进行算术加减而得到。

在经营近一年时,一位粗学了会计学的股东编制财务报表后,发现金考的账面亏损竟然达到数十万元。很明显,如此的管理现状对家底并不殷实的金考来说不啻于蚁穴之溃堤。

2003年3月,金考的创业之路走到了尽头。

启示:企业的正常运营离不开完善、严谨的财务制度,这与企业规模的大小无关。

资料来源:冠建东. 创业故事:一个花卉股份公司12个月的短暂花期[N]. 中国经营报,2005-07-04.

现在的资产负债表数据提供了企业在特定时间的财务状况,它可以确定企业的资产、债务以及业主及其合作者的投资。

第三节　创业计划制订

制订一个创业经营计划可能需要花费200小时以上的时间，但一般来说，所花时间根据创业者的经验、知识及目的的不同而有所不同。无论花费多少时间，创业经营计划都应尽可能地充实，以便为潜在的投资者描绘一个完整的企业蓝图，使他们对新的风险企业能有所理解，并帮助创业者深化对企业经营的思考。

表6-1是一个创业经营计划的大纲。大纲中每一项的细节将在本章的下面几段具体说明，每一部分的关键问题也将适当阐述。

表6-1　创业经营计划大纲

Ⅰ．导言
A. 企业的名称和地址
B. 负责人的姓名和地址
C. 企业的性质
D. 对所需筹措资金的陈述
E. 报告机密性的陈述
Ⅱ．计划执行概述——用3～4页的篇幅对企业的经营计划作全面的概述
Ⅲ．行业分析
A. 对将来的展望和发展趋势
B. 竞争者分析
C. 市场划分
D. 行业预测
Ⅳ．风险企业的描述
A. 产品
B. 服务
C. 企业的规模
D. 办公设备和人员
E. 创业者的背景
Ⅴ．生产计划
A. 制造过程（被分包的数量）
B. 厂房
C. 机器和设备
D. 原材料供应商的姓名
Ⅵ．市场营销计划
A. 定价
B. 分销
C. 促销
D. 产品预测量
E. 控制
Ⅶ．组织计划
A. 所有权的形式
B. 合作者或主要股权所有人的身份
C. 负责人的权力
D. 管理团队的背景

续表

E. 组织成员的角色和责任
Ⅷ. 风险的估计
A. 企业弱点的评价
B. 新技术
C. 应急计划
Ⅸ. 财务计划
A. 损益预估表
B. 现金流预测
C. 资产负债预估表
D. 盈亏平衡分析
E. 资金的来源和运用
Ⅹ. 附录(包括补充材料)
A. 信件
B. 市场研究数据
C. 租约或合同
D. 供应商的报价单

一、导言

这是一个主题页或封面页,应是对创业经营计划内容所作的简要的概括。导言部分一般包括如下内容:

(1) 公司的名称和地址。

(2) 创业者的姓名及电话号码。

(3) 公司及其经营特点的描述。

(4) 所需筹措资金的数量。创业者可以提供一个一揽子方案,如股票、债券等。然而,许多风险资本家喜欢以自己的方式来构建这个一揽子方案。

(5) 有关报告的保密性的陈述。为安全起见,这对创业者来说很重要。

二、计划执行概述

计划执行概述部分应在整个具体的经营计划制订之后再来撰写。这部分内容一般应有 3～4 页的长度,其目的在于激起潜在投资者的兴趣。投资者通过阅读这部分概述来确定整个的经营计划是否值得全部阅读。因此,这部分内容应该是以简洁、可信的方式强调创业经营计划的要点,即该风险企业的特点、所需要筹集的资金、市场潜力以及该风险企业将会成功的理由。

三、行业分析

把新的风险企业放在一个适当的背景下,这一点很重要。潜在的投资者往往需要根据多个指标来评价这个风险企业,这就需要进行行业分析,以便了解创业者在什么行业内

竞争。行业分析应包括对该行业的展望，即该行业的历史成就和将来的发展趋势。创业者也应该提供关于该行业新产品开发的看法。竞争分析也是这一节的重要内容，创业者应该识别每个主要的竞争对手，分析他们的优势与劣势，特别是分析竞争对手将如何影响该风险企业在市场上潜在的成功。

顾客是谁？应该对市场进行细分并识别目标市场。大多数新创企业只能在一个或几个细分的市场中进行有效的竞争。这个战略之所以会对竞争者起作用，是因为竞争者可能在某个或某几个细节的市场上更易受攻击。

任何由行业或政府部门所做的预测都值得注意。一个高增长的市场可能会被潜在的投资者认为是非常有利的。一些值得创业者考虑的关键问题如表 6-2 所示。

表 6-2　行业分析中的关键问题

1. 在过去 5 年中，该行业的销售总额是多少？
2. 该行业预计的增长率如何？
3. 在过去 3 年中，该行业有多少新进入的公司？
4. 该行业最近有什么新产品上市？
5. 最接近的竞争者是谁？
6. 你的企业经营如何才能超过该竞争者？
7. 你的每个主要竞争者的销售额是在增长、减少还是保持稳定？
8. 你的每个竞争者的优势和劣势是什么？
9. 你的客户的特点是什么？
10. 你的客户与你的竞争者的客户有什么区别？

四、风险企业的描述

这一节将对风险企业进行具体的描述。这种描述将使投资者明确企业经营的规模和范围。关键要素应包括产品和服务、企业的地点和规模、所需人员和办公设备、创业者的背景以及该风险企业的历史。表 6-3 总结了在计划中创业者需要回答的一些重要问题。

表 6-3　风险企业的描述

1. 你的产品或服务是什么？
2. 产品或服务的具体描述，包括专利、版权、商标等情况。
3. 公司将位于何处？
4. 你的建筑是新的还是旧的？需要整修吗？如果需要整修，列出成本。
5. 该建筑物是租赁的还是自己拥有的？陈述有关条款。
6. 为什么该建筑物或地点适合你的企业？
7. 企业的运营需要什么额外的技能和人员？
8. 需要什么办公设备？
9. 这些设备将购买还是租赁？
10. 你的商务背景是什么？
11. 你具有什么管理经验？
12. 叙述个人资料，如教育程度、年龄、特长及兴趣。
13. 你参与这个企业的原因是什么？
14. 为什么你会在这个风险企业中获得成功？
15. 到目前为止有什么开发工作已经完成？

对于任何一个企业，其所处的地理区位可能是其成功的关键，特别是当企业从事零售业和服务业时。因此，创业经营计划中企业地点的选择与企业类型有关。在考察企业将占用的建筑和空间时，创业者需要对一些因素进行评价，如停车场，由公路到有关设施的路径，公司到客户、供应商、分销商的路径，送货率，城镇的法规或城市规划法律。一个放大的地方地图可以为创业者提供企业所处地点周围的道路、高速公路、进出口等状况。

一个创业者考虑开一家新的炸面饼圈店，他把商店的位置选择在一条繁忙道路上的一家小型购物中心(shopping mall)的斜对面。较高的交通流量表明有大量的潜在顾客，因为人们可能会在上班的路上停下来喝杯咖啡等。但当把这个地区的地图放大以后，创业者注意到，道路状况要求司机穿过一条开往外地的单行车道，继而左转才能进入这家炸面饼圈店。不幸的是，道路被混凝土中心带隔开，不允许左转。这样，进入这家店唯一可能的方法是要沿着那条路开过400米之后再做一个U形的掉头转弯。同样，顾客要从商店再返回到原路上也很困难。由于该小镇不愿意打开道路的中心隔离带，创业者不得不取消了这个选址。

对于选址、市场等因素的简单评价可以避免创业者陷入潜在的灾难，而一张标有顾客、竞争者及备选地点位置的地图在评价过程中将起到很大作用。创业者有可能需要提出以下一些重要的问题：

(1) 需要多大的空间？

(2) 应该购买还是租赁建筑物？

(3) 每平方米的成本是多少？

(4) 这个位置处在商用地带吗？

(5) 该城镇对标牌、停车等有什么限制吗？

(6) 该建筑物有翻修的必要吗？

(7) 该地点交通出入方便吗？

(8) 有足够的停车场地吗？

(9) 现有的场地还有扩展的空间吗？

(10) 该地区有什么经济和人口统计方面的特点？

(11) 有足够的劳动力储备吗？

(12) 地方税怎样？

(13) 有充足的排污、电力及管道设施吗？

如果该建筑物的选择或选址决策包含法律问题，诸如租约或需要城镇的特殊许可等，创业者则需聘用一个律师。要回避与法规或租约有关的问题还是较为容易的，但是如果没有好的法律建议，创业者就不易与城镇有关部门或房东进行谈判。

五、生产计划

如果新创企业属于制造业，则有必要制订一个生产计划。这个计划应该描述完整的制造过程。产品的制作过程可能包括许多工序，有的企业自己完成所有的制造工序，但也有的企业可能会将制造过程中的一些工序分包给其他企业去完成，这视何种方式的成本较低来定。如果新创企业准备将某些甚至所有制造工序分包给其他企业，则应该在生产计划中对分包商加以说明，包括地点、选择该分包商的原因、成本以及该分包商完成过的合同情况等。如果创业者自己将要实施全部或部分的制造工序，则需要描述厂房的布局，制造运营过程中所需要的机器设备、所需原材料，供应商的姓名、地址，供货条件，制造成本以及任何资本设备的将来需求等。对制造运营中的这些条款的讨论，对于潜在的投资者评估资金的需求十分重要。

如果风险企业不属于制造业，而是零售店或服务型的，则这一部分计划内容可以命名为“经商计划”，其内容应包括对货物购买、存储控制系统以及库存需求等的具体描述。表6-4针对创业经营计划的这一部分总结了一些关键问题。

表 6-4　生产计划

1. 你将负责全部还是部分制造工序？
2. 如果某些制造工序被分包，谁将成为分包者？（给出分包者的姓名和地址）
3. 为什么选择这些分包者？
4. 分包制造的成本怎样？（包括几份书面合同）
5. 生产过程的布局怎样？（如果可能，应列出步骤）
6. 产品的制造需要什么设备？
7. 产品的制造需要什么原材料？
8. 原材料的供应商是谁？相应的成本怎样？
9. 产品制造的成本是多少？
10. 该风险企业将来的资本设备需求怎样？

如果是零售或服务型企业：

1. 货物将从谁那里购买？
2. 存储控制系统如何运营？
3. 存货需求怎样？存货如何被促销？

六、市场营销计划

市场营销计划是创业经营计划中的一个重要组成部分，它主要描述产品或服务将如何被分销、定价以及促销。而为了估计风险企业的盈利能力，需要对其产品或服务进行预测。营销战略决策过程中所需要的预算及相应的控制将在第六章中作具体讨论。

潜在的投资者通常认为营销计划是新的风险企业成功的关键。因此，创业者应该尽一切努力把该计划准备得尽可能全面而具体，以便投资者弄清风险企业的目标是什么，以及为了有效地实现这个目标将实施什么战略。营销计划应该每年制订（在密切监控下可按月或周作必要的改变），并把它当作制定短期决策的指路图。

七、组织计划

作为创业经营计划的一部分，组织计划主要描述风险企业的所有制形式，即新创企业的所有制将是独资形成(proprietorship)、合伙制(partnership)还是公司制(corporation)的。如果新创企业是合伙制企业,计划中就应该加上合伙的有关条款。如果新创企业是一个公司,就应该具体写明被核准的股票份额、优先认股权,以及公司经理及高层管理者的姓名、地址及简历。除此以外,还应提供组织结构图,用以表明组织内成员的授权及责任关系。

表 6-5 总结了在准备这部分计划时需要创业者回答的一些关键问题。这些信息能够使潜在的投资者清楚地了解谁在控制该组织,以及组织内其他成员如何通过相互作用来执行各自的管理职能。

表 6-5 组 织 计 划

1. 组织的所有制形式是什么?
2. 如果是合伙制企业,谁是合伙者以及合伙协议的条款是什么?
3. 如果是股份公司,谁是主要的股票持有者以及他们拥有多少股票?
4. 发行什么类型的股票以及发行了多少有表决权股和非表决权股?
5. 谁是董事会成员?(给出姓名、地址及简历)
6. 谁有支票签字权和控制权?
7. 谁是管理小组的成员?他或她的背景怎样?
8. 管理小组的每个成员的角色和责任是什么?
9. 管理小组每个成员的薪水、红利或其他形式的工资怎样?

八、风险的估计

在某一特定的行业和竞争环境下,新的风险企业都将面临一些潜在的危险。创业者有必要进行风险估计以便制定有效的战略来对付这些威胁。新的风险企业主要的风险可能来自竞争者的反应,自身在市场营销、生产或管理方面的弱势,以及技术进步带来的其产品的过时。即使这些因素对新的风险企业不构成威胁,创业经营计划中也应讨论为什么不存在这种风险。

创业者也有必要提供备选战略以应对上述风险因素的发生。这些应急计划和备选战略向潜在的投资者表明,创业者对经营中存在的风险十分重视并进行了充分准备。

九、财务计划

正如营销计划、生产计划及组织计划一样,财务计划也是创业经营计划的一个重要组成部分。它确定新的风险企业所需要的潜在投资承诺,并表明创业经营计划在经济上是否可行。

通常,有三个财务项目需要在这部分讨论。

(1) 创业者至少应该给出新创企业开始三年中的预计销售额及相应的支出,其中第一年的有关预测还应按月提供。它包括预测的销售额、商品销售成本以及一般费用和管理费用。通过收入税的估计可以预测出税后净利润。

(2) 需要预测开始三年的现金流量,其中第一年的预测也要按月提供。因为现金是在每年的不同时间支付的,因此按月来确定现金需求就显得重要,特别对第一年来说更是如此。销售额可能不规则,而顾客的付款可能也会延长,因此有必要借入短期资本以满足稳定的支出如工资、公用事业费等的需要。

(3) 需要预测资产负债表。资产负债表表明企业在特定时间的财务状况,它概括地给出企业的资产、负债、创业者和其他合伙人的投资以及保留盈余等重要财务指标。有关资产负债表的任何假设或其他条款都应列出以供潜在投资者参考。

十、附录

创业经营计划一般应有附录,附录中一般包含一些正文的补充材料。对补充文件的参考应该在计划中注明。

来自顾客、分销商或分包商的信函应作为例证信息而包含在附录中。任何资料文件,即用来支持计划有关决策的第二手资料或主要研究数据也应包含在附录中。租约、合同或已经发生的其他协议也应包含在附录中。最后,来自供应商和竞争者的报价单也应加在后面。

第四节 创业计划书

对于创业者来说,创业计划书可以帮助其有计划地开展商业活动,增加成功的概率;对于创业企业来说,创业计划书是指导企业创立的重要工具,也是管理企业的基本文件。因此,创业计划书是创业过程中必不可少的书面成果,创业计划书的好坏直接关系到创业项目的成败。

一、创业计划书概述

(一) 创业计划书的含义与作用

创业计划书又称商业计划书,是创业者在新创企业成立之前,为了实现未来的创业目标而制订的详细介绍新创企业的一份书面计划。创业计划书是各创业者对未来新创企业的详细描述和预测,一份完整的创业计划书通常包括摘要(整个计划的概括)、综述(企业描述、战略、生产计划、市场营销计划、人力资源计划、财务计划等)和附录(附件和附表)三大部分。

创业计划书是对企业进行宣传和包装的文件,它向投资者、银行、供应商以及内部员工等各利益相关者宣传新创企业及其经营模式。同时,又为新创企业未来的经营和发展提供必要的分析基础和衡量标准。因此,创业计划书对于创业成功具有十分重要的作用,具体阐述为以下几点。

1. 明确创业目标

创业者在创业之前，就应该明确自己的创业目标。而创业者将自己的创意以创业计划书的形式表现出来，有助于创业者冷静地分析和识别创业机会，明确自己的创业理想，规划自己的创业蓝图，使创业者对自己的创业目标更加明晰。

2. 分析创业项目的可行性

创业计划书不仅在技术方面和产业化的模式方面对创业项目进行了翔实说明，而且也在管理团队、经营战略、投资者回报方式和企业的产品、营销、生产、财务等各个方面对创业项目进行了全面的可行性分析。

3. 获取创业资源

具有吸引力的创业计划书可以帮助创业者获取风险投资商的投资；可以帮助创业者找到适合的合作伙伴；也可以帮助创业者网罗到高素质的人才，构建自己的核心创业团队。

4. 便于新创企业的经营管理

由于创业计划书涉及企业经营管理的各个方面：创业资金的筹措、战略与目标、财务计划、生产与管理计划、风险评估等。因此，创业计划书迫使创业者周密地安排创业活动。

（二）创业计划书的类型

1. 按详细程度划分

创业计划书按其详细程度分类，可分为以下几种。

（1）完整的创业计划书。也就是通常所说的一般意义上的创业计划书。此类创业计划书内容最全面，涵盖了创业的方方面面。完整的创业计划书通常用于吸引潜在的投资者、合作伙伴。

（2）执行摘要计划书。执行摘要计划书一般2～5页，包括了完整的创业计划书中的大多数重要信息，如企业的战略和核心产品等。

（3）行动计划书。一份行动计划书包含了时间表和一系列任务，这些任务必须在规定的时间内完成。行动计划书是管理者用来执行计划的文件。

2. 按使用目的划分

创业计划书按其使用目的分类，可分为以下几种。

（1）为筹措资金而编的创业计划书。这类创业计划书对于创业者来说尤为重要，其阅读者通常是风险投资者或者银行。此类创业计划书往往侧重于说明创业项目有足够大的市场容量和较强的持续盈利能力，有一个明确、务实、具体和可操作的项目实施计划，有高素质的核心管理团队以保证创业项目的成功运营。

（2）为吸纳人才而编的创业计划书。在创业过程中，打造核心创业团队和吸纳有特定意义的关键员工对创业成功也非常必要。而为了吸纳人才，创业计划书一方面要清晰地阐明新创企业的商业模式和未来发展战略；另一方面要对如何分配利益和权限作清楚的说明。

(3) 为获取政府支持而编的创业计划书。在中国,政府的支持有利于创业者贷款、吸纳人才和减免税收,因此,创业者往往会为了获取政府支持而专门编写创业计划书。这种创业计划书与传统的项目可行性研究报告类似,重点在于强调项目的可行性,尤其是创业项目的社会收益和社会影响。

(4) 为参加创业比赛而编的创业计划书。创业计划竞赛起源于美国,近几年来,创业计划竞赛逐渐成为风靡全球高校的重要赛事。在中国,由共青团中央、中国科协、全国学联主办,清华大学承办的"挑战杯"中国大学生创业计划竞赛是国内最有影响力的创业计划比赛。创业计划竞赛借用了风险投资的运作模式,因此,这一类创业计划书要求参赛者阐述产品或服务的技术先进性、市场前景和盈利能力。此外,创业计划书的完整、具体和深入也有利于参赛者取得好成绩。

二、创业计划书的内容

创业计划书是创业者对未来新创企业的详细描述和预测,一份完整的创业计划书具体包括封面及目录、摘要、公司介绍、产品或服务、市场分析、竞争分析、管理团队、投资说明、研发计划、生产经营计划、市场营销计划、人力资源计划、财务分析、风险分析、退出策略和附录等。创业计划书的各构成部分及其逻辑关系如图 6-1 所示。

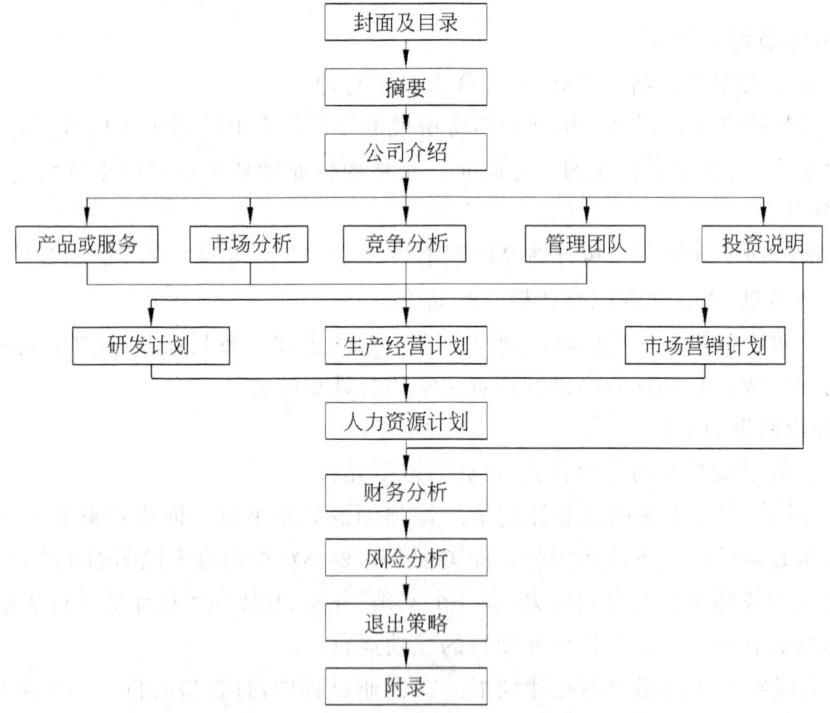

图 6-1 创业计划书的各构成部分及其逻辑关系

三、如何写好一份创业计划书

(一) 创意是成功创业的前提

如果说创业计划书是创业成功的基石，那么创意就是创业计划书打动投资者的钥匙。独特且切合市场需求的创意是成功创业的前提。

创业点子不在其新颖与否，也不必是自己独有的。重要的是，这个点子必须具有市场潜力。以下是几个帮你检验“好点子”的问题。

(1) 这个点子是否合乎实际的需求？目前或未来会不会有生意可做？

(2) 产品的销量是否足以维持生计？目前市场的发展空间怎样？或是否已经布满了竞争对手？

(3) 这个点子是否能转为可做的生意？是否有相关的技术配合？产品或服务的成本是否在消费者能够或愿意负担的范围之内？

(4) 你个人是否具有所需的知识及技术？这个点子有没有人试用过？其结果如何？为什么？

要回答这些问题势必要经过一番详细调查、深思熟虑才行，但很多时候，这还得靠直觉来判断。

(二) 创业计划书的撰写原则

1. 开门见山，突出主题

编写创业计划书的目的是为了获取资源，创业者应该避免与主题无关的内容，要开门见山直入主题，不要浪费时间和精力来写一些与主题无关、对读者来说毫无意义的内容。此外，编制创业计划书还要考虑阅读对象的因素。目标读者不同，他们对创业计划书的要求和兴趣不一样，创业计划书的内容和侧重点也应该不同。

2. 简明扼要，通俗易懂

创业者必须认识到，创业计划书不是文学作品，也不是学生论文。飞扬的文采、深奥的专业术语不仅不能打动目标读者，反而不利于他们阅读和理解计划书。因此，创业计划书的语言应简单明了，尽量避免专业术语，只要能够表达清楚自己的观点即可，不要过分渲染。

3. 结构完整，内容规范

创业计划书是一种正式的规范性文件，在结构和内容上都有要求。创业者在撰写创业计划书时，最好有一份优秀的创业计划书作为模板进行参考。一方面，在结构上必须完整，创业计划书的各个部分都应该论述到；另一方面，在内容的表述上要做到规范化、科学化，财务分析最好采用图表描述，形象直观。此外，创业计划书还应注意格式和排版，避免拼写错误。

4. 观点客观，预测合理

创业计划书中的所有内容都应该实事求是，力求通过科学的分析和实地调查来表达观点和看法,尤其是市场分析、财务分析等部门不应夸大吹嘘。对于市场占有率、销售收入、利润率等指标的预测要做到科学合理,数字尽量准确,最好不要做粗略估计。

5. 展现优势,注意保密

为了获得读者的支持,创业计划书还应该尽量展现自身优势,如先进的技术、良好的商业模式、高素质的创业团队等。但是,创业者还要注意保护自己,对于一些技术和商业机密进行保护是合理且必要的。在实际操作中,通常会在创业计划书中加一条保密条款来保护自己的利益。

表 6-6 列举了创业者撰写创业计划书中常见的错误。

表 6-6 创业者撰写创业计划书中常见的错误

低估了竞争,高估了市场与回报
不陈述预测报表的建立依据
混淆了利润和现金流
不陈述最好、最坏和最可能发生的状况
产品或服务对客户带来的影响——提高客户收益、降低客户成本、减少客户的流动资本和成本支出——不加以量化
仅分析整体市场,忽略了细分
不讨论战略伙伴
不理解市场进入壁垒和夺取客户所需要的成本
对产品和服务、渠道选择、销售人员和销售模式的定位不清晰
不讨论运营资率,不分析产能

资料来源:罗伯特·J. 卡尔文. 创业管理[M]. 北京:中国财政经济出版社,2003.

(三) 创业计划书的撰写步骤

1. 明确创业计划书的形式

不同的阅读者对创业计划书有不同的兴趣和侧重。因此,创业者撰写创业计划书的第一步就是确定读者是谁,他们想要的是什么,哪些问题必须有针对性地呈现给他们,进而明确创业计划书的形式。

2. 确定创业计划书大纲

在对创业计划书的形式明确之后,接下来创业者就需要制定创业计划书的大纲。大纲应该确定创业计划的目标和战略,制订创业计划书的编写计划,确定创业计划书的总体框架和主要内容。

3. 收集创业计划书所需要的信息

根据创业计划书大纲,创业者需要收集撰写计划书要使用而目前尚不清楚的信息。创业计划书的内容涉及面很广,因此收集的信息也非常多。具体来说,创业者需要收集行业信息、生产与技术信息、市场信息、财务信息等。信息的收集是一个十分重要的过程,其质量直接关系到创业计划书的质量。创业者可以通过现有资料的检索、实地调查、互联网查找等方式来收集信息。

4. 起草创业计划书

收集到足够的信息后,创业者就应该开始草拟创业计划书了。这一部分的主要工作是全面地撰写创业计划书的各个部分:摘要、企业描述、战略、生产计划、市场营销计划、人力资源计划、财务计划等。通过这一步骤，可以形成比较完整的创业计划书初稿。

5．修改并完善创业计划书

创业计划书的初稿完成以后，创业者必须从目标读者的角度来检查创业计划书的客观性、实践性、条理性和创新性，看其是否能打动目标读者。这一阶段，创业者应该根据客观实际情况，充分征求各方意见，对创业计划书进行补充、修改和完善，力求最终定稿的创业计划书能够打动读者，支持创业项目。

习　　题

【重要概念】

创业目标　　创业风险　　组织计划　　市场营销计划　　创业计划书　　创意

【思考题】

1．创业目标都包含哪些内容？

2．创业目标要遵循什么原则？

3．创业者如何把握创业风险？

4．创业规划包含哪些方面的规划内容？

5．一份完整的创业计划书应该包括哪些内容？

6．在选择创业方式时，主要从哪几个方面权衡利弊？

【实训题】

设计一份创业计划书。

实训目标：

(1) 掌握创业计划书的结构。

(2) 培养学生独立思考、逻辑思维、综合分析的能力。

实训内容：

(1) 学生自己结合所学知识撰写一份符合自己的创业计划书，分析实施的可行性。

(2) 学生拿出自己的创业计划书组织同学间的互相交流，1～4 人一组，同学间互相评价、交流创业计划书的可行性。

实训效果：

(1) 由教师总体把握进行。

(2) 由教师对创业计划书进行全面分析和综合评价。

【总结案例】

(一) 尚德：创新创业的典范

施正荣，出生于 1963 年 2 月，祖籍江苏扬中。

1983 年毕业于吉林大学，获学士学位。

1986 年毕业于中国科学院上海光学精密机械研究所，获硕士学位。

1988 年留学于澳大利亚新南威尔士大学，师从国际太阳能电池权威、2002 年诺贝尔环境奖得主马丁·格林教授。

1992 年以优秀的多晶硅薄膜太阳能电池技术获博士学位。后任新南威尔士太阳能研究中心研究员和澳大利亚太平洋太阳能电力有限公司执行董事，个人持有 10 多项太阳能电池技术发明专利。

2000 年，回国创办无锡尚德太阳能电力有限公司，现任无锡尚德电力控股有限公司董事长兼 CEO。

这位从澳大利亚归国的太阳能博士，创业 4 年便问鼎纽交所。他从一位频受外界质疑的创业者变成了华尔街和媒体热捧的“有钱人”。

1. 求学与创业

学物理的施正荣，1983 年从吉林大学毕业后，攻读中科院上海光学精密机械研究所硕士学位。1988 年，他被派往澳大利亚继续深造。他为此兴奋了好几天。“那时出国，跟大多数人的想法一样单纯，就是见见世面，看看西方国家的发展。”在新南威尔士大学里，一次偶然的机会，他对太阳能电池产生了兴趣。于是，他打听到了当时著名科学家马丁·格林的实验室地点。

“我清楚地记得，那是一个阳光明媚的下午。5 点的时候，我敲开了他的大门。”马丁·格林教授听说他的来意之后，告诉施正荣这里不需要招人。“我跟他解释，自己就是来学习的，没有工资也不要紧。”马丁·格林教授欣然地接受了这个新学生。

数年学习之后，施正荣已经能将太阳能电池的转换率达到 19% 左右。那时，实验室二楼正在研究薄膜电池，即在探索脱离纯硅产品作为原材料的技术。“当时我觉得，这是一个发展趋势，很想加入。”马丁·格林教授欣然同意了。

1991 年施正荣获得太阳能科学博士学位，留校任太阳能研究中心研究员。1994 年辞行建太平洋太阳能研究中心，任执行技术董事。

2001 年，他回到国内，将自己的创业计划书“扔”给了无锡当地的一个政府官员。无锡政府对他的项目的看重远超过他的想象，仅隔几个星期，就邀请他到无锡做演讲。“当时我说了 3 个多小时，当地非常震惊，并且力邀我进入无锡高新技术园区，我被这样的热情所感动。”

他将自己在澳大利亚的所有财产全部变卖，带着妻子和两个儿女坐同一班飞机直接回到了祖国。怀揣着自己所拥有的太阳能光伏技术，他希望得到投资方的青睐，并且合资成立公司。可惜，等待了数月，一分钱都没有融到。无锡市政府当即决定，由政府出面帮助他寻找资金。一位无锡市领导在一个投资者的门前，苦等了 3 个多小时，最后打动了对方。

在政府的极力撮合下，无锡小天鹅集团、山禾药业、无锡高新技术风险投资有限公司等 8 家当地企业联合融资 600 万美元，施正荣则以 40 万美元现金和价值 160 万美元的技术参股，成立了无锡尚德太阳能电力有限公司。

2. 一度亏损

公司成立后，施正荣开始快速建立光伏电池生产线。

因为当时公司没有什么钱，部分设备是从其他地方淘过来的二手货。开业不久，有一家同行业的公司在股票市场受到重挫，施正荣立即打电话给对方，要求对方把一套价值 1 800 万元的设备以 900 万元的价格卖给他，对方随即同意。

“上马第二条生产线，可以说是公司的转折点。”施正荣将这个提议递交给董事会，董事会的答复是可以上，但不投资。施正荣有些沮丧：“如果能够再融资，将公司独立出来，可能会更好。”

2003 年，无锡尚德处于亏损境地，但施正荣没有丝毫的懈怠，即便是几位老将离开也没有动摇他继续发展事业的念头。当这批骨干递交辞职书时，施正荣没有挽留。

2004 年开始，公司被几个风险投资公司看中，施正荣也正式考虑起融资的事情来，最终，其他国有股退出，风险投资公司进入。“国有股的回报率非常高，都在 10～20 倍，即当初投资了 1 000 万元，走的时候拿了 2 亿元。”

3. 高速增长之后的问题

德丰杰全球创业投资基金高级副总裁孙文海说：“它抓住了欧美市场政策机遇。很多欧美国家的太阳能光伏产能不足，而作为一家中国制造业企业，不仅遇到了很好的海外市场机遇，同时又有制造优势。”

无锡尚德最大的市场就在欧洲。早在 1997 年，欧盟发表了《可再生能源白皮书》，宣布到 2010 年，欧洲可再生能源的比例将达到 12%。

2003 年和 2004 年，欧洲太阳能利用年增长率都在 25%左右。而无锡尚德恰恰把握住了这一国际新政的方向，将自己的产品融入海外的可再生能源热潮之中。2004 年年中到 2005 年 4 月，太阳能行业销售收入同比增长 33%，税前利润增长 85%，全球太阳能公司股票价格平均上涨 133%。

自 2005 年 12 月无锡尚德在纽约证券交易所上市以来，已相继有 10 余家国内光伏企业在海外上市。这些企业中，无锡尚德为国内同行业的龙头企业，2006—2008 年其电池产量分别占当年全国产量的 35.9%、27.52%和 21.85%。2009 年，无锡尚德总净营业收入达 16.933 亿美元，太阳能产品总装运量年同比增长 42%，达 704 兆瓦，全年综合总利润率为 20%。

资料来源：《中国首富施正荣创业史》，载《第一财经日报》，http://info.ceo.hc360.com/2006/04/30080824175.html.

（二）创业的起点

赵温才是中国地质大学（武汉）资源学院 2003 级资源勘查工程专业的学生，爱好科技发明的他于大学期间获得了 9 项发明专利。“液态水瞬时加热技术”就是其中的一项。

2007 年他以 14 万元的高价转让给了商家，刚一毕业就掘到了人生的第一桶金，一时间在校园内引起了不小的轰动。临近毕业时，他和几个志同道合的同学一起在学校附近创办了“武汉加权知识产权咨询服务有限公司”。

作为一名科技爱好者，赵温才也热衷于帮助那些喜爱创新的低年级同学，他的寝室成了帮助同学们搞创新的“办公室”。赵温才看到许多同学因为不了解知识产权或缺少必要的条件，许多有创意的想法无法转化为专利产品；或者因为找不到可靠的平台，许多同学的专利产品永远都是一纸证书，不能转化为生产力。“国家大力提倡创新，自己也有志于此，为什么不自己动手创办一家知识产权咨询公司呢?”当时还在上大二的赵温才第一次有了这样的想法。

既然是搞创新，那就要了解知识产权的相关知识。在一个博士生朋友的帮助下，赵温才自学了《专利法》以及相关课程。同时，他也意识到，要创业，学会如何适应未来商业社会的各种游戏规则、如何适应团队合作的运行方式、如何解决市场难题等至关重要。在学校一位教授的建议下，赵温才又自学了财务、管理、市场营销等专业知识，并开始有意识地拓宽交际圈，打造自己的创业团队。这段时间他还结识了包括省科技厅、知识产权局的相关专家和许多企业界的朋友，他们在他以后的创业和专利成果转化过程中给出了很多有益的建议和想法。

进入大四，大多数同学都忙着准备考研或找工作。赵温才学的资源勘查工程是紧缺专业，原本也能找到很好的工作，但他却放弃了直接就业和保送研究生的机会，而是和张善明、李州木、赵浪等几个志同道合的同学一起，把所有的精力都花到筹备创办公司的事上。在经过多方咨询和周密的市场调研后，临近毕业，赵温才与合伙人靠已有专利的转让收入和平时的积蓄，筹资10万元，注册成立了“武汉加权知识产权咨询服务有限公司”，主要经营范围为创意指导、科技发明优化设计、专利代理及转化经纪。

经过赵温才和公司管理层的共同努力，在不到半年的时间里他们已指导学生成功申报国家专利79项，在武汉高校中掀起一股创新热潮。

资料来源：根据易镇镇，翁晓波的“地大毕业生一项专利卖了14万”整理，载《武汉晚报》，2007-09-14.

（三）创业，细节决定成败

两个青年一同开山，一个把石块儿砸成石子运到路边，卖给建房人；一个直接把石块运到码头，卖给杭州的花鸟商人，因为这里的石头总是奇形怪状的，他认为卖重量不如卖造型。三年后，卖怪石的青年成为村里第一个盖起瓦房的人。

后来，当地政府不许开山，只许种树，于是这里成了果园。每到秋天，漫山遍野的鸭梨招徕八方商客。他们把堆积如山的梨子成筐成筐地运往北京、上海，然后再发往韩国和日本。因为这里的梨汁浓、肉脆，香甜无比。就在村上的人为鸭梨带来的小康日子欢呼雀跃时，曾卖过怪石的人卖掉果树，开始种柳。因为他发现，来这里的客商不愁挑不上好梨，只愁买不到盛梨的筐。五年后，他成为第一个在城里买房的人。

再后来，一条铁路从这里贯穿南北，这里的人上车后，可以北到北京，南抵九龙。小村对外开放，果农也由单一的卖果开始发展果品加工及市场开发。就在一些人开始集资办厂的时候，那个人又在他的地头砌了一道三米高、百米长的墙。这道墙面向铁路，北依翠柳，两旁是一望无际的万亩梨园。坐火车经过这里的人，在欣赏盛开的梨花时，会醒目地看到四个大字：可口可乐。据说这是五百里山川中唯一的一个广告，那道墙的主人仅凭这座墙，每年又有4万元的额外收入。

20世纪90年代末，日本一著名公司的人来华考察，当他坐火车经过这个小山村时，听到这个故事，马上被此人惊人的商业头脑所震惊，当即决定下车寻找此人。当日本人找到这个人时，他正在自己的店门口与对门的店主吵架。原来，他店里的西装标价800元一套，对门就把同样的西装标价750元；他标750元，对门就标700元。一个月下来，他仅批发出8套，而对门的客户却越来越多，一下子发出了800套。

日本一看这情形，对此人失望不已。但当他弄清真相后，又惊喜万分，当即决定以百万年薪聘请他。原来，对面那家店也是他的。

资料来源：佚名. 创业，先要炼就一双好眼睛. http://blog.china.alibaba.com，2008-04-18.

讨论：

（1）如何理解创业计划的重要性？

（2）上述案例中成功与失败的创业最主要的原因是什么？

（3）通过阅读案例你受到哪些启示和影响？谈谈你对案例的体会。

第七章

创业企业融资

【学习目的与要求】

1. 掌握创业融资的相关理论。
2. 掌握创业成本的构成及估算方法。
3. 掌握创业融资的主要渠道。
4. 认识不同融资渠道的特点。

【创业管理小故事】

腾讯融资

从1998年注册资本仅为50万元人民币的腾讯计算机(腾讯控股的前身)到今天价值约60亿港元的腾讯控股,国际投资机构功不可没。2000年4月,IDG(美国国际数据集团)和香港盈科共投入220万美元风险投资,分别持有腾讯控股总股本的20%,马化腾及其团队持股60%。正是这220万美元的风险资金,为腾讯日后的迅速崛起奠定了基础。2004年6月16日,腾讯QQ正式在香港挂牌上市,简称为腾讯控股。在此次上市中,其超额认购的首次公开募股(IPO)将带来总计14.4亿港元的净收入,拥有公司14.43%股权的马化腾个人资产接近9亿港元。腾讯此次IPO成功无疑是国内民营企业牵手境外资本的成功范例。

启示:当公司步入"鲤鱼跳龙门"阶段时,只靠自有资金滚动发展很有可能会错失良机。此时,创业者都希望能与境外成熟的战略投资者牵手,完成国际化的蜕变。正是因为腾讯在深谙如何正确"取悦"投资者的同时,仍然不放弃保持和发掘自身的优势,从而掌握了与境外"天使"们较量的底牌。得与失的平衡,自身优势才是致胜砝码。

第一节 创业企业融资概述

任何一个企业在开办之初都要融资,创业企业也不例外。如何融资,是摆在创业者与新创企业面前的一个非常重要的问题。本章重点探讨创业企业的融资问题。

融资是指企业从自身生产经营及资金运用情况出发,根据未来经营发展的需要,通过一定的渠道或方式筹集资金,以满足后续经营发展需要的一种经济行为。

一、基本财务知识

融资涉及的财务知识有的已经在基础会计中介绍过了，比如说利润、资产负债表、利润表、现金流量表等，此处就不再赘述，本章仅介绍以前未系统阐述过的知识。

（一）自由现金流

自由现金流(free cash flow)作为一种企业价值评估的新概念、理论、方法和体系，最早是由美国西北大学拉巴波特、哈佛大学詹森等学者于20世纪80年代提出的，经历20多年的发展，特别在以美国安然、世通等为代表的之前在财务报告中利润指标完美无瑕的所谓绩优公司纷纷破产后，已成为企业价值评估领域使用最广泛、理论最健全的指标，美国证监会更是要求公司年报中必须披露这一指标。

1. 定义

自由现金流量，就是企业产生的、在满足了再投资需要之后剩余的现金流量，这部分现金流量是在不影响公司持续发展的前提下可供分配给企业资本供应者的最大现金额。简单地说，自由现金流量(FCF)是指企业经营活动产生的现金流量(CFFO)扣除资本性支出(capital expenditures，CE)的差额。即：FCF＝CFFO－CE。自由现金流是一种财务方法，用来衡量企业实际持有的能够回报股东的现金，指在不危及公司生存与发展的前提下可供分配给股东(和债权人)的最大现金额。

2. 分类

自由现金流量可分为企业整体自由现金流量和企业股权自由现金流量。整体自由现金流量是指企业扣除了所有经营支出、投资需要和税收之后的，在清偿债务之前的剩余现金流量；股权自由现金流量是指扣除所有开支、税收支付、投资需要以及还本付息支出之后的剩余现金流量。整体自由现金流量用于计算企业整体价值，包括股权价值和债务价值；股权自由现金流量用于计算企业的股权价值。股权自由现金流量可简单地表述为“利润＋折旧－投资”。

3. 计算

科普兰教授(1990)比较详尽地阐述了自由现金流量的计算方法：“自由现金流量等于企业的税后净营业利润(即将公司不包括利息收支的营业利润扣除实付所得税税金之后的数额)加上折旧及摊销等非现金支出，再减去营运资本的追加和物业厂房设备及其他资产方面的投资。它是公司所产生的税后现金流量总额，可以提供给公司资本的所有供应者，包括债权人和股东。”其计算公式为

自由现金流量＝(税后净营业利润＋折旧及摊销)－(资本支出＋营运资本增加)

（二）外部融资销售增长比(外部融资占销售增长的百分比)

1. 含义

销售额每增加一元需要追加的外部融资。

2. 计算公式

外部融资销售增长比＝经营资产的销售百分比－经营负债的销售百分比
－预计销售净利率×[(1＋增长率)/增长率]
×(1－股利支付率)

注意：该公式的假设条件为：可以动用的金融资产为0。

【例7-1】 某企业预计2009年经营资产增加1 000万元，经营负债增加200万元，留存收益增加400万元，销售增加2 000万元，可以动用的金融资产为0，则外部融资销售增长比为(　　)。

A. 20％　　B. 25％　　C. 14％　　D. 35％

【正确答案】 A

【答案解析】 外部融资额＝1 000－200－400＝400(万元)，则
外部融资销售增长比＝400/2 000＝20％

3. 公式运用

(1) 预计外部融资需求量

外部融资额＝销售增长×外部融资销售增长比

【例7-2】 某公司上年销售收入为3 000万元，本年计划销售收入为4 000万元，销售增长率为33.33％。假设经营资产销售百分比为66.67％，经营负债销售百分比为6.17％，计划销售净利率为4.5％，股利支付率为30％。

要求：计算外部融资销售增长比及外部融资额。如果销售增长500万元(即销售增长率为16.7％)，计算外部融资销售增长比和外部融资额。

【正确答案】

外部融资销售增长比＝66.67％－6.17％－4.5％×[(1＋33.33％)/33.33％
×(1－30％)]＝47.9％

外部融资额＝1 000×47.9％＝479(万元)

外部融资销售增长比＝66.67％－6.17％－4.5％×[(1＋16.7％)/16.7％]
×(1－30％)＝38.49％

外部融资额＝500×38.49％＝192.45(万元)

(2) 调整股利政策

如果计算出来的外部融资销售增长比为负值，说明企业有剩余资金，根据剩余资金情况，企业可用以调整股利政策。

【例7-3】 上例中，如果销售增长5％，则

外部融资销售增长比＝66.67％－6.17％－4.5％×[(1＋5％)/5％]
×(1－30％)＝－5.65％

外部融资额＝3 000×5％×(－5.65％)＝－8.475(万元)

这说明企业资金有剩余，可以用于增加股利或者进行短期投资。

提示：由本例可以看出，销售增长不一定导致外部融资的增加。

(3) 预计通货膨胀对融资的影响

公式中的销售增长率是销售额的增长率，如果题目中给出的是销售量的增长率，在不

存在通货膨胀的情况下，是一致的。但如果存在通货膨胀，则需要根据销售量增长率计算出销售额的名义增长率。

因此，在存在通货膨胀的情况下，需要注意销售额的名义增长率的计算。

基期销售收入＝单价×销量

预计收入＝单价×(1＋通货膨胀率)×销量×(1＋销量增长率)

＝基期销售收入×(1＋通货膨胀率)(1＋销量增长率)

销售额名义增长率＝(预计销售收入－基期销售收入)/基期销售收入

＝(1＋通货膨胀率)×(1＋销量增长率)－1

【例 7-4】 上例中，预计明年通货膨胀率为 10%，公司销量增长 5%。要求：计算外部融资销售增长比；外部融资额。

【正确答案】

销售额名义增长率＝(1＋10%)×(1＋5%)－1＝15.5%

外部融资销售增长比＝66.67%－6.17%－4.5%×[(1＋15.5%)/15.5%]×(1－30%)＝37.03%

外部融资额＝3 000×15.5%×37.03%＝172.19(万元)

在不出现通货膨胀时，资金有剩余；当出现通货膨胀之后，企业资金不足，产生外部融资需求。这说明通货膨胀会导致现金流转不平衡。

思考：在本例假设条件下，企业销售量增长率为 0，是否需要从外部融资？

【正确答案】

销售额的名义增长率＝10%

外部融资销售增长比＝66.67%－6.17%－4.5%×[(1＋10%)/10%]×(1－30%)＝25.85%

外部融资额＝3 000×10%×25.85%＝77.55(万元)

在存在通货膨胀的情况下，即使销售的实物量不变，也需要从外部融资。

二、创业融资概述

创业融资是指为创业活动筹集所需资金的活动。注意不能把创业融资仅仅理解为筹集创业的启动资金，创业融资不是一次性融资，而是为满足整个创业过程，即从创业开始直到实现机会开发并创造价值所需资金的融资活动。

我国创业企业融资存在极大困难，突出表现在融资方式单一、渠道狭窄、融资难度大、成本高、融资风险高等。

融资难的原因错综复杂，既有国内宏观的金融制度、政策方面的原因，如缺乏多层次的资本市场体系，商业银行未形成专业化分工，信用制度不完善，金融债券维护难，抵押担保制度落实困难，商业银行信贷管理体制不适合创业企业的特点等，也有企业自身的原因，如信息不透明、创业企业自身资产信用不足、财务制度不健全、报表不实、竞争力不强、缺乏融资相关经验和知识等。因而寻找创业资金已成为国内创业者的重要任务之一。

创业企业在融资之前，首先应估算创业成本，据此融资。

第二节 创 业 成 本

一、认识创业成本

成本是对象化了的费用。只要是创业，都要承担一定的费用，即使是在创业初期将成本控制在最低的范围内。企业在融资前，一定要了解创业成本。

（一）软成本和硬成本

通常创业成本指企业在一定的城市或地区，进行投资和维持经营所发生的与经营所在地相关的各种特定耗费。

创业成本大致可以分为硬成本和软成本。

硬成本也称要素成本或直接成本，包括土地成本、劳动力成本、财产购置成本（买房或租房成本、汽车购置成本）、交通通信及用水成本（电信费、交通费、电费、水费）等。硬成本是受市场供求关系影响的。

软成本是生产经营中为所需公共环境而支付的交易费用，也称间接成本。通常包括交易成本与运输成本。前者主要受政府服务效率与水平、政府政策（如税率政策）和市场化程度等因素的影响；后者主要受区位条件、基本设施、物流市场的规范性与开放性等影响。

尽管有研究表明创业软成本在影响创业决策上的重要性并不亚于创业硬成本，但由于软成本难以客观量化，本章重点考察创业硬成本。

（二）创业成本的一般构成

大体而言，创业者需要考虑的成本配置包括以下几项。

1. 阶段性资本投入

这包括发生在创业初期的注册、办公场所、人力及启动资金，以及项目扩张所需要的资金。

2. 维持企业正常运营所需要的资金

这包括工资、广告费、维修费、偿还债款、购买材料和能源的费用等。企业一般需要筹备至少能支付三四个月支出的经营资金。

3. 设备占用资金

这包括生产设备、办公设备、工具以及类似项目的购置费用，通常发生在创业初期。

4. 存货占用资金

即半成品、产成品、原材料等占用的资金。

当然，创业企业所需的资金，还要依据企业种类、规模大小、经营地点、竞争对手等情况而定。

二、创业成本估算

创业企业必须准确估算最初几个月公司运营需要消耗多少钱。因为每家公司的情况不同，而且对不同类型的公司来说，成本构成也不同，因此并没有一个通用的估算方法。为了最好地估算自己的创业成本，企业需要列个清单，以便找出公司在创业阶段需要消耗的所有费用，这样才能做到心中有数，掌控自如。

以下所列的费用项目是估算创业成本时典型的费用清单。

1. 场地、建筑物

不管选择什么创业项目，办公场所一般是必需的，只是不同的项目所需要的硬件与办公设施有所不同。

场地选择大体有三种方式：一是租用办公室或生产用房；二是购买现成的办公室或生产用房；三是自己建筑需要的办公室或生产用房。

选址完毕后，就可以根据店面装修、布局、需要支付的租金、购买所需的交通工具、通信工具等硬件设施估算所需要的费用。

2. 设备

设备是指企业需要的所有机器、工具、工作设施、车辆、办公家具等。根据业务需要计算购买或者租赁设备的总成本。

3. 原材料和库存

俗话说"巧妇难为无米之炊"，无论是生产企业、服务业，还是商业企业，必须有足够的库存来保证生产和运营的顺利进行。预计的库存越多，所需要的维护和保管资金也越多。因此，要将库存降到最低限度，以保证资金的流动性。

4. 人工费

人工费是指用人单位根据国家有关规定和劳动关系双方的约定，以货币形式支付给员工的劳动报酬。这里要估算维持企业正常经营需要聘用的各类人员的工资、福利费和保险费以及相关税项、加班工资等的合计值。

5. 管理和营运成本

计算企业所需的保险(在发生财产损失、业务中断等情况时提供财产保护)和办公费用。包括办公文具、水电费、招待费、差旅费等。

6. 营销费用

计算需要支付的宣传材料、广告活动、门牌标志以及客户招待费用。

7. 专业服务费用和许可

计算所需支付的律师、会计或者其他咨询或者顾问费用、所需支付的经营许可或者执照费用。

第三节 创业企业融资渠道与类型

创业企业在估算了创业成本之后，就应开始着手进行融资了。在面临着多种融资渠道和方式的情况下，应当选择何种融资方式，是创业企业需要慎重抉择的。

一、创业企业融资渠道与方式

（一）融资渠道与方式基础知识

融资渠道是指取得资金的途径，即资金的供给者是谁。确定融资渠道是融资的前提，它直接影响企业的融资成功率和融资成本，并决定企业融资公关的方向。

融资方式则是指如何取得资金，即采用什么融资工具来取得资金。融资渠道展示出取得资金的客观可能性，即谁可以提供资金；融资方式则解决用什么方式将客观存在的可能性转化为现实性，即如何将资金融到企业。

总体来看，我国创业企业的资金来源主要有以下6个。

1. 国家财政资金

它是指国家以财政拨款形式投入企业的资金。为了支持创业活动，国家一些部委和地方政府设立了各种基金，对于符合基金支持条件的创业企业（如技术创新、出口创汇、生态环保等）以无偿拨款、投资、贴现贷款等方式来扶持其发展。

2. 企业自留资金

它是指企业在生产经营过程中形成的资本积累和增值，主要包括资本公积金、盈余公积金和未分配利润等。由于许多创业企业的财务制度不完善、会计科目不健全，造成企业账面自留资金少，而实际上企业的自留资金并不少。

3. 国内外金融机构资金

它是指各种银行和非银行金融机构向企业提供的资金。我国商业银行资金雄厚，是企业经营资金的主要来源。

世界银行及外国银行在中国境内的分支机构为我国企业及外商投资企业提供的外汇贷款，也是企业的资金来源渠道。

各级政府和其他组织主办的非银行金融机构如科技投资公司、租赁公司、保险公司等，虽然其融资额有限，但其资金供给方式灵活方便，也可以作为企业补充资本的来源渠道。

4. 其他企业和单位的资金

它是指各类企事业单位、非营利社团组织等，在经营和业务活动中暂时或长期闲置、可供企业调剂使用的资金。创业企业可以通过接受投资和商业信用等方式吸收这些资金。

5. 职工和社会个人资金

它是指企业职工和社会个人以其合法财产向企业提供的资金。随着我国国民财富的迅速积累，居民手中持有大量资金而缺乏有效的投资渠道，因此，发展资本市场，以直接投资的形式吸引企业和私人资金，既拓宽了创业企业的融资渠道，又实现了社会资金的良性循环。

6. 境外资金

它是指国外的企业、政府和其他投资者以及我国港澳台地区的投资者向企业提供的资金。利用外资的方式主要有吸收外资和借用外资两大类。

与融资渠道多元化的特点相应，融资方式也是多种多样的。同一渠道的资金也可以采用不同的融资方式来筹集。

【应用阅读】

政府基金：创业者的“免费皇粮”

2001年在澳大利亚度过了14年留学和工作生涯的施正荣博士，带着自己10多年的科研成果回到家乡无锡创业。当无锡市有关领导得知施正荣的名声和他的太阳能晶硅电池科研成果在国内还是空白时，立即拍板要扶持科学家做老板。在市经委的牵头下，无锡市政府联合当地几家大国企投资800万元，组建了无锡尚德太阳能电力有限公司。有了政府资金的鼎力支持，尚德公司有了跨越式发展，仅仅3年时间销售额已经过亿元，成为业界明星企业。

启示：近年来，政府充分意识到中小企业在国民经济中的重要地位，尤其是各省市地方政府，为了增强自己的竞争力，不断采取各种方式扶持科技含量高的产业或者优势产业。为此，各级政府相继设立了一些政府基金予以支持。这对于拥有一技之长又有志于创业的诸多科技人员，特别是归国留学人员是一个很好的吃“免费皇粮”的机会。

（二）内部融资和外部融资的比较与选择

1. 内部融资和外部融资的特点比较

从大的方面来说，企业可以从内部和外部两个途径来融通资金。

内部融资是企业依靠其内部积累进行的融资，具体包括三种形式：资本金、折旧基金转化为重置投资和留存收益转化为新增投资。

内部融资对企业资本的形成具有原始性、自主性、低成本性和抗风险性等特点。相对于外部融资，它可以减少信息不对称问题及与此有关的激励问题，节约交易费用，降低融资成本，增强企业剩余控制权。但是，内部融资能力及其增长，要受到企业的盈利能力、净资产规模和未来收益预期等方面的制约。

外部融资是指企业通过一定方式从外部融入资金，它对企业的资本形成具有高效性、灵活性、大量性和集中性等特点。从实际看，外部融资是成长中的企业获取资金的重要渠道，它包括银行借款、发行债券、融资租赁和商业信用等负债融资方式与吸收直接投资、发行股票等权益融资等形式。

2. 内部融资和外部融资的选择

企业融资是一个随自身的发展由内部融资到外部融资的交替变换过程。创业之初，主要依靠内部融资来积累；随着企业逐步成长，抗风险能力增强，内部融资难以满足要求，外部融资就成为企业扩张的主要手段。当企业具备相当规模后，自身有了较强积累能力，则又会逐步缩小外部融资总量，转而依靠自身雄厚的积累资金来发展。

考虑到外部融资的成本代价，创业企业在资金筹措过程中，一定要高度重视内部积累。辩证地讲，内部融资是外部融资的保证，外部融资的规模和风险必须以内部融资的能力来衡量。通常是在内部融资不能满足要求的时候，才考虑通过外部融资渠道来解决。

（三）直接融资和间接融资的比较与选择

1. 直接融资和间接融资的特点比较

直接融资是指资金供求双方之间直接融通资金的方式，是资金盈余部门在金融市场购买资金短缺部门的直接证券，如商业期票、商业汇票、债券和股票等。另外，政府拨款、占用其他企业资金、民间借贷和内部集资也属于直接融资范畴。

直接融资具有直接性、长期性、不可逆性（即股票融资毋需还本）和流通性（指股票与债券可在证券二级市场上流通）。

利用直接融资的方式，企业处于主动的地位，对融资的时间、数量、成本等均可主动做出选择，在总量上不受资金来源的限制。但也存在局限性，主要表现为易受融资双方资信的限制，受融资的时间、地点、范围的限制，同时其成本要高于间接融资。

间接融资是指企业通过金融中介机构间接向资金供给者融通资金的方式，它由金融机构充当信用媒介来实现资金在盈余部门和短缺部门之间的流动，具体的交易媒介包括货币和银行债券、存款、银行汇票等。另外，像“融资租赁”、“票据贴现”也都属于间接融资。

间接融资具有与直接融资截然相反的特性，即间接性、集中性、安全性、周转性。即资金的初始供应者和资金的需求者不直接发生借贷关系，由中介机构把众多供应者的资金集中起来贷给需求者。由于银行或非银行金融机构资金实力雄厚，内部管理严格，可有效分散、管理风险，因此融资风险较小，信誉度高，稳定性强。

2. 直接融资和间接融资的选择

在直接融资中，由于信息不对称，一方面投资者要求资金使用者的经营活动具有较高的透明度，不管规模大小，企业为达到较高的透明度所需支付的信息披露、社会公证等费用差别不大，因而创业企业筹集单位资金的费用相对就很高；另一方面，信息不透明程度越高，资金提供者所要求的风险补偿就越高，除了高科技企业外，大量劳动密集型的创业企业，也难以达到投资者的收益要求。

在间接融资中，由于金融媒介能够以较低的成本，在事先对资金的使用者进行甄别，并通过合同对资金使用者的行为进行约束，在事后则继续对资金使用者进行监督，因此这种融资方式对资金使用者信息透明度的要求相对较低。因而银行信贷方式就成为创业企业外部融资的主要方式。

（四）股权融资和债权融资的比较与选择

1. 股权融资和债权融资的特点比较

股权融资包括创业者自己出资、争取国家财政投资、与其他企业合资、吸引投资基金投资、公开向社会募集发行股票等。自己出资是股权融资的最初阶段，发行股票是最高阶段。

股权融资的特点在于，引入资金而不需偿还，但同时企业引入新股东，使企业的股东构成和股份结构产生变化；不需要支付利息且不必按期还本，但需按企业的经营状况支付红利。

债权融资包括向政府借贷、向银行借贷、向亲朋好友借贷、向民间借贷、向社会公众发行债券等。向亲朋好友借钱是债权融资的最初阶段，发行债券则是最高阶段。

债权融资的特点在于，融资企业必须根据借款协议按期归还本金并支付利息，一般不影响企业的股东及股权结构。

股权与债权融资体现了不同的产权关系。股权融资体现的是所有权与控制权的关系，投资者是企业的股东，享有企业的剩余索取权和最终控制权；债权融资体现的是债权债务关系，银行作为信用中介，拥有对企业的相对控制权，即只有企业不能按合同履约时，其控制权才会转移到银行手中。

2. 股权与债权融资的选择

股权与债权融资的选择主要涉及企业控制权的分散甚至转移。控制权改变不仅直接影响企业生产经营的自主性、独立性，原有股东的利益分配，而且当失去控股权时，还可能会影响到企业的效益与长远发展。因此，在可能的情况下，应尽量考虑采取债权融资。

当然，在下述几种情形下，企业采取股权融资也是一种明智的选择：

一是企业难以满足债权融资的要求(包括信用、资产、抵押等条件)。

二是企业经营风险和预期收益均较高，原有股东希望分散风险、共享收益，而债权人要求的收益率超出企业的承受能力。

三是引入股权投资者有利于提高企业的竞争能力。如与一些拥有强大技术或市场营销力量的大企业合作，可使企业迅速做大做强。

二、融资渠道与方式(工具)选择技术

(一) 了解、搜集各类潜在资金提供方的基本情况

融资渠道选择首先要了解、搜集各类潜在资金提供方的基本情况，这样才能有的放矢，有针对性地做好各项融资准备工作。一般可通过下述问题进行了解：

(1) 资金供给方一共有哪些？各类资金供给方之间有哪些区别和联系？包括资本存量和流量的大小、提供资本的使用期长短等。

(2) 每一类资金供给方的资金来源有什么特点？投资方向是什么？

(3) 每一类资金供给方对项目或融资企业有哪些要求？

(4) 每一类资金供给方风险控制的手段有哪些？

(5) 每一类资金供给方工作程序有哪些？

(6) 如何与资金供给方打交道？

在此基础上，对各类资金提供者按照融资可能性进行分类排序，即最可能提供资金者，经过努力可能提供资金者，不可能对本企业提供资金者。

(二) 分析本企业对不同融资渠道的吸引力

具体可考虑下述因素：

(1) 企业或项目所在的行业,不同资金供给方的投资重点不同。

(2) 融资规模大小。

(3) 融资的成本要求或对股权的要求。

(4) 自身具备的条件与核心优势,如抵押物、无形资产、市场和管理水平等。

(5) 融资的时间要求,不同机构的工作程序及所需要的时间不同。

(三) 综合选择融资渠道

1. 融资成本的高低

融资成本关系到融得资金的实际数额和企业经营成本及利润,最终影响到企业的经济效益。影响融资成本的主要因素有利率、使用期限、企业盈利水平和稳定性、证券发行的价格等。一般来说,各种融资方式资金成本从低到高的顺序依次为:政策性融资、商业信用融资、票据贴现、银行贷款、债券、典当、股权等。

2. 融资风险的大小

企业对外融资都面临风险,特别是借款,当出现收益不足以偿还债务时,企业将陷入危机之中。在其他条件相同的情况下,企业融资负债的比例越高,其面临的风险也将越大。各种融资方式还本付息风险从小到大的顺序依次为:股权出让、商业信用、票据贴现、发行债券、银行贷款等。

3. 融资的机动性

机动性是指创业企业在需要流动资金时能否及时通过融资获得,而不需要资金时能否及时偿还所融资金,并且提前偿还资金是否会对企业带来相应的损失等。显而易见,各种融资方式的机动性从优到差依次排列顺序为:内部融资、票据贴现、商业信用、银行贷款、债券、股权出让。

4. 融资方便程度

融资的方便程度一方面是指企业有无自主权通过某种融资方式取得资金,以及这种自主权的大小;另一方面是指借款人是否愿意提供资金,以及提供资金的条件是否苛刻,手续是否烦琐。各种融资方式的方便程度从易到难依次排列为:内部融资、商业信用、票据贴现、股权、银行贷款、债券等。

(四) 运用融资优序理论指导融资次序选择

根据国外企业融资的结构理论,企业融资一般遵循这样一个规律,即:先是内部融资,使用企业内部留利,不足时再向银行贷款,或发行债券,最后再发行股票融资。

(五) 注意对金融机构的选择和企业素质的提高

选择金融机构时,应重点考虑:对本企业发展感兴趣并愿意投资的金融机构;能提供经营指导的金融机构;分支机构多、交易方便的金融机构;资金充足,费用较低的金融机构;员工素质好、职业道德良好的金融机构等。

在融资时,创业企业要以实绩和信誉来赢得金融机构的信任和支持,而不应以各种违法或不正当的手段套取资金。包括与金融机构保持良好关系,主动向合作的金融机构沟通企业的经营方针、发展计划、财务状况，说明遇到的困难，减少信息不对称，增强企业吸引力。

（六）融资渠道与方式工具组合策略

在更多情况下，融资渠道与方式需要组合，常见的组合方式有以下几种。

1. 不同期限的资金组合

期限长的资金用于项目投资，期限短的用于临时周转或短期投资。

2. 不同性质的资金组合

权益性资金用于项目投资，债权性资金用于临时周转或短期投资。

3. 成本组合

高成本的资金用于弥补临时性资金需求，低成本的资金用于置换高成本的资金或企业铺底流动资金。

4. 内外结合

缺少资金时，首先依靠内部积累，其次才是向外部融资。

5. 传统和创新结合

随着我国金融体系改革的深化，金融工具创新的速度会不断加快。企业需要不断关注、跟踪和应用这些创新的融资工具。

习　　题

【重要概念】

融资　创业融资　融资渠道　直接融资　间接融资　股权融资　债权融资

【思考题】

1. 简述创业企业融资的程序。

2. 创业企业如何在内部融资和外部融资间进行选择？

3. 创业企业如何在直接融资和间接融资、股权融资和债权融资间进行选择？

4. 假设A企业的总资本为1 000万元，其中股票为500万元，股东要求年收益率为8%，银行短期债务为200万元，年利率为5%，长期债务为300万元，年利率为6.5%，企业所得税税率为33%。试计算该企业的加权资本成本。

【实训题】

为你自己设计或实施的创业项目制订一套融资方案，要求对方案有分析、说明。

内容包括：①公司、项目的基本情况，如项目性质、公司资产、经营地点、范围、目标客户、年销售预计、销售利润、净利润、投资收益率等；②资金需求总额、对外融资额；③具体的融资对象、方式；④融资的成本测算、资本结构；⑤融资期限；⑥你能为投资者提供的融资安全保证；⑦你准备如何来落实这种方案(完善融资的基础条件)。

【总结案例】

上海微创初期融资失败

1998年5月，留美科学家常兆华在上海建立微创医疗器械(上海)有限公司，在成立初期，微创获得了科技部、上海市政府的大力支持。但在2001年，在部分投资人的影响下，微创经历了成立以来最严重的资金危机和人事危机。2002年，张江创投(二次增资)和深圳创新投联合投资微创，并为微创引入新的管理层，帮助微创度过了资金和人事的双重危机。

一、不满足现状的创业者

从外表上看，祖籍淄博的常兆华并不是一个典型的山东大汉，甚至可以说其貌不扬，但身边的人都认为他是"最聪明的人"。1987年，常兆华在上海理工大学取得机械工程博士学位，当时国内高级人才稀缺，他本可以谋一个不错的工作，但却选择了赴美留学，在纽约州立大学拿下了生物医学博士学位。在美国从事研究期间，常兆华在国际期刊上发表了40多篇科技论文，并获5项专利，在博士后阶段，他发表的文章数量相当于实验室其他15名同事发表论文数总和的两倍。

但常兆华并不满足于理论研究，1988年他还在攻读博士学位时，就在休斯敦Lifegell公司担任兼职的工程顾问，从事美国海军部血液快速冷冻干燥保存的研究工作；1990年，他在导师家农场的牛棚里研究用于治疗各种癌症的超低温冷冻设备，此后他追随导师一起创业，先后担任美国两家上市公司的副总裁。此时，常兆华的年薪已经达到18万美元，并拥有自己的地产——作为一名留学人员，在理论研究和实践工作中都取得了卓越成就，应该可以享受富足的生活。

但是，常兆华仍然没有满足，他想到了回国创业。由于在美国长期从事生物医学研究与实践，常兆华对全球医疗工程领域的先进技术与发展方向有着极为敏锐的洞察力，他预见到微创伤介入治疗在国内有巨大的市场需求。正是基于这一判断，常兆华果断地选择这一领域作为创业的切入点，而不是他最为熟悉的低温冷冻技术。

二、一波三折的创业经历

(一) 创业初期

1998年，正值改革开放20周年，全国各地纷纷组织纪念活动，山东淄博也沉浸在这一喜悦之中，从封闭中走出来的中国人，已经乐于接受外来事物了。"在大腿上切开一个微小的口子，把细微导管插进去，扩张血管，然后在管壁粗厚的地方放一个小支架，血脉立即畅通。"常兆华用最通俗的语言向家乡的朋友们解释最尖端的医疗技术，并且告诉他们，这种治疗方法"在发达国家的普及率达到85%以上，而国内还不到1%"。常兆华很快从家乡融到了第一笔资金，资金的提供者是当地一家企业。

当时的浦东新区涌动着创业的热潮，政府专门盖了几栋楼作为孵化器，免费供创业者使用。常兆华和助手们在一间50多平方米的小屋里，反复地进行各种测试；销售人员拿着刚刚研制出来的金属支架奔波于各大医院，不过，在他们期待的目光中，交织着医生们怀疑的眼神。

微创公司就这样蹒跚起步了。对创业初期的种种困难，常兆华有着充分的思想准备，但他坚信方向是正确的。

（二）第一轮创业融资

事实上，早在“七五”期间，微创伤介入治疗器械就被列为国家重点科研项目，但是迟迟不能取得突破。因此，浦东新区科技局等政府部门从微创公司创建伊始就在关注着，而此时的微创公司已经在一些关键技术的研制上有了进展，因此，微创公司很快就拿到了浦东科技创业人才资助资金、科技部中小型科技企业创新基金的支持。为加大扶持力度，区政府在张江高科技园区特批一块土地，供微创公司建造厂房，新厂房在2001年8月竣工。

然而，此时大陆微创伤治疗市场上的“四大家族”——J&J（Gordis）、Mdetronic、Boston Scientific和Guidant——都已经成长为世界500强，在国内市场上处于统治地位，想撼动它们并非易事，加之，此时微创公司的产品质量还很不稳定，销售量无法达到规模化，因而，公司很快就面临资金短缺的困难。

此时，张江创投向微创伸出了“援助之手”，闻声而来的投资者还有一位港商。张江创投作为上海市浦东新区政府设立的创投机构，秉承发展中国民族工业的宗旨，希望将微创公司作为重点扶持对象；而港商更多地从资本逐利的本性出发，希冀在微创公司现金流出现困难的时候投资入股，能够获得一个较低的介入价位，多少有点“趁火打劫”的味道。

微创公司太需要钱了。因此，尽管公司高层对该港商投资入股的诚意有不同的声音，但顾不上这些，微创接受了由张江创投和某港商联合提供的第一轮创业投资资金。

（三）危急时刻

有了新一轮的投资后，微创公司又开始扬帆起航：产品研发不断取得突破；各大医院也已经开始认可公司产品；按照国际标准设计的厂房即将竣工；并开始与深圳创新投展开了第二轮融资谈判。在常兆华和他的团队看来，成功已经触手可及。

然而就在此时，最初提供资金的山东企业由于种种原因要求还款，按照当时的协议，常兆华必须无条件地退还这笔资金，可是，钱从哪里来呢？产品正处于推广阶段，并没有达到盈亏平衡点；港商的资金没有完全到位，公司账面上的现金所剩无几；建设中的厂房没有产权证，不能用于贷款抵押。

更严重的是，山东企业在催款无果的情况下动用了法律手段，最终公司账号和部分资产被法院查封！总经理常兆华的出入境也受到了限制。

屋漏偏逢连夜雨，这是公司的200万元银行贷款也正好到期，银行催款通知“及时”地送到了总经理的办公桌上！

初始融资的不规范引爆了微创公司全面的危机，精明的港商却在这个时候打了退堂鼓，不再履行增资协议，甚至落井下石，调唆部分高管离职逼迫常兆华妥协，从而引发了让常兆华刻骨铭心的人事哗变：公司个别核心成员拉出一干人马，准备另起炉灶。

眼看就要步入正轨的企业遭到了重大挫折，常兆华和公司员工心急如焚。

（四）慧眼识珠的创投资金

就在这危急时刻，深圳创新投对微创公司的尽职调查已经进入到最后阶段，负责这一项目的投资经理朱心坤、伊恩江认为，尽管微创公司在经营管理、市场营销、产品质量以及新产品开发等方面存在较大问题，比如大股东常兆华兼任董事长和总裁，未能充分调动其他经营管理人员的积极性，形成一个完整的管理团队；产品虽然技术含量很高，但质量还不稳定，市场拓展也缺乏力度，但是，投资经理充分肯定行业增长潜力和公司技术先进性，准备在妥善解决上述问题的基础上进行投资。

然而，突然爆发的全面危机让投资经理大为震惊，“这是一个陷阱？还是一个机会？”投资经理冷静地审视着这场危机的前因后果。经过深入分析，投资经理以其独到的职业眼光很快拨云见日：常兆华虽然有重大失误和考虑不周，但是，创业初期的不规范、港商逐利的短视性以及由此引起的人事变动，并没有动摇微创公司技术领先、成本低廉和直销模式等优势，至于其自身存在的多方面问题，恰恰是创业投资家可以帮助解决的。

投资经理果断地向公司投资决策委员会提交了可行性投资方案。经过激烈讨论，深圳创新投投委会终于达成共识：微创伤医疗产品科技含量高、市场前景广阔，微创公司虽然风雨飘摇，但是，如果及时地注入第二轮投资，并帮助其改善内部管理，将能帮助公司顺利渡过难关，辅助公司步入快速成长期。

（五）微创高层“换血”

“花开两朵，各表一枝”。2002 年年初，就在微创公司陷入困境的时候，美国 University of Toledo 高分子专业毕业的张一博士正在国内寻找创业机会。从专业角度来说，张一显然比常兆华更有优势：浙江大学高分子专业学士和硕士、美国 University of Toledo 高分子专业博士，在美国两大主要介入器材生产厂家从事导管和支架系统的研究和开发并出任项目负责人，他不仅在技术开发和人员培训方面有多年实践经验，在医疗器械的大规模生产组织上也有卓越的能力。

身怀绝技的张一博士一回国，就被好几家机构看中，经过广泛接触与谈判，张一博士与其中的一家达成了合作意向，准备签署协议在北京开拓自己的创业生涯。

或许是机缘巧合，或许是天设良缘，时任张江创投副总经理、一直关注微创公司发展并出任微创公司董事的李广新博士找到了张一博士，在他的建议下，张一暂缓了在北京的谈判，坐到了常兆华面前。

即将竣工的厂房与国际先进水平完全一致；产品研发只差关键的一两步；市场推广眼看要大规模铺开……张一对此兴奋不已。

“中国需要一个有实力、有规模的公司和进口产品竞争，单独创业会分散资源，而上海微创在早期创业者的努力下已经具备了相当的基础，搭建了一个可以发展的平台，可以非常快地步入正轨。”回忆起当初的选择，张一博士甚至有些庆幸。

但此时的微创公司，资金紧张、人心浮动，“关键的高层管理人员几乎全部都走了，技术骨干也流失了”，不过，张一博士还是看到了希望：“任何事情都要一分为二，截至那个时候，上海微创在中国没有做成功有很多原因，关键是技术不好，加之缺乏良好的管理，而我掌握关键技术及国外先进的管理体系。”

两位博士一拍即合。总经理常兆华不仅给予张一博士优厚的股权激励，而且授予他独立的管理权，答应把公司的日常经营权全部交给张一博士。“我自己有技术，一张白纸反而是件好事。不懂的人走了，正好可以轻装上阵。‘没有金刚钻，不敢揽瓷器活’”——微创公司此后的发展，证明了张一博士当时的这番话不是自负，而是自信。

2002 年 3 月，上海微创高层完成“换血”，以张一、张捷为主的新的管理团队到位，上海微创重新上路了！

（六）实现飞跃

引入深圳创新投等第二轮创业投资后，微创公司很快摆脱了资金困境，2002 年即实现盈利，此后两年销售额年均增长 1.5 倍；同时，产品质量日趋稳定，目前已经出口到欧洲市场，并且获得进入日本市场的许可证，公司在国际上的地位迅速提高。

由于公司发展迅速，很快吸引了跨国公司的关注。2002 年 8 月，香港上市公司——上实医药科技股份有限公司作为战略投资者入股，这家医药行业巨头不仅带来了资金，也向微创输入了现代医药企业的经营理念与管理流程；2004 年 2 月，前期投资的创业机构与日本大冢（Otsuka）制药公司正式签署股权转让协议，至此，前期的创业投资基金全部成功退出。

资料来源：研究院《中国风险投资行业十年数据与案例精选集》。

讨论：

（1）从上海微创的初期融资失败历程中，创业企业应注意哪些问题？

（2）如何规避创业融资的风险？

第三篇

创业管理

创业需要与现行管理方式不同的管理。但和现行的管理方式一样，创业也需要有系统、有组织、有目标的管理。

——彼得·德鲁克

第八章

创业者的自我管理

【学习目的与要求】

1. 了解什么是创业能力与素质。
2. 理解创业素质的培养途径。
3. 掌握创业能力提高的方法。

【创业管理小故事】

瓶子的容量

有一位教授在桌子上放了一个装水的瓶子，然后从桌子下面拿出几个可以从瓶口放进去的鹅卵石，当教授把石头放完之后，问学生说："你们说这个瓶子是不是满的？"

"是！"所有的学生异口同声地说。

"真的吗？"教授笑着问。然后从桌底下拿出一袋碎石子，把碎石子倒进瓶子，摇一摇，再加一些，又问学生："现在你们再告诉我，瓶子满了吗？"这回学生不敢回答得太快了。隔了好一会儿，有位同学小声地说："也许没有满……"

"很好！"教授说完，又从桌子下拿出一袋细沙，慢慢倒进瓶子里，一直倒到瓶子口。然后又问学生："现在你们告诉我，瓶子满了吗？"

"没有满！"全班同学学乖了，这次大家很有信心地回答。

"好极了！"教授赞美同学的表现，同时又从桌子下拿出一大杯水，把水倒进看起来已经被鹅卵石、碎石子、细沙填满的瓶子里。

启示：从创业者的角度来看，瓶子虽是一个客观存在的容量，但如果懂得合理地统筹规划、组织协调，其发挥的能力是不可估量的。

第一节　创业能力提高

一、创业能力

德鲁克认为："事实上，因为少数所谓的'创业者'的无知、缺乏管理方法、违反管理规律，从而给创业精神的发挥蒙上风险的色彩，高科技创业者尤其如此。"的确，不是一个拥有技术的科学家或工程师就能够创业成功。创业不仅需要好的技术，更需要其他的素质和能力。因此，创业者的素质与能力是创业成功的第一要素，本节将主要阐述创业者的能力提高。

创业能力是创业者拥有的关键技能和隐性知识，是个体拥有的一种智力资本，被视为创业者能成功履行职责的整体能力。它对个体是否选择创业具有显著作用，同时也对新创企业的绩效有重要影响，其往往影响创业效率和创业成绩。本节所讲的创业能力包括市场机会能力、战略能力、组织管理能力、承诺能力、人际沟通能力和时间管理能力。

二、提高创业能力

（一）市场机会能力

市场机会能力是指能够采用一些方法发现市场机会并且将其落实的能力，其中市场维度主要包括制定和达到市场份额目标、销售目标、利润目标，以及市场分析等。市场机会能力强的创业者能够更快、更成功地创业，提高市场机会能力主要包括市场开发能力和市场创新能力。

1. 市场开发能力

提高创业者或潜在创业者的市场开发能力需要做到：首先，准确感知和识别到消费者没有被满足的需要，学会寻找蓝海市场；其次，花费大量的时间和精力去寻找可以给消费者带来真正有价值的产品或服务，并不是消费者所有未被满足的需要都去满足，要找到一个核心的需求；再次，捕获到高质量的商业机会。

美国的一项对创业投资的调查研究发现，当机会窗口的时间短于3年，新事业投资失败率会高达80%以上；如果机会窗口的时间超过7年，则几乎所有投资的新事业都能获得丰厚的回报。市场开发能力要求创业者能够判断机会窗口的长短。

2. 市场创新能力

创新能力是一种综合能力，它与人们的知识、技能、经验、心态等有着密切的关系。具有广博的知识、扎实的专业基础知识、熟练的专业技能、丰富的实践经验、良好的心态的人容易形成创新能力，它取决于创新意识、智力、创造性思维和创造性想象。开拓创新能力要擅长开发新创意、新产品和服务，发现新的市场区域，开发新的生产、营销和管理方法。

在创业的过程中，创新贯穿于创业的全过程。创业者在生产经营活动中必须善于发现和捕获商机，准确地捕捉尚处于萌芽阶段的新事物，提出大胆的推测和构想，继而进行周密的论证，拿出切实可行的解决方案。不断地创新把企业家与一般管理者区别开来，创业要成功，要么是创业者进入了一个新的市场，要么是你比别人提供更好的产品与服务，要么你以更低的成本来提供同样好的产品与服务。这三者都需要创业者具备卓越的市场创新能力。

（二）战略能力

战略能力是指创业者面对剧烈变化的外部环境，为取得长期生存和发展而进行总体规划的能力。提高战略能力主要体现在以下三个方面。

1. 制定适宜的战略目标

创业者最重要的任务是制定战略，主要表现在确定企业的战略目标，对企业的人、财、物、技术、信息等资源进行合理分配和有效安排，确定竞争战略，构建和积累企业的竞争优势等。要审时度势地分析：我们拥有什么资源，能做什么，擅长什么。在目标市场中，有哪些需求还没有得到充分满足？与竞争对手相比较，我们的产品或者服务在价格、质量、响应速度上是否有优势？我们凭什么赢得客户？等等。

正确的战略目标是保证创业活动顺利进行的前提。尤其是有关创业机会的识别和选择，创业团队的组建，创业资金的融通，企业发展战略以及商业模式的设计等重大决策，直接关系着对创业全局的驾驭和创业的成败。

2. 及时调整目标和经营思路

创业的环境是动态变化的，企业的目标、策略和方法必须根据环境的变化进行必要的调整。创业者要善于观察形势，能够认识和把握客观环境中变与不变的东西，抓住矛盾的主要方面，把握事物的主流。

3. 重组资源应对环境变化

创业者要监控环境变化，具备获取和分析环境的能力。重组资源是适应环境变化、进行机会识别和正确决策的前提和基础。要求创业者能够洞悉宏观经济、政治、文化发展趋势，对国内外环境有敏锐的洞察力，具有系统和辩证的思维能力。

（三）组织管理能力

组织管理能力是指对企业内部各种资源进行组织、协调、控制的能力。随着企业的发展，选择合适的组织结构，建立一套完善的管理规则，进行有效的企业文化建设，培养团队精神和创业精神。具体可从以下四个方面进行提高。

1. 善于领导和激励

要做到善于领导和激励员工达到目标。统一的目标、合理的分工以及优势资源的互补对创业成功有着决定性影响，善于领导和激励是创业者事业持续健康发展的必备基础。在运用领导与激励时要遵循以下原则。

(1) 物质激励与精神激励相结合的原则。领导者在对员工进行激励时，注重物质奖励与精神激励相结合，单纯的物质奖励或精神奖励效果会不佳。马克思曾经指出过，员工为之奋斗的一切都与他们的利益有关，但它并非是万能的、绝对的、在任何条件下都有效的。

(2) 个人利益与社会利益一致性的原则。由于社会现实条件的制约，人的某些合理的需要一时难以得到满足，这会产生个人需要同社会利益不相一致的矛盾。

(3) 及时适度与因人而异的原则。及时就是让员工尽快看到成绩的利益与过失的结果；适度则是指要求功过与赏罚相适应。

2. 合理授权

应合理地将权力与责任委派给有能力的下属。授权的基本依据是目标责任，要根据责任者承担的目标责任的大小授予一定的权力。在授权时还要遵循以下一些原则。

(1) 相近原则。这包括两层意思：给下级直接授权，不要越级授权；应把权力授予最接近做出目标决策和执行的人员。

(2) 授权原则。指授给下级的权力应该是下级在实现目标中最需要的、比较重要的权力，能够解决实质性问题。

(3) 明责原则。授权要以责任为前提，授权的同时要明确其职责，使下级明确自己的责任范围和权限范围。

(4) 动态原则。针对下级的不同环境条件、不同的目标责任及不同的时间，应该授予不同的权力。

3. 规范员工

应制定合理的规章制度来规范员工的工作。员工行为规范是指企业员工应该具有的共同的行为特点和工作准则，它带有明显的导向性和约束性，通过倡导和推行，在员工中形成自觉意识，起到规范员工的言行举止和工作习惯的效果。但应遵循如下原则。

(1) 一致性原则。员工行为规范要与企业理念保持高度一致并充分反映企业理念；行为规范要与企业已有的各项规章制度保持一致，对员工行为的具体要求不能与企业制度相抵触；坚持一致性是员工行为规范存在价值的根本体现，这样的规范性要求容易被员工认同和自觉遵守，有利于形成企业文化合力，塑造和谐统一的企业形象。

(2) 针对性原则。这是指员工行为规范的各项内容及其要求的程度要从企业实际，特别是员工的行为实际出发，以便能够对良好的行为习惯产生激励和正强化作用，使得执行员工行为规范的结果能够达到企业预期的引导员工行为习惯的目的。

(3) 合理性原则。员工行为规范的每一条款都必须符合国家法律、社会公德，即其存在既要合情，也要合理。坚持合理性原则，就是要对规范的内容进行认真审度，尽量避免那些看起来很重要但不合常理的要求。

(4) 普遍性原则。员工行为规范的适用对象不但包括普通员工，而且包括企业各级干部，当然也包括企业最高领导，其适用范围应该具有最大的普遍性。

(5) 可操作性原则。行为规范要便于全体员工遵守和对照执行，其规定应力求详细具体。规范要求中应避免空洞的、泛泛的提倡或原则，甚至是口号，不仅无法遵照执行或者在执行过程中走样，而且也会影响整个规范的严肃性，最终导致整个规范成为一纸空文。

(6) 重要性原则。尽管对员工行为习惯的要求很多，可以列入规范的内容也很多，但每一个企业在制定员工行为规范时都不应面面俱到，而应选择最主要、最有针对性的内容，做到整个规范特点鲜明、文字简洁，便于员工学习、理解和对照执行。

4. 保持组织顺畅地运作

为了保持组织顺畅地运作，应遵循以下四个原则。

(1) 以计划为重原则。执行目的是为了实现计划，计划越是明确、全面、完整，执行过程中就越要明确控制哪些关键点和重要参数，确定什么标准，收集什么信息，采用何种方法评定成效以及由谁来控制和采取纠正措施等，都必须按不同计划的特殊要求和具体情况来设计。

(2) 控制关键点原则。对一个管理人员来说，随时注意计划执行情况的每一个细节，通常是浪费时间、精力和资源，是没有必要的，也是不可能的。应该将注意力集中于计划执行中的一些主要影响因素上。

(3) 控制趋势原则。对控制全局的管理者来说，重要的是现状所预示的趋势，而不是现状本身。控制变化的趋势比仅仅是改变现状要重要得多，也困难得多。

(4) 例外性原则。在运作过程中，管理者应该只注意一些重要的例外偏差，也就是说把主要注意力集中在那些超出一般情况的特别好或特别坏的情况，这样控制工作就会更有效。

（四）人际沟通能力

杜邦公司前执行总裁夏皮罗认为："沟通是管理的关键，如果把最高主管的责任列一张清单，没有一项对企业的作用比得上沟通。"在我国转型经济背景下，市场经济不成熟，企业的关系能力对资源获取至关重要，因此，很多新创企业实行关系导向战略。人际沟通能力可从以下几方面考察及提高。

1. 学会倾听

成功的沟通总是起于倾听，终于回答。倾听是尊重对方表达权的应有姿态，是商务交往中的基本修养，更是营造和谐气氛、实现深度沟通和准确把握对方观点的前提条件。目前，许多人都会存在自我中心、只顾自我表达、喜欢插话、缺乏倾听耐心的缺陷。这种不良习惯通常会导致负面效果，阻碍人际关系展开，不仅容易将有效信息拒之门外，而且容易引起对方的反感，使自己沦为不受欢迎的人。

2. 善于表达

提高语言表达的针对性、准确性、逻辑性和艺术性，做到简洁明快、幽默风趣。创业者通常有多种事务缠身，时间总不够用，必须节省时间、提高沟通效率，所以，简洁、明快、准确的表达方式更加适用。表达中务必相互尊重、真诚相待，尽可能做到不责备、不抱怨、不攻击、少批评，避免使用破坏性的言辞，绝不可恶言伤人。要懂得欣赏和赞美对方的优点，学会运用风趣幽默的语言和智慧，赢得对方的悦纳。

3. 恰当反馈

要善于换位思考，准确领悟对方的需求、意图和情绪状态，给予恰当的共鸣和反馈，要注重非语言因素和形体语言的运用，要热情有度，注重表意达情的方式方法。反馈时要善于求同存异，不可舍本求末，或偏离主题。自己有过失时要敢于认错和道歉，以取得谅解和信任。恰当反馈是融洽双方情感、拓展人际关系的基础。

4. 促成合作

商务沟通的意义和价值，主要在于增进理解与互信，在于达成共识、促成合作共赢。合作是创业成功的重要支持因素，是走向成功的必由之路。在当代社会，没有合作的创业注定难以成功。创业者一定要学会设身处地为对方着想，善于把握对方的兴趣和需求，寻找对方的利益诉求，从双方资源的互补性出发确定合作的切入点，必须善于通过合作满足各方面的利益：股东投资求回报，银行借贷图利息，经营伙伴需赚钱，员工打工为收入，政府百姓要税收。有时候，一个新合作伙伴的起用，就足以改变创业者的命运。

（五）承诺能力

承诺能力是指不论遇到什么困难都会坚持不懈、永不放弃，即使失败了也还会从头再来，并且能够为了事业而做出最大的个人牺牲。

据有关调查显示：美国硅谷每年都有90%的新创企业破产，同时也有成千上万的创业者实现各自的致富梦想；我国初次创业的失败率达70%以上。美国知名创业教练约翰·奈斯汉说："造就硅谷成功神话的秘密，就是失败。失败的结果或许令人难堪，但却是取之不尽的活教材，在失败过程中所累积的努力与经验，都是缔造下一次成功的宝贵基础。"具备冒险精神是创业者区别于普通人的显著特征，所以创业者必须具备一定的承诺能力。

（六）时间管理能力

管理的基础是良好的时间管理，时间管理是每个人和每个公司成败的关键。时间管理的目的就是将时间投入到与你的目标相关的工作，达到"三效"，即效果、效率、效能。效果，是确定的期待结果；效率，是用最小的代价或花费所获得的结果；效能，是用最小的代价或花费获得最佳的期待结果。

1. 制定明确的目标

明确的目标几乎是所有成功团队的一致特点。一个明确的目标应该具备SMART原则。

(1) 具体性原则(specific)。所谓具体的，就是要用具体的语言清楚地说明要达成的行为标准。很多团队不成功的重要原因之一就因为目标定得模棱两可，或没有将目标有效地传达给相关成员。

(2) 可衡量性原则(measurable)。可衡量的就是指目标应该有一组明确的数据，作为衡量是否达成目标的依据。如果制定的目标没有办法衡量，就无法判断这个目标是否实现。目标的衡量标准遵循"能量化的量化，不能量化的质化"。使制定人与考核人有一个统一的、标准的、清晰的可度量的标尺，杜绝在目标设置中使用形容词等概念模糊、无法衡量的描述。

(3) 可实现性原则(attainable)。目标是要可以让执行人实现、达到的，如果上司利用一些行政手段，利用权利性的影响力一厢情愿地把自己所制定的目标强压给下属，下属典型的反应是一种心理和行为上的抗拒：我可以接受，但是否完成这个目标，有没有最终的把握，这个可不好说。

(4) 相关性原则(relevant)。目标的相关性是指实现此目标与其他目标的关联情况。如果实现了这个目标，但对其他的目标完全不相关，或者相关度很低，那这个目标即使被达到了，意义也不是很大。因为毕竟工作目标的设定，是要和岗位职责相关联的，不能跑题。

(5) 有时限性原则(time-based)。目标的时限性就是指目标是有时间限制的。没有时间限制的目标没有办法考核，或带来考核的不公。

总之，无论是制定团队的工作目标，还是员工的绩效目标，都必须符合上述原则，五个原则缺一不可。制定的过程也是对部门或科室先期的工作掌控能力提升的过程，完成计划的过程也就是对自己现代化时间管理能力历练和实践的过程。

【应用阅读】

明确目标

一个父亲带着3个孩子到沙漠中去猎杀骆驼。他们到达了目的地,父亲问老大:“你看到了什么呢?”老大回答:“我看到了猎枪、骆驼,还有一望无际的沙漠。”父亲摇摇头说:“不对。”父亲以相同的问题问老二,老二回答:“我看到了爸爸、大哥、弟弟、猎枪、骆驼,还有一望无际的沙漠。”父亲又摇摇头说:“不对。”父亲又以相同的问题问老三,老三回答:“我只看到了骆驼。”父亲高兴地点点头说:“答对了。”

启示:创业者若想走上创业成功之路,首先必须有明确的目标。目标一经确立,就要心无旁骛,集中全部精力,勇往直前地去实现它。

2. 合理安排次序

在创业者面前,摆着许多值得去做的工作,但管理者的时间却非常有限。未来的机会也很多,但能抓住机会的人却太少。而且,管理者还难免会遇到不少问题和危机。因此,这就涉及哪些事情需要优先处理,而哪些事情可以缓一缓再办的决策了。处理事情优先次序的判断依据是事情的“重要程度”,即指对实现目标的贡献大小。它主要依据四象限法则,如图8-1所示。

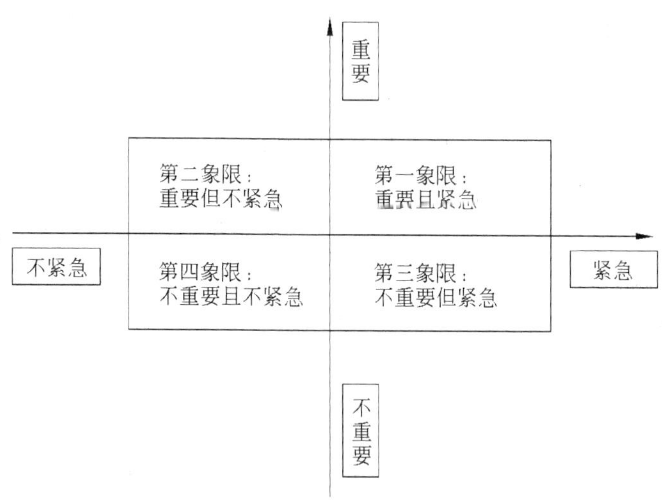

图8-1 时间四象限图

(1) 重要且紧急。第一象限是重要又急迫的事件,如处理危机、完成有期限压力的工作等。这是考验我们的经验、判断力的时刻。但通常很多重要的事都是因为一拖再拖或事前准备不足,而变成迫在眉睫。

(2) 重要但不紧急。第二象限是“重要但不紧迫”的事件,如防患于未然的改善、建立人际关系网络、发展新机会、制订长期工作规划、有效的休闲。主要是与生活品质有关,包括长期的规划、问题的发掘与预防、参加培训、向上级提出问题处理的建议等。

(3) 不重要但紧急。第三象限是紧急但不重要的事。表面看似第一象限,因为迫切的呼声会让我们产生“这件事很重要”的错觉——实际上就算重要也是对别人而言。电话、会议、突来访客都属于这一类。花很多时间在这上面,自以为是在第一象限,其实不过是在满足别人的期望与标准。

(4) 不重要且不紧急。第四象限属于不紧急也不重要的事。如做一些琐事、打发时间的工作,某些电话,解闷,“逃避”行为,无关紧要的邮件,过多地看电视,简而言之就是浪费生命。刚开始时也许有滋有味,到后来你就会发现其实是很空虚的。所以根本不值得花半点时间在这个象限。

3. 做时间的领导者

(1) 合理地分配时间。帕累托原则又称为重要的少数、微不足道的多数,或 80 对 20 定律、犹太法则等,是 19 世纪末和 20 世纪初由意大利经济学家及社会学家帕累托提出的,而时间管理的重要意义在于能经常以 20%的付出取得 80%的成果,最后的结果占了 80%的大部分。因此,在工作或生活中,你应该把十分重要的项目挑选出来,专心致志地去完成,即把时间用在更有意义的事情上。

(2) 时间的过程控制。时间管理大师戴维·艾伦提出 GTD(getting things done)时间管理方法,GTD 就是要确保你所有该做的事情都做到,压力不是来自任务本身,而是任务在大脑里的混沌塞积,造成心理的焦虑和抵触。我们要做的,就是逐一清点大脑里的这些事务,将所有未尽事宜通通捕获并收集在大脑之外的文件系统中,比如实实在在的记事簿、电子记事簿和邮箱等。GTD 有如下两个要点:清空大脑内存、细化任务变成行动。

4. 时间的实践

使用相同的时间,不同的人有不同的结果。在时间管理中有多项因素干扰时间的有效利用,其中包括外部因素和内部因素。浪费时间的外部因素,包括电话干扰、不速之客、用人不当、社交闲谈、权责混淆、沟通不良、进度失控、资料不全、会议耽搁、文件复杂、工作搁置、安排旅行等。浪费时间的内在因素包括危机应付、计划欠妥、贪求过多、事必躬亲、条理不清、欠缺自律、无力拒绝、做事拖延等。这些内在因素都是人为的因素,而人为的因素绝大多数是取决于他的心态和习惯。因此解决之道就是培养更积极的心态、养成良好习惯。

第二节 创业素质提高

一、创业者素质

创业者要想取得创业的成功,不仅需要有适宜的外部条件,诸如国家有关政策导向、市场环境、人力资源等,更需要创业的内在条件,即创业者个人必须具备创业所需要的素质能力。“素质”最初是一个心理学的概念,是指人的思想与行动的潜在要素和势能。素质的外在化表现为各种认识世界与改造世界的能力。对于创业者而言,通常要求的是更高的综合素质。

著名管理学家威廉·D.拜格雷夫将企业家的行为特征归纳为十个方面：Dream（梦想）、Decisiveness（果断）、Doers（实干）、Determination（决心）、Dedication（奉献）、Devotion（热爱）、Details（周详）、Destiny（命运）、Dollar（金钱）和Distribution（分享）。陈德智提出创业者应具备的素质有智、信、仁、勇、严。白勤虎归纳了我国管理学家和心理学家的共同研究提出创业家的五类素质论：心理素质、品德素质、经验素质、知识素质和能力素质。综上所述，我们认为从创业者自我管理的角度出发将其分为创业者素质和创业者能力两个部分进行阐述，其中本节将主要阐述创业者素质中的思想素质、心理素质、知识素质和身体素质四个部分。

二、创业者素质提高的途径

（一）思想素质的提高

1. 思想道德素质

创业者的良好道德品质可以使企业员工产生敬佩感、信赖感和认同感，进而形成与创业者共同的价值观念和理想目标。最终影响着下属实施其决策的心理、行为和效果。

创业者的道德素质中最主要的方面就是诚实信用，无论是华夏古之君子还是善于经商的犹太人都把诚实待人视为生产经营及其他社会交往活动的最高理念。明清时代，各地商帮兴起，都以诚信取利为荣；晋商曾以诚信的商人形象纵横商界五百年；徽商则以戒欺为训，称雄大江南北。诚实信用体现在生产领域主要是要求企业生产过硬的、经得起市场检验的高质量产品和按承诺办事的服务态度，让顾客和消费者满意。

2. 思想意识

"意识"这个概念在当今广为流行，如"科学意识"、"信息意识"、"创业意识"等。我们有必要先对"意识"在此类场合下被应用的含义作一解释。所谓"创业意识"，就是根据客观需要而产生的强烈、不安于现状、执意于创造新的企业的要求和动力。这种"动力"，是指心理上的一种内在推动力。在社会主义市场经济的背景下，创业者应该树立与市场经济紧密相关的思想意识，我们将主要阐述有关创业者的创业意识和创新精神。

（1）创业意识的培养。变革时代的中国，将有很多企业进行技术、设备及组织与管理的更新与变革。而在人口高峰时期，创业必将极大缓解全社会的就业压力，推动全社会的科学与技术的快速进步，持续推进经济的高速发展。因此，树立创业意识无论对于整个国家的发展还是实现自己的人生价值，都具有十分重要的意义。

① 做自己喜欢的事。每一个人对生活和工作都有自己的理解和追求，无论你是否喜欢当前的这份工作，都必须服从公司的所有工作安排，有时你会非常不情愿，但也不得不去做。而创业基本上就可以选择自己喜爱的事业，按照自己喜欢的方式去做自己喜欢的事情，去实现自己的人生理想与抱负。

② 做自己能够做的事情。一般来说，当完成学业后，很多人到公司从事与所学专业相符合的工作。但是，有些人由于其他的原因，而不能够从事自己所想做的工作；或者说，公司分给自己的工作，自己即便是非常努力也做不好，但公司又没有或不给自己提供能够

做的工作。这时，会有很多人在忍无可忍的情况下走上自己创业的道路，去做自己能够做的事情。

③ 善于发现机会。无论是有意还是无意，在你的学习和工作中，当你发现了自己认为很好的市场机会时，一般来说都会非常兴奋，为自己的伟大、聪明、远见卓识而兴奋不已。这时你可能会产生创业的冲动而走向创业。古今中外这样的例子是非常多的。对于认定的机会，也许是好的市场机会，也许是好的技术机会，好的创业最好是来自市场与技术的结合。

④ 敢于竞争。随着我国社会主义市场经济从低级向高级发展，竞争越来越激烈。创业者若缺乏竞争意识，实际上就等于放弃了自己的生存权利。创业者只有敢于、善于竞争，才能取得成功。创业之初面临的是一个充满压力的市场，如果创业者缺乏竞争的心理准备，甚至害怕竞争，就只能是一事无成。

(2) 创新精神的培养。江泽民同志曾指出："创新是一个民族进步的灵魂，是国家兴旺发达的不竭动力。"他又说："一个没有创新能力的民族，难以屹立于世界民族之林。"培养、开发创新能力，树立创新精神，只有从它关系到国家和民族兴衰存亡这个高度来认识，才能把握树立创新精神的深刻意义和重要性。创新精神就是人们不满足已有的知识和经验，努力去探索客观世界中尚未被认识的事物和规律，从而为人们的实践活动开辟新的领域、打开新的局面。

① 要树立创新精神，就要敢于质疑

质疑是创新的起点，许多创业者的成功都是从质疑开始的。因为如果你只是简单地接受已有的、现成的东西，只学习前人的知识，是远远不够的，我们还应在学习前人的基础上善于思考、善于创造、勇于创新。

② 要树立创新精神，就要有足够的自信

有人常说："那么多伟大的人都没有发现问题，我能发现吗？那么多天才的人都没能建立理论，我能建立吗？"这实际上是一种缺乏自信、无所作为的思想。前人再伟大，也有鞭长莫及的地方。科学在发展——从前没有解决的问题，现在条件成熟了；技术在前进——从前无法问津的领域，现在可以进军了；时代在变化——从前没有出现的问题，现在被提出来了……所有这些，都是我们青年学生大有可为的地方，我们需要的是振奋精神、消除自卑、树立自信。

③ 要树立创新精神，就要经常与别人进行讨论和交流

因为每个人的思路和见解都是不同的，多听别人的建议和批评，对于丰富自己的思维是大有益处的。甚至还可以向一些外行的人讲述自己的构想方案，虽然外行人缺少一些专业知识，但他们的一些看法和疑问往往能启发我们的灵感、开拓我们的思路，使我们能从创新的角度、用新的方法去分析和解决问题。

④ 要树立创新精神，就需要有事业心

一个人有了事业心，才可能有追求成功的巨大动力，才可能有责任感和紧迫感，才可能有战胜困难的毅力。美国犹他大学的管理学教授茨赫伯格认为："创新者很少是野心家，而喜欢自己的成就。他们只要成就，不求发迹。他们以干为乐，清心寡欲，不管别人对他如何不公；他们自娱于成绩、进步、责任和有意义的工作，而努力避免在其他方面费

精力。”

⑤ 要树立创新精神，还要有广泛的兴趣

兴趣是一种强大的动力，它能使人产生冲动，催人发奋，让人自觉、主动、竭尽全力地去探索、研究和实现自己的某一设想。

综上所述，为了培养创新意识、树立创新精神，不但要有胆、识、略，要有鲜明的个性特点，还要塑造好自己的性格和坚强的意志力。以上诸方面都不是天生就固定的，都是可以培养和锻炼的，将它们有机地综合起来，就可以增强和树立创业者的思想意识。

（二）心理素质的提高

心理素质包括人的认知能力、情绪和情感品质、气质和性格等个性品质方面。心理素质是以自然素质为基础，在后天环境、教育、实践活动等因素的影响下发生、发展起来的，具有人类素质的一般特点但也有自己的特殊性，其决定着综合素质。宋代大文豪苏轼说过："古之成大事者，不唯有超世之才，亦必有坚韧不拔之志。"其实，创业成功并不难，关键在于培养自己良好的创业心理，具备一定的创业能力和创业素质，从而一步步地走向成功的彼岸。对于任何一位创业者来说，以下几项素质是可以通过后天学习获得的。

1. 塑造良好的心态

心态就是人们对待客观事物的看法、观点或心理态度。在现实生活中，对于相同的事物往往有着不同的看法，即积极的一面和消极的一面。积极的心态就是指当人处于困境中时，自身看待事物能够突破一时的局限，用发展、成长的眼光来看自己状况的一种心态，或者遭遇困境时，能够不带任何主观偏见和心理情绪来看待自己，面对、接纳、行动则就是积极心态的重要内容。以下就是塑造良好心态的途径。

(1) 走出失败的过去。面对过去的失败一定要有一颗积极的心态，只有在遭受失败的打击后，能够审时度势地调整自我，在时机与实力兼备的情况下再度出击，勇往直前，直达胜利，才是智勇双全的成功之士。伟大的发明家爱迪生为发明电灯做过千余次试验，经过一次次失败之后，最终获得了成功，为人类带来了光明。获得中国最高科技奖的吴文俊、袁隆平两位院士，坦然承认自己失败次数多于成功。

(2) 善于面对挫折。若要形成良好的心态，就要将以前所经历的一切困难都当成是激励自己积极向上的机会，只要能从中汲取向上的力量，那么即使最悲伤的经验，也会变成人生珍贵的财富。

古人云："功业都从患难处。"这些已成为人才成长的规律性现象。翻开历史画卷，无论是过去还是现在，许多著名人物都是在挫折中成名的。他们就是在挫折之中愈挫愈奋、愈挫愈坚，凭借在挫折和教训中培养出来的敢于挑战一切困难、挑战一切命运的坚强的意志品质而走向成功的。因此，每个创业者都要学会正确地面对挫折，战胜挫折，以求得创业的成功，实现人生的理想。

(3) 结交积极乐观的朋友。结交不同类型的朋友，等于打开不同世界的窗户。因此，孔子提倡我们结交益友，就是去结交那些可以完善你的品德、提高你的修养、丰富你的内涵的人，以及对你有用的人。与积极向上的人为伍，所言所想，所见所闻，均积极乐观，可以受到积极心态的感染，使思想开朗豁达，不给消极心态以滋生的土壤。

【应用阅读】

孪生兄弟的不同命运

在美国,有一对孪生兄弟,他们出生在一个贫穷的家庭,母亲是一个酒鬼,醉酒后往往控制不住情绪;父亲是个赌徒而且脾气非常暴躁。他们家非常糟糕,后来这两个兄弟走了不一样的路:弟弟无恶不作,锒铛入狱,而哥哥经过努力成为了成功的企业家,并且竞选上议员。当记者问到他们为什么会有今天的结果时,他们的回答居然惊人的相同:"因为我的家庭,因为我的父母。"

启示:"心态决定行为,行为决定习惯,习惯决定性格,性格决定命运",有什么样的心态,就有什么样的思想和行动。心态时时刻刻都在支配着我们的一言一行,决定着我们的命运,改变自己应从心态开始。

2. 坚持磨炼顽强的意志

意志是指人们自觉地确定目的,根据目的支配、调节自己的行为,并通过克服困难实现预定目标的心理过程。它具体表现为:人们为了达到预定的目的,自觉地运用自己的智力和体力,自觉地进行活动,自觉地同困难作斗争。几乎所有成功的创业者都具备顽强、坚韧的意志。顽强、坚韧使他们更具有耐心,成功之后会走向更大的成功。

在创业活动中,目的性和方向性就表现得异常强烈、鲜明。这时候如果存在巨大的障碍和困难需要创业者去克服的时候,人的精神就处在高度紧张的状态。所以,在这种紧张的情况下,意志因素起着异常重要的作用。可以说创造性活动也就是复杂的意志活动。

3. 学会管理情绪

情绪管理是指通过研究个体和群体对自身情绪和他人情绪的认识、协调、引导、互动和控制,充分挖掘和培植个体和群体的情绪智商、培养驾驭情绪的能力,从而确保个体和群体保持良好的情绪状态,并由此产生良好的管理效果。

情绪的管理不是要去除或压制情绪,而是在觉察情绪后,调整情绪的表达方式。有心理学家认为情绪调节是个体管理和改变自己或他人情绪的过程。在这个过程中,通过一定的策略和机制,使情绪在生理活动、主观体验、表情行为等方面发生一定的变化。这样说,情绪固然有正面、负面之分,但真正的关键不在于情绪本身,而是情绪的表达方式。以适当的方式在适当的情境表达适当的情绪:

(1) 体察自己的情绪。时时提醒自己注意:"我的情绪是什么?"人一定会有情绪,压抑情绪反而带来更不好的结果,学会体察自己的情绪,是情绪管理的第一步。

(2) 适当表达自己的情绪。不要随意指责对方,当你指责对方时,也会引起对方负面的情绪。如何适当表达情绪,是一门艺术,需要用心地体会、揣摩,更重要的是,要确实用在生活中。

(3) 以适宜的方式疏解情绪。疏解情绪的目的在于给自己一个理清想法的机会,让自己更有能量去面对未来。如果疏解情绪的方式只是暂时逃避痛苦,而后需承受更多的痛苦,这便不是一个适宜的方式。根据不同的角度去选择适合自己且能有效疏解情绪的方式,你就能够管理好自己的情绪。

4. 做好压力管理

压力是当人们去适应由周围环境引起的刺激时,人们的身体或者精神上的生理反应,它可能对人们心理和生理健康状况产生积极或者消极的影响。对压力进行管理时,应对创业者的压力来源作具体而全面的分析。进行压力管理可以分为宣泄、咨询、引导三种方式。

(1) 宣泄作为一种对压力的释放方式,效果很好。宣泄可采取各种办法,例如,可以在没人的地方大叫、扔东西或剧烈运动、唱歌等。有研究表明体育运动、家务劳动等对减轻压力是非常有益的。

(2) 咨询就是向专业心理人员或亲朋好友倾诉自己心中的郁闷。向自己的好友或父母倾诉几乎是每个人都有过的经历。其实,不论被倾诉对象能否为自己排忧解难,倾诉本身就是一种很好的调整压力的方法。其中效果较好的当属和专业人员进行沟通的心理咨询。通过心理咨询可以帮助创业者在对待压力的看法、感觉、情绪等方面有所变化,解决其出现的心理问题,从而调整心态,正确面对和处理压力,保持身心健康,提高工作效率和生活质量。

(3) 引导是管理者或他人帮助员工改变其心态和行为方式,从而使其能正确对待压力。诸如重新确定发展目标、培养员工多种业余兴趣爱好等都是很好的引导方法。确立正确适当的目标,通过自身努力可以达到此目标,相关压力自然也就消失了。

另外,在《心理致富法则》一书中,拿破仑·希尔首次向世人揭示了"化压力为黄金"的6个步骤:

(1) 要在心中确定你希望拥有的财富的数字。如果只是漫无目的地想象"我需要有很多很多的钱",这对创业者并无任何实际的帮助。只有明确了所希望的财富目标之后,才会朝这个目标努力。

(2) 要明确你将采取什么行动与努力去获取你所需要的金钱。世界上没有任何成果是不劳而获的,只有通过实际行动,才能取得成功。

(3) 制定一个预定的日期,在这个预定的时间到达之前,一定要想方设法获取你所希望得到的金钱。要知道如果没有时间表,你就会给自己找各种借口,来为自己的拖延和失误进行解脱,那样你将永远无法实现预期目标。

(4) 制订一个切实可行的实现理想的行动计划,按照这个计划逐一采取行动,随时检查自己的进展情况。

(5) 将以上4条用纸写下来,贴在你的眼睛经常能看到的地方,以提醒自己不可忘记奋斗的目标。

(6) 每天要大声朗读你的计划两次,一次是在早上起床之后,一次是在晚上睡觉之前,通过朗诵,可以使自己坚定信心。

(三) 知识素质的提高

在一项调查研究中,当问及"你为什么没有创业"时,其中认为:缺少资金的占28%,缺少知识经验的占57%,缺少人脉关系的占10%,缺少政策支持的占3%,缺少亲朋认可的占2%。可见,创业者的知识素质对创业起着举足轻重的作用。创业者要进行创造性思维,要做出正确决策,必须掌握广博的知识,具有一专多能的知识结构。具体来说,创业者应该具有以下几方面的知识:用法律维护自己的合法权益;了解科学的经营管理知识和方法,提高管理水平;掌握与本行业、本企业相关的科学技术知识,依靠科技进步增强竞争能力;具备市场经济方面的知识,如财务会计、市场营销、国际贸易、国际金融等;具备一些有关世界历史、世界地理、社会生活、文学、艺术等方面的知识。下面介绍提高知识素质的途径。

1. 接受正规教育或加强自学

教育的重要性主要体现在对于创业者解决所面临的问题方面所起的重要作用,尽管获得正规的学位并不是成功创业的必要条件,比如有人以安德鲁·卡内基、亨利·福特等这些高中辍学者的成功证明这一点。但我们仍然认为教育确实能为创业者形成一个有说服力的个人背景。以美国为例,在过去的25年中,创业学成为美国商学院和工程学院中发展最快的学科领域。1977年,大约有50～70所学院和大学开设与创业有关的课程;1980年,有163所院校开设了创业课程。随后开设创业课程的学校的数量不断增加。在过去的30年里,美国出现了创业革命,甚至认为创业精神和创业过程是美国的秘密经济武器。美国的创业教育已经形成了较为完整的体系结构。

2. 阅读书籍,夯实基础

创业者应当多阅读一些关于管理哲学、社会科学、技术科学类的书籍,因为创业者不仅要精通本专业的知识,更需要具备经济头脑和管理素质。科技必须应用于生产,生产出的产品或服务必须适应市场需要。在这一过程中,开发、生产和销售必须符合市场原则和机制,创业企业才有生存和发展的可能,这必然涉及资源配置、预测决策、经济分析、经济核算、成果转让、成本费用等一系列经济问题。企业不仅要靠产品技术来追求效益,更要靠科学管理来提高效益,正所谓"管理出效益"。因此,创业者必须掌握现代管理的理念和方法,能从系统整体观念出发,统筹、协调、控制和优化各项资源。

3. 增强法律意识

市场经济本质上就是法治经济。随着市场经济的逐步成熟与完善,法律规范已经渗透到了经济领域生产、交换、分配、消费的各个环节和层面。加入WTO、与国际市场接轨、风险投资、企业股份制改造、法人治理结构的建立以及各类新型市场的培育与发展都离不开法律,具备法律素质、懂法并善于用法已是人才素质结构中不可或缺的重要元素。创业者必须熟悉和了解市场、社会和企业等内外部环境的法律法规及其运行机制,更重要的是要能以法律为武器,规范自己和企业的行为,保护自己和企业的合法权益。

4. 虚心学习,善于借鉴

创业者应该做到善于借鉴别人成功的经验。正如曹操所说:"我任天下之智,以道御之,无所不可。"从别人身上吸取智慧的营养补充自己,才能迅速地成长。

一个人的知识经验总是不全面的,只有通过学习,借助更多的力量才能使自己成长起来。因为借鉴别人的成功经验就相当于给自己一个高的起点,成功人士的理论和实战经验为我们提供了很好的营养基础。

（四）身体素质的提高

几乎所有企业家都认为良好的身体素质是成功创业的第一大前提。在创业之初，受资金、环境等各方面条件的限制，许多事都需创业者亲力亲为，他们要不断地思考来改进经营，加上工作时间长、巨大的风险与压力，若无充沛的体力、旺盛的精力、敏捷的思路，则必然会力不从心，而难以承受创业重任。

以上是创业者应具备的各种素质。当然，还有许多素质是一个成功的创业者所应具备的，但以上几大素质是最基本的。相信随着不断的学习和经验积累，你一定会成为一个成功的创业者。

习　　题

【重要概念】

创业素质　　心理素质　　知识素质　　创业能力

【思考题】

1. 创业者素质包括哪些内容？
2. 如何提高创业者素质？
3. 创业能力包括哪些内容？
4. 如何提高创业能力？

【实训题】

陈明宇是一名大专生，在某公司担任办公室行政助理，杂务事特别多，有天上午刚上班，办公室主任就给他安排了六件事：

（1）去交通监控中心处理公司车辆闯红灯罚款事宜；

（2）到市工商局办理营业执照地址变更的相关手续；

（3）拟写一份国庆节放假以及安全注意事项的通知；

（4）协助业务部经理找情绪不稳定的业务员王笑天谈话；

（5）复印机故障需联系售后服务单位前来维修；

（6）后天主管市场的张副总去北京，安排订机票。

主任交代完任务就外出办事去了，这时公关部文员马丽来到他办公桌前坐下，随意地同他聊了起来。其实这几天他自己正面临本科进修班的考试，还得抽时间复习。面对这样的情况：陈明宇应该如何对待和安排好一天的时间？试着帮小陈做一个时间安排的设计方案。

【总结案例】

抓 住 机 会

麦克出身贫寒，做过店员、勤杂工和推销员等。他依靠不懈的努力而白手创业，最终

成为一代巨富。少年时，其他孩子从安全门逃票看电影，但是麦克却不，他找到电影院负责人，说："让我把守安全门。"结果不仅获得这份非正式职业，而且获得影响他一生的观念：只要肯动点脑筋就能赚钱。后来麦克到芝加哥闯天下，看到报上有很多招收瓦匠的广告。因为战后经济回升，美国建筑业热门，泥瓦匠供不应求。于是，麦克便在一家报纸上刊登了培训泥瓦匠的广告。他租了一间店铺，挂上培训部的招牌，请了一位熟练的瓦匠，教材是砖瓦、水泥及沙子。他的这一计划非常成功，每天都有众多的工人来参加培训。当时建筑公司聘用人员需要分别招募木匠、水泥工、粉刷工等，实在是一件麻烦事。麦克便组织了一个专门机构为建筑公司代理这些事项，而且采取分工负责和流水作业，效率很高，受到建筑公司的欢迎。就这样，委托建筑与工程承包之间的中间商便出现了。后来，麦克成了"大西洋及太平洋建筑公司"的董事长。

资料来源：http://wenku.baidu.com/view/945f1bbf1a37f111f1855b3c.html.

讨论：上述材料中体现了哪些创业能力？创业过程中如何运用这些能力？

第九章

创业企业战略管理

【学习目的与要求】

1. 掌握创业战略的内涵及特征。
2. 掌握低成本战略、差异化战略、聚焦战略的内涵。
3. 了解低成本战略、差异化战略、聚焦战略的优势和风险。
4. 了解创业企业战略实施的任务、阶段和原则。

【创业管理小故事】

亚马逊的低成本战略

亚马逊书店的创始人贝索斯从创办企业的第一天起，就认识到自己所进入的是一个非常激烈，并且毛利率空间非常小的行业。低成本的战略成为亚马逊公司的基本战略选择，贝索斯先生将这种战略导向引入了日常的管理行为之中，并在整个企业中提倡节俭的文化支持企业的低成本战略。直到今天，公司所有的办公桌都是用再生木板做成的，电话号码簿被当作计算机显示器底座，塑料牛奶箱被用作文件箱。亚马逊公司最终招到的员工都是像普林斯顿、达特茅斯、哈佛、斯坦福、伯克利这样顶尖学校的毕业生，但支付给员工的基本工资比市场平均水平略低，而且最基层员工的基本工资还具有一定的竞争力，越往高走，工资越比市场竞争水平低得多。公司没有短期激励计划，因此公司以现金形式支付的总报酬比市场水平略低。公司主要依靠长期激励，即新员工股票期权的方式吸引高素质的员工。这种做法与公司的整体战略思想相当一致。

启示：战略不仅对成熟企业来说重要，对于创业企业来说更重要，采用低成本的战略，是创业企业与现有企业进行有力竞争的一种竞争战略选择。

第一节　创业企业战略及其管理的内涵

“人无远虑，必有近忧。”没有战略的企业就像一艘没有舵的船一样，只会在原地旋转，或像一个流浪汉一样无家可归。对于成熟的企业来说，战略可以使企业实现长期目标，并能长远可持续地发展下去；对于新创企业来说，尽管企业的业务不如成熟企业那样庞大而繁杂，但新创企业依然需要战略。成功的创业活动必须有一个清楚、正确的战略规划作为指导纲领。保证企业在不同发展时期采取不同的企业发展战略。新创企业若想活得健康长久,关键要有稳定的增长;战略的核心目的就是要实现长期而稳定的企业成长。日本战略之父大前研一指出,日本的成功之处在于其战略思想。

一、创业企业战略的内涵

"战略"一词,不论在中国还是在国外都起源于军事,后来广泛应用于政治、经济领域和企业中。目前,战略的定义并不统一,明茨伯格将战略概括为5P,即战略是一种计划(plan);战略是一种计谋(ploy);战略是一种模式(pattern);战略是一种定位(position);战略是一种观念(perspective)。我们不能说哪一种定义正确,只能说每一种定义的出发点不同、角度不同。

对于"创业战略"这个词,目前也没有统一的定义。每个创业者都有自己的理解和体会。创业企业战略一般是基于产生创业意识之后的一种人为性的、基于目前资源形势的判定之后对企业远景的布置以及大体行动方法总纲。

与筛选商业机会、撰写商业计划书、争取融资等其他重要创业活动一样,只要从这项活动中获得的收益超过付出的时间、精力、金钱等成本,这项活动就能够为他的企业带来价值。许多成功的创业企业确实从自己的战略管理过程中获得了很多价值,以下就从创业企业战略的价值探讨创业企业战略的内涵。

(一)创业企业战略可以保证企业发展方向和目标的实现

企业所拥有的资源是有限的,特别是对于新创企业来说,资金资源、人力资源、合作伙伴资源、客户资源都相对匮乏。这种资源上的匮乏要求新创企业应该更加集中自己的力量,合理配备有限的资源,并为企业带来巨大的效益。这要求新创企业在方向上不能犯错误,目标要更加明确。创业企业战略为企业指明了通往目标的发展道路。

(二)创业企业战略可以为企业吸引更多的外部资源

一个伟大的愿景与清晰的目标能够给创业者带来更多志同道合的合作者,为企业吸引更多的外部资源。清晰而优秀的公司战略和愿景对潜在的加盟者、客户以及合作伙伴都有很强的吸引作用。与进入成熟企业员工的工作动机不一样,愿意和创业者一起承担创业风险的员工,更希望在实现企业目标与愿景的过程中完成自己的人生目标。许多创业成功的大公司,都能够向外部,更多的是能够在组织内部形成一股激动人心的创业氛围。

创业者不仅需要一个商业计划向投资人展示公司的未来,更为重要的是要有一个清晰的公司战略。这个战略可以为公司赢得潜在的客户、合作伙伴以及优秀的员工。这一切是商业计划书与经营模式所不能取代的,这也是公司战略的价值所在。

(三)创业企业战略可以指导企业制定管理政策

与成熟的大型企业相比,新创企业规模较小,内部管理活动简单。但这并不意味着新创企业就可以依赖新创赢得一切。从某种意义上讲,战略是整个公司管理决策的价值前提，是统一管理行为的重要前提。

（四）创业企业战略可以帮助创业者形成完整的经营思路

与大型企业的高层管理者相比，创业者的注意力更容易集中在客户、外部环境等战略要素方面。但是，创业者，特别是没有在大型企业工作过的创业者，常常由于缺乏必要的商业经验与技能，使他们不能够迅速完成对企业整体经营的思考。在这种情况下，系统、正规的战略思考过程对创业者的帮助是巨大的。创业者能够在不断与投资人、合作伙伴、客户等利益相关者探讨公司未来的发展方向的过程中形成相对完整的思路。许多新创业者因为始终没有形成完整的经营思路，要么将公司带向了毁灭，要么将公司的控制权拱手让给别人。

二、创业企业战略的特征

（一）创业企业战略具有环境性

创业企业战略的环境性是指创业战略是在创业环境与创业资源的基础上，描述未来方向的总体构想，它决定着新创企业未来的成长轨道和资源的配置问题。所以，创业战略应与产业环境相适应、与外部的宏观环境相适应。这就要求创业者在制定战略时，要审视自己所面临的各种环境，制定出适应环境的战略。

（二）创业企业战略具有管理性

制定创业战略是创业者管理职能的重要体现。不同素质的创业者，对于战略制定会有很大差异。创业者的能力与性格特征对于初创企业的战略影响是巨大的，这种影响在很多时候可帮助公司克服初创期的种种困难，但有时候却将即将成功的公司推向毁灭。

新创企业的战略选择更加依赖于创业团队的技术能力与资源禀赋，而成熟企业的战略选择空间受到领导者的个人能力影响却相对较小。这一明显特征对于创业团队的组建与团队的工作方式有着重大的影响。

为了使新创企业的战略选择能够有更大的自由度，创业团队在保持价值观统一的前提下，对于其人员构成应考虑到知识、经验、能力与资源禀赋的相互补充。创业者在选择团队人员的过程中，不仅要考虑到志同道合、情同手足等因素，更应该在团队的能力、经验与资源方面寻求互补，以拓展新创企业战略选择的空间。

（三）创业企业战略的调整更具有柔性

这是从创业企业的组织结构来说。新创企业与大企业相比，它的优势在于企业的组织结构简单，管理层次比较少，高层管理者更贴近客户，更容易感受大市场上发生的变化。同时可及时发现外部环境给企业带来的机会和威胁，并且能够对环境的变化做出迅速的反应。

（四）创业企业战略沟通更具有投资导向性

由于新创企业管理层级少、结构简单，所以公司战略比较容易通过各种正式和非正式的渠道被员工所了解，并影响其工作行为，与员工的整个战略沟通相对简单。相反，新创企业的战略在与外部投资人进行沟通时往往会遇到比较大的阻力，这种战略沟通上的障碍时常会影响投资人与创业者之间的信任关系，最终导致双方的冲突，影响其合作关系。

三、创业企业战略管理的内涵

企业战略管理一词首先由伊戈尔·安索夫在1976年出版的《从战略规划到战略管理》一书中提出。他认为，企业的战略管理是指将企业的日常业务决策同长期计划决策相结合而形成的一系列经营管理业务。这是对企业战略管理的广义的定义。狭义的定义是指对企业战略的制定，选择实施及控制的管理，其代表人物为斯坦纳。目前狭义的企业战略管理居主流地位。

创业企业战略管理的内涵，我们借鉴狭义的企业战略管理的观点，是指新创企业通过内外部环境的分析，确定企业使命和目标，并制定和选择战略、实施和控制战略的动态管理过程。

创业企业战略管理强调的不是创业企业的战略，而是对创业企业战略的动态管理过程。这个动态过程是一个循环往复的动态管理过程，是根据企业内外部环境的变化以及战略执行结果的反馈信息等，重复进行的管理过程，是连续的管理。

第二节　创业企业战略的选择

创业企业战略管理对新创企业十分重要，一般来讲，创业企业战略管理包括战略分析、战略选择和战略实施三个方面。其中战略分析和战略选择尤为重要。战略分析主要是指对企业外部环境分析和企业内部环境或条件进行分析。创业企业外部环境分析一般包括政治环境、法律环境、经济环境、社会人文环境、技术环境分析及企业所处行业的环境分析。创业企业内部条件分析主要是对企业所拥有的各种资源和能力进行分析。对创业企业内外部环境分析的主要目的是发现外部环境给企业带来的机会和威胁，并考虑企业内部条件的优势和劣势，为创业企业找到一个合适的位置，并选择一个合适的战略与其他企业竞争。

创业企业的经营范围或战略经营领域是什么，如何取得相对于竞争对手的优势，这是一个战略选择的问题。下面介绍创业企业可供选择的几种基本竞争战略。

一、差异化战略

（一）差异化战略的内涵

差异化战略是企业通过提供特性服务以及优势技术等手段来强化产品或服务的特点

并树立品牌形象。通俗地讲,差异化战略是你无我有、你有我精的特色经营,是经过市场细分后制胜的奇策。

(二) 差异化战略的类型

1. 改进价值战略

改进价值战略是新创企业对本行业的产品或服务进行功能分析,改进或重塑价值链结构,树立起行业范围内独特的产品或服务,着重于提高顾客的消费价值。

2. 改变规则战略

这是在商业模式上的差异化。在一定时期内,每一个市场通常都要遵循一定的行业规则。创业团队要注意企业是否按照商业规则进行运作。但是,如果企业引入一种全新的商业模式,来改变人们惯有的思维方式、改变行业的演变轨迹,同样可以迅速实现企业的增长。

(三) 差异化战略的竞争优势

(1) 差异化战略可以使创业企业提供的产品或服务满足消费者的特定需求,而这种差异化是其竞争对手所不能提供的;能建立起顾客对产品或服务的忠诚度。

(2) 差异化战略可以为创业企业带来较高的利润。如果差异化的功能或特性越不易模仿或替代,越能使消费者愿意支付较高的价格购买,企业的差异化优势也越大。

(3) 差异化战略可以降低消费者的讨价还价能力。

(四) 差异化战略的风险

1. 实现差异化的成本过高

这对创业企业来说是很大的风险,要求创业企业有雄厚的资金。

2. 差异化不明显

对于创业企业来说,如果消费者看不到产品或服务与现有企业的产品或服务的明显差异,或者这些差异不能给消费者带来附加价值,就不会产生忠实的顾客。

【应用阅读】

从朱呈的糖葫芦看产品差异化

朱呈曾是一家国企的普通女工,1997 年下岗后,她在困惑中试探着自己的出路,她在任何人都不以为然的一串小小糖葫芦上,演绎了一个令人心动、令人惊讶的故事。

为彻底摒弃一般冰糖葫芦的质感,朱呈把山楂果的核挖掉,采用巧克力、果酱、豆沙等原料做成夹心的糖葫芦,口感极佳。另外,她还通过塑封、冷冻的办法在夏季出售,使之具有雪糕所不能达到的特殊品味,投入市场后出奇地受到人们的喜爱。随即朱呈抓住机遇、扩大规模、迅速发展,先后在浙江、陕西、山东、河南等地创建了加工分厂,使糖葫芦的每年销售量达几千万支之多。很快发展起来的朱呈建起了大酒楼,去那里就餐的顾客都可以免费享受到赠送的糖葫芦,而这样的赠送又反映出了朱呈的差异化经营特色。

在短短4年中，朱呈由一个普通下岗女工变成了拥有几千万元资产的颇有名望的女老板。朱老大集团公司的一位负责人说："我们做一件事情就要做得最好，做出自己的品牌。我们的糖葫芦在同类产品中首屈一指，我们的水饺获得12个国家高级营养师的认可，我们把一些商品已经注册了商标，成为深受消费者欢迎的产品。"

启示：在如今的市场上几乎没有一种产品没有自己的竞争对手，今天有一种产品在市场上畅销，明天就有同类产品出现在市场上来与你对抗、与你竞争，构成产品同质性的较量。在这种情况下，中小企业应该努力研发和展示具有自己独特文化内涵和使用功能的产品，从产品的设计、制造、包装以及附加功能上寻找与同质产品的区别点，形成自己的产品优势，为自己的特定顾客提供特定的产品品种，表现出中小企业在发展中的差异化战略和特殊的智慧。

二、聚焦战略

（一）聚焦战略的内涵

聚焦战略是波特提出的三大基本竞争战略之一，从竞争态势和全局出发进行专一化，把有限的人力、财力、物力、领导的关注力、企业的潜在力等聚焦在某一方面，力求从某一局部、某一专业、某一行业进行渗透和突破，形成和凸显企业自身的优势，争取企业在竞争中的主动性和有利形势。它是一种避免全面出击、平均使用力量的创业战略，更是一种进行市场和产品的深度开发，促使企业获取超额利润的竞争战略。

（二）聚焦战略的竞争优势

(1) 聚焦资源，降低成本。创业企业资源相对匮乏，能够把有限资源集中在一个目标上经营，可以产生高度的专业化，降低成本，在一定程度上增强企业的相对竞争优势。

(2) 聚焦细分市场，增强吸引力。这使创业企业可以不用在大市场与竞争对手直接竞争，而在某一细分市场做到专业化，取得较大市场份额，在细分市场上具有较强的竞争优势。

（三）聚焦战略的风险

(1) 如果竞争对手进入创业企业的细分市场，瓜分细分市场的利润，就会对创业企业带来巨大的威胁，使其失去优势。

(2) 创业企业所提供的产品或服务由于技术的更新、可替代产品的出现或消费者需求的变化，所体现的差异性逐步减小，创业企业的竞争优势就会消失。

(3) 创业企业采用聚焦战略与竞争对手拉开差距，保持自己的特色，有的需要增加一定的成本费用。随着竞争的逐步扩大，有可能抵消企业采取聚焦战略所取得的成本优势或产品优势，导致企业聚焦战略的失败。

【应用阅读】

非常小器——圣雅伦

1998年4月,梁伯强从茶几上用来包东西的旧报纸上读到一则名为《话说指甲钳》的文章,文中提到朱镕基以指甲钳为例,要求轻工企业努力提高产品质量开发新产品的讲话。他便产生了一个念头:做一个响当当的中国品牌指甲钳。

很快他便赶去广州555国营指甲钳厂,但该厂已经停产。后来他又去了天津、北京、上海和苏州的四家具有代表性的国营指甲钳厂,这些工厂全都已经关门大吉。国企不行固然可惜,但也给民营企业腾出了市场。于是,梁伯强开始学技术,把目标锁定在韩国著名的777牌指甲钳上。

梁伯强从韩国订了30万元的货,然后组织人员研究777的技术,再把买来的指甲钳卖出去,研究人员一遇到什么不懂的地方,梁伯强就飞去韩国。由于梁伯强是以中国经销商的身份前去考察的,韩国人不仅详细解释了梁伯强提出的问题,还亲自带他去厂区参观。这样梁伯强仔细了解了他们的自动化生产技术和设备。

一年内,梁伯强飞了20多次韩国,买进了1 000多万元的货。这段时间,他的研究人员基本上把777的技术学到了,通过做777经销商,他也逐渐铺开了自己的销售网络,不久,他的第一批名为"圣雅伦"牌的指甲钳新鲜出炉。

梁伯强不惜重金请来各方专家,数次拿着精心改良的样品飞赴沈阳五金制品检测中心接受检测。2000年6月,"圣雅伦"得到了全国五金制品协会有史以来颁发的第一张"指甲钳质量检测合格证书"。真正成就"非常小器"在中国指甲钳制造业专家地位的,并非这一纸证书,做品牌必须增加产品的附加值,梁伯强就在产品的细节和文化含量上下工夫,强调产品的个性化和环保概念。

启示:仅仅一个小小指甲钳,就开发出了200多个品种,这奠定了"圣雅伦"在指甲钳方面的专业地位。梁伯强始终遵循着专业化模式发展,不但让"圣雅伦"成为全世界的名牌,最关键的是让小器终成大器,凭借小小指甲钳获得了巨大的财富。这也是梁伯强选择聚焦战略所带来的收益。

资料来源:摘编自梁伯强.朱镕基一句话,让他赚了一个亿[EB/OL].

三、低成本战略

(一) 低成本战略的内涵

成本是企业在生产过程中关注的焦点,也是一定程度上打动消费者的着眼点。对于新创企业来说,低成本战略的最终目标是要抢占市场份额。因此,新创企业可以努力建设能够达到规模经济的生产能力,并在已有经验的基础上全力以赴降低成本,从而实现产品的低成本。

但是,多数情况下,低成本战略不能构成新创企业战略的全部,或者说不能单独成为创业战略,因为初创阶段的企业规模很难达到规模经济的要求,只能通过成本管理和费用控制手段,最大限度地减少研发、品牌塑造、营销等方面的费用来降低经营过程中各个中间环节的成本。因此,这种战略往往是伴随着其他战略的实施过程同时执行的。

(二) 低成本战略的竞争优势

1. 降低替代品的威胁

创业企业如果具有低成本优势,可以吸引对产品或服务价格敏感的消费者,降低替代品的威胁。

2. 增强讨价还价的能力

对于创业企业来说,由于所提供的产品或服务的品牌知名度不高,很难形成忠诚的顾客。可以采用降低产品或服务价格的战略,吸引部分对价格敏感的消费者。由于实行了低成本的竞争战略,即使价格降低,但与其他企业相比,并不意味着利润的减少。当强有力的供应商抬高创业企业所需资源的价格时,处于低成本战略的企业有更大的灵活性来摆脱困境。

(三) 低成本战略的风险

1. 过度关注成本控制,忽视消费者需求的变化

随着消费者对产品的品牌或个性的关注增加,减少对价格的关注,使企业的成本优势减弱。

2. 技术的进步降低企业资源的效用

对于生产技术的变化和新技术的出现,会对实施低成本战略的企业带来威胁,使企业过去的设备投资或学习经验变成无效用的资源,从而丧失成本优势。

【应用阅读】

聪明地抠成本,低价不等于微利

日本人喜欢发明小玩意儿。卡拉 OK 就是始于日本,然后才风靡全球。打火机也是日本人发明的,并很快流行全世界。然而,没过多久,由于广东生产打火机的价格优势,逼得日本人主动放弃一次性打火机的生产。从此,日本市场上的一次性打火机都是"中国广东制造"。

进入 2000 年时,湖南邵东人在一次性打火机方面已走过学习、模仿阶段,没多久又完成了超越的营运体系。接下来邵东打火机凭着 5 厘钱、1 分钱的优势,在极短的两个月内,居然将广东打火机出口市场从老大位置掀落下来。换言之,仅 60 天的时间,邵东人几乎全部占据了广东的打火机出口市场。

但是,压价并不是经营者的发展出路。邵东人在这个微利产业中的竞争不再是单纯地压价,而是换了一种计算方式。

不压价,竞争不过广东;一味地猛压价,又是死路一条。既要从价格上打败对手,又要让自己有钱可赚。在谈判桌上吃过苦头之后的邵东人学会了开始用脑子做生意,于是 14 家出口企业联盟,并选出一个"老大",以资本为纽带,将原来分散的生产企业组成松散型的企业集团。通俗地讲，任何生产企业均可与外商谈判价格，但定价必须“老大”说了算，这样就杜绝了竞相压价的恶性循环。从2001年7月开始，邵东人始终把利润控制在5厘钱、1分钱之间，这个利润，广东做不到。广东要赚钱，唯有再抬高1分钱的价格，可这样外商又不买账了。在这种前提下，外商不得不与邵东人打交道。

一个打火机的利润只有5厘钱、1分钱，真的能制造“暴利”吗？当然能，这就是聚少成多的简单道理。2000年，邵东打火机出口总数仅为6 000万支。2002年，仅一家叫茂盛的小工厂的出口量就已高达9 000万支。14家出口企业中最大的出口量突破2亿支，利润200万元。

启示：低价并不等于微利，但要保证有足够多的市场份额。

资料来源：辛保平．老板是怎样炼成的[M]．北京：清华大学出版社，2005.

第三节 创业企业战略实施与控制

创业企业战略确定之后，重点就是如何实施的问题，即如何转化为行动。制定战略强调的是分析和决策能力，解决应该做什么的问题；而实施战略强调执行能力，解决怎么做的问题。在战略实施过程中，如果发现偏差，还要进行及时控制，采取纠正措施。

一、创业企业战略实施

（一）创业企业战略实施的任务

创业企业不同，战略实施过程也千差万别，但战略实施都离不开以下八项基本任务。

(1) 建立一个具有成功实施战略所需的能力、实力和资源力量的组织。

(2) 对具有战略关键性的活动分配大量的资源。

(3) 制定支持战略的政策。

(4) 开展最佳实践活动，并不断改善。

(5) 安装信息和运作系统以使公司职工可以更好地完成战略任务。

(6) 将激励机制同战略目标相关联。

(7) 使工作环境、企业文化与战略相匹配。

(8) 实行促进战略实施工作所需的战略领导。

不管具体战略如何特殊，随着创业企业的发展，以上任务会反复出现在战略实施的过程中。

（二）创业企业战略实施的阶段

创业企业战略实施的过程可以分为四个相互联系的阶段，即战略发动阶段、战略计划阶段、战略运作阶段和战略控制阶段。

1. 战略发动阶段

战略发动阶段是将制定的战略在实施意义、执行步骤、实行方法和执行部门各方面进一步具体化,并将这些内容传授给各层管理人员和一线员工,对企业管理人员和员工进行培训。

2. 战略计划阶段

战略计划阶段是对战略目标进行分解,对应到不同的业务单元和职能部门,根据战略需要设置组织结构,确定资源的配置方案。

3. 战略运作阶段

战略运作阶段是根据既定战略计划执行战略,包括根据战略执行效果考核与奖励员工,对战略执行进行领导,建设与战略相应的企业文化,建立信息支持系统等。

4. 战略控制阶段

战略控制阶段是建立战略执行效果的监测指标,监测战略执行的实际业绩,采取调整措施纠正战略与目标的偏差。

(三)创业企业实施的基本原则

创业企业在战略实施中应遵循以下五个基本原则。

1. 统一领导原则

对于创业企业,在战略实施过程中,企业应具有权威和统一的意志,才能有效化解和消除在战略推进中出现的各种矛盾和冲突。创业者或创业企业的高层管理人员是战略推进的领导核心,但在战略制定和执行的初期,也会对战略的理解发生偏差。所以企业可以运用项目小组的形式推进战略。项目推进小组根据战略实施的需要,结合各部门相关人员组成的工作组,将战略推进中的大量问题放在项目组内部解决。这样,不仅对战略执行中发生的问题及时解决,还可以降低跨部门协调的成本。所以遵循统一领导原则并不排斥企业适度的灵活性。

2. 满意选择方案原则

创业企业在制定和执行战略中,应选择适合企业现有条件的满意方案而非最优方案。因为方案的选择受到创业企业自身资源和能力的限制、受各方利益平衡要求的制约和外部环境的约束。

3. 阶段目标原则

阶段目标是把创业企业的总体战略目标分解为一个个具体而明确的短期目标,并明确这些目标应该完成的时间和标准,以便评估、检查和纠偏。在分解目标时,要注意各个目标之间的协调性。

4. 坚韧原则

在战略实施过程中,会碰到如正常的生产经营活动受到影响,销售额和利润下滑等问题的出现。随着战略的深度推进,企业的各种潜在问题也可能表面化、公开化、尖锐化,这些都是战略实施过程中碰到的正常现象。面对这些问题,战略实施者最重要的是要思考如何在目前条件下解决问题,而不是放弃既定战略。

5. 权变原则

创业企业战略建立在一系列预测和假设的基础上，在执行中不可避免地会遇到与预测和假设不符的情况，战略权变贯穿于整个战略执行过程。不仅是战略目标可以进行权变调整，执行时间、方式、人员、资源配置等也需要视情况的变化进行权衡变通。

二、创业企业战略控制

创业企业战略应随着企业内外部环境的变化而变化。这些变化中既有战略方针与战略措施的变化，也有战略目标的调整，企业战略应与环境条件相符。此外，人们对未来预期的偏差、对内外部环境把握上的不确定，也会导致战略策划的非客观性、非理性以及战略实施的欠操作性。在战略实施过程中还可能出现操作失误，从而降低企业战略的预期效果。所以，要使企业战略能够不断顺应多变的内外部环境，除了要使战略决策具有一定的灵活性外，还必须加强对战略实施的控制。实际上，战略控制是战略管理过程中不可或缺的重要环节。

按照战略控制的职能，创业企业战略控制存在三项基本活动，即考察企业战略的内在基础、战略绩效的度量与偏差分析、采取纠正措施。这三项活动分别承担了对战略实施条件的审视、对战略实施效果的评价和对战略基于反馈的调整。三项基本活动之间在时间顺序上前后连接、相互联系，构成战略管理的控制职能。

（一）对创业企业内外环境的考察

无论何种战略对其运用环境都有一定的要求。战略制定者在制定战略规划时，不仅要考虑当时企业内外部环境的真实情况，还要针对当前不可测量的以及将来不可预知的环境变化作出若干假设，正是这些信息和假设构成了企业战略的基础。因此，环境的变化必然影响企业制定战略的准确性和实施战略的适应性。

战略控制的第一步，是对企业内外部环境进行考察，尤其要关注关键战略因素的变化。为此，需要进行以下工作。

1. 检验制定战略前提的可靠性

制定战略的前提条件是对关键战略因素进行预测，并作出相应假设。如果某个关键战略因素预测错误，那么以它为基础制定的战略的适用性与可靠性将大打折扣。这些假设包括对外部环境及其变化趋势的假设、对自身根本目的的假设及对自身竞争优势的假设等。

2. 识别关键战略因素的变化

关键战略因素包括企业外部因素与企业内部因素，这些因素的任何变化都有可能影响企业战略管理的效果。从外部看，阻碍企业实现目标的因素包括竞争者行动、需求变化、技术变化、经济状况变化、政府行为等；从内部看，关键战略因素包括员工素质、资源配置、动态定位、营运方式、品牌声誉和创新能力等。

3. 将关键因素的变化与战略实施紧密联系

在识别环境关键战略因素变化的基础上，系统收集、分析、研究这些变量之间的相互作用关系，将预测到的关键因素变化与战略实施紧密联系，对不同寻常的威胁或机会形成监察报告，提交下一程序进行评审。

（二）对创业企业战略的度量与偏差分析

创业企业战略绩效度量与偏差分析，是将创业企业战略规划中的目标与实际结果进行比较，找出实施战略规划过程中已经取得的成绩，分析实际成果与评价标准的差距及其产生的原因。这是发现战略实施过程是否存在问题和存在问题的原因，以及何处存在这些问题的重要步骤。

发现偏差后，企业首先要做的是分析偏差的性质。偏差是否可以接受？如果偏差在可允许的范围内，或者偏差无关大局，或者纠正它要花太大的成本，那么最佳的选择是作适度微调。此外，在评价工作业绩时，企业不仅要将本企业的业绩与评价标准或目标进行比较，而且应当将自己的实际工作业绩与竞争对手相比较。这将有助于企业发现自身的弱点，以采取适当的纠正措施。

评价后，应分析偏差产生的原因，作为拟定纠偏措施并付诸行动的依据。

（三）纠正偏差

战略控制的最后一个步骤是采取纠偏措施。针对偏差产生的主要原因，管理者在战略控制中可以采取的处理措施有以下三种。

(1) 对于因工作失误造成的问题，控制的办法主要是通过加强管理和监督，确保工作与目标接近或吻合。

(2) 如果目标或战略不切合实际，控制工作则主要是按实际情况修改目标或战略。

(3) 若是环境出现了重大的变化，致使战略或计划失去了客观依据，那么相应的控制措施就是制订新的计划。

创业企业战略控制是一项系统工程，以上三项基本活动中，考察企业战略的内在基础、战略绩效度量与分析构成了战略评价的内容；采取纠正措施是战略控制的手段。

习　　题

【重要概念】

创业企业战略管理　　低成本战略　　差异化战略　　聚焦战略

【思考题】

1. 创业企业战略的特征是什么？
2. 低成本战略的优势是什么？
3. 差异化战略的风险有哪些？
4. 聚焦战略的优势和风险有哪些？
5. 创业企业战略控制的基本活动包括哪些？

【实训题】

深入一初创的企业进行调研，分析其所采用的竞争战略是什么，目前实施的情况如何。

【总结案例】

沃尔玛的低成本战略和差异化战略

1. “天天平价”——低成本战略的典范

1962年，山姆·沃尔顿在他的第一家商店挂上沃尔玛招牌后，在招牌的左边写上了“天天平价”，在右边写上了“满意服务”。50年来，这句话几乎就是沃尔玛全部的经营哲学，从一家门店发展到10000多家门店，这一原则从未更改过。

国际零售业巨头沃尔玛就是成功运用成本领先战略的典范，它之所以能够以比其他竞争对手低得多的价格向顾客销售商品并打出“天天平价”的招牌，主要原因是沃尔玛占有比其他竞争对手成本低的优势。沃尔玛以下几个方面的成本优势使其在世界零售业中确立了无与伦比的竞争优势，并登上世界企业五百强的头把交椅。

(1) 大量订货得到的商品进货价格优惠。

(2) 减少现场销售人员节约的劳动力成本。

(3) 先进的计算机信息系统支持下的高效、快速的商品配送体系。既减少了商品库存积压损失，又减少了商品销售的机会损失。

(4) 沃尔玛独具特色的店址选择策略。一般选择城市的近郊区建店，降低了店铺单位营业面积的成本。

2. “满意服务”——差异化战略的实施标准

沃尔玛除了成本控制在同行胜出之外，其经营秘诀还在于不断地去了解顾客的需要、设身处地为顾客着想、最大限度地为顾客提供方便。沃尔顿常说，我们成功的秘诀是什么？就是我们每天每个小时都希望超越顾客的需要。如果你想象自己是顾客，你会希望所有的事情都能够符合自己的要求——品种齐全、质量优异、商品价格低廉、服务热情友善、营业时间方便灵活、停车条件便利等。因此，沃尔玛尽管以货仓式经营崛起于零售业，其经营方式决定了不可能提供过多的服务，但他们始终把超一流的服务看作自己至高无上的职责。在所有沃尔玛店内悬挂着一条标语：

第一，顾客永远是对的。

第二，顾客如果有错误，请参看第一条。

沃尔玛不仅为顾客提供质优价廉的商品，同时还提供细致盛情的服务。如果顾客是在下雨天来店购物，店员会打着雨伞将他们接进店内和送上车。有一次，一位顾客到沃尔玛寻找一种特殊的油漆，而店内正好缺货，于是店员便亲自带这位顾客到对面的油漆店购买。沃尔玛经理对员工说：“让我们以友善、热情对待顾客，就像在家中招待客人一样，让他们感觉我们无时无刻不在关心他们的需要。”

为了消除服务水平差异，沃尔玛建立了规范化的服务标准。这些服务标准十分具体、简洁，绝不含糊。例如，美国沃尔玛商场的员工被要求宣誓：“我保证，对三米以内顾客微笑，并且直观其眸，表达欢迎之意。”在员工培训时，公司甚至要求员工微笑的标准是上下露出一排八颗牙齿，沃尔玛这样告诫第一次进店的员工：“顾客来到商店，是来给我们付工资的，这样无论如何，我们都要好好对待顾客，永远要尽力帮助顾客，永远要走到顾客的身边，问他们是否需要帮助。”

沃尔玛还宣称：“我们争取做到每件商品都保证让你满意，可以一个月内退货，并拿回全部货款。”沃尔玛之所以这样做，不仅仅是因为他在保持平价的同时，尽量采购名牌优质产品，商品质量有保证，更重要的是他认为，重新夺回一个顾客所耗费的成本，比保持现有顾客要多五倍。因此，沃尔玛宁可要回一件不满意的商品，而不愿失去一位不满意的顾客。

正是这种时刻把顾客需要放在第一位、善待顾客的优良服务品质，以及在价格上为顾客创造价值的经营战略，使沃尔玛赢得了顾客的信任，从而带来了巨大回报。“顾客永远是对的”这句沃尔顿先生对同仁的告诫一直流传至今，并一直在为沃尔玛的繁荣发挥着不可估量的作用。

资料来源：奥尔特加. 信任萨姆——全球最大零售商沃尔玛的秘密. 上海：华东出版社，2001，略有改动.

讨论：

(1) 沃尔玛是如何实现低成本战略和差异化战略的？

(2) 沃尔玛未来的发展战略应该更多地依靠低成本战略还是差异化战略？

第十章

创业企业人力资源管理

【学习目的与要求】

1. 了解创业企业人力资源管理的重要性及主要问题。
2. 理解创业企业人力资源管理的基本特点。
3. 掌握创业企业人力资源管理模式。
4. 掌握创业企业人力资源管理的运行体系。

【创业管理小故事】

薛咏的困惑

薛咏是一家网站的创始人，在创业初期，依靠多年来在业内积淀的人脉，薛咏顺利地找到了投资网站的合伙人，然后对一圈朋友晓之以情、许之以高薪，吸引了不少业内"大腕"助阵。这家初创网站在短时间内就汇聚了许多一流人才。

但是问题很快就出现了，首先是因为员工少、业务较繁忙，公司没有建立完善的人力资源管理制度，也没有专职的人力资源管理人员。这使得企业的管理工作无章可循，培训、绩效及薪酬管理工作一团混乱。

比如在薪酬方面，谁技术过硬、贡献大，工资、奖金就高，这全凭老板薛咏决定，而大家也觉得老板的判断是公平的。个个都干得很开心，没有人有怨言。然而，随着公司的规模逐渐扩大，人员增多，薛咏的判断也不是那么准确了，底下员工就开始讨论，人心也开始浮动。倒不是因为拿得少，而是觉得内部不公平。

2008 年，金融危机爆发，这家网站也受到了冲击。为了应对危机，薛咏决定裁掉一批普通员工，保留所有的管理层，因为他的管理层中不少是他多年的朋友或合作伙伴。一些元老级员工毫无理由地就被裁掉了，这在公司内部引发了恐慌。于是不少员工开始消极怠工，并私下寻找合适的跳槽机会。一时间，薛咏焦头烂额。

启示：随着创业企业的不断成长，以前简单的管理模式难以协调复杂的人、财、物，内部成员之间的千丝万缕的微妙关系使得企业行动迟缓、效率低下，人力资源管理不善已经成为创业企业成活率低的一个重要原因。

第一节 创业企业人力资源管理概述

对于创业企业来说,资金和市场是创业者最大的担忧和最为关注的焦点,许多创业企业在开创之初就将大量精力投在了融资、市场开拓、控制成本等方面,而忽略了企业人力资源管理体系建设,相当一部分创业企业主要靠同学、朋友、家族成员来构建创业团队或核心员工队伍,借助亲情、友情来进行管理。随着创业企业的快速发展,越来越多的员工加盟企业,原有的粗放式的人力资源管理手段和方法的弊端会逐步显露出来。它不仅影响创业企业的正常发展,严重的还将威胁创业企业的生存。

对于创业企业来说,如何把握和开发人力资源这种关键资源,已成为其亟待解决的问题。创业企业必须塑造一个以人为本的企业经营管理环境,重视人才的引进、培养和激励,才能在激烈的市场竞争中获取竞争优势。

一、创业企业人力资源管理的内涵

(一)创业企业人力资源管理的概念

长久以来,人力资源管理被认为是一种大企业现象。事实上,新创企业也很少单设正式的人力资源管理部门,致使创业学者一直避谈人力资源管理问题。近年来,创业领域以及人力资源管理领域的学者都逐渐认识到目前组织结构和人力资源相关研究的对象大多是成熟的大企业,比较成熟的人力资源管理理论也是针对比较规范的既有企业特别是大企业的。新创企业有自己的特殊性,如新进入缺陷和小企业缺陷等,因此,既有企业特别是大企业的人力资源管理不一定适合新创企业。在这一背景下,一方面,学者们开始关注企业生命周期前端的人力资源管理活动,即创建新企业过程中的人力资源管理活动,并从人力资源管理活动中探寻新创企业竞争优势的来源,从而极大地拓展了人力资源管理研究的范畴。另一方面,随着创业研究的不断深入、创业内涵与外延的不断拓展,人力资源管理与既有企业创业活动的关系也受到了学者们的关注,很多学者认为应该利用人力资源管理实践来促进公司二次创业。从此,人力资源管理对公司创业的影响进一步受到了学者们的关注。

综合国内外学者的观点,广义的创业企业人力资源管理包括两个层次的含义:一是企业在创立初期通过各种政策、制度和管理活动,来吸引、开发、激励和保留员工,充分发挥员工的工作积极性,最终实现组织目标的过程;二是一个业已存在的企业由于产品、市场营销及企业组织管理体系等方面的创新而对人力资源管理体系进行重新构建的过程。在本章中,我们讨论的主要是前者,即企业在创立初期进行的一系列人力资源管理活动。

(二)创业企业人力资源管理的主要内容

在创业企业成长的过程中,企业必须有规划地做好人才的选、育、用、留,而要实现这些功能，必须借助很多具体的管理策略和管理手段，这些具体的管理策略和管理手段就构成了创业企业人力资源管理的主要内容。一般来说，主要包括以下几方面。

1. 人力资源战略规划

人力资源战略规划是指创业者根据企业的创业战略对企业在未来一段时期内的人力资源供求进行科学合理的预测和规划，并采取相应的措施保证企业获得未来发展必需的合质合量的人力资源。这也是企业发展战略的重要组成部分。

2. 人力资源管理的基础业务（即职位分析）

职位分析是以书面文件的形式确定各个职位的主要工作内容、工作职责、工作设备和工作条件，以及担任该职位人员的任职资格。职位分析是人力资源管理的基础业务，是人力资源管理工作的起点，它的执行好坏直接关系到其他业务能否规范进行。

3. 人力资源管理的核心业务

这主要包括员工招聘、员工培训、绩效管理、薪酬管理。员工招聘是企业的人才入口关，对于初创企业来说，选错人才的代价是巨大的，因此，必须认真做好招聘工作。招聘来的新员工并不能马上适应和投入到工作中去，他们必须具备胜任岗位所必需的技能和能力以及对企业有基本的了解，因此，需要对新入职的员工进行培训，培训是提高员工素质的重要途径。当员工开始工作后，企业必须通过绩效考核来检验员工的工作是否达到了企业要求的效率和质量。绩效考核是员工激励的重要基础，绩效考核的结果是企业进行薪酬管理的主要依据，企业可以根据绩效考核结果和薪酬管理方案对员工进行嘉奖和惩罚，以此激励员工。除此以外，企业还要根据绩效考核结果，与员工一起分析绩效改进的办法，从而达到个人绩效和企业绩效的整体提高，实现企业的战略目的。

4. 人力资源管理的其他工作

人力资源管理还包括其他一些日常事务性工作，比如人事统计、员工健康与安全管理、人员考勤、人事档案管理、人事合同管理等。

二、创业企业人力资源管理的重要性

人力资源问题是当今创业企业不可回避的管理问题。通过人力资源管理活动，创业者不仅可以解决在企业发展过程中的人员短缺和需求规划等问题，还可以借助人力资源管理的契机，完善企业内部管理制度，建立起一套规范系统的管理流程。因此，人力资源管理是创业企业走向成熟的必要基础。具体来讲，人力资源管理工作对创业企业的重大意义表现在以下四个方面。

（一）为企业提供合质合量的人力资源

人力资源的短缺是创业企业在发展中所面临的主要制约因素之一。很多创业者在企业度过生存期之后所面临的第一个挑战就是寻找合适的人员来支撑企业的扩张和发展。人力资源战略规划和工作分析能够提前为企业各项用人计划做好准备，为企业确定什么时候需要人、需要多少人、需要什么样的人等。在这两个前提的基础上，创业者通过招聘和培训等一系列有效的管理措施能够为企业吸引、配置好人力资源，使得人力资源为企业的发展发挥出最大的作用。

（二）有利于控制人工成本

创业初期，大多数企业都面临着资源匮乏、流动资金不足等制约问题，成本是创业企业在发展中所必须考虑的重点问题之一。通过人力资源管理工作可以在一定程度上压缩企业经营成本。人力资源管理最主要的任务就是调整人员冗余和人员短缺。在人员冗余时，企业可以通过冻结招聘、裁员等措施减少员工数量；在人员短缺时，企业可以通过安排临时加班、雇用临时工或者业务外包等措施减少人工成本。反之，如果没有人力资源管理，盲目地对企业的人员结构和岗位布局进行调整，可能导致企业成本上升、效益下降。

（三）有利于调动员工的工作积极性

创业企业成长的活力不仅在于事业本身，更在于参与创业活动的创业主体身上。虽然核心创业者只有几个人，但是从广义上来看，创业企业的所有成员都是创业活动的推进者，每一个员工的积极性和创造力都在很大程度上影响创业活动的进展。人力资源管理不仅规划着企业自身的发展目标和现实路径，同时也引导员工的职业生涯设计和发展。员工在明确了自身的发展前景之后会努力工作达到这些目标，和创业企业共成长。

（四）为企业内部的管理工作提供支持

企业中各项工作的实施都必须借助人力资源，没有人力资源的投入，企业就无法正常运转；此外，由于人力资源的可变性，它还会影响到各项工作实施的效果，而人力资源管理正是要有效地解决上述问题，为企业的内部管理和发展提供有力的支持。

三、创业企业人力资源管理的基本特点

作为创业企业发展中的重要管理职能，人力资源管理工作具有一些很重要的特点，具体如下。

（一）创业企业人力资源管理工作具有重要的战略意义

人力资源管理工作是以战略为导向的，其各个环节本质上都是为了满足对实现企业战略至关重要的关键人才的需求。同时，为了更好地使企业的战略能够在企业内部得到共识，人力资源部门需要通过有效的管理方案使得人力资本对企业战略的支撑作用发挥到最大。而对于创业企业来说，资源更为匮乏、环境变化剧烈，在人力资源管理方面应该更为谨慎。因此，创业企业需要以战略为核心，明确人力资源管理的使命、定位，做好战略规划，在此基础上，完善人员配置、培训、激励等各项机制。

（二）人力资源管理主体的多元化

在成熟企业的人力资源管理中，人力资源部门是人力资源管理的主体。在创业企业中，人力资源部门可能尚未建立起来，此时创业者可能要负担起人力资源管理工作。为了

使人力资源管理工作推进得更为顺利,创业者可能搜寻外部的咨询顾问共同参与到人力资源规划中。为了保证人力资源能够在各个层面得到较好的执行,高层管理团队成员、企业一般员工都应当积极地参与到人力资源工作中,这样可充分避免可能的企业内部人员对人力资源管理工作的对立,有助于建立起真正适用于企业实际情况的人力资源管理制度。

(三) 人力资源管理过程的循序渐进性

对于创业企业来说,人力资源管理工作可以说是建立起系统规范的组织制度的开端。在创业的初期,由于企业生存压力非常大,即使组织结构不完善,企业仍能够排除困难,团结企业上下,去完成企业发展的目标。随着企业的发展,特别是需要吸收新员工来完成新的管理任务的时候,创业者就发现建设人力资源管理制度的必要性,但是这种人力资源管理工作几乎是从零基础开始的。因此,在建设人力资源管理系统的时候,不可希望一口气就能搭建起系统完整的管理制度,必须通过循序渐进的过程来完成。

(四) 人力资源管理内容的广泛性

这是与一般人力资源管理工作的发展趋势相适应的。随着时代的进步和管理实践的发展,人力资源开发和管理的范围日趋扩大,除去传统的人事管理内容,企业内部把与"人"有关的内容都纳入其中。在创业领域,人力资源工作内容同样非常广泛,创业者更要借助人力资源工作的契机,建立起一套系统的企业组织制度和管理制度。因此,在某种意义上说,人力资源管理工作涉及创业企业成长阶段企业内部管理工作的方方面面。

四、创业企业人力资源管理的主要问题

(一) 创业企业对人力资源管理工作不重视

由于创业企业成长环境的特殊性和资源的有限性,因而在其发展的过程中会将有限的资源更多地向生产和销售领域倾斜,对人力资源管理无暇顾及。创业企业对人力资源管理的不重视主要表现为以下三个方面:第一,很多新创企业没有成立专门的人力资源部门以及从事人力资源管理工作的专门人员,人力资源管理工作主要由创业者承担,这使得人力资源管理缺乏必要的组织保证。第二,创业企业的人力资源管理还停留在传统的人事管理阶段,其主要职能还仅限于档案管理、工资劳保等事务性管理,是典型的以"事"为中心的静态管理,没有呈现出真正的人力资源管理职能。第三,由于创业者认识不够或者资金限制,创业企业在人力资源管理上投入的精力和财力不足。例如,创业者可能都清楚薪资对员工的激励作用,但是,如果企业内部的资金不够充裕,即使创业者想提高员工的薪水也无力实现,这一现实也在很大程度上制约了创业企业对优秀人才的吸引力。这些弱化人力资源管理工作的做法使得企业出现权责利不清、劳资关系不和谐、管理不规范等现象,成为影响企业未来发展的重要障碍。

（二）创业企业招聘难，无法吸引优秀人才

创业企业要想在激烈的市场竞争中获得生存，必须在产品、市场、技术、管理等方面引进关键人才帮助企业进行系统化设计和高效运作，而创业企业由于缺乏一定的知名度与品牌形象、资金实力不足以及企业前景不明确等原因，使其在招聘市场上与成熟的大中企业相比缺乏对人才的吸引力。据有关统计显示，目前上海每天新诞生200家左右小企业，小企业数量约占企业总数的90%以上，因此，小企业成为招聘会上的主力军，然而与旺盛的人才需求形成鲜明对比的是，相当多数量的小企业一直遭受人才难招的尴尬。

（三）创业企业人力资源管理规范程度低

作为创立不久的企业，创业企业的人力资源管理制度往往不尽完善。很多创业企业一般不设立正式的人力资源部门。为了节省开支，很多工作岗位都是一人承担，基本的岗位职责要求也没有清晰的界定，更谈不上建立正式的绩效评价和与之相匹配的薪酬制度。同时，就如何招聘员工、培训和激励员工等问题，企业内部也尚未形成规范的制度。但是随着企业的成长，特别是企业获得一定的发展空间后，这种不规范的人力资源管理制度很快会受到挑战，由于管理水平跟不上企业发展的要求，会导致企业管理效率的下降，甚至使企业的生产、质量、利润等受到不利影响，成为制约企业发展的瓶颈。

（四）创业企业缺乏长远的人力资源整体规划

创业企业进入成长期以后，将面临着快速发展的压力。此时，不论是哪种类型的企业要想在迅速发展中达到规模经济，从而使企业能够平稳顺利地进入到成熟期，就必须有一个科学的企业发展战略。在这个发展战略中，还必须有一个与企业发展战略目标相一致的人力资源整体规划来支撑战略目标的实现。遗憾的是，大多数创业企业在成长期都缺乏这样的发展战略，更缺乏长远的人力资源整体规划。其结果就是企业的人力资源管理仅仅满足了日常的招聘、培训和管理，对企业文化的形成、高端人才的吸引和薪酬设计缺乏超前的制度安排。由于缺乏人力资源整体的长远规划，使得人员招聘过于随机，人力资源开发效果不明显，企业员工不能正常流动，优秀人才留不住，流失严重，一般的员工又沉淀在企业，流出比较困难。久而久之，企业将会出现人才危机，进而影响企业的快速发展。

第二节　创业企业人力资源管理的运行体系

通过第一节的分析可知，创业企业在人力资源管理方面存在诸多问题，严重阻碍了其进一步发展。创业企业要破解面临的种种困境，在激烈的市场竞争中占得一席之地，必须强化人力资源管理，充分发挥企业员工的潜能，激发企业活力。因此，创业企业不能停留在“头痛医头，脚痛医脚”上，而应从长远角度考虑，构建适合创业企业的人力资源管理运行体系。

一、创业企业人力资源管理模式

（一）创业企业人力资源管理模式的概念

现代企业的人力资源管理，同企业其他管理职能一样，它服务于企业总体战略目标，是一系列管理环节的综合体。通过前面的学习可知，人力资源管理的主要内容有人力资源战略规划、职位分析、员工招聘、员工培训、绩效管理和薪酬管理，以及一些日常事务性工作。可以看出人力资源管理的内容是如此丰富、复杂，如果创业企业不建立起现代的人力资源管理制度，或者把人力资源的所有职能都交给人力资源部门，那么人力资源部门就会因疲于应付繁忙的日常事务性管理而忽略了人力资源管理的基础建设和核心工作，所以，创业企业必须在发展到一定阶段建立起一个在决策层、部门经理和人力资源部门之间科学分工协作的人力资源管理模式。因此，在具体地介绍创业企业的人力资源管理运行体系之前，先介绍一下创业企业的人力资源管理模式。

创业企业的人力资源管理模式是指在创业企业内部由决策层、部门经理和人力资源部门科学地分工负责人力资源管理的各项业务，并进行相应的协作。

（二）创业企业人力资源管理模式的具体内容

具体来说，创业企业的人力资源管理模式是指决策层负责人力资源战略规划的制定，同时对部门经理和人力资源部门的人力资源工作给予支持；部门经理负责在人力资源管理的核心业务中把持关键环节，并协助人力资源部门做好职位分析等基础业务以及决策层的人力资源战略规划工作；人力资源部门负责职位分析这项基础业务和日常的事务性工作，并协助部门经理做好核心业务以及协助决策层做好人力资源战略规划工作。

(1) 创业企业的决策层。创业企业进入快速发展期之前必须有一个长远的人才战略，对未来的人才结构进行科学的战略性设计，因此，应该由企业的决策层即核心创业者负责制定人力资源战略规划。另外，人力资源部门和部门经理的工作必须得到高层的重视和全力支持。处于创业期的企业，人治多于法治，人事工作如果得不到核心创业者的重视和支持，是很难开展工作的，尤其是在人才的调配、晋升、奖罚等方面。

(2) 部门经理。创业企业由于人数少，部门经理与员工之间联系多，他能够比人力资源部门更多、更细地了解员工的特点和需求，从而人力资源管理的核心业务如员工招聘、员工培训、绩效管理和薪酬管理应该主要由部门经理来把关。这里的“把关”指的是由部门经理负责人力资源管理核心业务的关键环节，而其他非关键环节由人力资源部门提供支持性服务。比如招聘工作的基本程序是：招募—甄选—录用—评估，其中最关键的环节是甄选，应由部门经理来做最终的决定，其他环节应由人力资源部门提供支持服务。除为人力资源管理核心业务进行把关之外，部门经理还必须协助企业决策层做好人力资源战略规划，同时协助人力资源部门做好职位分析等工作。

(3) 人力资源部门。由于创业企业规模偏小，企业职能部门的划分不可能如大中型企业那么专业化，有的企业甚至没有独立的人力资源部门来履行人力资源管理职能，有的企业虽然设立了人力资源部门，但往往分工粗略不清，职责混乱。在这种情况下，如果将人力资源管理的重担完全交给企业少数几个人事职员或由其他办公室职员兼任是十分不合理的。这时，企业人力资源部门的工作重点应该放在职位分析上，因为职位分析是人力资源管理工作的基础，员工招聘、员工培训、绩效管理和薪酬管理等核心业务都是建立在职位分析的基础之上的，而且，职位分析需要专门的技术和方法，必须由掌握专业知识的人力资源管理人员负责。除此以外，人力资源部门还要协助决策层做好人力资源战略规划，并协助部门经理做好员工招聘、员工培训、绩效管理和薪酬管理等核心业务。

二、创业企业人力资源战略规划

创业企业人力资源战略规划是整个人力资源管理运行体系的第一步，其成效体现在人力资源管理其他项业务内容的有效开展和相互配合上。

（一）人力资源战略规划的概念

现实市场环境变化万千，企业的战略目标也要随时调整。为了适应这种变化的趋势，企业就要对人力资源供求的动态变化进行科学的预测和分析，以保证企业在中、长期对人力资源的需求。对于创业企业来说，所面临的环境变化尤为剧烈，创业者更要应对环境的变化对管理工作的挑战。因此，创业者应该根据创业战略对企业的人力资源供求进行合理的规划，这也是人力资源管理工作的基础。人力资源战略规划是指在企业发展战略和经营规划的指导下，对企业在某个时期的人员供给和人员需求进行预测，并根据预测的结果采取相应的措施来平衡人力资源的供求，以满足企业对人员的需求，为企业的发展提供合质合量的人力资源保证，为达成企业的战略目的和长期利益提供人力资源支持。

（二）人力资源战略规划的分类

按照人力资源战略规划的规划期的长短，可以划分为短期、中期和长期三种。

1. 短期人力资源战略规划

短期人力资源战略规划是指一年及一年以内的规划。这类规划由于时间较短，因此其目标比较明确，内容也比较具有操作性。

2. 中期人力资源战略规划

中期人力资源战略规划是指一年以上五年以内的规划。相对于短期规划来说，中期规划具有一定的指导性；但是相对于长期规划来说，中期规划又是它的具体落实，就好比是长期规划的阶段性目标，往往具有战术性的特点。

3. 长期人力资源战略规划

长期人力资源战略规划是指五年或五年以上的规划，由于规划的时间比较长，对各种因素不可能做出准确的预测，因此这类规划往往是指导性的，具有强烈的战略性色彩。

由于资金的原因，大多数创业企业未必需要马上考虑长期人力资源战略规划。但是这并不意味创业企业可以不必进行人力资源战略规划而盲目且随机地行动，创业者需要清醒地意识到人才不是商品,不是可以随时就能买回来,也不是招聘进来就适应创业者所从事的主体领域,员工需要对企业所从事的领域有所了解进而熟悉后,才能很好地工作。

那么,到底创业企业是否需要进行长期人力资源战略规划呢?这要根据企业所处的经营环境和发展阶段而定。如果企业对人员的质量要求不高,而且劳动力市场上人员供给大于需求,则不需要进行长期规划;如果企业对人才要求特别高,特别是需要高层次的专业的人才,企业则需要制定长期规划,需要有计划地储备、培养这类人才。

(三)人力资源战略规划的程序

为了达到预期的目的,在进行人力资源战略规划时需要按照一定的程序进行,见图10-1。一般来说,人力资源战略规划包括四个步骤:收集信息、供求预测、平衡供求和评估。

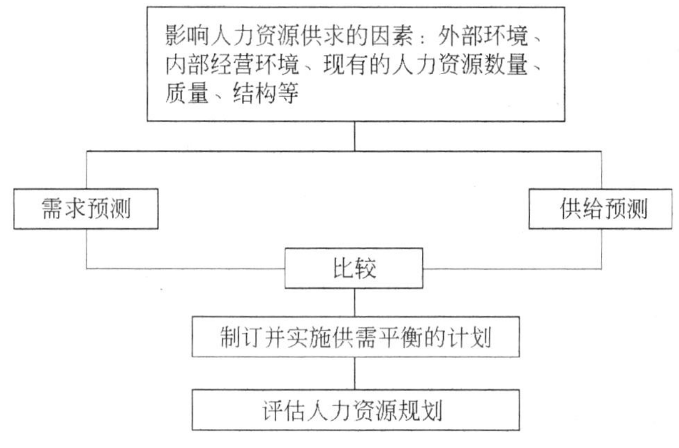

图10-1 人力资源战略规划的程序

1. 收集信息

任何一项对未来的规划都必须占有充分的信息,人力资源战略规划也不例外。制定人力资源战略规划需要收集影响人员供求的各种信息,这些信息主要包括:企业所处的经营环境,如政治、经济、法律、文化以及所在行业的劳动力市场状况等;企业内部的经营环境,如企业的发展战略、经营规划、组织结构、管理政策、生产技术、产品结构等;对企业现有人力资源的盘点,包括员工的基本情况、性别、学历、年龄、工作经验、工作能力、工作态度等方面的信息。

2. 供求预测

在收集完信息的基础上,企业需要采取科学的预测技术,对企业在未来某一时期的人力资源供给和需求做出预测。这是整个人力资源战略规划过程中最关键也是最难的一个环节,它直接决定了人力资源战略规划的成败。人力资源供求预测既有定性的方法,也有定量的方法,限于篇幅,此处不再一一介绍。

3. 平衡供求

企业在完成人力资源供求预测以后,就要对两者进行比较,判断企业所处环境的供求

状况。企业人力资源供给和需求的比较,一般会有以下几种结果:

(1) 供给和需求在数量、质量和结构方面都基本匹配;

(2) 供给和需求在总量上相等,但是结构上不匹配;

(3) 供给大于需求;

(4) 供给小于需求。

第一种情况说明企业未来的人力资源供求基本上是平衡的,这是一种理想的状态,现实中几乎不可能发生。对于企业来说更多的会出现后面三种情况,这就要求企业针对具体的情况采取相应的措施,以实现供求平衡。

围绕着这个供求平衡的目标,企业可以采取的措施包括裁员、雇用或辞退临时工、外包业务、加班与延时、冻结招聘、扩大经营规模、鼓励提前退休、缩短工作时间等。在实际经营中,很多企业人员供求不平衡的状况可能不是单一的供给大于需求或者需求大于供给,往往会交织在一起,如有的部门供给大于需求,而有的部门需求大于供给。因此,企业在平衡供求时,应当从实际出发,综合运用各种措施,使人力资源的供给和需求在数量、质量和结构上都达到平衡。

4. 评估人力资源战略规划

对于很多新创企业来说,这个环节是最容易被忽视的。由于人力资源战略规划是基于对未来的预测,不可能完全准确,因此,在实施的过程当中,创业企业要根据内外部环境的变化来修正供给和需求预测的结果,并及时地调整平衡措施。最后,创业者要抓紧评估工作,对预测的准确性和有效性做出评价,总结其中存在的问题及有益的经验,为以后的人力资源战略规划提供借鉴。

三、创业企业人力资源管理的基础业务和日常事务性工作

人力资源管理基础业务和日常事务性工作应该是创业企业人力资源部门的工作重点。同时,如同人力资源部门应该配合部门经理做好人力资源核心业务一样,部门经理也要为人力资源部门的工作做好相应的配合,特别是在职位分析这项基础业务上,部门经理应提供协助,甚至参与到其中去。

(一) 职位分析

1. 职位分析的概念

职位分析是人力资源工作的起点,它是指了解组织内的一种职位并以一种格式把与这种职位相关的信息描述出来,从而使其他人了解这种职位的过程。

职位分析的直接结果是形成一份职位说明书。不管是何种类型的组织,其职位说明书都主要包括两大部分的内容:一是职位描述,即以书面叙述的方式来说明该职位所承担的任务及相应的职责,以及工作中所使用的设备和工作条件等信息;二是职位规范,即承担这项工作的员工所必须具备的知识、技能、能力以及对其身体和个人特征的最低要求。

创业企业有必要进行职位分析,这样可以为后续的人力资源管理工作打下基础。企

业新成立时，职位分析最迫切的用途是在员工招聘方面。由于很多职位空缺，所以职位分析应该基于企业的组织结构和经营发展计划等信息来进行。职位分析能提供招聘人员的职位职责和任职资格即可，更详细的内容可以在企业稳定运作一段时间后进行。

2. 职位分析的过程

职位分析是一项技术性非常强的工作，为了保证实施的效果，在实际的操作过程中必须遵循一定的步骤并注意相关问题，一些企业可能会寻找外部的管理咨询公司来进行职位分析。对于创业企业来说，为了节省资金，也可以由创业者自己组织相关人员来进行职位分析。通常，职位分析要经过以下几个步骤来完成。

首先是调查阶段。主要是收集与职位相关的资料，这些资料包括工作的背景资料，如公司的组织结构图、工作流程图以及国家的职位分类标准；在完成以上工作后，就可以正式开始收集与职位相关的信息了。很多时候，创业企业已有的相关资料非常粗糙，甚至没有。因此企业可以借助这个机会进行有效的职位调查，系统而全方位地了解每个职位。

其次是分析阶段。在收集完与职位相关的信息后，就要按照职位说明书的要求进行归类整理，查看是否有遗漏的项目，如果有的话，需要返回上一阶段进行调查补充。接下来，职位分析人员需要对这些信息进行准确性的审查，如有疑问需要重返上一步骤进行调查核实。最后，如果收集来的资料既没有遗漏，也没有错误，就要对这些资料进行深入的分析，归纳总结职位分析所必需的材料和要素，提炼各个职位的主要成分和关键要素。当然，对于创业企业来说，职位分析可能不需要如此细致，但是至少对于其工作流程和岗位基本要求还是要进行详细的刻画，为企业后续的发展搭建好平台。

最后是完成阶段。这一阶段的任务是编写职位说明书，首先按照一定的格式编写出初稿；然后反馈给相关人员核实，有意见不一致的地方要进行讨论，有必要的话还需要返回上一阶段进行重新分析；最后，形成职位说明书的定稿。以上工作完成后，职位分析人员应该对整个职位分析过程进行总结，分析该过程中的成功之处和存在的问题，这样有利于以后更好地进行职位分析。

需要说明的是，职位分析不是一劳永逸的事情，它是一个连续不断的动态过程，创业企业需要根据企业的发展变化随时进行这项工作，使得职位说明书能够及时地反映职位的情况。

（二）创业企业人力资源管理的日常事务性工作

正如我们所看到的，从创业初期开始，人力资源部门的大多数时间都花费在日常的事务性活动上了。日复一日的重复性工作，如档案保管、劳动保险的办理、合同管理、入职和离职等，填充了人力资源职员 70%～80%的工作。如果陷入这些烦琐事务，势必会影响对人力资源管理其他主要业务的支持和配合。因此，很多企业选择购买高效的 HR 系统软件来提高工作效率，或者直接将人事工作外包给专业的人事代理机构，这些都需要企业具备一定的财务能力。对于创业企业来说，由于资金限制，人力资源部门仍需承担着日常的事务性工作。因此，创业企业需要不断规范基础人事工作流程，通过充分挖掘企业计算机网络资源，向信息技术要效益，实现减人增效等方式提高工作效率。

四、创业企业人力资源管理的核心业务

创业企业人力资源管理的核心业务主要是指员工招聘、员工培训、绩效管理和薪酬管理等几个主要模块,这些传统性的人力资源管理活动是人力资源管理职能的核心和瓶颈,这些活动具有中等的战略价值,因为正是这些活动的有效执行使得人力资源战略规划得以贯彻落地。在这一层面上,部门经理主要负责各项人力资源管理核心业务的关键环节,而其他非关键环节由人力资源部门提供支持性服务。

(一)员工招聘

创业者根据职位分析和人力资源战略规划这两项工作,就可以确定企业下一步要不要招聘人员;如果招聘的话,招聘多少人员、招聘什么样的人员。所谓员工招聘就是在企业发展战略和经营规划的指导下,寻找并吸引合适的人员来填补职位空缺的过程。创业企业对于前几批员工的招聘一定要坚持小心谨慎的原则,因为创业企业成功与否与前几批员工的知识、技能、态度有着密切的关系。下面将对创业企业可以采取的招聘渠道和招聘程序进行简要的说明。

1. 招聘渠道

(1) 他荐

他荐是指通过创业者的亲戚、朋友、员工、合作伙伴或者客户的推荐进行的招聘。推荐人一般会选择他认为比较放心的人,因此可以招聘到比较合适的人选,而且这种方式成本比较低、应聘人员一旦被录用,离职率也比较低。但是这种方式选拔的范围比较有限,如不加控制,也容易出现任人唯亲、近亲繁殖等现象。大多数创业企业在创业初期都会采取这种渠道来获得人力资源。

(2) 广告招聘

广告招聘是企业最常用的招聘方法。它是指企业通过报纸、杂志、广播电视等媒体以广告的形式向特定的人群传播有关企业人员需求的信息,并以此吸引他们前来应聘的一种招聘方式。借助广告进行招聘时,企业需要考虑两个方面的问题:一是广告媒体的选择,也就是说决定在报纸、杂志上刊登广告还是利用广播电视等渠道进行招聘宣传。显然,对于创业企业来说,在纸面媒体或者电视媒体上打广告进行员工招聘成本太高。因此,创业者需要寻找一些成本更为低廉的广告招聘方式,例如很多新创企业会在一些浏览量比较大的网站上发布招募信息,这种方式成本低,覆盖面也很大。另外一个需要考虑的问题就是广告内容的构思。为了达到广告预期的目的,在设计广告内容时一般要遵循AIDA原则:A,即attention,就是说广告要引起人们的注意;I,interest,就是说广告要激起人们对空缺职位的兴趣;D,desire,就是说广告要唤起人们应聘的愿望;A,action,就是说广告要能够促使人们采取行动。对于新创企业来说,要想将自身的独特性和优势展现出来,在广告内容的设计上是一件很难的事情。

(3) 人才招聘会

各个省市的人才市场每年都会定期举办多场人才招聘洽谈会,因此,招聘会也成为企

业和求职者见面并且达成签约意向的重要场所。随着人才市场的日益完善，招聘会呈现出向专业化发展的趋势，比如中高级管理人员招聘会，生物、医药、医疗行业专场招聘会，制造业、服务业专场招聘会，往届毕业大学生专场招聘会等。由于这类招聘会针对性强，企业和求职者目的都非常明确，因此，签约的成功率比较大。创业企业通过参加此类招聘会，可以了解同行业人事政策和人力需求信息，从而完善自身的相关政策。

(4) 校园招聘

校园招聘就是企业到大学校园进行招聘，其招聘对象是大学的应届毕业生。在大学校园，企业可以发现潜在的专业技术人员和管理人员，经过企业培养，他们往往会成为企业未来的骨干力量。现在很多高校学生更青睐有名气的大企业，因此，创业企业要想成功地进行招聘，需要付出一定的努力。如与大中专院校建立良好的合作关系，支持学校的建设，定期到学校做招聘宣传，组织学生到公司参观，给即将毕业的学生提供实习机会等。另外负责招聘的人员代表着企业的形象，企业需要对派往高校进行招聘的人员进行培训，使他们能在招聘过程中做到形象得体、态度和蔼，并能积极地向学生推荐自己的企业。

(5) 职业中介机构

职业中介机构是专门为企业择人，又为求职者择业的机构。这类机构能够掌握大量企业和求职者双方的需求信息，同时也传播各自的信息。企业利用中介机构进行招聘的好处在于能节省时间，候选人信息面广。对于一些还没有设人力资源部门的创业企业来说，能利用中介机构得到专业的咨询和服务。但这种方式也存在以下问题：由于中介机构并不完全熟悉企业的情况，因此招聘的人员不一定符合企业的要求；而且这类机构收费往往比较高，会增加企业的招聘成本。对于创业企业来说，可采用此种渠道招聘中高级管理人员或者关键技术人才。

2 招聘程序

为了保证招聘工作的效率与效果，招聘活动一般经过以下几个步骤：制订招聘计划、发布招聘信息、甄选、录用、效果评估。其具体程序如图 10-2 所示。

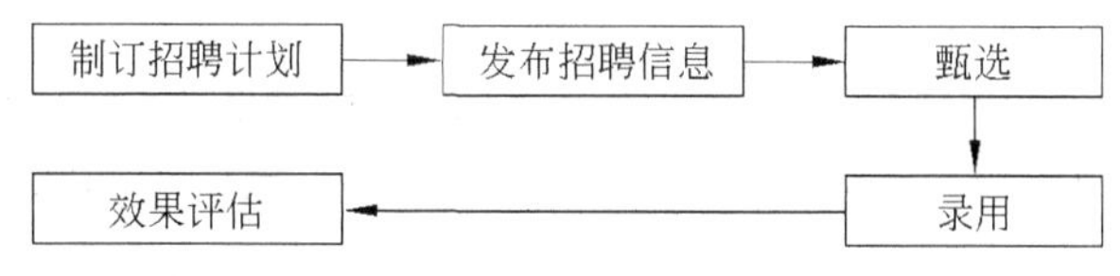

图 10-2 招聘工作的程序

(1) 制订招聘计划

产生招聘需求后，人力资源部需要会同用人部门一起制订招聘计划以及具体措施。一般来说，招聘计划主要包括以下内容：招聘的岗位、数目、基本资格和条件、招聘的区域以及具体的招聘时间安排。此外，还要根据企业的情况对招聘的预算做出估计。当然，企业还可以根据自己的情况再增加其他内容。创业企业由于受资金限制，在招聘前一定要考虑自身的财务能力，控制好预算，根据财务能力做招聘计划中的各项安排。

(2) 发布招聘信息

招聘计划完成以后，下一步骤就是发布招聘信息，即向潜在的应聘者传递招聘信息使之前来应聘的过程。首先,企业应该知道潜在的应聘者所存在的目标群体,有针对性地利用一定的媒体,在适当的时间、地点,以一定的表现方式向他们传递信息。前面所提到的招聘渠道就是企业可以发布招聘信息的方法,如选择的招聘渠道不合适,会直接影响招聘的效果。比如企业如果想招聘技术熟练的工人,但选择的招聘渠道却是校园招聘,而由于学校的应届毕业生缺乏实际工作经验,因此招聘的效果可想而知。

(3) 甄选

甄选就是企业向目标人群发布招聘信息后,采用特定的方法从前来应聘的候选人中挑选出最合适人选的过程。甄选是人员招聘中最关键的一个环节,也是技术性最强的一个环节,甄选质量的高低直接决定着选出来的应聘者能否达到企业的要求。经过多年的发展,人力资源管理领域已经形成了一套科学的、系统的甄选方法,比较常用的有面试、心理测试、评价中心、工作样本、知识测试等。企业应该在公平性、合理性的原则下,综合考虑个体差异,结合各种测试手段的优缺点,选择最为经济有效的测试手段进行人员甄选。目前很多创业企业在甄选环节缺乏科学性,仅仅凭一次面试就基本决定是否录用,无法保证人员的质量,势必影响企业的发展。伴随着企业的成长壮大,创业者有必要设置专职的招聘人员,协助用人部门通过科学的手段对应聘者进行系统客观的评价,保证人员招聘的效果。

(4) 录用

人员录用做得成功与否,对招聘也有着极其重要的影响,如果决策失误,会使整个招聘过程功亏一篑。经过对应聘者层层选拔和逐步淘汰,最后会产生一个录用名单,企业应及时通过正式信函、电话或者邮件等方式通知被录用者,告知其获得的具体职位、薪酬、报到时间、地点、应携带的相关资料。由于不少应聘者是为了应付就业而盲目参与招聘,他会在通知报到的企业中挑选最好的,而创业企业在应聘者对自己的挑选中往往处于被动地位。因此,对于创业企业来说,有必要提前通知被录用者。除了通知录用者外,企业还应该第一时间以礼貌的方式通知未录用者,让他们了解最终的结果,避免盲目等待。

(5) 效果评估

整个招聘过程的最后一个步骤就是效果评估,对招聘效果进行评估可以帮助企业发现招聘过程中存在的问题,从而优化招聘计划和招聘方法,为以后再进行招聘提供借鉴。对于这一点,很多创业企业并不重视,或者说录用结束就认为完成了招聘工作。对招聘效果进行评估主要包括以下几方面:一是招聘的时间。在招聘计划中一般都有对招聘时间的估计,在招聘活动结束后,要将招聘各阶段所用时间与计划的时间进行对比,对计划的准确性进行评估和分析,为以后更加准确地制定招聘时间奠定基础。二是招聘的成本。招聘结束以后,要将招聘实际发生的费用与预算的费用进行对比,以便于下次更加准确地制定预算。除此以外还要计算招聘单价,从而找出最优的招聘方法。三是招聘效果质量和数量方面的评估。这两个方面的评估分别通过应聘比率[应聘比率=(应聘人数/计划招聘人数)×100%]和录用比率[录用比率=(录用人数/应聘人数)×100%]两个指标来衡量。其他条件相同时,这两个比率越高,说明招聘的效果越好。

（二）员工培训

1. 员工培训的概念

作为一种重要的人力资本投资形式，员工培训指的是企业通过各种方式使员工具备完成现在或将来工作所需要的知识、技能并改变他们的工作态度，以改善员工在现在或将来职位上的工作业绩，并最终实现企业整体绩效提升的一种计划性和连续性的活动。

要准确理解员工培训的含义，必须掌握如下几个要点。

(1) 员工培训的对象是全体员工，而不只是部分员工。

(2) 员工培训的内容不仅包括与工作相关的知识和技能等，还应包括各种软性的内容，比如态度、企业文化、企业战略规划以及企业规章制度等。

(3) 员工培训的目的是改善员工的工作业绩并提升企业的整体绩效。

(4) 员工培训的主体是企业，也就是说，员工培训应当由企业来组织实施。

对以上要点的理解说起来很清楚，但对于创业企业来说实施起来却有相当的难度。一方面，创业企业的相当一部分员工是通过创业者的亲人、朋友、合作伙伴等介绍过来的，通过正式招聘来的很少。因此，员工的素质就参差不齐，又由于与创业者的亲缘关系，无法在培训时间和内容上达成一致。另一方面，创业企业在成长初期，内部分工不清，管理粗糙，大多数创业者只注重用人、管人，不会培养人，即使有员工培训，也是应急被动的，创业者认为培训是成本支出，根本没有将培训作为一种投资来看待。

要想有效地进行员工培训，创业者一定要在观念上重视培训，并且自己也要参加必要的培训。事实上，创业企业最需要培训的就是核心的创业者，他们从创业中一步步成长起来，当企业发展到一定阶段，创业者的管理理念和知识已经难以满足企业发展的要求，甚至会限制企业的发展。所以，创业者有必要参加管理者培训，以确定企业管理和发展的思路再有的放矢地培训其员工。

2. 员工培训的具体实施

员工培训是一项非常复杂的活动，为了保证培训的顺利实施，一般来说，要按照以下的步骤进行。

(1) 培训需求分析

员工培训不是盲目进行的，只有当企业需要进行培训时才有必要实施，否则是没有意义的。因此，在实施培训之前，企业应该对是否需要培训以及需要哪些培训进行分析。但是，大多数企业包括创业企业在内，在进行培训前并没有注意这个问题，这也是导致培训工作效果不佳的一个重要原因。

【应用阅读】

青蛙开诊所

青蛙开了个诊所，虽然医术一般，但也勤勤恳恳。一天，诊所里来了一只大兔子和一只小兔子。小兔子捂着嘴巴喊痛。青蛙问小兔子是不是牙痛，小兔子说是。青蛙又追问小兔子为什么牙痛。小兔子想了想回答说可能是啃了木头的缘故。青蛙医生马上给小兔子开了些镇痛的药，又嘱咐它，以后不要再啃坚硬的东西了。大兔子听后，说："你这个医生呀，只知道其然，不知道其所以然。我们兔子的门牙是会不停地长长的，如果不去磨牙，我们就无法闭嘴。小兔子牙痛，是因为它还不适应磨牙，你只要给它点止痛药就可以了，你让它不要磨牙，那不是害了它吗？"

启示：医生忽略了检查的步骤，只是询问病人身体的反应，然后直接开药方，是医不好病的。同样在企业管理中，很多公司投入不少培训经费，但最后往往流于形式，解决不了实际问题，其根本原因在于没有提前做好培训需求分析。

对于如何进行培训需求分析，最具有代表性的观点是麦吉（McGehee）和赛耶（Thayer）于1961年提出的从组织、工作和人员这三个角度出发来进行培训需求分析。

① 组织分析。从组织角度来分析就是确定在企业层面上需要进行什么培训。一方面，根据企业未来的发展方向来确定今后培训的重点；另一方面，根据对企业整体绩效的评价，分析企业存在的问题及产生的原因，由此确定企业目前的培训重点。

② 工作分析。工作分析就是分析企业内各个职位的工作任务以及为了达到的工作任务的标准所必需的知识、技能、能力等。并且把工作分析的结果与下面要分析的员工个人情况进行比较，就可以确定在个人层面进行培训时培训内容的范围了。

③ 人员分析。人员分析就是要确定企业中哪些人员需要接受培训以及需要接受什么培训。这主要基于两个方面的内容：一是对员工个人绩效的评价，分析其存在的问题及原因，从而确定解决当前问题的培训需求；二是根据员工的职位变动计划。首先，确定在未来哪些员工会有职位变动，然后，把员工目前所具备的知识、技能和态度与将来的职位要求进行对比，由此确定出培训的需求。

在实践中，由于组织分析关注的是培训是否与企业的战略目标相匹配，解决的主要是企业层面的问题，因此，在进行培训需求分析时往往首先进行组织分析，其次才是工作分析和人员分析。

(2) 制订培训计划

"凡事预则立，不预则废"，计划对于未来的工作具有指导性，甚至会决定其成功与否。因此为了保证培训活动的效果，企业需要制订培训计划，以把握培训的进程、员工的学习状况，以及企业应采取的控制措施。然而，大多数创业企业没有系统的培训计划，这不仅会影响培训的效果，也容易造成资源的浪费。通常，完整的培训计划应包括培训目标、培训内容、培训对象、培训者、培训时间、培训地点、培训方式和培训费用。

(3) 实施培训

企业制订好培训计划以后，就可以实施培训了。培训的具体实施效果取决于其培训方式的有效性。在培训方式上可以采取在职培训和脱产培训，对于新创企业来说，显然应该以在职培训为主。在创业企业招聘新员工之后，创业者或者人力资源部门往往会采取"师傅带徒弟"的培训方式，即由经验丰富的员工和新员工结成比较固定的师徒关系，通过师傅的指引，新员工可以较快地掌握工作中所需要的技能，同时也可以较快地融入企业的文化氛围中去。通过这种培训方式，创业者一般就不再为新员工举行正式的培训课程了，而是通过日常工作中对于新员工的指导、组织、协调、激励等方式使得员工能够逐步调整直至达到岗位要求。虽然这类培训能够节约成本，但是它不够正规，有时会流于形式，不利于培养员工严格的工作作风；而且还容易形成固定的工作思路，不利于创新。因此，当创业企业发展到一定规模后，应当及时从外部引入规范化的培训，或者让员工"走出去"，进行必要的脱产培训。

(4) 评估培训效果

员工培训的最后一个步骤就是对培训进行评估和反馈，这不仅可以监控此次培训是否达到预期目的，更重要的是有利于对以后的培训进行改进和优化。在评估培训效果时，企业应当收集多方面意见，特别是实际受训人员的真实感受，以及他们在培训之后的实际工作表现和结果。

以上就是员工培训的基本步骤，除此之外，在培训的过程中，创业者还要注意保证培训效果的转化，也就是说要使员工将培训中所学的内容能够运用到实际的工作中去，这样培训才具有现实意义。因此，创业者需要为接受培训的员工创造有利于利用所学技能的机会，要给予员工极大的支持力度，只有在这样的工作环境下，培训成果才能顺利转化为员工的业绩和企业的绩效。

（三）绩效管理

所谓绩效管理，就是指制定员工的绩效目标并收集与绩效有关的信息，定期对员工的绩效目标完成情况做出评价和反馈，以确保员工的工作活动和工作产出与组织保持一致，进而保证组织目标完成的管理手段与过程。

作为人力资源管理的一项核心职能，绩效管理具有非常重要的意义。它是整个企业运营的催化剂，有效的绩效管理可以使优秀的人才脱颖而出，同时淘汰不合格的人员，可以提高员工的满意度，可以为其他人力资源管理职能提供准确、可靠的信息，从而提高决策的科学性和合理性，提高企业的整体绩效。

现实中，很多企业对绩效管理存在着很多片面甚至错误的看法，认为绩效管理的目的仅仅在于利益分配，但这只是绩效管理的管理目的。除此之外，绩效管理更重要的目的在于能够把员工的努力和组织的战略目标联系在一起，通过提高员工个人绩效来提高企业整体绩效，从而实现组织战略目标，这就是绩效管理的战略目的。

在创业初期，人们对绩效管理可能并非很严肃，创业者可能根据自己的主观感受来对员工的绩效状况进行考评，并以此作为奖惩的依据。但是，随着创业企业的进一步发展，其管理实务不断复杂化，对员工的管理必须走上正轨，必须结合企业的战略和实际发展来设计系统的绩效管理方案。完整意义上的绩效管理是由绩效计划、绩效跟进、绩效考核和绩效反馈四个部分组成的一个闭环系统。

1. 绩效计划

绩效计划是整个绩效管理系统的起点。创业者应该在员工充分理解和认同企业的战略目标以及岗位工作任务的基础上，与员工一起就绩效考核期内的绩效目标、绩效过程和手段进行讨论并达成一致。这样一方面可以降低管理者人力资源管理工作的压力；另一方面，员工的绩效目标由员工参与制定，可以使绩效管理方案更具有可行性，避免出现抵触情绪。

绩效目标是对员工在绩效考核期间工作任务和工作要求所做的界定，由绩效指标和绩效标准组成。绩效指标即从哪些方面对员工的绩效进行考核，一般从员工的工作业绩、工作能力和工作态度三个维度进行考核；绩效标准是指对员工绩效指标做出的明确要求，即员工应该怎样做或者达到什么程度。一般来说，绩效目标的设计可以遵循“明智(SMART)原则”：

第一，目标明确原则(specific)。绩效目标必须是具体的，以保证其明确的牵引性。

第二，目标可衡量原则(measurable)。绩效目标必须有明确的衡量标准。

第三，目标可达成原则(attainable)。绩效目标必须是可以达到的，不宜过低，也不宜过高。

第四，目标相关原则(relevant)。绩效目标必须是与公司的战略目标、部门任务和职位职责相关的。

第五，目标时间原则(time-based)。绩效目标必须有明确的时间要求。

【应用阅读】

唐僧师徒的故事

话说，唐僧师徒乘飞机去旅游，途中飞机出现故障，需要跳伞，不巧的是，四个人只有三把降落伞，为了做到公平，唐僧对各个徒弟进行了考核，考核过关就可以得到一把降落伞，考核失败，就自由落体，自己跳下去。

于是，师傅问孙悟空：“悟空，天上有几个太阳?”悟空不假思索地答道：“一个。”师傅说：“好，答对了，给你一把伞。”接着又问沙僧：“天上有几个月亮?”沙僧答道：“一个。”师傅说：“好，也对了，给你一把伞。”八戒一看，心里暗喜：“啊哈，这么简单，我也行。”于是，摩拳擦掌，等待师傅出题。师傅的题目出来，八戒却跳下去了，大家知道为什么吗？师傅的问题是：“天上有多少星星?”八戒当时就傻掉了，直接就跳下去了。这是第一次旅游。

过了些日子，师徒四人又乘飞机旅游，结果途中飞机又出现了故障，同样只有三把伞，师傅如法炮制，再次出题考大家，先问悟空：“中华人民共和国哪一年成立的?”悟空答道：“1949 年 10 月 1 日。”师傅说：“好，给你一把。”又问沙僧：“中国有多少亿人口?”沙僧说是 13 亿，师傅说：“好，答对了。”沙僧也得到了一把伞。轮到八戒，师傅问：“13 亿人口的名字分别叫什么?”八戒当时晕倒，又一次以自由落体结束旅行。

第三次旅游的时候，飞机再一次出现故障，这时候八戒说：“师傅，你别问了，我跳。”然后纵身一跳，师傅双手合十，说：“阿弥陀佛，殊不知这次有四把伞。”

启示：绩效目标的设定要在员工的能力范围之内，员工跳一跳可以够得着，如果员工一直跳，却永远也够不着，那么员工的信心就丧失了，绩效考核也就失去了本来的意义。

2. 绩效跟进

绩效跟进是指在整个绩效期间内，通过上级和员工之间持续的沟通来预防或解决员工实现绩效时可能发生的各种问题的过程。很多企业之所以绩效管理最后流于形式，主要原因是管理者没有在平时的工作中注意收集与员工业绩相关的信息，没有及时与员工沟通，而是等到规定必须提交绩效考核结果的期限才对下属员工进行打分评价，这时的评价基本没有客观依据，主要受管理者个人的主观评价影响。因此，创业企业在开始实施绩效管理之初，就应该充分重视绩效跟进。创业者及管理者要在工作过程中考核员工，了解员工的工作情况，及时纠正员工不符合绩效目标要求的行为。

3. 绩效考核

绩效考核是指确定一定的考核主体，借助一定的考核方法，对员工的工作绩效做出评价。很多创业企业往往把绩效考核等同于绩效管理，认为两者没有什么区别，其实，绩效考核是绩效管理的一个组成部分，而且是很重要的核心部分。

绩效考核是一项系统工程，为了确保考核的全面性、有效性，在实施考核的过程中，应该从上级、同事、下级、员工本人和客户等人员中抽出相关人员组成考核主体参与到具体的考核中。但是很多创业企业在考核主体的选择上过于单一，往往是由创业者等管理者作为唯一的考核主体，难免受个人偏好影响。

在实践中，绩效考核的方法有很多种，大致可以归为三类：一是比较法；二是量表法；三是描述法。相对于开发成本比较高、操作比较复杂的量表法来说，更多的创业企业会选择相对简单的比较法进行绩效考核，但是这种方法是把人与人进行比较，不是针对员工的具体业绩、能力和态度进行考核，只是靠一种整体的印象来得出考核结果，因此无法对不同部门的员工进行比较。

4. 绩效反馈

绩效反馈是指在绩效考核周期结束时在上级和员工之间进行绩效考核的面谈，由上级将绩效考核结果反馈给员工，指出员工在工作中存在的不足，并和员工一起制订绩效改进的计划。绩效反馈的过程在很大程度上决定了组织实现绩效管理目的的程度。

创业企业的中层乃至高层管理者往往以业务为中心，业务占去了管理者绝大部分精力，因而在考核后无暇顾及下属的绩效改进，使得绩效考核流于形式。所以，创业企业应该注意，在绩效考核后，部门经理应与每一个员工进行一对一的面谈，听取他们对考核结果的反馈，双方在交流中达成一个彼此都能接受的结论，并依据这一结论双方商讨出员工新一轮的绩效改进计划。

（四）薪酬管理

创业企业不仅要招聘到合适的人力资源，更要对员工进行有效的激励，最大限度地激发员工的工作积极性，从而保证企业在创业成功后的平稳发展。从心理学的角度来看，对于个人激励的方法有很多，但是薪酬是最重要的方法之一。所谓薪酬管理是指企业在经营战略和发展规划的指导下，综合考虑各种因素的影响，确定薪酬体系、薪酬水平、薪酬结构、薪酬形式，明确员工所应得的薪酬，并进行薪酬调整和薪酬控制的过程。

在薪酬制度建设中，需要注意四个重要的原则：一是合法性原则。即企业的薪酬管理政策要符合国家法律和政策的有关规定，这是薪酬管理最基本的原则之一。二是公平性原则。即不论企业采取何种形式的薪酬，至少得让员工感觉到所得与付出是相匹配的，这是薪酬管理最重要的原则。三是及时性原则。即薪酬的发放要及时。四是经济性原则。即企业支付的薪酬应当在自身可以承受的范围内。

创业企业在薪酬制度建设方面面临的一个最大的问题就是如何提供具有竞争力的薪酬,以保证外部公平性。创业企业在发展的初期资金有限,发展还没有步入正轨,而其在获得持续的盈利能力之前,需要大量的现金用于企业的经营和发展,所以一般情况下,创业初期企业员工的薪酬都维持在一个较低的水平。这也导致企业在吸引和保留人才方面处于被动地位,成为创业企业成长初期面临的一大难题。

鉴于创业企业可用流动资金的有限性,对待不同员工可以采取不同的薪酬策略。企业内部的员工一般可以分为投资型、契约型、利用型三种。对于投资型员工企业应视其为长期合作伙伴,可给予优厚的薪资和福利;对于契约型员工,企业可以对其提出的要求与企业可以接受的水平相结合,以合约的方式来确定薪资和福利;由于利用型员工是企业价值链创造中的一个短期利用要素,可以根据劳动力市场的供求及员工的动态灵活调整薪资。

总而言之,创业企业由于分工不是很明确,作业程序不规范,考评体系也尚不完善,薪资可以与绩效考核紧密结合,与企业效益相挂钩,实施灵活的激励政策,最大限度地激励员工,共同促进创业企业的发展。

习　　题

【重要概念】

创业企业人力资源管理　　职位分析　　人力资源战略规划　　员工招聘
员工培训　　绩效管理　　薪酬管理

【思考题】

1. 简述创业企业人力资源管理的基本特点。
2. 简述创业企业人力资源管理的主要问题。
3. 简述创业企业人力资源管理模式。
4. 创业企业员工招聘的途径有哪些?
5. 企业薪酬管理应遵循哪些原则?

【实训题】

以某一个处于创业初期的企业为例,调查其人力资源管理的现状和模式,撰写一份人力资源管理调查报告,具体包括其人力资源管理的模式,以及如何进行员工招聘、员工培训、绩效管理和薪酬管理的,指出其存在的问题,并给出解决办法。

【总结案例】

伍先生的创业之路

H公司是某市一家规模较大的民营房地产企业。2004年,原在机关任职的伍先生凭着敏锐的商业意识,毅然离开机关,东拼西凑筹集了50万元,带领几个亲戚朋友成立了H

公司，经营房地产项目。5个公司成员分别负责公司的财务、项目前期、工程管理、行政等事务。其中财务的负责人刘女士是伍先生的小姨，仅有基础的会计常识。负责项目前期开拓的江先生是他多年的好友，曾经是一家餐馆的老板，仅接受过初中教育。

经过8年的摸爬滚打，H公司形成了一定规模，目前拥有资产规模一亿多元，原有的5个部门也增加到10个部门，人员也由十几个人发展到现在的150多人。随着人员的增加，诸多的管理问题也频频出现。

伍先生察觉到，虽然公司提出了明确的战略规划，但是总不能落实，“追究责任的时候，好像大家都有责任，每次都是大伙一起自我批评一顿后，下次的规划依旧不能落实”。回忆公司初创的那两年，他感到大家特别团结，初期的很多困难就是依靠员工的团结和凝聚力度过的。但是现在，员工内部已经出现小利益团体，各部门的管理人员都经常各自为政，意见不一。让他颇忧闷的还有，一方面公司觉得员工的整体素质较低；另一方面员工对薪酬不满，抱怨没有公平的考核体系。

伍先生自己也意识到公司最为缺乏的就是人力资源。不解决人力资源问题，公司发展必然受阻。但是所在市仅有两所普通高校，较高素质的人力资源相对匮乏，外部人力资源的提供又是一个困难。

目前H公司手中仍有约120万平方米面积的待开发土地，令伍先生犯难的是，别的当家人愁的是无米下锅，而他愁的是要不要下锅，怎么下锅？企业目前的状况已经让他忙得焦头烂额。

资料来源：世界经理人，http://www.ceconlinebbs.com/FORUM_POST_900001_900130_887119_0.html.

讨论：H公司的人力资源管理到底出现了什么问题？如何解决？

第十一章

创业企业营销管理

【学习目的与要求】

1. 了解市场营销过程。
2. 理解选择目标市场的模式与目标市场战略。
3. 掌握如何设计市场营销策略。
4. 掌握不同的市场进入方法。
5. 了解营销的发展过程及各阶段的特点。

【创业管理小故事】

大学生创业苦于不懂营销

2009年,还是武汉大学大四学生的毛宇(化名),与几名同学一起创办了一家网络公司,并瞄准了当时势头正火的网页游戏市场。毛宇选择了玩法轻松,以促进社交为主的社区类页游作为研发项目。

当这款小页游投入市场后,毛宇才意识到犯了一个严重的错误:事先未做周密的市场调研,对这一行业的运营手段也缺乏了解。大家不知道该怎样打开市场,去哪里吸引首批用户群。他们后来才了解到,当时国内大多数的页游都是靠在各类论坛、主流资讯网站上支付流量广告来进行宣传的,而这笔宣传费竟高得惊人。为了节省宣传费用,他们靠自己在各大网站上发帖推广。但是没想到,不是刚发出来就被删帖,就是石沉大海。

毛宇开始寄希望于融资,但都以失败而告终。还是最后一名投资人一针见血地指出:"目前的手机游戏已开始大量占领页游用户,你们的页游又是以强调用户娱乐感受为主,免费的功能多,有吸引力的消费功能少,又没有对外广告空间,这样的产品让我很难看到盈利的希望。"直到这时,毛宇才发现自己当初是多么的幼稚。单纯地认为,游戏只要娱乐性高,能吸引来免费用户,就自然会有生存的空间,却没想到网页游戏的运营规则并非那样简单。

启示:大学生多偏爱走技术型创业的路子,但技术型创业团队却往往过于重视产品本身,而忽略了市场与运营,导致大学生创业的成功率很低。由此可见,理解营销、掌握正确的营销方法和手段是创业企业必备的知识,也是决定创业能否成功的关键。

第一节　创业企业营销管理过程

创业营销是指创业者在复杂变幻的市场环境下，凭借创业精神、创业团队、创业计划和创新成果而实施的营销新模式。其在市场导向的基础上，更加强调机会驱动、理性冒险、持续创新、超前行动和资源整合。今天，对于大多数年轻的创业者来说，既缺乏资金和社会关系，又缺乏商业经验，所拥有的只是创业激情和某种新产品的原始构思或某种新技术的初步设想。要获得成功，除了勇气、勤奋和毅力外，还必须依赖于有效的创业营销来获得创业所需的各种资源。

营销管理是一个过程，创业企业营销管理过程是营销内容和程序的体现，是指为实现组织目标而开展的各种分析、计划、实施和控制企业营销活动的全过程。具体可概括为分析市场机会、选择目标市场、设计市场营销策略、执行和控制市场营销计划等几个阶段，如图 11-1 所示。

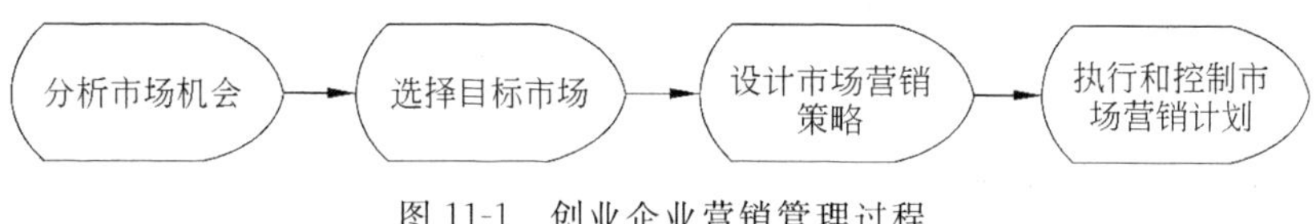

图 11-1　创业企业营销管理过程

一、分析市场机会

市场机会是指市场上所存在的尚未满足或尚未完全满足的需求。对于创业企业来讲，有效识别并开发创业机会是开展创业营销的第一步，其是在宏观与微观环境的综合作用下而形成的，包括人口、经济、政治、法律、社会文化、科学技术等宏观环境，及企业自身、供应商、中间商、顾客、竞争者等微观环境。

在分析市场机会时，创业企业可采用市场信息分析法、产品/市场矩阵分析法和市场细分法。在现代市场经济下，企业面临的市场机会有很多，哪种机会能够被利用，主要根据细分的市场从两个方面来考虑：第一，市场机会能否与企业的任务和目标相一致；第二，企业是否有能力或优势对机会进行开发和运用。

二、选择目标市场

市场细分完成之后，会产生不同需求、不同形态的细分市场。此时，营销人员要根据各细分市场的规模与发展潜力、市场结构吸引力、与企业资源和目标的匹配性等条件来对各细分市场进行评估。然后，选择适合进入的细分市场作为自己的目标市场，并在目标市场上为自身及产品进行准确的市场定位。

创业企业与成熟企业相比，在管理经验、资金、人员操作、社会关系等资源方面相对不足。因此，在对目标市场进行选择的时候要更为慎重，同时，选择性也相对狭窄。目标市场选择模式如图 11-2 所示。

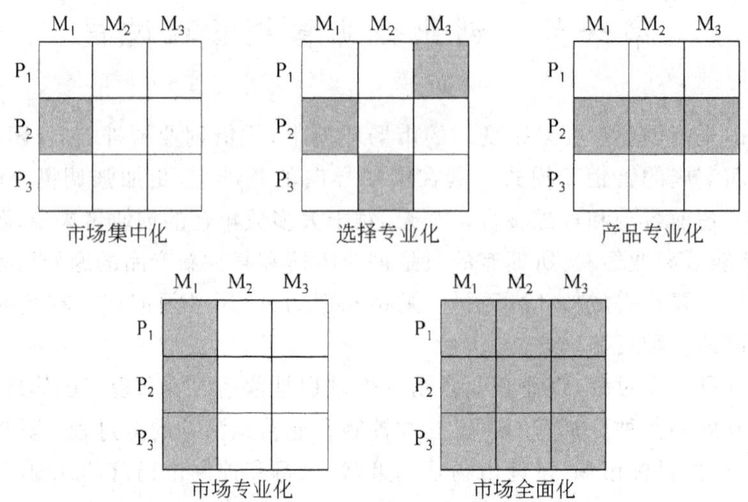

图 11-2 目标市场选择模式

注：其中 P 为产品，M 为细分市场

（一）目标市场选择模式

1. 市场集中化

市场集中化是指企业只选择一个细分市场作为目标市场，只生产一类产品，供应单一的顾客群。由于新创企业各方面的资源都比较有限，因此市场集中化模式为新创企业选择目标市场的首选模式。

2. 选择专业化

选择专业化是指企业有选择地进入几个不同的细分市场，为几类不同的消费群体服务。这些细分市场之间很少或根本不发生联系，每个市场都具有良好的盈利潜力，且与企业的目标和资源条件相符合。选择专业化模式要求企业具有较丰富的资源与较强的营销实力，因此，一般情况下，其并不适合新创企业所采用。

3. 产品专业化

产品专业化是指企业同时向几个细分市场销售同一类产品，以满足不同细分市场的同种需求。此模式有利于企业专注于一类产品的生产，新创企业可以考虑采用这种模式。

4. 市场专业化

市场专业化是指企业生产不同种类的产品，以满足同一细分市场的不同需求。此模式对企业研发、资金、营销等能力均有较高的要求，因此，一般情况下，其并不适合新创企业所采用。

5. 市场全面化

市场全面化是指企业同时生产各类产品，进入所有的细分市场，为各类顾客群服务，这是大型企业为取得市场领导地位而采取的策略，因此需要较强的实力。新创企业无法采用此种模式。

（二）目标市场战略

1. 无差异性市场营销战略

无差异性市场营销战略是指企业将整个市场视为目标市场，不对其进行细分，忽略消费者需求的不同，对市场采取单一营销组合的目标市场战略。

这种战略的优点比较明显，大批量生产，可形成规模经济，降低生产成本；单一的产品、统一的广告宣传，大大降低了营销成本；同时，有利于企业形象的统一。缺点是，产品单一、忽视了消费者的不同需求，从而丧失了许多市场机会。一般来说，这种策略主要适用于市场有广泛需求的、企业能大量生产并大量销售的产品。采用这种策略的企业一般是实力雄厚的大企业。

2. 差异性市场营销战略

差异性市场营销战略是指企业根据需要对市场进行细分，然后选取其中两个或两个以上乃至全部细分市场作为目标市场，分别为不同的细分市场设计不同的营销组合，以满足各细分市场上消费者需求的目标市场战略。

差异性市场营销战略可以有针对性地满足不同顾客群体的需求，大大提升了市场竞争力。但同时也增加了生产成本和各种营销费用，对企业的实力提出了较高的要求。因此，一般情况下其并不适合新创企业所采用。由于企业不局限于某一单一的细分市场，这在一定程度上分散了企业的经营风险。

3. 集中性市场营销战略

集中性市场营销战略是指企业对市场进行细分后，只选取其中一个细分市场作为目标市场，制定相应的营销组合，集中所有力量进行专业化的生产和经营，力图在该细分市场上占有较大的市场份额的一种目标市场战略。

由于营销组合单一，因此可节省营销费用，企业只选取一个细分市场，可更好地了解顾客需求，针对顾客需求开发产品，实现专业化的生产与销售，进而在有限的市场上获得较大的市场份额，甚至成为该细分市场上的领导者。

但也会由于市场单一而丧失一定的市场机会。同时，这种战略如同将所有鸡蛋放在同一个篮子里，存在较高的风险性，一旦市场发生萎缩，企业将面临倒闭的风险。

此战略适合三类企业采用：第一，实力不强的中小企业；第二，刚刚进入某一新市场的大企业；第三，刚刚进入市场的新企业。

三、设计市场营销策略

在分析创业机会和选择目标市场的基础上设计有针对性的营销策略是完成创业计划的重要步骤，其中包括如何设计产品策略、价格策略、渠道策略和促销策略。

（一）产品策略

1. 创业产品整体观念

创业成功的标志是成功实现产品在市场上的销售，实现这一目标的首要工作就是进行产品开发。从产品的整体观念来看，创业产品由五个层次构成，如图 11-3 所示。

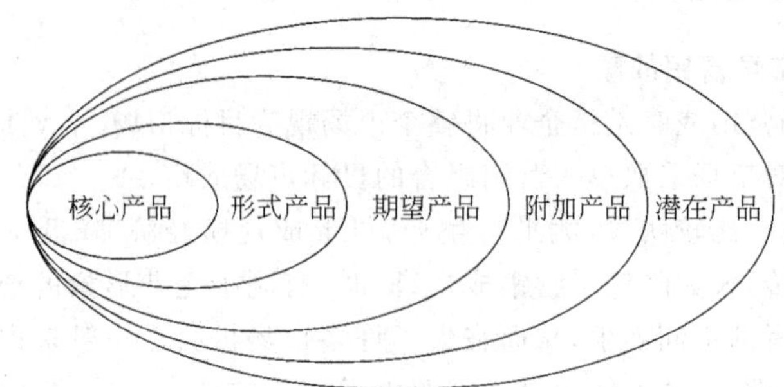

图 11-3　创业产品整体观念的五个层次

(1) 核心产品，是指产品能为顾客带来的基本利益和效用，是顾客购买的核心价值所在。例如，购买计算机要满足的基本需求是数据与信息的处理。

(2) 形式产品，是指体现产品基本利益或效用的具体表现形式，主要包括产品质量、款式、特色、品牌及包装等。例如，计算机能否实现高效的数据处理与分析能力，需要依靠 CPU、内存、主板等硬件产品的品质、特性等。

(3) 期望产品，是指顾客在购买产品时所期望得到的与产品密切相关的一整套属性和条件。例如，顾客在购买计算机的过程中，希望得到专业的产品介绍、耐心的服务及产品的现场试用等。

(4) 附加产品，是指企业为了提升顾客满意或实现差异化而提供的各种利益的总和，包括产品使用说明书、安装、配送、调试、维修保证及使用培训等。

(5) 潜在产品，是指顾客通过购买产品会实现的全部价值，包括当前购买的产品在未来可能发展成的新的产品形态。例如，彩色电视机可发展为电脑终端机等。

【应用阅读】

咖啡的升值

当咖啡被当作普通产品来销售时，一磅可卖 300 元；当咖啡被包装为商品时，一杯就可以卖一二十块元；当其加入了服务，在咖啡店中出售，一杯最少要几十元至 100 元；但如能让咖啡成为一种香醇与美好的体验，一杯就可以卖到上百元甚至是好几百元。

启示：企业应加强对产品整体观念的研究，主要从书中提到的五个层次来展开，对产品整体观念的研究及实施将为企业带来巨大的经济价值。

2. 新产品的界定

新产品是一个相对的概念，在市场营销学中，其所涵盖的范围比较广泛。不只局限于基于新技术与新构思研制出来的全新产品，只要是对产品整体观念中的任何一部分进行改进与创新后所形成的产品，甚至只是从原有市场进入新的市场，这样的产品都可定义为新产品。按产品研究开发过程，新产品具体可分为以下几类。

(1) 全新产品。它指应用新原理、新技术、新材料，具有新结构、新功能的产品。该新产品在全世界首先开发，能开创全新的市场。它占新产品的比例约为10%。

(2) 改进型新产品。它指在原有老产品的基础上进行改进，使产品在结构、功能、品质、花色、款式及包装上具有新的特点和新的突破。改进后的新产品，其结构更加合理，功能更加齐全，品质更加优质，能更多地满足消费者不断变化的需要。它占新产品的比例约为26%。

(3) 模仿型新产品。它是企业对国内外市场上已有的产品进行模仿生产，称为本企业的新产品。模仿型新产品约占新产品的20%。

(4) 形成系列型新产品。它指在原有的产品大类中开发出新的品种、花色、规格等，从而与企业原有产品形成系列，扩大产品的目标市场。它占新产品的比例约为26%。

(5) 降低成本型新产品。它是以较低的成本提供同样性能的新产品，主要是指企业利用新科技，改进生产工艺或提高生产效率，削减原产品的成本，但保持原有功能不变的新产品。这种新产品的比重约为11%。

(6) 重新定位型新产品。它指企业的老产品进入新的市场而被称为该市场的新产品。这类新产品约占全部新产品的7%。

3. 创业产品开发

由于机会导向存在一定风险，且新创企业资源相对不足，因此在开发新产品时，应重视新产品开发程序的建立、应用与管理，以尽可能降低投资风险。

新产品开发程序如图11-4所示。

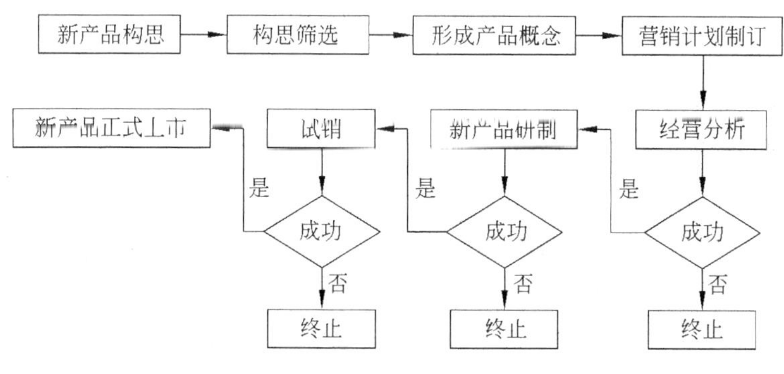

图11-4 新产品开发过程

(二) 价格策略

当新创企业拥有了一种新产品后，如何把新产品成功地推向市场成为一个最关键性的问题。因此，创业要想成功，还必须借助合理的定价策略、渠道策略及促销策略，来共同实现企业的营销目标。由于新创企业生产经营的产品、所处的市场环境及定价目标各不相同，所以应采用不同的定价策略。

1. 新产品定价策略

新产品定价策略主要包括以下两种具体形式。

(1) 撇脂定价策略

所谓撇脂定价,是指在新产品进入目标市场时,制定较高的价格,以期在竞争对手以较低价格推出相似产品之前,迅速获取利润,收回投资。由于这种定价策略与在牛奶中撇取奶油的做法相似,因而人们将它形象地称为撇脂定价。

撇脂定价适用于需求价格弹性较小、功能独特、时尚性强或有专利权保护的产品。在以上这些情况下,即使产品的价格定得过高,也同样会吸引消费者的购买,仍然会有市场。若此法运用得当,会帮助企业创造丰厚利润;但若运用不当,也会带来一定风险。

其优点是:第一,便于快速收回成本,实现预期利润目标;第二,有利于树立高端品牌形象;第三,便于后续价格调整。

其缺点是:第一,高价容易吸引竞争者的进入,难以维持稳定的市场份额;第二,高价影响打开销路,不利于开拓市场。

(2) 渗透定价策略

所谓渗透定价,是指在新产品进入目标市场时,制定较低的价格,以吸引大量消费者,迅速占领市场。同时,通过规模效应,降低生产与营销成本,获取更多的盈利。

渗透定价适用于实力雄厚的企业,由于产品处于导入期且定价较低,因此会造成一定的亏损,企业要有承担亏损的能力。同时,渗透定价适用于需求价格弹性较大的产品,低价能够带来更大的市场份额。

其优点是:第一,迅速打开销路,提升市场占有率;第二,获取规模收益;第三,低价利薄,不易诱发竞争。

其缺点是:第一,低价不利于成本的回收;第二,不利于后期调价;第三,不利于树立高档品牌形象。

2. 折扣定价策略

折扣定价策略是指企业根据购买数量、还款情况、销售季节等情况的不同,给予消费者不同的价格折让,进而鼓励购买的一种价格策略。

它主要有以下几种形式。

(1) 现金折扣,是为鼓励顾客及早付清货款而提供的一种价格优惠。这种策略规定买方在一定时间内付款,可以享受一定比例的折扣,过期则不享受此种优惠。例如,“3/20,net45”,表示付款期是 45 天,如果买方在 20 天内付清货款,企业将给予 3%的折扣。

(2) 数量折扣,是为鼓励顾客大量购买而采用的一种价格优惠策略。一般来讲,购买数量越多,所享受的折扣就会越大。例如,购买 50 公斤以下的产品,每公斤 60 元;购买 50～100 公斤,每公斤 58 元;购买 100 公斤以上,每公斤 55 元。

(3) 功能折扣,又称交易折扣,是指企业由于中间商为其提供某种营销功能(如运输、储存、促销、资金融通等)而给予中间商的一种价格优惠策略。一般来讲,折扣会根据所提供的营销功能的不同而有所差异。

(4) 季节折扣,是指企业为反季或淡季购买产品的顾客提供的一种价格优惠策略。采用这种策略能够帮助企业减轻库存,促进资金流通,使企业的生产和销售在一年四季都能保持相对稳定。例如,商场在反季销售服装的时候,会给予 1～5 折的折扣。旅游旺季,某旅馆标准间房费为 300 元/天;而在淡季,标准间房费为 120 元/天。

3. 心理定价策略

心理定价是根据消费者的需求心理来制定价格的一种策略。主要包括声望定价、尾数定价和招徕定价三种形式。

(1) 声望定价指企业利用消费者追求名牌的心理,为具有声望的品牌制定较高的价格,进而刺激消费者购买的一种策略。例如,法国的香水、瑞士的手表等名牌产品销售价格较其他同类产品高出几倍甚至是十几倍,但仍能吸引一定的消费人群,他们愿意为能够彰显身份和地位的产品埋单。

(2) 尾数定价指企业为产品制定带有零头而非整数价格的定价策略。根据消费者的求廉心理,会认为 19.9 元比 20 元便宜,进而促进消费。同时,根据求实心理,消费者又会认为 19.9 元是经过商家结合成本精确计算后而制定的价格,进而产生一种信任感。

(3) 招徕定价指企业为部分产品制定较低价格(有时甚至会低于成本),以吸引顾客进店消费,进而带动店内正价或高价产品的销售,来弥补损失并获取更大利润的定价策略。例如,很多商家会定期推出特价商品,吸引消费者光顾,顾客往往也会留意店内其他商品,并为那些喜欢的正价或高价商品埋单。

4. 差别定价策略

差别定价又称歧视性定价,是指企业根据顾客、时间、空间、产品用途等的不同而为产品制定两种或两种以上不反映成本比例的差异价格的策略。主要包括以下几种不同形式。

(1) 顾客差别定价,指企业将同一产品以不同的价格卖给不同的顾客。例如,某旅游景区成人票价为 50 元,学生票价为 30 元,儿童票价为 25 元。

(2) 产品形式差别定价,指企业根据产品的式样、品种、型号的不同,为其制定不同的价格,但是价格的差异与成本之间的差异并不成比例。例如,同样是 1 公斤开心果,盒装的价格为 150 元/盒,而散装的价格为 40 元/斤。

(3) 产品地点差别定价,指企业为处于不同位置的同一产品制定不同的价格。例如,同一赛事比赛场馆中,会根据距离比赛场地的远近、观看角度等条件的不同,将座位划分为不同的票价区,观看效果越好的座位,票价就会越贵;反之则越便宜。

(4) 销售时间差别定价,指企业根据不同季节、不同时期甚至同一天内的不同时间段,为同一产品制定不同的价格。例如,运动场馆或练歌房等娱乐场所在每天的不同时段定价会有所差别。

(三) 渠道策略

1. 分销渠道的概念与类型

关于分销渠道,著名的现代营销学之父——菲利普·科特勒教授给出了这样的概念,他认为分销渠道是指某种产品或服务在从生产者向消费者转移的过程中,取得这种产品或服务的所有权或帮助所有权转移的所有企业和个人。

良好的分销渠道可以帮助企业从中间商那里获取关于竞争对手、消费者、客户的相关信息,以实现产品价值的有效传递,将产品顺利地过渡到消费者的手中,企业从产品销售中获利，同时顾客价值也得到了实现与提升。

按照有无中间商，可将渠道分为直接渠道和间接渠道。

按照中间商的多少，可将渠道分为长渠道和短渠道。在产品由生产者向消费者转移的过程中，任何一种拥有产品所有权或负有推销责任的机构，都可视为一个渠道层次。

按照同一渠道层次上，同类中间商数目的多少，可将渠道分为宽渠道和窄渠道。

2. 分销渠道设计的影响因素

(1) 企业自身因素

一是企业的规模与资金实力。一般来讲，规模大、资金实力强的企业有能力自己承担部分或全部营销职能，如仓储、运输、融资等。此种情况下，可选择短渠道，甚至建立自己的直销渠道；相反，则需要借助中间商承担营销职能的能力来保证产品的转移，此时需要建立长渠道。

二是企业的营销能力。营销能力强的企业，可以考虑建立直销或短渠道；反之，则适合采用长渠道与宽渠道，利用中间商来保证产品的顺利销售。

三是企业对渠道的控制愿望。对渠道的控制体现在很多方面，如对产品价格的控制、促销的控制、服务水平的控制等，如果企业希望对渠道进行控制的愿望较强，则应选择短渠道与窄渠道；反之，则可以选择长渠道与宽渠道。

(2) 市场因素

一是市场规模。市场规模大，应采用长渠道与宽渠道；反之，市场规模小，应采用短渠道、窄渠道，甚至直销的模式。

二是销售量的大小。如果产品批量销售，顾客单次购买数量大，则适宜采用短渠道或直销模式；相反，如果顾客单次购买数量少，且购买频率高，则应借助批发商、零售商来实现产品的转移，适宜建立长渠道与宽渠道。

三是消费者的地区分布。如果消费者在地区分布上较集中，适宜建立短渠道与窄渠道。若只集中分布在某一较小范围内，则可建立直接渠道；相反，如果较分散，则适宜建立长渠道与宽渠道，借助中间商实现产品的转移，尽量使分布广泛的消费者都能接触到产品。

四是竞争者的分销渠道。在建立分销渠道时，应根据企业需要对竞争者的分销渠道进行分析。结合自身实力，如果企业实力强，可与竞争者采用同样的分销渠道，这样可以减少投资的风险性；相反，则应该避开竞争对手，采用差异化的分销渠道。

(3) 产品因素

一是产品价值的高低。一般来讲，产品价值越高，越应选择短渠道或直接渠道，流通环节过多，会造成价格的提升，不利于销售。同时，流通环节越多，造成产品破损的可能性就越大，将降低产品价值；相反，产品价值低，企业可考虑选择长渠道与宽渠道。

二是产品体积与重量。产品体积与重量越大，运输与储存的费用就越高，此时应选择短渠道；相反，则可选择长渠道。

三是产品物理化学性能。如果产品容易腐烂、变质或破损，如蔬菜、肉类、海鲜、烟花等，则应尽量缩短分销渠道；相反，可考虑选择长渠道。

四是产品的标准化程度。标准化程度高的产品，有明确的式样、规格、使用方法，如洗发水、手套、家庭电话等，可选择长而宽的分销渠道；相反，标准化程度低，如定制品，要根据顾客的需求进行设计与生产，则以不经由中间商为好。

五是产品的技术性。高技术性产品，需要生产企业为用户提供培训、调试、维护等服务，指导和保证产品的正常使用，此时应由生产企业直接为用户供货；相反，技术性不强的产品，则可考虑选择长而宽的分销渠道。

(4) 中间商因素

不同的中间商在其实力、规模、所能提供的营销职能等方面存在一定差别，这直接影响到分销渠道的设计。

(5) 环境因素

环境因素也会影响到分销渠道的设计。例如，行业技术水平的提升，带来新的科技、网络技术的发展，实现了网络直销的模式，使企业可以通过网络平台直接宣传与销售产品；随着中国政府传销禁令的出台，为适应中国国情，安利不得不对在国外被广泛应用的多层次直销的模式进行改变，采用店铺销售加雇佣推销员的方式继续运营。

3. 分销渠道的设计步骤

分销渠道的设计步骤如图 11-5 所示。

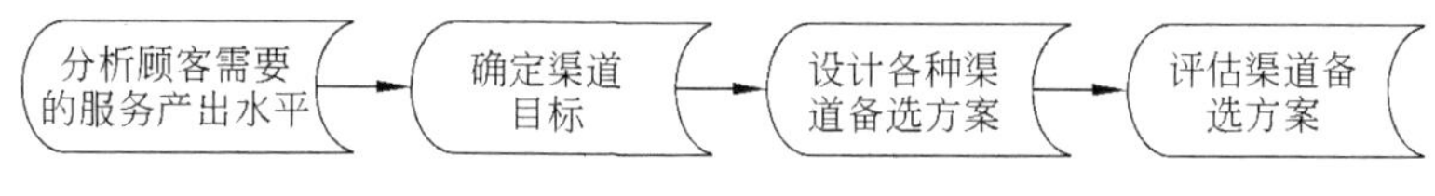

图 11-5　分销渠道的设计步骤

(1) 分析顾客需要的服务产出水平。设计分销渠道的第一步是了解顾客在购买产品和服务的时候，希望得到的服务类型和水平，需要结合顾客希望购买什么产品、在什么地方购买、为什么购买、何时购买和如何购买等因素来考虑。企业能够为顾客提供的服务产出包括品种齐全、质量保证、批量大小、等候时间、空间便利等内容。

(2) 确定渠道目标。所谓渠道目标，是指所建立的分销渠道预期为顾客实现服务的水平，以及在分销渠道中各中间商应执行的职能。在确定渠道目标的过程中，要受到企业自身、市场、产品、环境、中间商等因素的影响。

(3) 设计各种渠道备选方案。在渠道目标确定之后，需要设计几种不同的渠道备选方案。在设计过程中，主要考虑以下三个问题：中间商类型、中间商数量、渠道成员的权利和义务。

(4) 评估渠道备选方案。当得出几种可能的渠道备选方案后，需要对它们从经济性、可控性及适应性等角度进行评估，进而选出最优的渠道方案。

(四) 促销策略

所谓促销，是指企业通过各种营销手段和方式向消费者传递产品和服务信息，激发消费者的购买欲望，促成购买行为，以实现产品销售为目的的一系列活动。在促销过程中，可使用的促销手段主要包括人员推销、广告、营业推广和公共关系四种，企业结合需要对这四种促销手段进行适当的选择和综合运用，进而形成整体促销策略，又被称为促销组合策略。

不同的促销策略，会产生差异性的营销结果。因此，创业企业在对促销策略进行选择的时候，要综合考虑企业的营销目标、产品类型、市场状况、促销对象、产品生命周期、营销组合及促销预算等因素，来选择最理想的促销组合策略。

1. 人员推销

人员推销是指企业派出推销人员直接向目标顾客宣传产品，促成购买的一种促销手段。其具体方式包括上门推销、柜台推销、会议推销、电话推销及信函推销等。

人员推销的优点是：由于人员推销是直接面对中间商或最终消费者，因此使得推销人员可以以较灵活的方式宣传产品，且针对性强；推销人员在介绍产品信息的同时，可以及时了解顾客的要求及其对市场上同类产品的评价，有利于企业更好地完善和改进产品与服务；推销人员可当场对产品进行示范，消除顾客对产品的疑虑，促成购买；通过推销人员与顾客的长期接触，建立起一种友谊，如果企业的产品能够得到顾客的认可，有利于双方建立长期协作的关系，这种关系通常来讲是非常稳定的。

人员推销的缺点是：在目标顾客较多，且分布范围较广的情况下，由于企业自己的推销人员是有限的，不利于使广大的目标受众都接触到产品信息；人员推销比其他促销方式的成本要高，且对推销人员的要求也较高，若为推销人员进行专门培训，又会增加支出，提高促销成本。

人员推销的工作程序如图 11-6 所示。

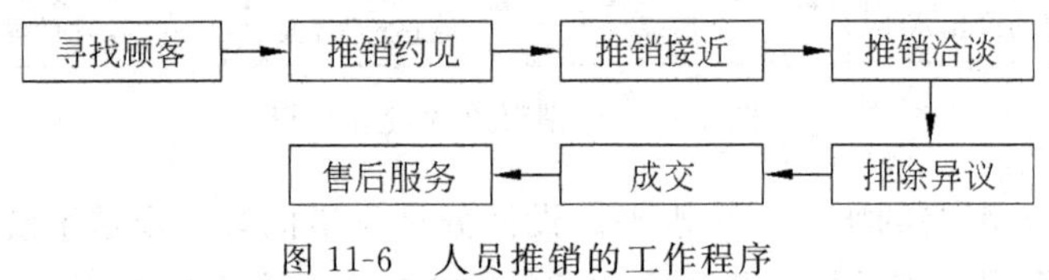

图 11-6 人员推销的工作程序

2. 广告

广告是通过特定媒体登出的、付费的、以传播企业和产品信息为目的的非人员促销方式。

在产品不同的生命周期阶段，广告的目标有所不同，根据广告目标的不同，可将其分为告知性广告、劝说性广告和提示性广告三种类型。

不同的广告媒体在其成本、适用范围、传播效果等方面都会存在一定的差异，因此企业要结合多种因素对广告媒体进行选择。目前比较常用的广告媒体主要包括电视、广播、互联网、报纸、杂志、户外广告和邮寄等。

影响广告媒体选择的具体因素包括广告目标、产品特点、消费者接触媒体的习惯、媒体的传播范围、媒体的声誉与影响力及媒体费用等。

3. 营业推广

营业推广又称销售促进，是指企业利用短期诱因刺激消费者和中间商购买、经销企业产品的促销方式。由此可见，营业推广的形式应主要包括以下三大类。

一是针对消费者的。目的是配合广告活动，促进消费者增加购买数量和重复购买。具体可采用的方法包括赠送样品、免费试用、优惠券、有奖销售、俱乐部制、现场演示、折扣优惠、积分回报、交叉销售及包装兑换等。

二是针对中间商的。目的是为了取得中间商的支持与合作，鼓励中间商大批进货或代销。具体可采用的方法包括展销会、冠名广告、批量折扣、现金折扣、销售竞赛、经销津贴、特许经销等。

三是针对推销人员的。目的是调动推销人员的工作积极性,鼓励他们推销产品,扩大销售。具体可采用的方法包括开展销售竞赛、销售红利、销售奖金、免费培训、免费旅游等。

4. 公共关系

公共关系是指企业为增进与社会公众的关系,促进公众对企业的了解、理解与认同,以树立和改善企业形象、提升社会声誉为目的的非人员促销方式。

通过公共关系,企业可以以非付款方式,通过第三方在电视、电台、报纸、期刊等各种传播媒体上发表有关企业及产品的信息。与其他促销策略相比,公共关系更具有新闻价值,容易引起社会上的轰动与反响。信息以新闻的方式出现,可在增强信息可信度的同时,激发中间商的销售积极性。

常见的公共关系形式包括发布新闻、发布宣传材料、策划企业领导人的演讲和报告、社会捐助活动、企业内部参观和矫正性活动等。其中,矫正性活动是指,当企业出现形象和信誉危机时,及时发现问题所在,积极采取应对措施,妥善加以处理,争得公众的谅解,以挽回损失,在公众中重塑企业良好形象的活动。

【应用阅读】

一场官司带来的公关效果

在法庭上,英国中年妇女琼斯太太正在和丈夫闹离婚,理由是丈夫有了外遇。琼斯太太边哭边诉道:"我20岁嫁他,他曾发誓不再和那鬼东西来往了,可是结婚不到一星期,他就又偷偷地到运动场上约会去了。我劝也不听,现在他已经50多岁了,可还在迷恋那个可恶的'第三者',无论白天黑夜,他都要去运动场约会。"法官问:"谁是'第三者'?"琼斯太太爽快地回答说:"就是那臭名远扬、家喻户晓的足球!"法官哭笑不得,只得劝道:"足球不是人,你只能控告生产足球的厂家。"谁知琼斯太太果真向法院控告一年生产20万只足球的英国"宇宙"足球厂。出人意料的是,该厂老板居然表示:同意赔偿这位太太10万英镑孤独费。这场意外官司,很快得到新闻界的大肆宣扬。事后,老板对记者说:"这位太太的控告词,为我厂做了一次绝妙的广告。"

启示:第一,善于"制造新闻"是企业扩大知名度与美誉度的重要手段,在众多的宣传性公共关系手段中,它是一种最主动、最有效的传播方式。"宇宙"足球厂的老板深谙此奥秘,巧妙地利用这一公关手段,为该厂足球促销做了一次效果显著的免费广告宣传。第二,英国"宇宙"足球厂利用意外官司赔偿10万英镑孤独费,换取了新闻界大肆宣扬的炒作,以"小失"换"大得",其实是十分合算的。

四、执行和控制市场营销计划

市场营销计划制订完成后,如果不加以实施,那么就意味着所做的所有前期工作都为零。为了实现营销计划所达到的预期结果,对营销计划的执行与控制成为营销过程中的关键一步。

营销计划的执行主要涉及制定行动方案、建立或调整组织结构、形成规章制度和协调各种关系等四项基本内容。

营销控制主要包括营销战略控制、年度计划控制、盈利能力控制和效率控制四项基本内容。

第二节 创业企业市场进入

在确定目标市场之后,新创企业需要考虑的一个重要问题就是如何进入市场,正确的市场进入策略的运用对于企业实现市场目标起到至关重要的作用。所谓市场进入策略,是指企业为了使产品快速、顺利地进入目标市场,而对进入方式和进入渠道所采用的策略。

一、进入方法

当新创企业刚进入某一目标市场时,会遭到该市场上既有企业的排斥与反击,如何才能巧妙避开或尽量减少这种阻碍,以占住市场,求得发展,这里有一些可以借鉴的方法。

(一) 市场逐步扩张法

新创企业与市场上同行业的成熟企业相比,在资源与抵抗扩张风险的能力等方面都存在一定的差距。因此,在刚进入市场时,不易快速扩张,这样很可能与大企业发生正面竞争,往往会导致创业的失败。除了资源方面的不足外,据美国科特勒集团研究表明,“69%的新创中小企业不知道该怎样制定营销战略”,“68%的新创中小企业对销售计划、销售任务分配没有系统的规划”。由此可以看出,大多数的新创企业缺少完整的营销理念,缺少市场经验,缺少结合市场需求与环境对经营产品全面认识的能力。基于此,新创企业在进入目标市场时,应采取逐步扩张法。

如德国福斯汽车公司有名的市场开拓方法——点、线、面三点进入法。当企业选定某一目标市场后,先根据市场实际情况在该目标区域附近确立一个点,此点为进入市场的第一步;其次,当第一步的营销取得成功后,在目标区域附近确立第二个点,两点可以形成一条线;再次,确立第三个目标点,该点与前两个点分别连线后,要保证能将目标市场区域包围起来,形成最终的营销区域;最后,在目标区域中央确立第四个点,该点为下一步营销开展的中心点,也是关系到能否成功占住目标市场的关键点。

(二) 市场机会进入法

在市场大环境的影响之下,新创企业要努力寻找、发现,并充分利用市场机会,结合自身的优势,创造进入目标市场的方法。具体可从以下几点展开。

1. 寻找利基市场

所谓利基市场，是指那些被大企业忽略或不感兴趣的规模较小的细分市场。由于市场很小，因此缺乏对大企业的吸引力，这也意味着这个市场的需要没有被满足。因此，通常来讲，利基市场风险既小且又有利可图。新创企业可选择进入利基市场，虽然市场份额很小，但却能比其他企业更好地满足这一细分市场的需求，通过提供高附加值的产品而得到快速的利润增长。当在利基市场成为领先者后，再向大市场开拓，逐渐形成持久的竞争优势。

2. 研制创新性的产品

在所选定的目标市场上，既有企业的产品已经得到消费者的普遍认可，通常对老产品的选购与使用已经成了消费者的一种习惯。在这种情况下，新创企业可以考虑采用在老市场上提供新产品的方法，利用消费者的求新心理，来吸引他们的注意，并配以成功的营销手段，为自己创造市场机会。

3. 实行创造性的推销

新创企业的研发能力有限，有的时候会凭借改进型新产品甚至是模仿型新产品进入市场。那么在产品创新性不足的情况下，如何才能与既有企业竞争？实现差异化呢？此时企业可借助创造性的推销手段，推销语言要坚持以消费者为中心的原则，能够打动消费者，销售就成功了一大半。

4. 引导和改变消费者爱好

新创企业可通过广告宣传、销售促进等促销手段引导和改变消费者的爱好，转变其对某种产品的传统观念，进而创造出新的商机。

（三）市场领袖进入法

所谓市场领袖，是指在市场中为他人提供产品及市场信息的学者、领域专业人士或具有权威性的机关、团体等，他们的意见具有权威性和导向性，在信息传播的过程中起着重要的中介或过滤作用，对消费者选购何种产品具有重要的影响作用。

具体来讲，市场领袖所发挥的作用主要包括以下几点。

第一，由于市场领袖对消费者需求、市场现状及未来发展趋势有较好的洞悉能力，因此，他们可对产品的市场发展动态进行较为准确的分析和预测。

第二，由于权威，因此值得信赖。对消费者购买某企业的产品有很大的引导性作用。

第三，可以实现信息的双向传递，在向消费者传递产品信息的同时，企业可从市场领袖处得到消费者对于某种产品的具体看法与反应，为企业改善产品及调整营销策略提供宝贵的指导性建议。

新创企业可借助市场领袖将产品及企业信息有效地传递给消费者，在消费者心中树立可靠的形象。由于企业刚进入市场，尚未建立起知名度与美誉度，因此，借助市场领袖可为企业创造进入市场的机会。

（四）广告宣传先行进入法

在产品进入目标市场之前，大量的广告宣传有助于消费者对产品产生初步的认知，对产品的后续销售起到促进作用。广告宣传的手段有很多，例如，新创企业可以和目标市场内既有的企业联合进行广告宣传，联合一个已经确立了市场地位的具有一定知名度的品牌做广告，可以使新产品在消费者购买和使用熟知产品时建立起更强烈的形象，有利于市场的进入。也可以联合中间商，给予一定的渠道支持，借助中间商对产品进行广泛的宣传，或是做联合广告宣传。方法有很多，企业需结合营销目标、自身实力、产品特点及市场环境等因素来选择具体的广告宣传方法。

二、营销队伍建设

（一）明确营销队伍目标

营销队伍建设的第一步就是要设计明确的团队目标。目标可结合新创企业所经营的具体产品、市场环境及自身资源条件等因素来综合考虑。例如，可将营销队伍的总体目标确定为销售网络的开发、产品知名度的提高或快速提升产品的市场覆盖率等。

（二）确定营销队伍策略

与市场上的既有企业相比，新创企业竞争力明显不足，那么如何与竞争对手竞争，实现营销目标呢？销售队伍需要有一套可行的销售策略。主要包括销售代表与顾客个别接触、销售代表与顾客群体接触、销售小组与顾客群体接触、推销会议、培训研讨会等。

（三）设计营销队伍结构

新创企业营销人员有限，管理制度尚不完善。因此，关于销售总监、销售经理、销售主管等职位也许并没有清晰地设置。但总体而言，营销团队中，应包括以下四种人才：营销战略人才、营销战术人才、营销执行经理和营销人员。

（四）合理确定营销队伍规模

通常来讲，新创企业的营销网络还没有全面铺开，产品渗透地区比较有限。因此，销售人员的数量应以少而精为主要原则。具体可结合总体工作量与人均销售任务量来确定销售人员的规模。

（五）明确营销队伍职责

明确营销队伍中每个成员的职责是完成营销任务、实现营销目标的前提。应做好以下具体工作：第一，设计营销工作岗位。明确营销部门的重要地位，明确各岗位之间及与企业内其他部门之间的业务传递关系。第二，明确岗位职责。将工作具体化，为每个成员制定明确的岗位职责，如制订营销部工作计划、获取市场信息、制订营销策略及实施方案、与客户洽谈等。第三，确定每个岗位的具体工作目标。

（六）制定合理的薪酬制度

合理的薪酬制度是留住员工、激发员工积极性、提升员工满意度及忠诚度的前提保证。基本的薪酬制度主要包括以下几种：薪金制、提成制、奖金制、薪金＋提成制、薪金＋提成＋奖金制、津贴制、福利制等。

三、寻找顾客

没有顾客资源，企业就很难取得发展，对于新创企业更是如此，获取顾客是保证产品顺利进入市场最为重要的一步。以下是被新创企业经常使用的寻找顾客的几种方法。

1. 缘故法

缘故法即在与自己有缘分或有故交的人际关系中去寻找目标顾客的方法，如亲戚、朋友、老乡、同学及同事等。缘故法是推销产品时最基本的也是首推的一种寻找顾客的方法。

2. 随机法

在平时生活中随时关注身边的陌生人，随机应变，主动认识，采用适当的方法推销产品，使其成为企业的顾客。

3. 普遍寻找法

普遍寻找法也称地毯式寻找法，即针对某一区域，通过上门、电话、邮件等形式逐一地与该区域范围内的个人或家庭取得联系，介绍产品、获取顾客的方法。

4. 资料收集法

关注各类新闻、报纸、杂志及工商企业目录与产品等各类文献资料，尽可能掌握市场需求信息，寻找对产品有需求的人群，并及时与他们取得联系。

5. 广告吸引法

广告吸引法即推销人员利用各种广告媒介向消费者传递企业和产品信息，刺激和诱导消费者的购买行为，进而为企业创造顾客的方法。

6. 互联网寻找法

通过企业网站、论坛、聊天室、QQ 群及各大财经网站与黄页网站等寻找顾客。

7. 委托助手法

委托助手法即通过推销人员雇用他人寻找顾客的一种方法。在西方国家，此法应用得十分普遍。一些推销员常雇用有关人士来寻找潜在顾客，自己则可集中精力从事具体的推销访问工作。

8. 咨询法

有一些组织，它们专门从事信息的收集、分析与处理工作，比如数据公司、咨询公司、行业协会等，可与这些机构取得联系，获取顾客信息。

9. 展会寻找法

每年各地都会举办一些交易会或展会，如广交会、高交会、中小企业博览会等，通过这些交易会或展会，可以收集到很多顾客资料。

第三节 创业企业营销发展

虽然新创企业进入市场的时间不长，不过要想得到长久的发展，也需要在正确的营销理念的指导之下，整合企业内外部所有可利用的资源，借助先进的营销手段与工具，在灵活多变的市场大环境的影响之下，制定符合自身特点及市场需求的营销决策。因此，新创企业必须明确营销的发展过程，明确随着时间的发展、社会营销经验的积累及科学技术的进步，营销观念如何转变、营销主体如何转移、营销组合如何发展，及在信息技术的影响之下，营销模式得到了怎样的创新。只有这样，新创企业才能采用更科学的营销方法来实现营销目标。现主要从以下三个方面来阐述企业的营销发展过程。

一、市场营销观念及其发展

随着市场经济的发展与企业实践的积累，营销观念发生了阶段性的变化，其由卖方市场逐渐向买方市场过渡。所谓市场营销观念，是指导企业生产经营活动，实现营销目标的一种理念和思想。

从演变过程来看，其经历了生产观念、产品观念、推销观念、营销观念及社会营销观念等几个发展阶段。其中生产观念、产品观念与推销观念是以卖方市场为导向，统称为传统营销观念；营销观念与社会营销观念则以买方市场为导向，统称为现代营销观念。

创业者对传统营销观念应有个正确的认识，明确其利与弊。同时重视现代营销观念及其新发展，并应用于企业实际，帮助自身提升市场竞争力。下面分别对绿色营销、网络营销、整合营销和关系营销等营销新领域进行简单介绍。

（一）绿色营销

所谓绿色营销，是指企业在生产经营的过程中，要将自身利益、消费者利益和环境利益三者有机结合起来，既要实现企业的利润目标，又要满足消费者的需求，同时还要充分注意自然生态平衡。

绿色营销与传统营销相比，具有以下特征。

1. 绿色消费是开展绿色营销的前提

根据马斯洛的五层需要理论，当人们的温饱等生理需要得到满足后，便会对生活质量提出更高的要求，此时人们开始关注绿色食品、绿色生活环境，乃至绿色药品。由此可见，绿色消费引导企业必须开展绿色营销。

2. 绿色观念是绿色营销的指导思想

要想满足消费者对绿色产品的需求，首先企业应该奉行绿色的经营理念，并将其贯穿于产品的构思、设计、研发、制造和销售的全过程。

3. 绿色体制是绿色营销的法律保障

在政治与经济管理体制方面，应该制定并实施环境保护与绿色营销的方针、政策，制约各方面的短期行为，维护全社会的长远利益。

4. 绿色科技是绿色营销的物质保证

科学技术的进步不能背离绿色观念，而应服务于绿色营销的开展。要以绿色科技促进绿色产品的发展，促进节约能源和资源可再生以及无公害的绿色产品的开发。

企业的发展应以不危害自然环境和社会的长远利益为前提，采用绿色的营销方法与策略。在产品方面，绿色营销强调节约生产资源，防止产品的品质污染，反对过度包装；在定价方面，政府对绿色产品实行优惠的税收和成本政策；在分销方面，要注意卫生、安全的物流载体和物流过程；在促销方面，主要依靠社会团体和公益活动展开推广计划。

（二）网络营销

所谓网络营销，就是以现代营销理论为指导，以互联网为基础，利用数字化的信息和网络媒体的交互性来面向广大网民开展营销活动，以达到开拓市场，实现企业营销目标的新型营销方式。

与传统营销相比，网络营销具有跨时空、多媒体、交互性、个性化、成长性、整合性、超前性、高效性、经济性和技术性等特点。

网络营销产生于20世纪90年代，发展于20世纪末至今。其是电子商务环境下市场营销创建的产物，是电子商务在市场营销中的应用。由于网络营销成本低、效果好，因此得到广大企业的青睐与应用。在2010年6月底，我国网民的数量就已达到4.2亿，互联网普及率达到31.8%。根据中国互联网络信息中心发布的《第30次中国互联网络发展状况统计报告》显示，截至2012年6月底，中国网民数量达到5.38亿，互联网普及率为39.9%。由此可见，中国网民数量正呈逐渐上升趋势。基于此，在我国网络营销越来越受到重视。据统计，中国开展网络营销的企业以每年1 000多家的速度激增，也就是说，每天就有超过3家开展网络营销的公司成立。在互联网日益普及的今天，电子商务的便捷和高速无限制的特点已得到充分的体现。

网络营销强化了企业与用户之间的互动，有效地实现了信息的双向传递，使企业能够更好地了解消费者的需求，为其定制满足其个性化需求的产品。同时，网络营销也逐渐专业化，其主要包括搜索引擎营销、网络病毒式营销、BBS营销、博客营销、网络口碑营销、即时通信营销、网络事件营销、RSS营销等15种具体的网络营销形式。

网络营销真正地在逐步向“以客户为中心”的经营理念迈进，重视客户需求与体验。在国家相关政策的大力支持下，网络营销在我国必然会得到更长足的发展。

（三）整合营销

所谓整合营销，是一种对各种营销工具和手段的系统化结合，根据环境进行即时性的动态修正，以使交换双方在交互中实现价值增值的营销理念与方法。整合既包括企业营销过程、营销方式以及营销管理等方面的整合，也包括对企业内外的商流、物流及信息流的整合。

整合营销具有以下特征。

(1) 整合营销以服务顾客为宗旨,使每一位顾客都能体验到企业高效、优质、一致的服务,它把消费者贯穿于整合营销传播活动的每一个环节,并实现与消费者的双向沟通。

(2) 整合营销以系统化思想为指导,将整个整合营销作为一个系统,对其进行计划、协调和控制,不仅关心局部,更注重全局,考查所有行动与方案的效果,使得营销资源在营销工具间进行最优配置,提高企业的组织管理水平。

(3) 整合营销理念引入了整体观与动态观,要求企业用动态的观点看待市场,认清企业与市场之间的互动关系,并根据市场的变化及时调整发展战略。企业内部的所有部门都应当相互配合、精诚协作,形成一个紧密团结的整体。

企业要达到有效地整合营销传播效果,必须做出一系列的转变。比如,更加关注需求链而不是只考虑供应链的问题,这就要求企业对传统的商业模式进行调整,以满足消费者需求为第一原则;更加注重对消费者的倾听,而不是信息的单向推广;了解消费者的媒体使用习惯,更有针对性地开展营销活动等。

(四) 关系营销

所谓关系营销,即把营销活动看作一个企业与消费者、供应商、分销商、竞争者、政府机构及其他公众发生互动作用的过程,其核心是建立和发展与这些公众的良好关系。关系营销奉行的黄金法则是:同等条件下,人们将和他们认识、喜欢并且信任的人做生意。

关系营销具有以下特征。

1. 信息沟通的双向性

在关系营销中,企业与消费者、供应商等各方的信息沟通应该是双向的,只有实现双向沟通,实现信息的共享,才能使企业赢得各个利益相关者的支持与合作。

2. 合作性

只有通过合作,才能实现共赢。因此,企业应注重与各利益相关者之间建立长久稳定的合作关系,关系稳定与否主要取决于两个关键因素:第一,各方利益是否得到实现;第二,各方从关系中是否得到情感上的满足。

3. 互利性

关系营销的基础,在于交易双方相互之间有利益上的互补。企业应寻找双方的共同点,并努力使双方的共同利益得到实现,这也是建立持久稳定合作关系的必备条件。

4. 过程控制性

关系营销要求建立专门的部门,用以跟踪各利益相关者的态度,由此了解关系的动态变化,及时采取措施消除关系中的不稳定因素和不利于关系各方利益共同增加的因素。

关系营销的最终结果是建立起一个关系网,企业必须向关系各方承诺和提供优质的产品、良好的服务以及适当的价格,从而与各方建立并保持一种长期的经济、技术和社会的关系纽带,使企业与各方互利互惠、共同发展。在市场竞争中,哪个企业能最终建立起一张更好的关系网,哪个企业就能在竞争中取胜。

二、营销主体的变化和发展

在传统营销阶段，销售工作仅仅被认为销售部门自己的事情，应由其独立完成。同时，销售也只是被作为企业的一般职能，与生产、财务、人事等各职能并列存在。在这一阶段，营销主体为销售部门。

随着市场导向的转变，在现代营销阶段，企业开始重视顾客在自身发展中所起到的关键作用。管理者认识到，只有将营销作为一个系统化的过程去管理，由企业内部各部门共同参与，才能更好地为顾客服务，提升自身市场竞争力。在这一过程中，营销职能逐渐得到企业更多的重视。对营销环节投入的不断加大，使营销职能演变为企业的核心职能。营销工作也开始获得各部门的支持、参与与协助，其不再是营销部门自己的事情，而是全组织范围内各部门所要共同面对的工作。

三、营销组合的发展

在营销理论不断发展的同时，营销组合也得到了进一步的创新，表 11-1 为几种主要营销组合的比较与分析。

表 11-1 营销组合的比较分析

项目＼营销组合	4P 组合	4C 组合	4R 组合	4V 组合
主要内容	Product、Price、Place、Promotion（产品、价格、渠道、促销）	Consumer、Cost、Convenience、Communication（顾客、成本、便利性、沟通）	Relevancy、Relationship、Reaction、Return（关联、关系、反应、回报）	Variation、Versatility、Value、Vibration（差异化、功能化、附加价值、共鸣）
提出者	杰罗姆·麦卡锡	罗伯特·劳特朋	艾略特·艾登伯格、唐·舒尔茨	吴金明
营销理念	生产者导向	消费者导向	竞争者导向	消费者导向
营销模式	推动型	拉动型	供应链管理	伙伴型
满足需求	相同或相近需求	个性化需求	感觉需求	价值需求
营销目标	满足现实的具有相同或相近的顾客需求，并获得目标利润最大化	满足现实和潜在的个性化需求，培养顾客忠诚度	适应需求变化，并创造需求，追求各方互惠关系最大化	满足顾客差异化需求，提供多样化功能的产品，实现顾客的效用价值最大化
顾客沟通	“一对多”单向沟通	“一对一”双向沟通	“一对一”双向或多向沟通	“一对一”双向沟通

新创企业与成熟企业相比，其面临的环境更加复杂、动态，时刻充满着变化。因此，新创企业更需要把勇于创新、超前认知与行动、积极竞争融入营销活动中来，在机会驱动下，

不断创新营销理念与营销模式，这也必将帮助企业自身获得更多的成功机会。

习 题

【重要概念】

市场营销过程	市场机会	目标市场选择模式	目标市场战略
市场营销组合	新产品	撇脂定价策略	渗透定价策略
分销渠道	促销	市场进入策略	市场营销观念

【思考题】

1. 创业企业应该如何开展市场营销过程？
2. 创业企业应该如何选择目标市场？
3. 创业企业在为产品定价时，应考虑哪些因素？如何选择定价策略？
4. 创业企业应该如何设计分销渠道？
5. 四种促销策略的特点与区别是什么？
6. 以某一创业企业或成熟企业为例，分析其是如何进入目标市场的。

【实训题】

几个月前，你从朋友那里接手了一家书店，自从接手后，虽然书店的营业额已经有了一定程度的提升，但是从长远发展来看，还有几点亟待解决的问题：

(1) 接手后，书店仍有大量积压的库存图书，销得特别慢；

(2) 如果想让书店有一个更好的发展，你还需要考虑如何吸引新的客户。

此时你得知，三周后这条街上将有一家大型的购物中心举行隆重的开业仪式，你认为这是一个把人们吸引到书店的绝好机会。那么，在大型购物中心开业之前，你如何推出广告或进行促销，让那些参加开业仪式的人也来书店看一看呢？在大型购物中心隆重开业的这一周，你能够向客户推出什么特别的激励措施以吸引他们过来呢？

【总结案例】

The Game Agency 的市场攻略

坐落于曼哈顿东16街的 The Game Agency(TGA)是一家挺怪的公司。它名叫“游戏公司”，每年也开发不少游戏，可它的创始人偏偏说 TGA 不是真正意义上的游戏公司，而是家市场营销公司。其实，TGA 的商业模式也不难捉摸，它只是以游戏为介，走在了市场营销的最前沿。

1. 游戏的布道者

TGA 成立不到三年，却拥有了令人惊叹的客户群。从麦当劳到雷克萨斯，从英特尔到花旗银行等众多产业大牌。与其合作的游戏公司更有业界王者：日本的任天堂、美国的电子艺术和法国的育碧。TGA 是如何在短时间内接二连三地赢取高端客户的？这恐怕要归功于游戏本身的魅力。Baer 先生认为游戏可以高效地传达信息，增强用户体验，加长交互时间,便于分享,促进流行,同时让学习也充满乐趣。这些功能使得游戏成为企业在打造品牌时的理想媒介。

但在早期,想让大公司采纳所谓的游戏战略并非易事。作为游戏的布道者,TGA除了提供成功案例,还跟踪采集了大量销售数据来证明游戏营销战略的有效性。两年的布道使得游戏战略渐渐成为主流。

2. "汉堡王"的启示

在成立TGA之前,Baer先生与公司的另一位创始人Joe McDonald都在历史最悠久的电脑游戏公司雅达利做营销策划,而成立以游戏为媒介的营销公司的决定则是受到了美国连锁快餐公司汉堡王大获成功的商业试验的启示。

2006年圣诞节期间,汉堡王为了增加快餐厅的人流量,在连锁店里推出冠名"汉堡王"的三盒装Xbox360游戏。通常,Xbox360游戏要卖到49～69美元,而此系列则只售5.99美元,购买汉堡王的消费者还能获得2美元优惠。结果汉堡王游戏售出320万套,第四季度的利润也增长了40%,公司CEO将戏剧性的40%完全归功于游戏的出售。这让Baer和McDonald深感游戏的商业效应。于是创立TGA成为必然,提供从游戏策划、制作到发行的一站式服务。

3. 兵分两路

TGA的客户群大致可以分成两类:"外行"与"内行"。外行包括多种产业的非游戏公司,内行则是顶尖的游戏公司。抛开游戏部分,TGA的服务从本质上说是品牌与营销策划。

对于外行,TGA跟普通的营销顾问一样,先要了解公司所针对的市场和需要开发的潜在市场,对消费者的行为及需求做深入调研。在充分分析消费者的行为和心理后,再依据品牌形象设计游戏,拉近品牌与消费者的距离。对于内行,TGA则充分发挥在Web 2.0时代的推广技能,通过各种社交网络来吸引消费者和潜在消费者的眼球。虽然游戏公司推出的都是大制作的"重度"游戏产品,但是TGA则根据网络社区的特性,制作小巧而不失趣味的"轻"游戏,使其像病毒一般在各种电子平台上蔓延开来。在接触"轻"游戏的过程中,用户对大制作的游戏有了认识度,并产生好奇心,提高了购买"重度"游戏产品的可能性。

4. 四两拨千斤

TGA的员工不过十来个,那么这个微型战队是如何做到多产的呢?原来,TGA的全职员工只负责前期的调研和战略性的策划及后期的推广,中期的游戏软件开发和制作都采用外包。Baer说,外包可以实现资源的最大优化。TGA不需要全职的游戏开发者,只需拥有一个高质量的程序员人际网,可随时调用高手实现产品开发。

5. 坚守阵营

TGA的核心业务是创造性的市场营销,游戏只是手段,这是公司管理者坚守的原则。既然不是专业做游戏开发的,如果没有客户的需求,TGA通常不会独立制作游戏。然而,TGA并没有抵制开发游戏的诱惑。例如,公司开发了一个原创的黑莓手机游戏,并早在有游戏创意时,团队就开始寻找开发游戏的埋单人,经研究,该游戏和老客户花旗银行的品牌比较相符。公司决定将游戏做成两个版本:一个TGA版,一个花旗银行版。花旗银行对游戏的创意很是满意，爽快地为TGA的原创作品埋了单。TGA也创造了先有创意，再找买主的新模式。

资料来源：新浪财经，作者有所删改。

讨论：

(1) 试分析TGA公司为什么会在市场上迅速取得成功？它都运用了哪些营销方法与策略？

(2) 从这个案例中，你受到了什么启发？

第十二章

创业企业财务管理

【学习目的与要求】

1. 掌握创业企业财务管理的基本内容。
2. 熟练掌握创业企业对于流动资产的管理方法，其中包括现金、应收账款和存货。
3. 了解创业企业利润分配的相关原则及顺序。
4. 深入了解财务管理对于创业企业的重要性。

【创业管理小故事】

中南公司财务问题

中南公司成立于1990年，是由原中洁化工厂和南宏化工厂合并而成。合并之时，中洁化工厂主要生产"彩虹"牌系列洗涤用品，它是一种低泡沫、高浓缩粉状洗涤剂；南宏化工厂主要生产"波浪"牌系列洗涤用品，它具有泡沫丰富、去污力强等特点。两种产品在东北地区的销售市场各占有一定份额。两厂合并初期，仍继续生产两种产品，并保持各自的商标。然而，面对日益激烈的商业竞争和层出不穷的科技创新，中南公司投入大量资金进行新产品的研究和开发工作，经过两年的不懈努力，终于试制成功一种新型、高浓缩液体洗涤剂——长风牌液体洗涤剂。与传统的粉状洗涤剂相比，长风牌洗涤剂拥有用量少、效果佳且易保管的特点。之后，企业召开会议讨论新产品开发及其资本支出预算等问题。会上，研究开发部经理指出，生产长风牌液体洗涤剂的原始投资为250万元，其中新产品市场调查研究费50万元，购置专用设备、包装用品设备等需投资200万元。预计设备使用年限为15年，期满无残值。在企业开发初期，面临着各种财务问题，如新产品所追加的流动资金，应否算作项目的现金流量；生产新产品所产生的机会成本；市场调查研究费用是否属于先进流量等。

启示：处于初创时期的企业，这个时期对于创业者来说非常重要，很多财务决策直接关系到创业的成败。

第一节 创业企业财务管理概述

一、财务管理

（一）财务管理的概念与对象

1. 财务管理的概念

财务管理是在一定的整体目标下，关于资产的购置（投资）、资本的融通（筹资）和经营中现金流量（营运资金）以及利润分配的管理。财务管理是企业管理的一个组成部分，它是根据国家财经法规制度，按照财务管理的原则，组织企业财务活动，处理财务关系的一项经济管理工作。简单来说，企业财务管理就是企业聚财、用财、理财、发财的活动。其基本特征是价值管理、职能具有多样化，内容具有广泛性。它是一项综合性管理工作。

2. 财务管理的对象

财务管理的对象是企业资金运行系统，包括筹资系统、投资系统、资金运用系统和收益分配系统。财务管理是对资金运动的职能性管理，工作重点是具体操作资金运动过程。资金运用环节是非常重要的一个环节，因为资金运用过程是资金消耗、占用、价值转移的过程，且它也是企业利润形成的过程。

（二）财务管理方法体系

1. 财务管理方法体系的概念

财务管理的主要方法包括会计核算、财务预测、财务决策、财务计划（预算）、财务控制、财务核算和财务分析。这些相互配合、相互联系的方法就构成了一个完整的财务管理方法体系。

2. 财务管理方法体系的内容

会计核算是以货币为主要量度，对企业生产经营活动或预算执行的过程与结果进行连续、系统的记录，定期编制会计报表，形成一系列财务、成本指标，是记账、算账、报账的总称。

财务预测是财务管理的基础。它是指根据历史资料，考虑现实的经济技术等条件后，对企业未来时期的财务收支活动进行全面的分析，并做出各种不同的预计和推断的过程。

财务决策是财务管理的核心。它是指在财务预测的基础上，对不同方案的财务数据进行分析比较，经过全面权衡后从中选择最优方案的过程。

财务预算是组织和控制企业财务活动的依据。它是指以财务决策的结果为依据，对企业生产经营活动的各个方面进行规划的过程。

财务控制是保证企业财务活动符合既定目标，取得最佳经济效益的有效途径，包括财务监督、检查、成本费用控制等。

财务分析是指以会计信息和财务预算为依据，对一定期间的财务活动过程及其结果进行分析和评价的过程。

财务管理的实质就是在使用管理方法的基础之上对企业生产经营活动实现综合性管理。

二、创业企业财务管理的目标

财务管理的目标是指企业进行财务活动所要达到的最终目的，对于创业企业来说，设立企业目标尤为重要，它决定着企业财务管理的基本方向，同时也是评价企业理财活动是否合理的基本标准。

（一）财务管理目标的作用

制定合理的财务管理目标主要有四方面的作用：①导向作用。财务管理是一项组织企业财务活动，协调企业同各方面财务关系的管理活动。②激励作用。每个员工只有在初始阶段就清楚地了解企业的目标才能调动起工作的积极性，发挥其潜在能力，为企业创造财富。③凝聚作用。企业本身是一个协作系统，只有增强全体员工的凝聚力，才能发挥其作用。④考核作用。财务管理目标是企业绩效考核的标准。

（二）财务管理的总体目标

创业企业财务管理的目标与其他企业相似，主要有以下四种：利润最大化、每股盈余最大化、股东财富最大化和创业企业价值最大化。

1. 利润最大化目标

我国现在很多中小型企业将利润最大化作为目标，从管理的角度看，对企业追求产值有积极的意义且符合货币性。但是，利润最大化存在一定的弊端，它并没考虑资金的时间价值和风险等因素，该目标并未正确处理收益和风险的矛盾，同时给管理当局提供了利润操纵的机会。创业企业在追求以利润为最大化的过程中往往会出现严重的短期行为。所以利润作为企业的财务管理目标，只是对经济效益的浅层次的认识，存在一定的片面性。

2. 每股盈余最大化目标

每股盈余最大化是将企业实现的利润额与投入额进行了对比，这个目标的优点是把企业实现的利润额同投入的资本和股本数进行对比，能够说明企业的盈利水平，可以在不同资本规模的企业或者同一企业未来不同时期之间进行对比，揭示其盈利水平差异，从而克服利润最大化目标的不足；然而，该指标仍然没有考虑资金时间价值和风险因素，所以同样会产生短期行为。

3. 股东财富最大化目标

将股东财富最大化作为创业企业目标可以有效地克服利润最大化和每股盈余最大化产生的企业短期行为，有利于企业正确衡量收益和风险以及短期利益和长远利益的关系。但是该目标同样存在缺点。首先它只适用于上市公司；其次，股价高低受到多种因素影响，企业管理人员不能完全控制；最后，也是最重要的一点，股东财富最大化过分强调了股东的利益，而对其他利益相关者不公平，不利于企业未来长期稳定发展。

4. 创业企业价值最大化目标

企业价值最大化是指企业财务管理行为以实现企业价值最大化为目标。企业价值可理解为企业所有者权益的市场价值，反映了企业潜在的获利能力。与股东财富最大化不同的是，企业价值最大化目标是从保护公司资本所有者合法权益的角度所制定的财务目标。其主要优点是能促使创业企业在经营过程中能更全面地关注股东、债权人、员工等相关利益者利益，既可为公司创造财富，又能防范公司风险。然而，它也存在一定的缺陷：创业公司价值衡量所需要的有效市场条件难以达到，因而很难确定公司价值到底是多少。

三、创业企业财务管理容易出现的问题

由于创业企业发展速度快，所以财务不规范现象频有发生，包括的问题主要有：为抢占市场忽视财务控制，为注册资本做假财务账，为少缴税混乱财务，财务管控过于集中，财务管理功能单一等。而这种种不规范行为不利于企业的长期发展，甚至可能导致严重后果。其潜在的风险主要包括以下四方面。

（一）制约企业的经营决策

企业经营时间越长，其产生的坏账、旧账、错账等就越多，企业实际情况与账面不符，直接影响管理者制定相应决策。

（二）加大了经营风险

企业初期资金往往是以债务形式获取，如从银行借款等，一旦企业经营稍有不慎，不能如期还款，将面临巨大风险，甚至可能因为流动性风险而面临破产等危机。

（三）企业内控形同虚设

由于财务及内部审计部门隶属于企业，所以缺少独立性，受控于管理者，往往不能正确地衡量财务风险。

（四）财务人员队伍不稳

制约财务管理水平的提高。在企业创立初期，人员流动相对频繁，不利于企业财务核算的连续性和其他部门合作进行财务管理，这也是导致创业企业财务混乱、财务管理水平难以提高的原因。

第二节 创业企业流动资产管理

一、创业企业流动资产

资产按其流动性可分为固定资产及流动资产。其中，流动资产的管理相较于固定资

产来说更为复杂多变，因而，本章主要对创业企业流动资产的管理加以详细分析。

（一）流动资产的概念

流动资产是指可以在一年以内或者超过一年的一个营业周期内变现或运用的资产，是企业资产中必不可少的组成部分。流动资产在周转过程中，从货币形态开始，依次改变其形态，最后又回到货币形态，各种形态的资金与生产流通紧密结合，占用时间短，周转速度快，易变现。

流动资产主要包括现金、银行存款、短期投资、应收账款、应收票据、存货等。本章之后会对这几种流动资产的管理分别进行分析讲解，首先简单了解一下它们的基本含义。

现金是指可以立即用来购买物品、支付各项费用或用来偿还债务的交换媒介或支付手段，它是流动资产中流动性最强的资产。

短期投资是指可以随时兑换成现金并且持有时间不准备超过一年的投资，实物上一般是企业购买的股票、债券、国库券。短期投资的特点是持有时间短、变现能力强。短期投资是企业一种很好的理财方法。当企业现金暂时剩余时，就可以用部分资金作短期投资，买股票、国库券之类的有价证券，以获得更高的收益。而等到企业现金不足时，又可将投资出售获取现金。短期投资的目的在于资金的调度运用，而投资的标的有活络的市场可供即时出售变现，故归类于流动资产。

应收账款、票据等都是营运过程中产生的应收而未收或预先支付的款项，企业可将其视作一项资产。扩大应收账款可以提高企业的市场竞争能力，然而应收账款可能会产生坏账，这就要求企业加快账款回收速度，将损失的可能性降到最低。

存货是指企业在日常活动中持有以备出售的资产，包括商品、产成品、半成品、处在生产过程中的在产品、在生产过程或提供劳务过程中耗用的原材料等。如何使存货处于最佳持有量且相关总成本最低是企业一项重要的财务管理目标。

（二）创业企业流动资产的特点

为对创业企业流动资产进行有效管理，首先要明确其流动资产的特点，主要包括以下四点：

1. 流动资产占用形态具有较强的变动性

企业营运资金的实物形态是经常变化的，一般顺序表现为现金、材料、在产品、产成品、应收账款、现金的具体形态。创业企业在初始筹资后，往往以现金大量购买原材料，此时，现金转化成原材料，之后将原材料投入生产，形成在产品，在产品进行进一步加工后，转换为了将要出售的产成品。最后，产成品在市场上进行销售，再次转变为现金形态（或先由赊销产生应收账款再转变成现金形态）。

2. 流动资产占用数量具有波动性

流动资产的数量会随着企业内外部环境的变化而变化，如季节、产品生命周期等因素的变化。创业企业流动资产所占份额相较于稳定发展的企业来说比较大。

3. 流动资产循环与生产经营周期具有一致性

企业的流动资金随着再生产过程的不断进行，一般从货币资金形态开始，经过供、产、销三个或供、销两个阶段，表现为储备资金、生产资金、产成品资金，最后又回到货币资金形态，完成流动资金的循环。流动资金的一次周转也是企业生产经营周期的一次循环，所以流动资产循环与生产经营周期是一致的。

4. 流动资产的来源具有灵活多样性

企业的短期资金一般是通过流动负债的方式取得，短期负债借入容易，归还也较随意，所承担风险相对也较小，相对长期负债来说较灵活。流动资产的短期筹资来源也较多样化，如银行短期借款、短期融资券、商业信用、预收货款、票据贴现等方式。但对于创业初期的企业来说，所需流动资金数量较多，短期资金往往不能满足企业需要，此时，企业应结合自身状况及所能承受的风险程度等，适时采用长期借款等方式筹集流动资金。

（三）流动资产的管理要求

企业为了提高流动资产的使用效率，需要满足三个基本的管理要求。

首先，要保证流动资产的需要量，确保生产经营活动正常进行。企业流动资产的需求量受到多方因素影响，如企业内部自身规模的大小、外部市场对于产品的需求量等。创业企业应综合考虑各方因素，确保建设初期有充足的资金可满足生产经营的需要，同时尽可能避免资金不必要的闲置，以减小相应的资金成本，使资金使用效率最大化。

其次，合理规划短期资产结构。由于不同的筹资方式所产生的资本成本和风险大小存在差异，所以企业在筹集流动资金时，应尽可能地综合衡量相应的成本、风险、企业偿债能力及收益等因素，以最小的代价获得最大的经济利益。

最后，加快流动资产的周转。流动资产的周转速度快，意味着占用资金少，会给企业带来更多的经济效益。所以创业企业应尽可能缩短应收账款周期，延长应付账款周期，提高其资金效益。

（四）对流动资产管理的意义

流动资产是创业企业创业初期整个经营活动的重要经济资源，在企业再生产过程中起着重要的作用，流动资产管理是企业财务管理的重要组成部分。有效的流动资产管理可以保证创业企业的生产经营活动顺利进行，且可以提高企业流动资金的利用效果，避免由于资金闲置而产生的成本，同时可以保持创业企业资产结构最优化，提高偿债能力，维护企业信用，增强企业市场竞争能力。

二、现金管理

现金是指企业在生产经营过程中以货币形态存在的资金，包括库存现金、银行存款和其他货币资金等。现金，作为流动资产的重要组成部分，我们需要掌握创业企业持有它的三个主要动机、因持有现金所产生的成本以及最佳持有量的确认。

（一）持有现金的动机

1. 支付动机

企业持有这部分现金是为了满足日常生产经营的需要，如创业企业在生产经营过程的初始阶段需要大量购买原材料、支付各种成本费用等，企业每天的现金流入量与现金流出量在时间、数额上通常存在一定程度的差异，为了满足这些要求，企业应持有一定数量的现金。一般地，企业满足支付动机而持有的现金余额主要取决于企业销售水平。对于创业企业来说，有关支付业务所需要的现金一般较大，因此，创业企业应充分考虑自身情况，持有充足的现金以用来支付日常生产费用。

2. 预防动机

企业要考虑到在生产经营过程中可能出现的意外情况，初始阶段，企业通常难以对未来现金流入量与流出量做出准确的估计。一旦企业对未来现金流量的预期与实际情况发生较大偏离，必然对企业的正常经营产生不利，因此，在正常现金需要量的基础之上，需追加一定数量的现金以应付未来现金流量的波动。预防动机储备的现金量主要看三个因素：一是企业愿意承担风险的程度，二是企业临时举债能力的强弱，三是企业预测现金流量的可靠程度。

3. 投机动机

企业的现金是与有价证券投资联系在一起的，即用多余的现金购买有价证券，需要现金时将有价证券变现成现金。一般来说，利率的下降会使有价证券的价格上升；利率上升会使有价证券的价格下降。当企业持有大量现金要购买有价证券时，可能由于预测利率将要上升而停止购买有价证券，这样企业就会持有一定量的现金，即投机性现金需求。由于企业在创业初期，现金主要用于保障基本生产经营得以持续，往往并无余力考虑投资等活动，因此，因投机而持有的现金一般数量也较小。

企业除了以上动机外，也会为了满足未来某一特定需求而持有现金。创业企业在确定现金余额时，一般应综合考虑以上动机，企业持有的现金总额并不等于各种动机下所需现金的简单相加。上述各种动机所持有的现金，既可以是货币形式的，也可以是随时可变现的有价证券。这三个动机并不矛盾，可以同时存在。

（二）现金管理的成本

企业现金管理的主要目的是使持有现金而产生的总成本最小化，而相应的效益最大化。创业企业与其他类型企业相似，因持有现金所产生的成本主要有四种：机会成本、转换成本、短缺成本和管理成本。

(1) 机会成本即因持有一定量的现金而丧失的再投资收益。由于现金属于非营利性资产，保留现金必然丧失再投资的机会及相应的投资收益，从而形成持有现金的机会成本。比如企业预持有 5 万元现金，在企业平均收益率为 10%的情况下，放弃的投资收益为 5 000 元。可见，放弃的再投资收益属于变动成本，放弃的潜在投资收益与现金的持有量多少有关，即现金持有量越大，机会成本越高。

(2) 转换成本是指企业以现金购入有价证券以及转让有价证券换取现金所支付的交

易费用，如交割手续费、证券过户费、委托买卖佣金、委托手续费等。转换成本与证券变现次数呈线性关系，即转换成本总额等于证券变现次数乘以每次的转换成本。证券转换成本和现金持有量的关系是：在现金需要量既定的情况下，现金的持有量越少，进行证券变现的次数越多，相应的转换成本就越大；反之，现金持有量越多，证券变现次数就越少，需要的转换成本也就越小。因此，现金持有量的不同必然通过证券变现次数的多少而对转换成本产生影响。

(3) 短缺成本，即因缺少现金，不能应付业务开支需要，而发生的丧失购买机会，导致信用损失或者得不到折扣等成本。现金短缺成本随现金持有量的增加而下降，随现金持有量的减少而上升，即与现金持有量呈负相关关系。

(4) 管理成本是指企业因持有一定数量的现金而发生的管理费用，如出纳人员的工资及必要的安全措施，这部分费用在一定范围内与现金持有量的多少关系不大，一般属于固定成本。

(三) 最佳现金持有量

基于支付、预防、投机等动机的需要，创业企业必须保持一定数量的现金余额。对于最佳现金持有量的确定，必须权衡收益和风险。确定最佳现金持有量的方法有很多种，包括成本分析模式、存货模式、现金周转模式和因素分析模式等。

1. 成本分析模式

成本分析模式是根据现金持有的相关成本，分析、预测其总成本最低时现金持有量的一种方法。在成本分析模式下，只考虑持有一定数量的现金而发生的管理成本、机会成本和短缺成本，而不考虑转换成本。管理成本有固定成本的数量，与现金持有量无关。机会成本与现金持有量呈正比例关系，即机会成本等于现金持有量乘以有价证券利率。短缺成本与现金持有量呈负相关关系，现金持有量越大，短缺成本越小。

由于各项成本同现金持有量的关系不同，使得现金持有总成本呈抛物线形，抛物线的最低处即为成本最低点，该点所对应的现金持有量便是最佳现金持有量，此时总成本最低。

2. 存货模式

存货模式是根据存货经济进货批量模型原理来确定目标现金持有量，其着眼点也是现金相关总成本最低。在现金持有成本中，管理成本因其相对稳定并同现金持有量的关系不大，所以存货模式将其视为无关成本。由于现金是否发生短缺、短缺数量、各种情况可能产生的损失如何等都存在很大的不确定性并且不易计量，因此存货模式也不考虑短缺成本。存货模式仅考虑机会成本和转换成本。凡是能使现金管理的机会成本与转换成本之和保持最低的现金持有量，即为最佳现金持有量。其计算公式为

现金管理总成本＝机会成本＋转换成本

即

$$TC=(Q/2)\cdot K+(T/Q)\cdot F$$

式中：T——一定时期内现金总需求量；

F——每次转换有价证券的固定成本；

Q——最佳现金持有量(每次证券变现的数量)；

K——有价证券利息率；

TC——现金管理总成本。

存货模式可以精确地测算出最佳现金余额和变现次数，表达了现金管理中基本的成本结构，它对加强创业企业的现金管理有一定作用。但这种模式以货币支出均匀发生、现金持有成本和转换成本易于预测为前提条件。因此，只有在上述因素比较确定的情况下才能使用此方法。

经推算发现，创业企业在这种存货模式下的最佳现金持有量可以通过下列公式得到：

$$Q=\sqrt{2TF/K}$$

$$\mathrm{TC}=\sqrt{2TFK}$$

3. 现金周转模式

现金周转模式作为一种确定最佳现金持有量的计算方式，描述了存货资金周转的过程，为准确地计算存货资金周转期提供了有效的依据。现金周转模式是以现金周转期来确定最佳现金持有量的模式。它是现金从投入生产经营到最终再转化为现金的一个全过程。其中影响现金周转模式的因素主要有三点：存货周转期、应收账款周转期和应付账款周转期。计算公式如下所示：

(1) 确定现金周转期。

现金周转期＝存货周转期＋应收账款周转期－应付账款周转期

(2) 确定现金周转次数。

现金周转次数＝360/现金周转期

(3) 确定最佳现金持有量。

最佳现金持有量＝年现金总需求量/现金周转率

现金周转模式简单明了，易于计算。但这种方法假设材料采购与产品销售产生的现金流量在数量上一致，企业的生产经营过程在一年中持续稳定地进行，即现金需要和现金供应不存在不确定的因素。对于创业企业来说，很难保证现金的供求保持一致，而如果以上假设条件不存在，则求得的最佳现金持有量将发生偏差。因此，创业企业较少应用现金周转模型来确定最佳现金持有量。

4. 因素分析模式

因素分析模式是根据上年现金占用额和有关因素的变动情况，来确定最佳现金持有量的一种方法。其计算公式如下：

最佳现金持有量＝(上年现金平均占用额－不合理占用额)

×(1±预计销售收入变化的百分比)

因素分析考虑了影响现金余额高低的最基本因素，计算也比较简单。但是这种模式是建立在现金需求量与营业量呈同比例增长的假设基础之上的，创业企业有时情况并非完全如此。

三、应收账款的管理

应收账款是指企业销售产品、商品、提供劳务等原因,应向购货客户或接受劳务的客户收取的款项和代垫的运杂费,它是企业采取信用销售而形成的债权性资产,是继现金之后企业流动资产的另一个重要组成部分。虽然大多数公司希望现销而不愿赊销,但实际上,尤其对于创业来说,面对竞争,为了稳定自己的销售渠道、扩大商品销路、开拓并占领市场,降低商品的仓储费用、管理费用,增加收入,不得不面向客户采用信用政策,提供信用业务。企业采用赊销,虽能给公司带来以上好处,但也要付出一定代价,给公司带来风险。如客户拖欠货款,应收账款收回难度越来越大,甚至收不回。本章主要对创业企业采取应收账款政策的原因、所产生的相应成本以及相关信用政策进行具体分析。

(一)应收账款的功能

应收账款的功能是指它在生产经营中的作用,主要有增加销售、减少存货两方面。

首先,应收款可增加销售。在市场竞争比较激烈的当下,赊销是促进销售的一个重要方法。进行赊销的企业,实际上是向客户提供了两项交易:一是向顾客销售产品;二是在一个有限的时期内向客户提供资金。虽然赊销仅仅是影响销售量的因素之一,但是在市场疲软、资金匮乏的情况下,赊销的促销作用是十分明显的。特别是在企业销售产品、开拓新市场时,赊销具有重要的意义。

其次,对应收款的有效管理可减少存货。企业持有产成品存货,要追加管理费、仓储费和保险费等支出;相反,企业持有应收账款,则无须上述支出。因此,无论是季节性企业还是非季节性企业,当产成品存货较多时,一般都可采用较为优惠的信用条件进行赊销,把存货转化为应收账款,减少产成品存货,节约各种开支。

(二)应收账款持有成本

尽管应收账款政策可以提高创业企业在市场的竞争力,但它同样会伴随着机会成本、管理成本和坏账成本三项费用。机会成本是指企业资金如果不投放于应收账款,便可用于其他投资并获得收益,如投资于有价证券便会有利息收入。这种因投放于应收账款而放弃的其他收入,即应收账款的机会成本,一般按有价证券的利息率计算。管理成本主要包括调查顾客信用情况的费用、收集各种信息的费用、账簿的记录费用、收账费用等其他费用。坏账成本的产生是由于应收账款因故不能收回而发生的损失。此项成本一般与应收账款发生的数量成正比。

创业企业应综合衡量应收账款所带来的经济利益和相关成本,根据自身及客户的情况,制定合理的信用政策。

(三)销售信用政策

应收账款的政策是企业进行应收账款管理的首要内容,创业企业管理者为企业制定最佳的信用政策是管理好应收账款的前提。应收账款政策又称信用政策,是企业财务政策的一个重要组成部分。企业要管好、应用好应收账款，必须事先制定合理的信用政策。这主要包括信用标准、信用条件和收账政策三部分。

1. 信用标准

信用标准是企业同意向客户提供商业信用而提出的基本要求。通常以预期的坏账损失率为判断标准。如果企业的信用标准较严，只有信誉很好、坏账损失率很低的顾客给予赊销，则会减少坏账损失，减少应收账款的机会成本，但这可能不利于扩大销售量，甚至会使销售量减少；如果信用标准较宽，虽然会增加销售，但会相应增加坏账损失和应收账款的机会成本。企业应根据具体情况权衡。

2. 信用条件

信用条件是指企业要求顾客支付赊销款项的条件，包括信用期限、折扣期限和现金折扣。信用期限是企业为顾客规定的最长付款时间；折扣期限是为顾客规定的可享受现金折扣的付款时间；现金折扣是在顾客提前付款时给予的优惠。

3. 收账政策

收账政策是指信用条件被违反时，企业采取的收账策略。如果创业企业采用较积极的收账政策，可能会减少应收账款投资，减少坏账损失，但要增加收账费用。如果采用较消极的收账政策，则可能会增加收账投资，增加坏账损失，但会减少收账费用。一般而言，收账费用支出越多，坏账损失越少，但是这两者并不一定存在线性关系。通常，开始花费一些收账费用，应收账款和坏账损失都明显减少，然而收账费用达到某一限度后，应收账款和坏账损失的减少就不再明显了，这个限度称为饱和点。在制定信用政策时，应权衡增加收账费用与减少应收账款机会成本和坏账损失之间的得失。

前面分析的是单项的信用政策，创业企业若要制定最优的信用政策，应把信用标准、信用条件、收账政策结合起来，考虑信用标准、信用条件、收账政策的综合变化对销售额、应收账款机会成本、坏账成本、收账成本的影响。这些决策的原则仍是赊销的总收益大于因赊销带来的总成本。综合决策的计算相当复杂，计算中的几个变量都是预计的，尤其对于创业企业，有相当大的不确定性。因此，信用政策的制定不能仅仅靠数量费用，而在很大程度上要由企业管理人员的经验来判断决定。

四、存货管理

流动资产的第三大主要组成部分即是存货，进行存货管理的主要目的，是要控制存货水平，在充分发挥存货功能的基础之上，降低存货成本。本章主要对创业企业持有存货的原因、储存存货所产生的成本和最佳存货量的确认进行具体的分析。

（一）存货的功能

存货对制造业创业企业来说是必需的。首先，在初期，为了保证创业企业不间断生产对原材料等的大量需要，应有一定的储存量；其次，为了满足企业未来生产销售批量化、经常化的需要，应有足够的在产品、产成品存储量；再次，为了保证企业均衡生产并降低生产成本，应有一定的储存量；最后，为避免或减少经营中可能出现的失误和意外事故对企业造成的损失，也应有一定的储存量。因此，作为创业企业经营管理的存货管理，其任务就在于如何恰当地控制存货的水平，在保证销售和耗用正常的情况下，尽可能地节约资金、降低存货成本。

（二）存货的成本

和企业持有现金的原理相类似，存货在为创业企业带来经济利益的同时，亦会产生相应的成本，主要包括采购成本、订货成本、储存成本以及缺货成本四类。企业应综合评定其收益及费用的数量关系，从而确定最佳存货持有量。

1. 采购成本

采购成本是指由购买存货而发生的买价和运杂费构成的成本，其总额取决于采购数量和单位采购成本。由于单位采购成本一般随采购数量的变动而变动，因此，在采购批量决策中，存货的采购成本通常属于无关成本；但当供应商为扩大销售而采用数量折扣等优惠方法时，采购成本就成为与决策相关的成本了。

2. 订货成本

订货成本是为订购货物而发生的各种成本，包括采购人员的工资、采购部门的一般性费用和采购业务费。订货成本可以分为两部分：为维持一定的采购能力而发生的各期金额比较稳定的成本，称为固定订货成本；随订货次数的变动而成比例变动的成本，称为变动订货成本。

3. 储存成本

储存成本是指为储存存货而发生的各种费用。通常包括两大类：一是付现成本，包括支付给储运公司的仓储费、按存货价值计算的保险费、陈旧报销损失、年度检查费用以及企业自设仓库发生的所有费用；二是资本成本，即由于投资于存货而不投资于其他有营利方面所形成的机会成本。储存成本也可分为两部分：凡总额稳定，与储存存货数量的多少及储存时间长短无关的成本，称为固定储存成本；凡总额大小取决于存货数量的多少及储存时间长短的成本，称为变动储存成本。

4. 缺货成本

缺货成本是指由于存货数量不能满足生产和销售的需要而给企业带来的损失。例如，因停工待料而发生的损失，由于商品存货不足而失去的创利额，因采取应急措施补足存货而发生的超额费用等。缺货成本大多属于机会成本，由于单位缺货成本往往大于单位储存成本，因此，尽管其计算比较困难，也应采用一定的方法估算单位缺货成本，以供决策之用。在允许缺货的情况下，缺货成本是与决策相关的成本；但在不允许缺货的情况下，缺货成本是与决策无关的成本。

（三）存货的日常管理

创业企业应在日常生产经营过程中，按照存货计划要求，对存货的使用和周转情况进行的组织、调节和监督。其基本控制方法主要有如下两种。

1. 存货的归口分级控制

存货的归口分级控制是加强存货日常管理的一种重要方法。包括三项主要内容：第一，在企业管理者的领导下，财务部门对存货资金实行统一管理；第二，实行资金的归口管理；第三，实行资金的分级管理。

2. 经济订购批量

为了便于分析，一般将存货分为两类：①营运存货，即在正常经营过程中所需要的存货量；②安全存货，即为避免延迟到货、生产速度加快及其他情况发生，为满足生产、销售需要的存货量。由于实际工作中大量遇到的是营运存货的决策问题，下面就以营运存货这种基本存货为例，说明创业企业订购批量模型。

所谓定购批量，是指每次订购货物的数量。和其他企业相似，在创业企业经营管理过程中，某种存货全年需求量已定的情况下，降低定购批量，必然增加订购批次。一方面，使存货的储存成本随平均储存量的下降而下降；另一方面，使订货成本随订购批次的增加而增加。反之，减少订购批次必然要增加定购批量，在减少订货成本的同时，储存成本将会增加。可见，创业企业存货决策的目的就是确定使这两种成本合计数最低时的定购批量，即经济定购批量。其计算公式如下：

$$Q^* = \sqrt{\frac{2AP}{C}}$$

最优订购批数：

$$\frac{A}{Q} = \sqrt{\frac{AC}{2P}}$$

年最低成本合计：

$$T^* = \sqrt{2APC}$$

式中：A——某种存货全面需要量；

Q——定购批量；

Q^*——经济定购批量；

A/Q——最优订购批次；

P——每批订货成本；

C——单位存货年储存成本；

T^*——年最低成本合计。

第三节 创业企业利润分配

一、利润及其经济意义

（一）利润的概念

利润是销售收入扣除成本费用后的余额。由于成本费用包括的内容与表现的形式不同,因此,利润所包含的内容与形式也不同。如果成本费用不包括利息和所得税,则利润表现为息税前利润;如果成本费用包含了所得税,则利润表现为净利润;如果成本费用甚至包含了权益资本的成本,则利润将表现为经济增加值。

(二)利润的经济意义

1. 利润是反映企业经济绩效的核心指标

在市场经济条件下,企业生产经营的目的是追求投入资本的增值。资本增值越多,反映经济成果越多。资本的增值多少,是用投资本循环周转后收入扣除资本的耗费后的余额来衡量的。

2. 利润是企业利益相关者进行利益分配的基础

按照现代企业理论,企业不仅是不同工序与服务的分工合作体系,而且是利益相关者之间的关系体系。如何处理好利益相关者之间的经济关系,是关系企业生死存亡的大事。利益相关者之间的经济关系包括经济上的债、权、利关系。三者之中利益是基础和目的,行使权力和履行责任,都是为了获得相应利益。

3. 利润是企业可持续发展的基本源泉

企业可持续发展除了生产技术的可持续发展外,还包括财务的可持续发展。财务可持续发展首要任务就是可持续筹资,使企业经济发展有可靠的资金来源。企业的资金来源包括所有者投资、债权人借款和内部积累等各个方面。

二、创业企业利润分配的基本内容

与其他类型企业相似,创业企业通过生产经营活动获得销售收入以后的资金需要进行分配。这个分配要在企业和国家之间、企业内部进行一系列分配。利润分配是利用价值形式对企业劳动者所创造的社会剩余产品所进行的分配。企业的利润分配关系到国家能否足额征收所得税、投资的合法权益是否得到保护,还关系到企业能否长期稳定发展。因此,做好利润分配工作具有十分重要的意义。一般而言,利润分配主要包括以下三方面的内容。

(一)企业和国家的利润分配

国家作为社会的管理者,为了保证国家资金的正常运转,要以政权为依据,对各类企业征收所得税,以便于经济管理、社会文教与行政国防等部门的支出。因此,企业所实现的利润,首先按税法的规定,计算并交纳所得税。这是进行利润分配的第一步。

(二)创业企业内部的利润分配

通过利润分配,企业由此可形成一部分自行安排使用的积累性资金,以增强企业生产经营的财力,有利于企业适应市场需要发展生产、改善员工福利。创业企业在创业的初期,往往需要大量的资金进行周转,以保证生产经营的正常运行,因而企业自留利润份额一般较大。

（三）企业和所有者的利润分配

企业对所实现利润依法纳税后，即为企业的税后利润。企业的所有者，要以所有权为依据，参加企业的利润分配，以便获得投资报酬。目前按我国财政制度，企业所实现的税后利润，应当按国家的有关规定和企业董事会的决议，提取各种公积金和公益金，然后才能向投资者分配利润。当然，对于创业企业来说，自留的资金较多就意味着能分配给所有者的相对来说较少，这也是根据保证基本生产经营的前提后再满足所有者需求这个原则。

三、利润分配原则

创业企业利润分配与其他企业相同，需满足以下三项基本要求。

（一）兼顾各方面利益原则

在利润分配中，必须兼顾国家、企业和投资者几方面的利益。为保证国家职能的实现，各个企业将其实现利润的一部分，以税金形式上交给国家形成统一的财政资金，用于重点建设，发展高科技、能源交通和原材料基础工业等，为社会经济发展创造良好的条件。企业作为生产经营活动的主体，为进一步发展生产和改善职工生活，应从利润中分得相当一部分，用以建立公积金和公益金。经营者是搞好企业经营的关键要素。投资者作为企业资产的所有者，有权按规定分享部分利润。根据这一原则，企业的利润必须按税法规定的所得税税率计算缴纳所得税，税后利润再在企业与经营者和投资者之间进行分配，贯彻维护各利益主体利益的财务管理基本原则。

（二）累计和消费相结合原则

企业税后利润的分配要体现把积累和消费正确地结合起来的要求，既要扩充企业扩大再生产的财力基础，保证扩大再生产的进行，又要为不断提高职工工资和福利待遇创造条件。

（三）生产要素按贡献参与分配做到效率与公平相统一原则

在税后利润分配中，要确立劳动、资本、技术和管理等生产要素按贡献参与分配的原则，完善按劳分配为主体、多种分配方式并存的分配制度。

四、税后利润分配

创业企业实现的利润，缴纳所得税后，一般分配顺序如下。

（一）支付被没收财务的损失和违反税法规定而支付的滞纳金和罚款

企业如违反税法，该交纳的税款不缴纳，甚至偷税、漏税，除按税法规定补缴税款外，还需要从滞纳日起按照规定征收滞纳金。如果企业违反了相关经济合同，如缔约的任何一方未履行合同或未完全履行合同，给对方造成经济损失，违约者则应向对方支付违约金。所支付的这些惩罚性款项只能由企业的税后利润承担，而不能在税前支付。

（二）弥补企业以前年度的亏损

企业以前年度内的亏损，如果未能在5年内用税前利润补完，就要用税后利润弥补。以前年度亏损未弥补前，企业不能提取公积金和公益金，也不能向投资者分配利润。创业企业由于创立时间短，亏损状况一般也较少。

（三）提取法定盈余公积金

法定盈余公积金是指按国家法律的规定，从企业利润中提取的公积金。其目的是降低企业经营风险，提高企业应付意外事件的能力，保护债权人的利益。按《企业财务通则》的规定，法定盈余公积金要按弥补亏损后的利润的10%来提取，当累计的法定盈余公积金达到注册资本的50%时，可不再提取。法定盈余公积金可用于弥补亏损或者转增资本金，但转增资本金后，企业的法定盈余公积金一般不能低于注册资本的25%。

（四）提取公益金

鉴于企业的利润创造与企业全体职工的努力和奉献紧密相关，且企业经济效益的进一步提高有赖于人力资源的再生产。因此，创业企业根据自身情况，往往从税后利润中提取较大比例的公益金，用于职工集体福利设施的支出，如建造宿舍、食堂等。与盈余公积金不同，公益金的提取比例并不要求一致。一方面是为了赋予企业更大的自主权，另一方面是因为各个企业对职工集体福利设施的要求也不均衡。

（五）提取任意盈余公积金

任意盈余公积金是由企业董事会来决定的，从税后利润中提取的公积金。任意盈余公积金的提取不受法律限制，可以多提，也可以少提，还可以不提。任意盈余公积金可以用于弥补亏损、转增资本金、购置固定资产、增补流动资金。

（六）向所有者分配利润

创业企业税后利润按上述顺序分配后，可向企业股东分配。企业能否向股东分配利润，不仅仅取决于当年是盈利还是亏损，而且要看企业是否拥有可供分配的利润。创业企业所能分配给所有者的利润金额一般来说较小，如本章之前所谈到的，之所以把它放到分配的最后一步，是因为生产是继续取得投资报酬的前提和基础，如果不先保证简单再生产和扩大再生产的顺利进行，就不能继续取得或提高投资报酬。

习　题

【重要概念】

财务管理　　流动资产的特点　　持有现金的动机　　存货成本　　利润分配

【思考题】

1. 分别对创业企业利润最大化、每股盈余最大化、股东财富最大化以及企业价值最大化四个财务管理目标进行分析，并比较其优劣势。

2. 试分析创业企业持有现金的动机。

3. 简述创业企业利润分配的程序。

【实训题】

某公司全年需零件 9 800 个，储存成本中的付现成本每个为 10 元，单位零件的采购成本为 50 元，资本成本为 30%，每次订购该零件的成本为 2 500 元。

要求计算：

(1) 单位零件的年储存成本。

(2) 经济订货批量。

(3) 经济订购批数。

(4) 年最低成本合计。

【总结案例】

高科技创业企业财务缺陷

某企业成立于 1994 年，从事电子产品的生产与研发，属于高科技型创业企业。该企业已度过创业期，现处于发展阶段，拥有员工 200 多名，每年利润过百万元。企业分设三个子公司，子公司不设财务部门，所有的财务工作均由总公司财务部负责，总公司财务部配备专职的财务经理和会计人员 3 人。通过对该企业的跟踪考察和实地调研，发现随着企业规模的不断扩大，其存在的以下财务管理问题也逐步暴露，影响了企业的健康发展。

(1) 过度依赖财务经理，缺乏对财务经理的监督机制。该企业创业初期雇佣了一位退休的注册会计师作为财务经理，其素质较高并且与企业老总携手度过了创业初期的艰难阶段，彼此建立了充分的信任。技术出身的老总为集中精力管理市场和营销两方面的业务，对财务经理充分放权。案例企业这种完全依赖财务经理的财务管理模式，使得财务经理的素质成为企业财务工作成败的关键因素，必然会导致企业面临很大的风险。

(2) 过于复杂的会计体系，增加了企业的财务风险。对于资金和实力并不强大的创业型企业来说，使企业创造的利润由更多的部分留存下来是他们最为关注的财务问题之一。案例企业也不例外，企业财务的许多工作都是围绕避税而展开。企业为了享受特殊行业的税收优惠，把一家原本规模不大的企业拆分成工业型企业、商业型企业和服务型企业三种类型的子公司，虽然确实享受到了税收优惠，但是这种做法形成了过于复杂的会计体系，给企业带来了财务风险。

(3) 会计基础工作不规范。通过抽查案例企业的账本和会计凭证，发现企业会计基础工作存在不少问题。如企业不按月编制银行存款余额调节表；每年的银行对账单没有装订成册；现金出纳在电脑中用 Excel 表格自制账本代替现金日记账；调账没有调账说明；虽然企业已采用会计电算化，但是没有打印总账号明细账并装订成册等。这些问题严重影响了企业财务工作的质量。

(4) 成本核算能力差，执行力度弱。虽然案例企业已经将每个车间作为成本中心，采取了独立的成本核算体系，但是成本核算的效果不尽如人意。

(5) 资本运行效果不够理想。案例企业雄心勃勃，一直以上创业板为目标。但是仅仅依靠常规的生产、销售和利润的积累，企业规模难以在短时间内迅速扩大。于是企业通过资本运作，采取了引入风险投资、增资扩股、兼并重组等一系列措施，使企业的资本规模得到迅速扩大，然而随之也产生了一些负面影响。

(6) 营运资本管理不善。流动资产和流动负债的管理对创业型企业来讲是极其重要的。从该企业近几年财务报表看，虽然企业销售额和利润逐年稳步增长，但企业总是存在较大资金缺口，需要不断借入短期借款以保证其正常运转。同时企业筹集的短期借款在尚未使用阶段，仅以活期存款形式存放在其银行账户上，从未进行过长短期资金配置，造成短期内大量资金闲置，增加了资金使用成本。

资料来源：http://www.cnki.com.cn/Article/CJFDTotal-JKJS200909036.htm.

讨论：结合资料中所给出的财务管理中出现的几个主要问题，试分析在该创业企业中，产生这些问题的根本原因是什么。

第十三章

创业企业文化建设

【学习目的与要求】

1. 了解企业文化的概念。
2. 掌握创业企业的特征及存在的问题。
3. 了解创业企业文化的概念。
4. 掌握创业企业文化建设的重要性及意义。
5. 理解创业企业文化建设的特点。

【创业管理小故事】

猎人捕鸟

猎人在湖边布下大网，许多鸟儿落入网中，然而这些鸟力气很大，带着网飞走了。猎人跟在网后面跑，农夫看到说："不要白费力气了，你能用两条腿追上鸟儿吗?"猎人回答："如果只有一只鸟，我是没有办法把它捉住的，但像现在这样，我是十拿九稳的。"

果然当夜幕降临时，网中的鸟儿各自朝自己的方向飞去，有的要去森林，有的要去湖边，有的要去田野……最终就一起连网掉到了地上，猎人便把它们捉住了。

启示：新创企业是一个新的团体，只有新创企业员工拥有一种团队精神并且朝着正确的方向努力，具备这样的企业文化才会有更好的发展。

第一节　企业文化概述

21世纪是知识经济的时代、全球竞争和文化创新的时代。文化的力量，深深熔铸在企业的生命力、创造力和凝聚力中。未来的企业竞争主要是人的竞争，而人的竞争从某种意义上来说就是文化的竞争，所以企业要成为世界一流的企业，必须依靠文化的强大作用。现在的管理实践已经证明，文化是获得经济效益和经济增长的最佳途径，是企业取之不尽、用之不竭的财富源泉和智慧之源。

一、企业文化的含义

（一）企业文化的定义

企业文化一般是指企业全体员工在长期的生产经营活动中培育、形成，并共同遵循的最高目标、价值标准、基本信念、行为规范和准则的总和。企业文化对于一个企业的成长来说，看起来不是最直接的因素，但却是最持久的因素。资金调配、产品研发、技术更新、服务理念、决策分析，往往依托于企业深厚的文化底蕴。企业文化通过改变员工旧有的价值观念，培育他们的认同感和归属感，建立起成员与组织之间的依存关系，使个人行为、思想、感情、信念、习惯与整个组织有机地统一起来，形成相对稳固的文化氛围，凝聚成一种合力与整体趋向，以此激发组织成员的主观能动性，为达成组织的共同目标而努力。

（二）企业文化的层次

企业文化的结构是把企业文化作为一种独特的文化现象来探讨，企业文化包括从物质文化层到行为文化层、制度文化层，最后再到精神文化层的完整体系。

1. 物质文化层

物质文化是企业文化的表层文化，是指企业的物质基础、物质条件和物质手段等方面的总和。物质文化的特点是看得见、摸得着的，是很直观的。那么，为什么要把这些属于物质实体的东西作为文化来看待呢？这是因为，不仅技术装备、操作手段等这些与企业生产直接相关的物质现象可体现企业的文化素质，而且建筑形态、工作环境等也能体现企业的文化素质。这就是我们之所以讲物质现象的本质是反映和体现文化内涵的原因。

2. 行为文化层

从层次看，行为文化是企业文化的浅层部分，这是相对于表层的物质文化而言的。从内容看，行为文化既包括企业的生产行为、分配行为、交换行为和消费行为所反映的文化内涵与意义，同时也包括企业形象、企业风尚和企业礼仪等行为文化因素。对企业来说，生产行为文化的建设是企业文化建设的最重要、最基础的文化建设，生产行为的合理化和有效性直接影响分配行为、交换行为和消费行为的有效性。比如，可口可乐公司的“永远的 Coca-Cola”、惠普公司的“以世界第一流的高精度而自豪”、中国一汽的“永葆第一”等，都是体现行为文化的重要内容与形式。

3. 制度文化层

制度文化是企业文化的中层结构部分，它是相对于表层的物质文化、浅层的行为文化建设而言的。制度文化层主要内容有组织与领导制度、工艺与工作管理制度、分配管理制度等方面。应该说，不同的文化意识，就会有不同的制度建设思想。

4. 精神文化层

精神文化层是组织文化结构中的核心层次，作为深层文化它是相对于中层的制度文化、浅层的行为文化和表层的物质文化而言的。可以看出，这四个层面构成了企业文化的一个完整系统，较好地把物质文明建设和精神文明建设有机地统一起来，形成了一个由内向外发散，再从外向内深入的开放网络，从而促进企业的不断创新与发展。

综上所述，精神文化是企业文化的核心层次，它直接决定和影响企业文化的其他层次。当然，从本原上看物质决定精神，经济基础决定上层建筑；但从发展过程看，精神的反作用不可低估，企业精神文化的作用同样不可低估。

二、企业文化的内容

从企业文化的概念可以看出，其内容是很广泛的，其中主要包含以下几个方面。

1. 价值观念

价值观念是指企业员工基于某种功利性或道义性的追求，而对企业本身的存在或某种行为结果做出是否值得效仿的一种认识。价值观念是企业文化的核心，是企业对待员工的价值导向和行为态度。有了正确的价值观才会有奋力追求价值目标的行为，企业才能健康成长，可见价值观关系着企业的生死存亡。只顾企业自身经济效益的价值观，就会偏离社会主义方向，不仅会损害国家和人民的利益，还会影响企业形象；只顾眼前利益的价值观，就会急功近利，搞短期行为，使企业失去后劲，最终导致灭亡。

2. 行为准则

行为准则是企业员工具有的共同的行为方式、特点和工作习惯，为所有员工共同接受并遵守的行为准则。它是群体活动保持纪律性、条理性和协同性的必要条件，对实现企业目标既具有约束作用，也具有推动作用。

3. 文化环境

文化环境是一个企业已形成的企业文化，是企业精神面貌的体现。具体包括企业员工的学习风气、工作态度、行为习惯、培训教育等。企业文化环境往往决定企业的行为。

4. 文化传播

文化传播是指企业内的员工素质、生产经营能力、管理水平、产品质量或各种表彰、奖励活动、聚会以及企业外被消费者和公众所认同的企业总体印象。如广告、营业环境、商标等，它可以把企业中发生的某些事情形象化和戏剧化，形象生动地宣传和提升该企业的价值观，使人们通过这些生动活泼的活动来领会企业文化的内涵。

5. 领导人物

领导人物是指企业文化的核心人物或企业文化的人格化，其作用在于作为一种活的样板，给企业其他员工提供可供效仿的榜样，对企业文化的形成和强化起着极为重要的作用。领导人物是企业精神的缩影，是企业整体精神风貌的代表。企业文化对企业领导层的决策有着决定性的影响。

三、企业文化的功能

在企业管理科学中，人们注重企业文化的研究和建设，把培育良好的企业文化作为创业成功的必经之路。因为企业文化作为管理的软件，在企业的经营发展中具有无可替代的核心作用。企业文化的功能主要体现在以下几个方面。

（一）导向功能

企业文化是一种观念，是一种无形且具有约束、培养效果的行为准则。企业文化的导向功能是通过企业的领导层对员工起引导作用来实现的。

（二）凝聚功能

企业员工对企业价值观念和最高目标的认同感，是一种凝聚人心的体现，增强了企业员工的归属感。只有拆除部门壁垒，协调合作，才能把企业整合为一个统一的整体。企业文化以人为本，尊重人的感情。在企业中造就一种团结友爱、相互信任的和睦氛围，可强化团体意识，使企业员工之间形成强大的凝聚力和向心力。员工把企业看作一个命运共同体，可使整个企业步调一致。

（三）激励功能

好的企业文化可以使企业员工从内心产生一种高昂的工作情绪和奋发的进取精神。企业文化把尊重人作为中心内容，以人的管理为中心。企业文化给员工多重需要的满足，并能对各种不合理的需要用它的软约束来加以调节。所以，积极向上的思想观念及行为准则会形成强烈的使命感、持久的驱动力，完成自我激励。

（四）约束功能

企业文化虽然不是规章制度，没有固定的条文来约束。但是，企业文化是一个企业内部上下员工必须共同遵守的一种行为规范和思想道德准绳。通过建立共同的价值观，形成统一的思想和行为，形成企业特有的行为规范、语言规范和职业道德，对企业中每一个员工的言行都具有约束和规范作用，从而使企业的员工达到协调行为、自我控制。

（五）调适功能

调适就是调整和适应。企业各部门、员工之间，企业与外部环境、企业与顾客、企业与社会、企业与国家之间由于某种原因都会不可避免地存在不协调、不适应之处，解决这些矛盾需要进行调整和适应。企业的行为准则使经营者和员工能科学有效地处理这些矛盾，自觉约束自己以适应企业整体的协调发展。

第二节 创业企业文化的内涵和特点

在知识经济爆炸、行业竞争激烈的大背景下，创业型企业不断增多，逐渐成为经济发展的主力军。如果创业企业有一个和谐的团队，并且具有一流的产品，再加上好的时机，那么成功将会指日可待。但决定创业企业成功的另一个关键因素就是企业文化。

一、创业企业文化的概念

创业企业文化是指创业企业的环境与个性，是创业企业员工所共有的价值观念、遵循的制度规范以及表现出来的行为模式等。创业企业处于创业阶段，是高成长性与高风险性并存的创新开拓型企业。创业型企业主要有两大类：一类是抓住市场机会进入某领域的新建企业，并获得立足之地，即创业者根据市场行情或就业局势变化的自主创业，以实现自我价值的创业；另一类是企业内部资源整合重构的"老企业创新业"，即为获得更大的竞争优势的企业内创新。市场经济中的竞争十分激烈，企业必须不断发展，而发展就意味着变化和改进，这就要求企业保持和发扬创新精神，在企业管理内部形成创新和创业的氛围。在此，主要阐述第一类的创业企业。

21 世纪，在知识经济爆炸、行业竞争激烈、社会就业不容乐观的大背景下，主动或被动的创业型企业数量不断增多，已经逐渐成为市场经济发展的主力军。但是，创业型企业的发展和延续却是十分棘手和极为敏感的问题，相当一部分创业型企业在短暂的发展后就风光不再，更多的企业则面临着后劲不足的风险。相反那些成长迅速、发展稳固的创业型企业，则一直洋溢着"在创业、再创业"的文化氛围。

【应用阅读】

打开另一扇门

浙江有一个村子，每家每户都种植甘蔗。但这一年，甘蔗卖不动了，村民们怨天尤人，表示明年不会再种甘蔗了。这时，有位小伙子看到这一情况，就去城里想看看那边的市场状况。到城里之后，小伙子走得又累又渴，就在公园里休息。这时有个做小生意的人拿着切好的西瓜来到这里叫卖，他花两块钱买了一块。在撕去外面包着的那层保鲜膜后，他忽然心想："假如这是整个的西瓜，我会买吗？"一定不会，因为整个西瓜既无法切，也无法一次全部吃掉，然而这一小块切好的西瓜，就将这些后顾之忧全都解决了！

把所有让买卖双方觉得不舒服的因素都去掉！他忽然间意识到这一点，他的灵感顿时来了：如果将甘蔗剥皮后再用真空保鲜袋装起来，那么买者就可以接受了！于是，他将甘蔗去皮后砍成一截一截的，并用真空袋子包装起来，另外在甘蔗的两端切口处包上保鲜膜装进礼品盒中，这样一来就把甘蔗的档次给提高了，买的人拿起来也方便了，送人也体面了许多，就这样原本无人问津的甘蔗顿时成了市场上的抢手货！

启示："当上帝为你关上一扇门的时候，总会在别处为你打开另一扇门！"是的，面对现如今行业竞争如此激烈、就业不容乐观的情况下，我们依旧牢牢盯着那扇门发呆是毫无意义的，最主要的就是我们要去寻找另外一扇打开着的门——创业。

二、创业企业文化的特征

创业型企业不同于成长型企业，它的主要特征表现为具有巨大的创新性、市场性、适应性以及风险性。

所谓创新性是指创业企业利用社会或经济的机制不断地突破现有的技术或者产品格局,用创造性的新产品、新方案、新服务来满足消费者的新需求,即有首创精神。从整个市场经济社会的角度看,这无疑是产品和服务不断更新与演进的重要推动力。当然这种创新除技术创新以外,还包括市场创新和管理创新。

所谓市场性是指创业企业始终以市场为导向,根据市场的动态需求变化状态来调整企业的业务及其发展方向,使创业企业能够在强手林立的竞争对手面前脱颖而出。

所谓适应性就是创业企业更加灵活地配置资源、更加主动地迎接变化、更加积极地应对风险,适应不断变化的内、外部环境,以确保生存。企业通过社会或经济的机制重组,将资源转为最大收益,即创业企业在适应市场的同时还具有高成长性。

所谓风险性是指创业企业面对市场经济和企业内部结构的不确定性很大,其资源、实力等众多方面的"先天不足",都会给企业带来很大的风险,但这种风险和不确定性也意味着企业创业过程带来的回报是惊人的。

三、创业企业文化的内涵

1. 价值观

价值观是创业企业大多数员工认同的,对事物、行为、目标进行判断和选择的标准。价值观是初创企业文化的核心,尤其在凝聚人心、规范行为方面,可起到特有的积极作用,有时这种作用可能是企业制度所无能为力的。初创企业的价值观由于是从一开始就提出来了,所以在企业当中应该有一个正确的引导,朝着正确的方向运行下去。有的企业没能将这种价值观运用到企业当中,而致使员工依然我行我素。在企业当中具有价值观念很重要,因为企业制度只是一种外在的约束,而价值观则是内在的约束,是员工自己的、自觉的约束,受企业创始人、领导人思想观念、价值追求的影响,而个人的思想观念、价值追求又与他的教育背景、成长经历密切相关,可以说在初创阶段企业的价值观也就是领导层的价值观念。

核心价值观是在企业价值观体系中处于核心地位,认同度相对较高的价值标准。初创企业的核心价值观是以诚信、以人为本、团队精神为主导。一般而言,核心价值观主要涉及人性、人与自然、人际关系等一些基本的价值判断,共同价值观与核心价值观构成初创企业文化的价值观体系。核心价值观是通过领导层总结出来的一些观念,然后从中提炼出较为重要的运用到企业当中,需要所有员工都共同遵守。

2. 行为模式

行为模式包括由初创企业共同的行为意识、行为能力、行为实践构成的行为习惯和相应的行为结果。共同的价值观为企业发展的愿景目标提供了一个共同努力的方向指引。但是,只有价值主张模式——行为模式,才使得创业企业文化得到真正的体现、固化和延续,正是由于全体员工多年形成的行为习惯,支撑企业生存发展的行为结果,才得以形成全体员工认同并遵守的准则。

3. 企业精神

物质利益与精神追求是人类面临的一对永恒的矛盾，总是无法兼得，必须有所取舍，在企业中也存在这一问题。中国许多创业型企业，在创业成功、发展条件改善后，往往走下坡路，甚至分立、倒闭。从物质利益和精神追求的角度看，在创业初期物质条件较差，一般来说，大家都能不计个人得失，齐心协力追求事业上的目标。但创业成功、物质条件改善后或因利益分配不均，凝聚力减弱；或因丧失精神追求，沉溺于物质享受，进取心下降，不论哪种结果对企业发展都有弊无利。本书将企业精神定义为，初创企业中普遍存在的、不以追求物质利益为主要目标的一种工作动力因素。这一定义的内涵较狭窄，但是，它可使企业精神的内涵更为明确；又可使企业文化的深层内涵形成一个完整体系，不会使企业精神与企业理念、价值观、企业个性等要素发生冲突。企业精神是企业可持续发展的一个重要保证，也是比较适合通过企业文化来解决的问题。人总得需要一点精神，企业也一样。管理学界有句格言——人的知识不如人的智力，人的智力不如人的素质，人的素质不如人的觉悟，说的正是这个道理。

4. 企业形象

企业形象是外部利益相关者对企业的感受和认识。在共同的价值观、行为模式和企业精神的作用下，创业企业的特征也会以其特定的企业形象向外部展示，向企业的客户、供应商、利益相关者展示。作为创业企业文化的重要组成部分，企业形象也是市场营销、公共关系部门和专业机构关注的内容。但是，一个不容忽视的实质问题——企业形象，同样是企业的价值理念、企业员工行为模式的结果和表现，是员工共同感觉氛围的外在延伸。

四、创业阶段企业文化的特点

企业文化对于企业是一个综合的整体，是决定一个企业能否长期生存下来的最重要的因素，企业文化如果不能适应社会所注重的价值观倾向，如果不能够顺应发展着的社会道德规范，最终将导致企业的衰退或破产。企业文化都有其自身鲜明的特点和个性，不同的经营理念，则会产生不同的思维方式和行为方式。创业阶段企业文化由于自身所处的阶段性特点，决定了自身的企业文化特点。

1. 自发性

创业阶段企业文化处于自发阶段。创业期的企业，可能没有很清晰的文化。但只要是企业，都有自己的文化，企业文化是企业认同的价值观和行为方式。创业期的企业，还在解决“温饱”问题，因此对“文化”这种高境界的精神追求好像就少了许多，其实这是一种误解。只要企业里面存在人，就会有文化。企业高层管理者的言行举止和管理风格，本身就是一种文化，只是这种文化还没有制度化。企业即使没有人提及企业文化，一样会存在文化，“没有文化本身就是一种文化”。企业老总不刻意提炼和建设自己的文化，往往会让企业的文化处于自发状态，有可能形成好的文化，也可能形成企业的精神“毒瘤”。

2. 可塑性

企业文化既是长期传统的遗存产物，又是现代文明影响的产物，即具有可塑性。它不是企业纯自然产生的，而是继承上的扬弃，是在一定基础上的不断挖掘、改进、整理和概括。企业文化有相对的稳定性，特别是在社会运行机制没有发生重大变革和企业自身没有发生重大变化的阶段，总是稳定在一定水平上。但是，创业期的企业，老总往往忙于各种应酬和具体事务，很难静下心来认真思考公司的战略和文化。也由于企业还处在创业期，还没有太多的成功经验和管理方法，因此，企业老总要把握的是抓住核心理念，比如在用人标准和企业经营思路上，注重精神层面，根植于企业管理，管理即文化。这时期的企业文化随着企业生产力的不断发展，在企业改革、兼并、重组过程中，两个或两个以上的企业优化组合，其企业文化虽然有所差异，但完全可以通过一段时间的磨合达到相互融洽或者兼容并蓄，形成新的企业文化。

3. 群众性

创业期的企业文化要注意群众性，吸引广大员工参与，绝不是少数人的事。它扎根于企业员工，融于全体员工的思、言、果之中。然而它又带有灌输性，通过各种喜闻乐见的形式来体现，如企业形象策划导入；各种有意义的庆典活动，如厂庆、升旗等；群众性的文体活动，如球赛、文艺汇演等。

4. 强调人本性

企业在创立的初期，规模比较小，一般用人机制比较灵活，倡导一种积极进取、互助友爱的团队精神，这使企业以人为本的管理思想能够彻底贯彻。

5. 富有冒险精神

创业者进行创业首先就具有很强的冒险精神，再者创业团队成员一般也具有冒险精神，这样冒险精神就容易在创业企业中沉淀下去。如果能够得以合理地引导，就能够形成积极进取的价值观和行为观，为企业的发展提供源源不断的动力。

6. 富有自主精神

创业企业一般是创业者艰苦奋斗、自主努力、克服一切困难的成果。随着企业的发展，这种自主创业的精神会潜移默化地渗透到企业文化中。

7. 注重创新精神

创业企业没有成熟企业所拥有的破坛烂罐，其工作模式一般比较注重创新，特别是创业企业管理更容易引进一些先进的理念、模式。企业文化必然会受到这些方面的影响，这样创业企业文化就带有很强的创新精神。

第三节 创业企业文化的建设

企业文化建设是指企业文化相关理念的形成、塑造、传播等过程，要突出在“建”字上，切忌重口号轻落实，重宣传轻执行。企业文化建设是基于策划学、传播学的，是一种理念的策划与传播，是一种泛文化。基于此，本节着重探讨创业型企业为何需要企业文化和需要什么样的企业文化，以及创业企业的文化建设之道，以此推动创业企业的可持续发展。

一、创业企业文化建设的重要性及意义

对于初创企业考虑更多的是如何生存的问题，它们认为企业文化建设是大企业的事，因此往往忽略了企业文化建设的创立和管理。还有人认为，创业期的企业一切都未定型，何谈企业文化？此阶段讨论和建设企业文化，更是空中楼阁、水月镜花。这样的说法不算错，但是时过境迁，已不合时宜。今天的创业企业虽然抓得住机会，可是需要面对更加激烈的竞争和更加复杂的环境，虽然缺乏资源、缺乏品牌影响力、缺乏稳固的经营团队，但是创业的思想、信念和决心却前所未有，而将上述因素熔炼在一起的"企业文化"才是今天那些创业型企业的灵魂和支柱。可以说创业企业是依赖企业文化才能实现可持续发展的，所以说创业企业更需要企业文化。

企业文化是企业认同的价值观和行为方式。任何企业都有文化，包括初创企业。然而对于初创企业，因为业务模式还不成熟，还没有许多成功的经验和思想，所以无法形成自己系统的企业文化体系，但这个时期是企业文化形成的阶段，就如同一个儿童开始接受各种观念和思想，如果在性格形成的这个关键阶段能够灌输优秀的思想和方法，那将来成才的可能性就比较大，企业也是如此。

对于创业型企业来说，企业文化是战略。即一个创业团队所共有的价值观和共同的理想，就是企业未来的发展方向。即便是不够准确的语言表达，但却是创业型企业所有员工对于企业的创立初衷、业务范围、资源运作和远景蓝图的共同认识。

对于创业型企业来说，企业文化是组织凝聚力。创业企业的组织结构不会最优，创业阶段的业务困难难以想象，在不断地迎接市场冲击和竞争挤压的情况下，创业企业的组织何以不散？那是因为有一种独有的企业文化在支撑、感召和吸引。很多创业型企业正是由于企业文化内涵中最光辉的一点，在最困难的时候吸引了人才，稳固了团队。

对于创业型企业来说，企业文化是市场需求。可以说，任何一家从小到大的创业企业都会经历市场从不理解、嫌弃到逐渐认可、欣然接受的过程。在"我时代"特征愈加清晰的今天，在产品同质更加明显的今天，消费者选择主权倾向于行为一致、认知一致的创业型企业就无可厚非了。

其实企业文化就是经营者为了实现其经营意志，着力塑造并在经营活动中体现的企业本质特征。在创业期间，企业文化的导向、凝聚和规范作用，可以使企业摆脱管理不到位的缺陷，轻松跨越经营险滩。总之，企业文化的作用就是一句话：提高企业经营业绩——这里是"提高"，而不是什么"促进"。企业文化对创业企业的作用力是具有实战意义的。所以我们对于创业企业的文化也必须予以重视，这样才能够让企业发展得更好。

二、创业企业文化建设的内容

对于刚成立不久的企业，不像发展起来的企业经营理念、价值观等已经成形，刚成立的公司在创业者的心目中只是一个模糊的概念，并没有形成，谈不上加以确立和推广，更谈不上加以审视和重塑。创业企业的企业文化建设与成长发展起来的企业文化建设有本

质的区别。要进行系统的企业文化建设,除了要花费大量时间和精力来塑造明确的理念体系外,还需要系统地对制度、行为和物质层面进行规划,并且要专门组织培训、研讨等活动进行文化导入和重塑,这些都需要投入大量的人力、物力和财力。而对于初创企业,没有必要进行大规模的文化重塑和建设工作,应该适当地予以发展。因为这个时期是文化形成的关键阶段,必须找准核心理念,为企业长远发展奠定良好基础。对于初创企业,企业文化建设应做好以下几个方面的工作。

1. 揭开企业文化的面纱

创企业就是创文化,企业的发展成功与否,就是看是否打造出强势的企业文化。我们知道,很多国际知名品牌都来自背后具有辐射性的企业文化的支持。对于初创期的企业,要首先认识到企业文化建设的重要性和企业文化对企业的真正作用,这其中需要创业者自身的学习和引导,吸取成功企业的企业文化精髓,避免一开始大家就抵触或盲目地服从,造成企业文化执行不力,企业文化与管理、战略的脱节。

2. 创业团队要加强沟通

创业团队是创建企业的关键要素。在现实中,由于创业团队成员经营理念与方式的不一致,团队思想没有统一,有些成员不认可公司的目标和策略价值,会产生恶性冲突,从而导致创业团队解散。这种现象比比皆是。因此,团队成员之间的充分沟通、交流,不仅可以避免团队的解散,更主要的是通过沟通可以形成统一的价值观,有利于企业价值观的形成和完善。

3. 沟通愿景,逐步明确核心理念

创业企业企业文化在形成的过程中,大可不必急于定论自己的企业文化,真正属于自己的企业文化形成还需假以时日。但企业必须有自己的核心理念,没有核心理念的企业,就不知道自己的发展方向在哪里。

企业的愿景告诉人们"我们将成为什么",它不同于战略目标——明确告诉成员什么时间能达成什么具体目标。一个明晰的愿景,应该是对企业内外的一种宏伟的承诺,使员工可以想到达成愿景后的收益。它应该具备以下特征: 能够让人们感到具有挑战性,鼓励成员,调动他们的积极性,让人们觉得有点高远但又愿意尽全力为之奋斗。这是创业企业文化的核心。

4. 注重创业企业的文化执行力

在创业初期,经过共同愿景的规划以及核心价值观的形成,一种支持发展战略的企业文化就初步建立起来了,而这仅仅是开始,企业成员对于新的价值观只是停留在初级阶段,让企业成员高度认同企业价值观并将其转化为自觉行为才意味着长期的胜利。但应关注以下两个要素。

(1) 领导团队身体力行。在企业初创时期,企业不应该把共同的价值观停留在口头上,这样的价值观是不会被员工所接受的。创业企业的价值观虽已提出但还没有深入员工心中,所以领导者应该身体力行,时刻体现在行动上,让员工按照这种价值观做事从而成为一种习惯,这是至关重要的。企业文化说起来是一些理念和口号,但实质是"行为"。从根本上说,企业文化要靠每天的决策、做事、待人的方法来形成。而且,企业文化是多数人形成的,不是一个领导者提倡就能形成的。领导者应该具备非常敏锐的洞察力,关注企业所有成员的心理以及客观的环境，透过口号和行为引导，形成共识，让大家行为一致，形成优势文化。强势力量文化执行理念的塑造，需要高层们的以身作则，真正成为执行文化的先行者和推动者。

(2) 创立团队精神。团队精神是一种富有合作精神的良好职业境界。很多企业的文化强调团队精神：不仅仅是对自己的工作负责，还要主动协助他人和组织实现整体工作目标，使资源发挥出最大的效益。对于初创企业，建立团队精神尤为重要，这是由于企业在初创期，部门之间和岗位之间的职责并不太清晰，导致相互之间推脱责任，相互抱怨，丧失团队合作精神。针对这种状况，企业在进行员工考核时，要注重团队激励，加大团队精神的考核，并作为企业奖励和晋升发展的重要依据，使管理制度的“硬”管理与企业文化的“软”管理有机结合起来。

三、创业企业文化建设的层次

创业企业虽然在以上几个方面进行了相应的建设和完善，但是从创办企业的长远角度来看，还需要从物质文化、制度文化、精神文化、行为文化方面进行建设。

（一）创业企业物质文化的建设

创业企业物质文化主要是以物质为载体的文化，其中不仅包括产品、服务，还包括生产环境、生活条件等。企业物质文化是企业塑造自身形象的一个重要方面，这将直接影响客户对企业的感性认识。

（二）创业企业制度文化的建设

企业的制度文化是企业的组织制度、管理行为、技术水平和服务水平等在社会公众和消费者心目中的一种客观性反映以及所形成的社会综合性评价，是企业的精神形象在制度行为层领域的具体展示和表现。

企业的制度文化是企业形象塑造成功与否的关键环节，通过制度、行为形象的塑造，可以促进企业管理制度的完善和规范，还可以推动企业员工整体素质的提高，从而使企业员工成为企业形象自觉的创造者、传播者和代表者。

创业企业为适应现代管理发展的要求，对制度、行为形象的塑造，应体现企业管理制度的科学性和文化管理的特色，还要将“一切以客户为中心”的企业价值观渗透到员工的具体行为中去，这样一个良好的企业形象就会在社会公众和消费者心目中树立起来，将会让企业获得长远的利益。

（三）创业企业精神文化的建设

创业企业的精神形象是指作为观念形态的企业精神、经营理念、经营宗旨、道德规范和企业价值观等在社会公众和消费者心目中的一种客观性反映以及所形成的社会综合性评价。企业的精神形象主要包括企业精神、企业的最高目标、企业风气、企业道德、企业经营哲学和企业宗旨。

创业企业的精神形象直接影响到企业对外的经营和服务姿态，不同的精神形象会产生不同的经营和服务姿态，便会给人不同的印象。企业精神形象对企业经营活动形成指导和导向，它是企业形象的核心，没有这个核心，企业必将人心涣散，行为不一致，从而对企业形象产生不良的影响。所以，企业精神形象的塑造应本着独特性、时代性、科学性的原则加以实施。同时，在知识经济条件下，企业精神形象更应包括服务社会、以人为本、明确使命、不断创新、讲究信誉等富有时代特色的企业价值观。

（四）创业企业行为文化的建设

1. 统一思想

创业者需要积极倡导和鼓动，也可以请一些实战性的理论专家来讲课，弄清企业文化的概念、特征、功能等基本理论，统一创业团队的思想，形成建设企业文化的共识。如果创业团队一开始就有抵触情绪，往往会造成文化与管理的脱节。在统一思想中，必须树立企业文化是可操作的观点。企业文化是一个有计划、有执行、有变革、有调整、有评估、有升华的科学体系，而不是无为而治自然而成的。创业企业达成了共识，建立企业文化就成功了一半。

2. 找到共同利益

创业一般是团队的协作，这就需要了解团队每个人的利益共同点和价值取向的统一点。应弄清创业团队对创业的思路和前景的看法、期望、存在的差异、共同的利益观和价值观等，了解得越细，越容易采取一系列措施形成统一的价值观。

3. 梳理筛选

创业团队成员的价值观往往不尽相同，比如企业核心价值观，就会有客户价值、服务价值、质量价值、创新价值等很多不同价值观念，那么什么才是企业价值体系中最核心、最重要的价值，这就要结合创业企业自身的经营环境对企业文化诸要素进行归纳分析和梳理，找到有可能趋同的价值观念。对于个别不同的观点，可以采用行为影响使之趋于同化；对于实在不能够同化的成员，可以采用辞退等方法使企业的价值观统一起来。

4. 提炼升华

创业企业文化的提炼过程是简洁而科学的，主要是在梳理筛选的基础上，以创造性的思维方式对价值观进行系统规划设计。

四、创业企业如何进行企业文化建设

建设企业文化，实际上就是要重新审视企业所遵循的价值观体系，根据长远发展战略重新建立起一套可以共享传承、可以促进并保持企业正常运作以及长足发展的价值理念、思维方式和行为准则。创业企业更要高度重视企业文化建设，全过程重视整合，根据形势不断充实，逐渐形成独有的、生产力强、号召力强的企业文化。对于初创企业，企业文化建设应做好以下几个方面的工作。

（一）提高认识是建设企业文化的重要前提

我们知道，很多国际知名品牌都来自背后具有辐射性的企业文化的支持，如可口可乐的美国文化、劳斯莱斯的贵族文化、万宝路的牛仔文化、白兰地的田园文化等。因此,创企业从某种角度上来说就是创文化,企业是否能够真正创立和发展成功,最重要的一点就是看能否打造强势的企业文化。没有企业文化作为根基,企业就不可能真正基业长青。这里有个观点要确立:企业文化是可操作的,不是自然而然形成的。这对创业者尤为重要。创业者要避开一个误区,那就是认为企业文化是企业发展以后才考虑的事。其实不然,企业文化应从企业一开始创办就应该予以重视,因为等到企业形成之时再去重视的话,就会使企业的管理人员感觉到力不从心,同时也会使员工感觉到无所适从,所以对于初创企业,应重视企业文化建设的重要性。

(二)加强学习是建设企业文化的重要途径

要注重和倡导创新学习。企业从创立的第一天开始就需要把创新学习提升到重要地位,企业文化不是短期可以收到成效的,需要积累和沉淀。创新学习型文化可以打破故步自封、停滞不前的局面。许多企业,在初创期取得了一点点成绩,就停止学习,喜欢谈论过去而不是未来,这是企业开始衰亡的标志。实际上,企业文化是处于不断的发展中的。创新型学习企业文化就是要取消各种界限、官僚层级和妄自尊大的习惯,创造一个信息共享的开放性环境,要不断奖励创新带来的成果,使员工能够体验因变革带来的学习兴奋感和巨大能量,把工作当作一种"带薪的愉快学习过程"。

(三)强化目标教育是建设企业文化的重要手段

加强目标教育使企业员工明确企业的核心理念。虽然初创企业的企业文化还在摸索和形成过程中,真正属于自己的企业文化形成还需假以时日,但是企业必须有自己明确的核心理念,这点至关重要。没有核心理念的企业,就不知道自己要做什么,从而使企业发展变得盲目。而且企业要常常和员工沟通愿景。愿景是:我们企业将成为什么;而战略目标是:明确什么时间能达成什么具体目标。两者是截然不同的。一个好的愿景,很容易在股东、员工及相关利益者之间达成共鸣。如果没有规划共同愿景,战略管理就很容易在一大堆项目的混乱选择中消失,而各部门的变革,会因为没有人知道变革将带领企业走向何方而变得毫无意义。给员工一个足以让他们兴奋不已的蓝图,用愿景激发员工变革的欲望,使员工愿意提供帮助,这是战略管理中重要的一环,也是创业企业企业文化的核心。

(四)突出人本管理是建设企业文化的重要方式

企业文化是以人为本的管理哲学。现代企业越来越重视人在企业发展中的重要作用,所以,打造独具特色的企业文化,牢牢把握企业文化建设的着力点,对增强企业的向心力和凝聚力具有十分重要的意义。

人才是企业发展的宝贵资源。在新形势下,企业需要一大批不同层次、不同专业的人才。企业必须把人才队伍建设作为企业文化建设的重要部分,通过在企业内部营造尊重人、塑造人的文化氛围,增强员工的归属感,激发员工的积极性和创造性。然而随着科技的不断发展,更新员工知识结构的课题也摆在了企业的面前。企业应努力营造良好的学习氛围,搭建人才成长的平台,使全体员工增强主人翁意识,与企业同呼吸、共成长。要通过对员工进行目标教育,使他们把个人目标同企业发展目标紧密结合在一起,自觉参与到企业的各项工作中。

(五)塑造企业价值观是建设企业文化的重要内容

创业团队要充分沟通,取得利益共同点和价值观导向的一致性。创建企业的一个关键因素就是创业团队。团队成员之间的充分沟通,不仅可以统一思想,形成统一的价值观,而且有利于整个企业价值观的形成和完善,使团队成员的利益共同点和企业的价值观导向达成一致,这对于初创企业的健康发展将会非常有利。

企业的核心价值观决定了企业的经营理念与风格,左右着企业的发展方向,通过酝酿形成的核心关注到两个问题:一是要符合外部环境,企业在确立自己的核心价值观之前,应考虑到自己的价值观能否满足顾客、员工及社会的需要,与社会价值观、道德观念、政治观念能否协调,与行业环境、区域环境及人文环境能否共生;二是一定要有自己的特色理念和特色表述,任何企业的核心价值观与核心竞争力一样,都是"学不到、超不过、偷不走、分不开、离不得",价值观是普世的使命感、责任感,核心价值观是独特的理想、信念,是志在必得的他人所无法完成的宏愿,是立足于本企业,既充分考虑到制约的环境因素,又突破常人的主观想象。

习　　题

【重要概念】

企业文化　　创业企业　　企业文化建设

【思考题】

1. 企业文化对企业的发展起到什么作用?
2. 企业文化对创业企业领导决策的影响有哪些?
3. 分析创业企业与成长企业的不同。
4. 根据创业企业的特点,分析创业企业需要什么样的企业文化。
5. 简述创业企业文化建设的深远意义。
6. 创业企业对企业文化建设的认识误区有哪些?
7. 一个创业企业的企业文化是通过哪几方面形成的?
8. 创业企业文化建设主要从哪几方面着手?

【实训题】

1. 调查你身边的一个创业企业,具体内容如下:

(1) 企业的人员安排。

(2) 说说管理层对企业文化创建的影响。

(3) 初创企业的最高目标是什么?

(4) 该企业如何进行优化企业文化建设?

(5) 对于企业文化建设采取了哪些方法以及公司的经营理念是什么?

2. 假如你是一家初创企业的经营者,你将如何进行该企业的企业文化建设?

【总结案例】

硅谷的创业文化

《硅谷的成功之路》一书作者杰弗里·詹姆斯认为,硅谷独一无二的企业文化是该地众多高科技公司获得成功的主要原因。

一、自由、进取、乐趣的创业环境

硅谷的老总们把企业视为共同体,而不是一台机器或一个军事机构。他们不会婆婆妈妈地告诉雇员们应该做什么,而只是提供一种环境,这种环境可以鼓励雇员们实现自己的愿望,同时又能满足公司的需要,他们运用最新的技术去发展生产力,同时他们对待雇员像同僚而不是下属,从而承认雇员的价值。为了进一步了解目前划时代的新企业文化,詹姆斯对15家最负盛名的高技术公司进行了深入的访谈,并提炼总结成7条,合起来成为一种强有力的带有灵活性的团体文化。

(1) 交易是一种经济方式,而不是一场斗争。在这里独树一帜的公司最有可能繁荣昌盛。

(2) 公司是一个共同体,而不是一种机器。在硅谷,公司被视为共同体,共存共荣,目的是让每个员工实现自己的理想。

(3) 管理是一种服务,而不是控制。在硅谷,经理们只是确定方向、拥有资产,这样可以让员工自由地完成工作。

(4) 员工是创业者的同事,而不是子民。创业家视员工为同仁,平等、相互尊重,能够人尽其才。

(5) 以理想为动力,而不是用恐惧作动力。在硅谷高技术创业公司的动力是:实现宏伟目标以后,可以获得丰厚的经济上的报偿。

(6) 变革是发展的形式,而不是对人的折磨。变革在硅谷的创业公司是一种乐意接受的过程,借此可以适应新的市场环境。

(7) 计算机是奴隶,不是主人。在硅谷的创业中,计算机被当作有用的奴隶,以此来避免重复、枯燥的劳动,让工作使人产生兴趣。

二、培育创新人才的摇篮

硅谷特有的企业文化造就了硅谷特有的智囊人才,它成了数字时代的人才摇篮。斯坦福大学美丽的校园环抱着西班牙教堂式的建筑群,看上去像是一个巨大而丰盛的快餐厅,但是,斯坦福大学是在用世界级的研究工作滋养着这片峡谷;斯坦福大学是硅谷诞生的起点。斯坦福大学是一个巨大的人才聚集地,它为硅谷提供了众多的工程师、律师、银行家和风险投资家,还有一个数亿资产的企业家群体。斯坦福大学不仅是企业界人士与教授、学生,甚至与竞争对手会面的主要场所,还是新技术的发源地之一;斯坦福大学不断产生出新公司。

三、斯坦福：硅谷企业文化的发祥地

斯坦福大学一直与企业界保持着密切而富有成效的联系，大学的校园文化影响和孕育了硅谷的企业文化，大学和企业的友好关系在校园中到处可见。经济学家安娜利·萨克塞尼是记述硅谷发展史的《地区优势》一书的作者。他说："斯坦福大学是范围更大的硅谷文化的一部分。这所大学与企业界之间发生的事情，大多与当初在这里当教师或学生的那些人有关，他们保持接触。人们在学术界和企业界之间来来往往，大多是随意的。"

(1) 许多教师在企业界兼职，许多企业界人士也兼职教师。

(2) 硅谷的文化氛围培育创新人才。

(3) 硅谷的创业者坚信创新精神是可以培育的。

(4) 风险投资可使你成为亿万富翁。

(5) 硅谷的创业文化和企业价值观激发人们的创新与创业精神。

资料来源：陈德智. 创业管理[M]. 北京：清华大学出版社，2007.

讨论：

(1) 硅谷公司的创业文化是什么？

(2) 硅谷企业文化主要从哪几方面创建的？

第十四章

创业企业经营中的法律问题

【学习目的与要求】

1. 掌握创业企业的法律形式与各自的优势及劣势。
2. 了解企业法人申请登记程序;理解设立各种企业的法律条件。
3. 掌握商标注册的条件;了解商标注册的程序。
4. 理解授予发明和实用新型的条件。
5. 掌握签订合同时注意的事项和违反合同的责任。
6. 理解创业者权益的法律保护主要内容。

【创业管理小故事】

狐狸和猴子

河中央有一个土墩,土墩上长着一株桃树,树上结满了桃子。狐狸想吃桃子,可是过不了河,猴子也想吃桃子,可也过不了河。于是,狐狸就和猴子商量:咱们一同想办法架桥过河,摘下桃子各分一半。随后狐狸和猴子一同花了好大力气,扛了一根木头,从这边架到河中央的土墩上,成了一座独木桥。可这桥太窄了,它们不能同时过去,只能先过去一个,然后再过去一个。

"先让我过去,你再过去吧!"狐狸对猴子说。

狐狸过去了。狐狸想独自吃桃子,便故意把木头推到河里去了。"猴子,您回去吧!"狐狸哈哈地笑起来,说:"你没有口福吃桃子了。"

猴子非常生气,可是它马上也笑了起来说:"哈哈!你能够吃到桃子,但是你永远回不来了!"

狐狸听了非常着急,没有办法,只好苦苦地哀求猴子说:"猴子大哥,我们是好朋友,请你替我想个办法让我回去吧!"

猴子一句话也不说,独自走了。

启示:狐狸和猴子商量:"一同想办法架桥过河,摘下桃子各分一半。"后来,狐狸反悔了。因为,摘下桃子各分一半,只是口头约定,没有法律依据,所以各自都受到伤害。

在市场经济条件下,任何个人的创业行为和企业的经营行为其本质上都是一种法律行为,必须得到法律的认可,法律才能依法给予有效的保护。市场经济作为一种法制经济,其原因就在于市场经济本身是创业者进行创业经营活动的舞台,而法律则是创业者在这个舞台上活动的规则。

第一节 创业企业的法律制度

创业企业一旦成立就具有了一般企业的一切法律特征。因此,创业企业的法律形式与一般企业基本相同。

一、企业与企业法人

(一) 企业的概念与特征

企业是社会的基本经济细胞,也是现代社会中普遍存在的最有活力、最为复杂的组织。由于企业的复杂性及观察企业的视觉不同,对企业的定义也是众说纷纭。美国《现代经济词典》将企业定义为:设在一个地点拥有一个或一个以上雇员的工厂、商店或办事机构。《中国企业管理百科全书》将企业定义为:从事生产、流通等经济活动,为满足社会需要并获取盈利,进行自主经营,实行独立经济核算,具有法人资格的基本经济单位。本书对企业的定义为:企业是现代国民经济的基本经济单位,是营利性的经济组织,是根据社会需要组织和安排商品生产、流通和服务等活动,是自主经营、自负盈亏、独立核算,并具有法人资格的基本经济单位。

分析上述企业的概念,可以看出企业具有如下特征。

1. 企业是经济组织

企业是一个从事生产经营活动的经济组织,它不同于政治、文化、军事、福利性的机构等其他组织,也不同于非组织的个人,它的基本目标是在市场上获取经济效益,具体表现为企业是根据市场需要从事多方面的经营活动。

2. 企业是社会组织

在现代社会中,企业是一个向社会全面开放的系统,企业的产、供、销运作过程已不单是经济问题,同时也是政治、法律、道德、心理、社会等诸方面的综合体现。企业的经济性活动必然受到社会环境、政治环境等的制约和影响。

3. 企业是合法组织

企业在开展经营活动时必须具备合法性。所谓合法性必须具备以下条件:①必须在政府管理部门登记注册,应有专门的名称、固定的工作地址和组织章程,取得法律的认可;②具有独立的经济核算,在银行设有账户,自负盈亏;③企业一经依法设立,就能独立自主地进行生产经营活动并严格按照法律规定行使权利和履行义务。

4. 企业是自主经营系统

由于企业是在市场中运作,面对的是市场各种各样的需求、稍纵即逝的机会、优胜劣汰的竞争,经营决策既要注重效果,还要注重效率,这就要求企业对其经营活动要有充分的自主性而不受其他方面的直接干扰和影响。

（二）企业法人的概念与特征

法人是由投资者创业的，有自己的财产，以自己的名义来从事商业活动，就像一个“真正”的人，享有法律权利，承担法律责任。法人不同于设立它的个人，法人的财产独立于个人的财产。

企业法人是指企业依法设立的，能够独立享有法定权利和承担法定义务的经济组织。作为区别其他社会组织的企业法人具有如下特征：

（1）具有合法的企业名称。

（2）具有开展一定生产规模和经营活动的场所。

（3）具有一定技能、一定数量的生产者和管理者。

（4）从事社会商品生产、流通等经济活动的相应组织机构。

（5）进行自主经营、独立核算，独立承担责任。

（6）拥有一定数量、一定技术水平的生产设备和资金。

二、企业的法律形式

新创企业的形式有多种。新创企业合法组织形式的选择直接影响到企业所有者的所有权、决策与控制、债务责任和利润分配。根据企业的法律地位不同，企业的法律形式主要有个人独资企业、合伙企业和公司企业。

（一）个人独资企业

个人独资企业是由一个自然人投资，财产为个人所有，投资人以其个人财产对企业的债务承担无限责任的营利性经济组织。

1. 个人独资企业的优势

（1）注册手续简单，费用低。

（2）产权明晰，决策自主。

（3）税收负担较轻，注册资金少。

（4）利益独享，保密性好。

2. 个人独资企业的劣势

（1）信贷信誉低，融资难度大。

（2）投资者需要承担无限责任。

（3）企业成长存在不稳定性和脆弱性，可持续性低。

（4）缺乏支持者，财务有限。

（5）企业管理水平低。

（二）合伙企业

合伙企业是由合伙人订立合伙协议，共同出资，合伙经营，共享收益，共担风险，并对合伙企业的债务承担无限连带责任的营利性组织。合伙企业创立的法律基础是合伙协议,合伙协议必须是书面协议,对全体合伙人具有法律上的约束力。

1. 合伙协议的主要条款

(1) 各自投资的性质和数量。

(2) 经营的利润和亏损的分配。

(3) 每个人的工资和提取项目。

(4) 每个合伙人的管理责任和权限。

(5) 合伙人的退休、丧失能力及死亡的处理。

(6) 合伙的解散和清算方式。

(7) 合伙人的住所和姓名。

(8) 合伙企业的名称和主要经营场所的地址。

(9) 合伙的目的和经营范围。

(10) 合伙企业经营的期限。

中国最高立法机构已表决通过修订后的合伙企业的生产经营所得和其他所得。按照国家有关税收规定,由合伙人分别缴纳所得税。修订后的合伙企业法规定,有限合伙企业的合伙人最多不能超过50人。法律还规定,有限合伙企业由普通合伙人和有限合伙人组成,普通合伙人对合伙企业的债务承担无限连带责任,有限合伙人以其认缴的出资额为限对合伙企业债务承担有限责任。

合伙人的出资形式包括货币、实物、土地使用权、知识产权或其他财产权利。出资应当是合伙人的合法财产及财产权利。

2. 合伙企业优势

(1) 注册手续简便,费用低。

(2) 有限合伙承担有限责任,资金来源和信用能力有所提高,容易吸引资金和人才。合伙企业最大的风险是无限责任,有限责任解决了这个问题。

(3) 税收较低,与独资企业一样,只缴纳企业所得税。年营业额3万元以下,税率为18%;年营业额3万~10万元,税率为27%;年营业额10万元以上,税率为33%。

(4) 企业的筹资能力得到了改善,可以提高市场竞争能力,扩大经营领域。

(5) 合伙企业能补充独资企业在资本、知识、能力等方面的缺陷,是新创企业的一个进步。

3. 合伙企业劣势

(1) 合伙人承担连带责任。合伙企业最大的风险就是对企业的债务承担无限责任,同时还有连带责任。这就使那些不能控制企业的合伙人面临更大的债务风险。

(2) 容易内耗,缺乏效率。公司形式下是资本说了算,各合伙人都享有权利,企业决策难以达成一致意见,容易造成决策上的延误和差错,使企业在管理协调上增加了难度,导致企业效率低下。

(3) 合伙人财产转让困难。由于合伙人财产转让影响合伙企业和合伙人的切身利益,因此法律对此严格要求。

【应用阅读】

合伙企业剩余财产分配方案是否合理?

张、王、李、赵合伙开办复印社,合伙协议约定四人之间投资、盈余分配、债务承担比例为:1∶4∶2∶3。四人出资的具体形式是:张是以维修养护复印设备的技术出资,占总出资额的10%;王是以80平方米房屋使用权出资作为复印社场所,占总出资额的40%;李是出资2万元的现金、赵出资3万元现金,分别占总出资额的20%和30%,用于购买复印设备。复印社在前两年内盈利颇丰,四人各自按约定比例获得收益。第三年复印社亏损5000元,张、王按合同约定的条件提出退伙。清理合伙企业剩余财产时,现金及设备估价约4.5万元。张认为最公平的分配方案是:李得1.8万元,赵得2.7万元,王只收回房屋,自己则分文不取。但李、赵认为该分配方案不公平,也不符合合伙企业的约定,因此相互之间发生争执。

启示:从公平原则出发不可分割的投资标的合伙人应当以其他形式承担其应负担的债务份额。该案中张、王、李、赵应分别承担合伙经营亏损500元、2 000元、1 000元、1 500元,张、王可以用现金对李、赵进行补偿。

(三) 公司企业

公司企业是按照严格的法定程序成立,由数人出资举办,以营利为目的的企业法人。在中国境内设立的主要是有限责任公司和股份公司。

1. 有限责任公司

有限责任公司是企业法人、股东以其出资额为限对公司承担有限责任,公司以其全部资产对公司的债务承担责任。

(1) 设立有限责任公司应具备以下条件

① 股东符合法定人数。法定人数是指法定资格和所限定人数。法定资格是指国家法律、法规和政策规定的可以作为股东的资格。法定人数是指按照公司法对有限责任公司的股东定为2～50人。

② 股东出资达到法定资本的最低限额。股东出资总额必须达到法定资本的最低限额3万元,并允许对公司注册资本实行分期缴付。有限责任公司的注册资本为在公司登记机关登记的全体股东认缴的出资额,全体股东首次认缴的出资额不得低于公司注册资本的20%,并不得低于法定最低资本,其余部分由股东在公司成立日起两年内缴足。

股东可以用货币出资,也可以用实物、工业产权、非专利技术及土地使用权作价出资。有限责任公司全体股东或者股份有限公司全体发起人的货币出资金额,不得低于公司注册资金的30%。

【应用阅读】

展鹏公司与苏泰化妆品有限责任公司

展鹏公司与苏泰化妆品有限责任公司准备出资成立一家有限责任公司，从事化妆品生产。两家公司设立了公司章程并共同出资。展鹏公司以机器设备、香料、资金、品牌及相关的专有技术作为出资，其中，机器设备、香料经有关部门评估折价人民币800万元，品牌及相关技术经有关部门评估定价为人民币500万元，现金出资700万元，共计2 000万元；苏泰公司以土地使用权、厂房、原材料作为出资，经有关部门评估折价共计人民币500万元，以其所持有的某上市公司5%的股权出资折合人民币500万元，苏泰公司还将其拥有的未到期的500万元的债权作为出资，债务人为某股份有限公司。其后，两个股东各指定代表向公司登记机关申请设立登记，但未予批准登记。展鹏公司与苏泰化妆品有限责任公司了解到公司没有获得批准成立后，又各自追加了300万元现金作为出资，遂再次向公司登记机关申请设立登记。公司登记机关经考察后认为符合公司的设立条件，遂登记为有限责任公司。

启示：股东可以用货币出资，也可以用实物、工业产权、非专利技术、土地使用权作价出资。有限责任公司全体股东或者股份有限公司全体发起人的货币出资金额，不得低于公司注册资金的30%。

③ 股东共同制定执行公司章程。制定有限责任公司章程，是设立公司的重要环节，公司章程由全体出资者在自愿协商的基础上制定。经全体出资者同意，股东应当在公司章程上签名、盖章。

④ 有公司名称，建立符合有限责任公司要求的组织机构。设立有限责任公司，除其名称应符合企业法人名称的一般性规定外，还必须在公司名称中标明“有限责任公司”或“有限公司”。

(2) 有限责任公司的优势与劣势

优势：

① 股东承担有限责任。公司股东仅对其投资额承担有限责任。

② 公司管理规范。公司制法人治理结构使得有限责任公司的经营管理更具有规范性的优势。

③ 企业成长具有连续性。公司作为一个独立的法人实体不会因为某个股东的退出而解体，企业能保持成长的连续性。

劣势：

① 筹集资金的规模和范围都较小。

② 难以适应大规模生产经营活动的需要。

2. 股份有限公司

股份有限公司又称股份公司，是指注册资本由等额股份构成，并通过发行股票（股权证）筹集资本，公司以其全部资产对公司债务承担有限责任的法人。

(1) 设立股份有限公司应具备的条件

① 发起人符合法定人数。应有5人以上的发起人。

② 发起人认缴和社会公开募集的资本达到法定资本最低限额。

③ 股份发行、筹办事项符合法律规定。

④ 发起人制定公司章程，并经创立大会通过。

⑤ 有公司名称，建立符合股份公司要求的组织机构。

⑥ 有固定的生产经营场所和必要的生产条件。

(2) 股份有限公司的优势和劣势

优势：

① 股东投资风险小。股东承担有限责任。

② 筹资能力强。股份公司获准上市，可面向社会发行股票。

③ 提高了资本流动性。股票易于迅速转让。

④ 有利于提高公司的管理水平。当股东认为公司经营不善时会在证券市场上抛售股票，把资金转而投向其他公司，这就迫使公司经理人员努力提高经营管理水平。

劣势：

① 公司设立程序复杂。公司组建和歇业不像其他公司那么简单。

② 保密性差。公司营业情况和财务状况向社会公开。

③ 股东缺少对公司长远发展的关心。股东购买股票是为了获得股利。

企业法律形式的比较详见表 14-1。

表 14-1　企业法律形式的比较

比较项目	个人独资企业	合伙企业	公司	
			有限责任公司	股份有限公司
出资者	个人	两个或者两个以上的合伙人	2～50 人的股东	5 人以上发起人，股东不限
责任形式	个人以自己的财产承担责任	每个人以自己的财产对企业承担无限连带责任	公司以公司资产为限对外承担责任，股东以其出资为限承担责任	公司以公司资产对外承担责任，股东以其所持股份为限对公司承担责任
开业成本	只有注册费	合伙人的书面协议，较少的注册费	公司章程，注册费和税	公司章程，注册费和税
权益的可转让性	可完全自由地变卖或转让企业的任何部分	普通合伙企业的合伙人只有在其他合伙人都同意时才能转让权益	其他股东享有优先受让权，如不购买视为同意转让	不做限制
法律依据	个人独资企业法(自 2000 年 1 月 1 日起施行)	合伙企业法(自 1997 年 8 月 1 日起施行)	公司法(自 1994 年 7 月 1 日起施行)	公司法(自 1994 年 7 月 1 日起施行)
管理	自主决策 所有权与经营权合一 个人能力知识有限	集体决策 个人技能互补 有利于控制关键人才	管理集中化 所有权与经营权分离 依靠治理结构控制	管理集中化 所有权与经营权分离 依靠治理结构控制

续表

比较项目	个人独资企业	合伙企业	公司	
			有限责任公司	股份有限公司
法律基础	无章程或协议	合伙协议	公司章程	公司章程
注册资本	投资者申报	协议约定	最低10万元、30万元或50万元	最低1 000万元
经营主体	投资者及其委托人	合伙人共同经营	股东不一定参加经营	股东不一定参加经营
事务决定权	投资者个人	全体合伙人或从约人	股东会	股东会
事务执行	投资者或其委托人	合伙人权利同等	公司机关、一般股东无权代表	公司机关、一般股东无权代表
收益分配	投资者个人	按合伙协议分配	投资比例	投资比例
解散程序	注销	注销	注销并公告	注销并公告
适应性	会计、律师事务所、咨询公司、风险投资公司	同个人独资企业	普遍适用(不适于规模小的企业)	普遍适用(不适于规模小的企业)

三、企业法人申请注册登记

企业取得法人资格后还有一项程序性的条件，就是申办单位或个人提出申请，经工商行政管理机关审核，准予登记注册的，领取《企业法人营业执照》或《中华人民共和国企业法人营业执照》。登记主管机关依法办理企业设立、变更、注销登记，监督企业按照登记注册事项和企业章程、合同从事经营活动，遵守国家法律、法规和政策，制止和查处不法经营行为，并依法对企业实行年度检验，对相关证照和企业登记档案进行管理。

(一) 企业登记程序

依据《企业法人登记管理条例》规定，企业申请登记分为开业登记、变更登记和注销登记三种，相应地，登记程序也分为三种。

1. 开业登记程序

企业法人申请开业登记程序是指有关法规、规章所规定的企业法人申请开业登记应依照的步骤和过程。

(1) 申请非公司企业法人开业登记，应当在主管部门或审批机关批准后30日内，向登记主管机关提出申请。申请时，应提交有关文件和证件。

(2) 登记主管机关接受申请登记的申请后，应从受理日起30日内做出准登记或不予核准登记的决定，经登记主管机关核准登记注册，领取企业法人营业执照后，企业即告成立。

2. 变更登记程序

企业法人变更登记程序是指有关法规、规章所规定的企业法人申请变更登记应依照的步骤和过程。

(1) 企业法人改变名称、住所、经营场所、法定代表人、经济性质、经营范围、经营方式、注册资金、经营期限、分支机构等登记事项或因分立、合并、迁移发生变更,应向原登记主管机关申请变更登记。

(2) 登记主管机关应当在受理变更登记后30日内,做出核准变更登记或不予核准变更登记的决定。

3. 注销登记程序

企业法人申请注销登记程序是指有关法规、规章所规定的企业法人申请注销登记应依照的步骤和过程。

(1) 注销登记是指登记主管机关依法对歇业、被撤销、宣告破产或因其他原因终止营业的企业,收缴营业执照、公章等,撤销其注册号,取消其企业法人资格或经营权的执法行为。

(2) 登记机关接受申请登记单位的注销申请后,应从受理日起30日内,做出核准登记或不予核准登记的决定。经登记主管机关核准后,收缴《企业法人营业执照》、《企业法人营业执照》副本,收缴公章,并将注销登记情况通知其开户银行。

(3) 非法人企业注销登记的程序和应当提交的文件、证件,参照企业法人注销登记的有关规定执行。

(二) 登记主管机关核准登记程序

登记主管机关核准登记程序是指国家有关法规、规章所规定的登记主管机关核准企业法人开业、变更、注销登记应依照的办理步骤和过程。

登记主管机关对公司法人和非法人企业以及经营单位申请登记的审批程序为以下步骤。

1. 受理

受理是登记主管机关依法做出的接受企业登记申请的行为,是登记注册程序中的重要环节,是登记主管机关运用登记程序、承担登记责任的起点。

登记主管机关做出受理决定,必须符合以下条件:

(1) 要有管辖依据;

(2) 要有合法依据;

(3) 要有程序依据。

登记主管机关初审内容为:

(1) 申请登记单位是否属于登记注册的管辖范围;

(2) 提交的文件、证件是否齐全、有效;

(3)《登记注册书》的填写是否准确、清楚。

符合上述条件的应予受理。

受理后,登记受理工作人员应在《登记注册书》有关栏目中签署予以受理的意见和受理时间。凡是不属于本登记机关管辖权限的,应通知申请人,向有管辖权的登记主管机关申请登记。

2. 审查

审查是登记主管机关依照规定，对企业的申请登记事项进行审理，核查的程序性行为，是登记注册程序中的重要环节。

审理是指对企业提交的各类文件的内容是否具有真实性、合法性、有效性、完整性进行综合评判。没有问题的予以肯定，有问题的提出解决问题的办法，不符合规定的予以驳回。

核查是指根据前一段企业的申请登记事由和提交的批件、证件、章程及其他有关材料，确认企业设立的条件和开展经营的依据。核查过程是登记主管机关具体贯彻执行国家有关法律、法规、章程、政策的过程，是对企业的设立方式、组织形式、登记事项是否真实、合法的鉴别过程。

审查包括程序性审查(又称形式审查)和实质性审查。审查应按照程序性审查、实质性审查和实地调查的顺序执行。

程序性审查是对申请登记的企业提交的文件、证件是否齐全，是否依照国家的规定履行有关审批手续的审查。内容包括：

(1) 对申请人提交的申请报告和有关文件、证件进行审查，看其是否符合登记管理法规的规定。

(2) 对申请人提交的有关文件、证件进行审查，看其是否真实、完整、合法和有效。

(3) 主管部门或审批机关是否具有审批资格。对于不符合规定和审批手续不完备的，审查工作人员应提出解决的具体意见和办法，并指导申请人提交所需文件和补办手续。

实质性审查是指登记主管机关在程序性审查的基础上，对申请登记单位是否具备登记条件，申请登记事项是否属实，提交的文件、证件是否真实、完整、合法、有效，是否符合国家法律、法规和政策规定的审查。内容包括：

(1) 企业组织章程是否符合国家法律、法规及政策规定，是否经过主管部门批准。

(2) 企业法定代表人或负责人是否符合国家有关规定。

(3) 企业经济性质是否与资金来源、财产所有权、分配形式、管理制度相一致。

(4) 注册资金来源及构成是否符合国家规定，是否达到法定标准并与经营范围相适应。

(5) 从业人员是否符合国家规定，是否达到法定人数和有与经营规划和业务相适应的从业人员及专职人员。

(6) 经营场所和设施与经营范围相适应。

【应用阅读】

选　址

在北京朝阳区孙河乡马泉营村，有一家名叫“果园”的西餐厅，位置偏僻，每周一还例行休息，但每逢营业日都顾客盈门。究其原因是该地区集中居住了很多在北京工作的老外，很多回头顾客是基于口口相传。该餐厅位于一大片果园中，面积很大，环境幽雅，而税金成本低廉，餐厅的位置比较贴近人群。

启示：餐饮类场所选址，应考虑周边居民消费水平和消费习惯。人流大的地方，消费需求都比较高。

(7) 经营范围是否符合国家有关规定，是否与其经营能力相适应。有专项规定的行业和经营范围，是否报经有关部门审查同意，经营范围用语是否规范等。

实地调查是指登记主管机关工作人员为保证登记事项的真实性而深入企业住所和经营场所进行的考察。核实工作人员在规定的时间内，应及时到申请登记单位调查核实。具体内容有：

(1) 申请人所填的住所、地址与实际住所是否相一致；

(2) 生产经营场所及其生产经营设施与申请的情况是否相符合；

(3) 法定代表人(负责人)与申报情况是否相同；

(4) 从业人员、专职人员与填报情况是否相一致；

(5) 注册资金是否真实；

(6) 财务、会计制度是否健全；

(7) 特殊行业是否具备生产经营条件与服务条件等。

实地调查核实工作人员经调查核实后，应在《登记注册书》上有关栏目中填写实地调查核实情况，并签署意见。

3. 核准

核准是指登记主管机关对申请登记事由及登记注册事项审查核实后签署的同意核发执照的结论性意见，登记主管机关作出同意企业登记的结论后，应负责通知申请人已经终结审查，同意登记，在指定期限内办理领取执照手续。

核准与审查在性质上有所不同。审查是登记主管机关经办人员的个人行为，个人向组织负责。经办人员审查不当，复查人员和审批人员可以纠正，也可以退回重审。核准是整个登记主管机关的行为，审批人员代表登记主管机关履行职责。因此一旦核准并通知企业后，就对登记主管机关发生制约作用，除非有特殊理由，原则上不能撤销核准意见。

登记主管机关记载在《登记注册书》上的核准意见，应存入档案备查。

经处室领导审查和核定后，应在规定的期限内，做出准予登记或不予核准登记的决定，并及时通知申请人。

登记主管机关的处室领导对经调查核实的申请登记注册材料进行全面复审，其内容包括：

(1) 是否属于登记和管辖范围的企业；

(2) 受理、审查、实地调查工作人员的意见是否一致，意见是否正确、具体；

(3) 是否符合注册登记程序；

(4) 是否符合国家有关法律、法规和政策的规定。

对经审定认为应予核准登记注册的，处室领导应在《登记注册书》上签署准予核准的意见，由有关人员及时通知申请人。

对经审定认为不能予以核准登记注册的，处室领导应在《登记注册书》上注明不予核准登记注册的原因和理由，由有关人员填写核驳通知书，及时通知申请人。

4. 发照

对核准登记的申请登记单位，应分别颁发《企业法人营业执照》或《营业执照》。在颁发执照时，登记主管机关应编制注册号，通知法人代表人或负责人领取执照，办理法定代表人、负责人签字备案手续。申请登记单位领取执照后，凭据执照刻制公章，开立银行账户，并向登记主管机关备案，按照核准的登记事项从事生产经营活动。登记主管机关应将有关登记注册材料及时建立企业登记档案。

5. 公告

对核准登记注册的法人，由国家工商行政管理局和省、自治区、直辖市工商行政管理局依法统一发布企业法人登记公告，其他任何部门、单位和个人不得组织发布企业法人登记公告。

企业法人登记公告的基本形式为期刊或符合规定的报纸上刊登。登记主管机关发布企业法人登记公告按规定的标准收取公告费。

公告内容必须说明公告单位隶属的法人名称、住所。

（三）企业名称及预先核准应注意的事项

1. 企业名称构成的基本要素

企业名称由以下要素构成：①行政区；②字号；③行业特征；④组织形式。具体如表 14-2 所示。

表 14-2　企业名称构成要素

南京	创业者	产业资讯	有限责任公司
行政区	字号	行业特征	组织形式

2. 企业名称的规范要求

(1) 企业法人必须使用独立的企业名称，不得在企业名称中包含另一个法人名称。

(2) 企业名称中不得包含另一个企业的名称。

(3) 企业名称应当使用符合国家规范的汉字，民族自治区的企业名称可以使用本地区通用的民族文字。企业名称不得含有外国文字、汉语拼音字母、阿拉伯数字。

(4) 企业名称不得含有有损国家利益或社会公共利益、违背社会公共道德、不符合民族宗教习俗的内容。

(5) 企业名称不得含有违反公共竞争原则，可能使公众造成误认、可能损害他人利益的内容。

(6) 企业名称不得含有法律或行政法律禁止的内容。

3. 企业名称核准的内容

(1) 符合法律规范的企业名称，必须符合《企业名称登记管理规定》及《企业名称登记管理实施办法》对企业名称规范的要求。

(2) 申请在先、设立在后的原则。

(3) 规定范围内同行业企业名称不得相同或相似。

第二节　掌握与创业密切相关的法律

在法制社会里，企业必须合法经营，尤其是新创企业，很容易出现法律问题，为使新创企业正常经营，避免陷入困境之中，所以应掌握与创业企业密切相关的法律问题。这里主要介绍商标法、专利法和合同法。

一、商标法

商标和专利属于知识产权的内容。知识产权是自然人或法人对自然人通过智力劳动所创造的智力成果，依法确认并享有的权利。它是一种财产权，受法律的保护而任何人不得侵犯。知识产权包括商标、专利、著作权、商业秘密和特许经营权等。本节主要介绍商标和专利。

(一) 商标与商标法

1. 商标的概念和特征

商标是指商品生产者或经营者在其加工、制造、经销的商品上，以文字、图形或它们的组合所表示的一种特殊标志。对于商品生产者或经营者来说，商标的特征是，具有排他性、标记性、地域性和竞争性。

2. 商标法的概念和作用

商标法是指确认商标专用权，规定商标注册、使用转让、保护和管理的法律规范的总称。它的作用是加强商标管理，保护商标的专用权，促进商品生产者和经营者保证商品的服务质量，维护商标的信誉，以保证消费者的利益，促进市场经济的发展。

【应用阅读】

美国星源(星巴克)公司的域名被抢注

美国星源(星巴克)公司聘请香港律师行，历经半年之久的取证，终于取得中国国际贸易仲裁委员会域名争议解决中心的域名转移裁决，取回含其注册商标“STARBUCKS”标识的两个CN域名“starbucks. com. cn”和“starbucks. cn”。星巴克为了证明自己对这两个域名拥有合法权益而其他人是属于非法占有，聘请了国际知名的香港麦坚实律师行作代理。仅律师费一项，其最低支出在15 000美元左右，折合人民币10万元以上，加上香港律师到内地进行各项调查取证费用、仲裁费用，星巴克在本次争议案上的直接费用支出在15万元人民币以上。如果依正常注册程序,提出及时的注册请求,其注册拥有以上两个域名,几年来所需要的成本,即注册费用只需 2 400 元人民币。

启示:说明商标注册的重要性。不及时申请注册也会造成严重的经济损失。

资料来源:南方都市报,2004 年 8 月 6 日。

(二)商标注册及其制度

1. 商标注册的概念

商标注册是指商标使用人将其使用的商标按照法律规定的条件与程序,向商标管理机关提出注册申请,以取得商标专用权的行为。

2. 商标注册的制度

商标注册是保护商标专用权的基本法律制度。世界各国一般采取以下不同制度。

(1) 不注册制度。这种制度规定,取得商标专用权不需要办理注册手续,仅通过使用商标的行为自然取得商标专用权。少数国家实行这种制度。

(2) 强制注册制度。这种制度要求,所有使用的商标必须经过注册才合法,否则不许使用。

(3) 强制制度和自愿注册相结合的制度。这种制度可从以下两方面理解:①不注册使用商标和注册使用商标并行,仅有注册手续的商标才能获得商标专用权。我国实行的是这种制度。②某些商品必须使用注册商标,不使用商标不能销售商品。我国《商标法》第 6 条规定:"国家规定必须使用注册商标的商品,必须申请商标注册,未经核准注册的,不得在市场销售。"所谓必须注册的商品,是指与人民生活关系比较密切,直接涉及人民健康的极少数商品,以及由国家工商行政管理局公布的必须使用注册商标的其他商品。

(4) 注册在先制度(也称申请在先制度)。这是指两个或两个以上的申请人,在同一种商品或类似的商品上以相同或类似的商标申请注册时,注册申请在先的商标和申请人获得商标专用权。

(5) 使用在先制度。这是指在无法确认申请(注册)在先的情况下采用最先使用者取得商标注册的原则。

(三)商标注册的条件

1. 申请人必须具备合法资格

根据《商标法》及《商标法实施细则》的规定,自然人、法人或其他组织对其生产或经销的商品,需要取得商标使用权的,应当向商标局申请注册。其中,申请人是药品的商标注册,应当附送卫生行政部门发给的《药品经营企业许可证》;申请卷烟和有包装烟丝的商标注册,应当附送国家烟草主管机关批准生产的证明文件;申请国家规定必须使用注册商标的其他商品的商标,应当附送有关主管部门的批准证明文件。

2. 商标的构成要素

(1) 商标必须具备法律规定的构成要素。我国《商标法》规定,任何能够将自然人、法人或其他组织的商品与他人的商品区别开来的可视性标志,包括文字、图形、字母、数字、三维标志和颜色组合,以及上述要素的组合,均可作为商标申请注册。

(2) 商标设计必须具有显著特征,便于识别。商标设计要立意新颖,独具特色,文字、图形或其组合鲜明简洁。

3. 商标构成的禁用条件

《商标法》第 10 条和第 11 条明确规定了商标禁止使用的文字和图形。具体包括:①同中华人民共和国的国家名称、国旗、国徽、军旗、勋章相同或相似的;②同国外的国家名称、国旗、国徽、军旗相同或相似的;③同政府间国际组织的旗帜、徽记相同或相似的;④同“红十字”、“红新月”的标志、名称相同或相近、相似的;⑤缺乏显著标志的;⑥带有民间歧视的;⑦仅有本商品的通用名称、图形、符号的;⑧直接表示商品的质量、重量和特征。

(四) 商标注册的程序

1. 提出商标注册申请

申请商标注册应按照规定的商品和服务分类表按类申请。每一件商标注册申请都应向商标局提交《商标注册申请书》一份、商标图样 5 份;指定颜色的,并应当提交着色图样 5 份、黑白稿一份。商标图样必须清晰、便于粘贴,用光洁耐用的纸张印刷或用照片代替,长或宽不大于 10 厘米,不小于 5 厘米。以三维标志申请注册商标的,应当在申请书中予以声明,并提交文字说明。申请注册集体商标、证明商标的,应当在申请书中予以声明,并提交主体资格证明文件和使用管理规则。商标为外文或包含外文的,应当说明含义。

2. 审查申请

商标局对受理的商标注册申请,依据商标法及本条例的有关规定进行审查,对符合规定的或者在部分指定商品上使用商标的注册申请符合规定的,予以初步审定,并予以公告;对不符合规定或在部分指定商品上使用商标的注册申请不符合规定的,予以驳回或者驳回在部分指定商品上使用商标的注册申请,书面通知申请人,并说明理由。

3. 注册核准

商标注册核准,是确立取得商标专用权的重要程序。经过初步审定公告的商标,在 3 个月内无人提出异议,或者经裁定异议不能成立,即对申请注册的商标予以核准注册,并将核准的商标及核准注册的有关事项载入《商标注册簿》上,发给申请人商标注册证,并予以公告。申请人即取得注册商标专用权。

(五) 商标注册的期限和续展

1. 商标注册的期限

商标注册的期限是指注册商标具有法律效力的持续时间。《商标法》第 37 条规定,注册商标有效期为 10 年,从商标核准注册之日起计算。在有效期内商标专用权受到法律保护，超过期限，又未申请续展的，即注销其注册商标。

2. 商标专用权的续展

商标专用权的续展是指商标专有权人，可以继续享有该商标的专用权。每次的续展期限为10年。

（六）商标的管理

1. 注册商标使用的管理

按照《商标法》的规定，使用注册商标有下列行为之一的，由商标局则令限期改正或撤销其注册商标并视情况予以罚款。

(1) 自行改变注册商标的文字、图形或其组合的。

(2) 自行改变注册商标的注册人名称、地址或其他注册事项的。

(3) 自行转让注册商标的。

(4) 连续3年停止使用的。

2. 未注册商标使用的管理

按照《商标法》的规定，使用未注册商标有下列行为之一的，由地方工商行政管理部门予以制止，限期改正，并予以通报或罚款。

(1) 冒充注册商标的。

(2) 违反商标法规定的。

(3) 粗制滥造，以次充好，欺骗消费者的。

3. 商标标识的管理

按照《商标法实施细则》规定，任何人不得非法印制或买卖注册商标标识。对违反者给予制止、收缴注册商标、罚款等有关规定处理。

二、专利法

（一）专利与专利法的概念

1. 专利的概念

专利就是专利权的简称，是指国家专利主管机关依法授予专利申请人及其权利继受人在一定时期内实施其发明创造的独占权。

2. 专利的含义

有三层含义：其一，是指由国家专利机关授予发明人、设计人或所属单位对某项发明创造在法定期限内享有的专有权；其二，是指取得专利权的发明创造，包括发明、实用新型和外观设计三种专利技术；其三，是指专利文献重要部分记载发明创造内容的专利说明书。

3. 专利法的概念

专利法是指确认发明人(或其权利继承人)对其发明享有专有权，规定专利权人的权利和义务的法律规范的总称。专利法的实质是规定和保护专利的法律。

（二）专利的特征

1. 专有性

它是一种专有权或独占权，具有鲜明的排他性。

2. 地域性

它是指专利权人所取得的专利权，只能得到授予该项权利的国家的保护，两国或多国之间订有相互保护的双边或多边条约的除外。

3. 时限性

它是指专利权有一定的期限制约。

4. 专利权包括人身权和财产权

专利权不同于物质产权，它是一种知识产权，是一种无形的财产权利。

（三）授予发明和实用新型专利权的条件

1. 新颖性

这是指在申请日以前没有同样的发明或实用新型在国内外出版物上公开发表过，在国内公开使用过或以其他方式为公众所知，也没有同样的发明或实用新型由他人向专利局提出过申请并记载在申请日以后公布的专利申请文件中。

2. 创造性

这是指同申请日以前已有的技术相比，该发明有突出的实质性特点和显著的进步，该实用新型有实质性的特点和显著的进步。

3. 实用性

这是指该发明或实用新型能够制造或使用，并能产生积极效果。

不能授予专利权的发明创造是：科学发现；智力活动的规则和方法；疾病的诊断和治疗方法；动物和植物品种；用原子核变换获得的物质。

（四）专利的审批

1. 对发明专利申请的审查批准

（1）初步审查。主要是对专利申请手续和申请文件是否齐全完备进行审查。

（2）早期公开。是指专利局收到发明申请专利后，经初步审查认为符合专利法的规定，自申请日起 18 个月内予以公示。

（3）实质审查。是指从技术角度审查发明创造是否符合专利法所要求的新颖性、创造性和实用性。

（4）授予专利权。是指经实质审查没有发现驳回的理由，专利局应当做出授予发明专利权的决定，发给发明专利证书，并予以登记和公告。我国《专利法》规定，发明专利权的有效期限为 20 年，自申请之日起计算。

2. 对实用新型、外观设计专利申请的审查批准

对实用新型、外观设计专利申请，经初步审查没有发现驳回的理由，专利局应当作出授予实用新型专利权或外观设计专利权的决定，发给相应的专利证书，并予以登记和公告。我国《专利法》规定，实用新型、外观设计专利权的有效期限为10年，自申请之日起计算。

三、合同法

创业的本质是创造财富，而财富是通过交易实现的。任何一个创业者要想顺利地完成每一笔交易及将交易成本降低到最低限度，就必须熟悉、理解、掌握交易规则，在一个法制社会里，交易规则主要是指《合同法》。

（一）合同与合同法

1. 合同的概念和内涵

（1）合同的概念

合同是指当事人之间设立、变更、终止某种权利义务关系的协议。它是市场经济中进行各种经济活动的基本法律形式。

（2）合同的内涵

①合同当事人是自然人、法人和其他组织。②订立合同的目的是设立、变更、终止某种权利义务关系的协议。③合同必须是两个以上的当事人意思表示相一致的协议。

2. 合同法的概念和特征

（1）合同法的概念

合同法是有关合同的法律规范总称，是调整合同的订立、效力、履行、变更、解除、终止、违约责任等关系。

（2）合同法的特征

①合同是两个或两个以上当事人的法律行为；②合同是以设立、变更、终止某种权利义务关系为基本内容或目的的协议；③合同是当事人在平等自愿的基础上且具有意思表示的一致性和真实性的协议。

（二）合同的内容

（1）当事人的基本情况。包括当事人的姓名、住所、电话、传真和银行账号等。

（2）合同标的。合同标的是指合同各方当事人权利义务指向的利益对象。如买卖合同，卖方交出货物，买方支付相应的货币。

（3）数量。数量是衡量合同权利义务大小的尺度，如物品的数量、劳务数量等。

（4）质量。质量是对合同标的品质内在的要求，质量高低直接影响到合同履行的质量以及价款报酬的支付数额。

（5）价款或者报酬。在约定中除应当注意采用大小写表现合同价款外，还应当注意在大写文字的表示方式上，不能有错误、简写等情况，避免对以后的履行造成障碍。

(6) 履行期限、地点和方式。履行期限是合同中确定的各方合同当事人履行各自义务的时间限度，是确认合同当事人是否违约的一个主要的标准。履行地点是当事人一方履行义务另一方享受权利的地点。履行方式是当事人履行义务采取的方式。履行方式有两方面的内容：一是合同标的的履行方式；二是价款或报酬的结算方式。

(7) 违约责任。违约责任是合同当事人一方或各方不履行合同或没有完全履行合同时违约方应当对守约方进行的救济措施。违约责任是为了保证合同能够顺利、完整履行而由双方自主约定的。

(8) 解决争议的办法。这是当事人就纠纷解决协商的一种可取途径。争议的解决主要有四种方式：①当事人双方自行协商解决；②第三者介入进行中间调节；③提交仲裁机构解决；④向人民法院提起诉讼。

【应用阅读】

驳回租赁公司的诉讼请求

一个县纺织厂为了扩大生产，欲增加3台纺织机。但无钱购买，银行也不给贷款。纺织厂找到了某租赁公司，要求承租3台纺织机。双方经过协商后签订了财产租赁合同。合同规定由租赁公司为纺织厂购买3台纺织机出租给纺织厂使用，租期为5年，每年付租金8万元，租金合计40万元；在承租期间，纺织机的所有权归租赁公司，使用权归纺织厂，租赁公司不得干涉纺织厂的使用。合同还规定，租赁公司从某纺织机械厂购买纺织机，租金与购买价相比多出的5万元视为纺织厂在租期届满后向租赁公司购买所租纺织机货款，这样，租赁期届满，纺织厂全部交纳租金后，纺织机的所有权归纺织厂。合同还规定了对于纺织机有缺陷的处理，若纺织机有缺陷，则租赁公司将索赔权转让给纺织厂，租赁公司不承担责任。随后，租赁公司与纺织机械厂签订了购买纺织机的合同，并按时将货运到纺织厂。纺织厂将设备安装后发现3台纺织机无法运转，纺织厂于是依照租赁合同的规定，向纺织机械厂索赔，但纺织机械厂认为纺织厂无权向其索赔。纺织厂转而找租赁公司，租赁公司则以索赔权已转让为由，而不负任何责任。纺织厂见两处无着落，也就拒付租金。设备放在厂里，日晒雨淋，不到一年就报废了。租赁公司眼见设备款已付，却收不回租金，就以纺织厂为被告向法院提起诉讼，要求纺织厂一次性付给租金40万元；纺织厂则辩称设备有瑕疵，无法使用，纺织机械厂拒不赔偿，因而其拒付租金是合法的，要求驳回租赁公司的诉讼请求。此案应当如何解决？设备损失由谁承担？

启示：纺织机械厂出产不合格的产品应负主要责任，纺织厂保管不善，应负次要责任，租赁公司承担相应责任。

市场经济的本质是法制经济，在激烈的市场竞争中，经营者仅有经济头脑是不够的。在一个逐渐成熟的法制社会中，不懂法律，不能依法办事，再好的企划方案也难以得到实施。

（三）合同订立的流程

合同订立是指当事人通过一定的程序、协商在其相互之间建立合同关系的一种法律行为，它是一个非常重要的阶段，是合同履行的前提。订立合同的流程如下。

1. 要约

（1）要约的概念

要约是指希望和他人订立合同的意思表示，内容应具体确定。

（2）要约的构成要件

①内容具体明确。“具体”是要求要约的内容必须具备足以使合同成立的主要条件。“明确”是要求必须清楚，不能模棱两可产生歧义。②表明经受要约人承诺，要约人即受该意思表示约束。

（3）要约邀请

要约邀请又称要约引诱，它是指邀请或引诱他人向自己发要约。要约邀请人是想希望他人和自己交易，但他是想让他人成为要约人，自己成为承诺人。

【应用阅读】

要约与要约邀请

商贩：“你看这金表，是身份的象征，买一块吧。”（要约邀请）

顾客：“还行，多少钱？”（要约邀请）

商贩：“你出个价，合适给你。”（要约邀请）

顾客：“1 000 元。”（要约）

商贩：“太少了，1 500 元？”（改变对方要约，成为新要约或反要约）

顾客：“1 200 元，多一分钱不要。”（新要约或反要约）

商贩：“得了，我亏本图开张，卖你了。”（承诺）

启示：要约与要约邀请轮番出现，要约被承诺商品买卖合同成立。

2. 承诺

（1）承诺的概念

承诺是受要约人同意要约的意思表示。如果要约方收到对方的承诺，合同即生效。

（2）承诺构成要件

①承诺须由受要约人做出。②承诺须向要约人做出。③承诺的内容须与要约的内容一致。④承诺应在要约的有效期内做出。

创业者订立合同时，应注意对方是否具有相应的民事权利能力和民事行为能力，否则订立的合同将因为无效而不能成立。合同的形式有口头合同和书面合同两种形式。在签订合同时，应采用书面形式，因为口头形式容易造成当事人误解及事后审查的不便。

（四）合同的法律效力

合同的效力也称合同的法律效力，是指已经成立的合同将对合同当事人乃至第三人产生的法律后果。合同成立后，能否产生合同当事人预期的法律后果，则要看该合同是否符合法定的生效要件。符合法定生效要件，则该合同生效，其约定的义务对合同当事人具有法律约束力。合同成立是一种事实判断，合同生效是一种价值判断。

1. 合同的生效要件

(1) 主体合格，自然人签合同，原则上须有完全行为能力；对于法人的分支机构，在得到法人的书面授权后，可以自己的名义签订合同；个体工商户签订合同时应当有营业执照。

(2) 意思表示真实。

(3) 不违反强制性法律规范及社会公共利益。

(4) 合同标的须确定和可能。

2. 合同欠缺生效要件的法律后果

合同的生效要件是法律对合同生效的基本要求，如果合同欠缺生效要件，合同的效力就会受到影响。《合同法》将欠缺合同生效要件的合同分为合同的无效、合同的可撤销和合同的效力未定三种类型。

(1) 合同的无效是指合同因欠缺一定生效要件而导致合同不发生效力。

(2) 合同的可撤销是指合同因欠缺一定生效要件，其有效与否，取决于有撤销权的一方当事人是否行使撤销权。

(3) 合同的效力未定是指已成立的合同因欠缺一定生效要件，其生效与否，尚未确定，须经过补正方可生效，在一定时期内不予补正则为无效合同。

（五）合同的履行

1. 合同履行的概念

合同履行是指在合同依法订立生效后，当事人双方在合同规定的履行期限和履行地点内，相互协作全面完成合同义务，直至该合同所产生的法律关系得以全部终止的整个行为过程。

2. 合同履行的规则

合同履行的规则是指在合同履行的过程中需要遵守的具体规范。根据合同的性质、目的和交易习惯，履行合同的规则有：

(1) 法定义务规则。这是指当事人即使在合同中没有约定，根据法律规定也应当承担的义务。具体包括：①通知义务，即合同当事人将自己履行义务的情况及时通知另一方当事人。②协助义务，是指合同当事人应协助对方履行义务，以便合同顺利地履行。③方便义务，是指为对方履行合同提供方便的义务。④保密义务，是指合同当事人负有将通过确立合同关系而了解到的对方的秘密予以保守的义务。

(2) 正确履行。这是指当事人应按照合同的规定不折不扣地履行合同义务。

(3) 亲自履行。这是指合同义务要由合同债务人向合同债权人履行，不能由第三人代替。

(4) 约定不明的履行。合同条款应当明确具体,但由于客观情况的复杂和当事人主观认识的局限性,会使合同条款呈现约定不明的现象。当事人就有关合同内容约定不明确的具体规定如下:①质量要求不明确的,按国家标准或行业标准执行。②价款或报酬不明确的,按订立合同时履行地的市场价格执行。③履行地点不明确的,在接收货币一方所在地履行;交付不动产的在不动产所在地履行。④履行期限不明确的,债务人可以随时执行,债权人也可以随时执行。⑤履行方式不明确的,按照有利于实现合同目的的方式执行。⑥履行费用的负担不明确的,由债务人承担。

第三节 创业者权益的法律保护

创业企业在生产经营活动过程中,有时会遇到一些与创业者权益相关的法律问题,本节主要介绍创业企业在自我权益保护时需了解的知识。

一、聘请律师

(一) 律师非诉讼业务

律师非诉讼业务是指律师接受公民、法人或其他组织的委托,在其职权范围内依照国家有关法律、法规的规定,不与法院和仲裁委员会发生司法意义上的联系,直接为委托人办理某种法律事务的业务活动。

从严格意义上讲,律师的业务只分为诉讼和非诉讼两种。律师业务中除了诉讼之外都是非诉讼。诉讼的特点是:有一个独立于当事人之外的第三人对纠纷做出具有强制意义的裁决,这个第三人是法院或仲裁委员会。非诉讼是相对于诉讼而言的,所以非诉讼中没有法院或仲裁委员会的介入。

非诉讼律师业务包括合同的谈判、起草、审查、修改、拟订、履行和监管。合同事务是律师最主要的非诉讼业务,它的范围非常广,涵盖了投资决策、招标、投标、项目开发、房地产开发与转让、知识产权、企业改制、股份转让等各个经济领域的事务,因为这些事务最终都要形成合同。

在创业过程中,会遇到许多法律问题,有些自己可以解决。但有些问题尽管自己能解决,但效果不佳,以致于产生更多新的问题,因此聘请律师帮助解决是最好的选择。

(二) 聘请律师的方式

聘请律师的方式通常有两种:一是聘请常年法律顾问,建立长期联系,让律师帮助处理日常法律事务;二是聘请律师处理单项法律事务。

(三) 在聘请律师时需要注意的问题

(1) 聘请的律师业务专长和业务范围。

(2) 聘请律师的业务操作流程。

(3) 聘请的律师业务素质和业务水平。

(4) 聘请律师的费用情况。

二、商标专用权的法律保护

(一) 注册商标专用权的概念

注册商标专用权,是指企业、事业单位和个体工商业者在商标注册后,受国家保护的一项财产权利。这种财产权规定,其他单位和个人,未经商标专用权人许可不得使用该注册商标。注册商标专用权包括:

(1) 商标使用权。注册商标专用权人有权在其注册商标所核定的商品、包装上使用该商标;有权使用商标取得合法收益;有权使用注册商标做商品广告。

(2) 禁止权。注册商标专用权具有排他性。

(3) 商标转让权。注册商标专用权人在商标有效期限内,有权依法将其商标转让他人。

(4) 许可使用权。注册商标专用权人可以通过签订商标许可合同,许可他人使用其注册商标。

(二) 商标侵权行为

商标侵权行为是指他人出于商业目的,没有经商标专用权人的许可而擅自使用其已经注册商标的行为。《商标法》第52条规定,有下列行为之一的,均属于侵犯注册商标专用权的行为。

(1) 未经注册商标所有人许可,在同一种商品或类似商品上使用与其注册商标相同或近似的商标。

(2) 销售侵犯注册商标专用权的商品。

(3) 伪造、擅自制造他人注册商标标识或销售伪造、擅自制造注册商标的标识。

(4) 给他人的注册商标专用权造成其他伤害的。

(5) 未经商标注册人的同意,更换其注册商标并将该更换的商标的商品又投入市场。

(三) 商标侵权的法律责任

注册商标专用权人的商标受到他人的不法侵害时,商标专用权人有权采取保护措施,侵权人承担法律责任。侵权人承担法律责任的形式有行政责任、经济责任和刑事责任三种。

三、专利权的法律保护

(一) 专利侵权行为

专利侵权行为是指在专利有效期内,未经专利权人许可,为了生产经营的目的,侵害专利权人的实施权和标记权的行为。具体形式有：

(1) 为生产经营目的,制造、使用、销售发明、实用新型专利权人的专利产品。

(2) 为生产经营目的,使用发明专利权人的专利方法或使用、销售依照该专利方法直接获得的产品。

(3) 为生产经营目的,制造、销售外观设计专利权人的专利产品。

(4) 为生产经营目的,进口发明专利权人的专利产品或进口依照该专利权人的专利方法直接获得的产品。

(5) 假冒他人专利。它是指在非专利产品或其包装上标注他人的专利标记或专利号,冒充他人专利的行为。

(二) 专利侵权行为的法律责任

专利权人发现侵权行为后,可以申请专利主管机关处理。专利管理机关有权责令侵权人停止其侵权行为,并赔偿专利权人的损失。对于专利管理机关的处理决定不服的,可以在收到通知之日起 3 个月内向人民法院起诉。专利权人发现侵权行为后,也可以直接向人民法院起诉。

四、合同中的法律保护

一份好的、高质量的合同,应当是效率和安全二者兼顾。但严格地从逻辑上讲,一份好的合同应当是效率优先,以促成交易优先。这是因为如果交易谈不成,交易安全无处谈起,因此说一份好的、高质量的合同应是效率优先,兼顾安全。为保证签订一份好的、高质量的合同,需要注意一些相关事项。

(一) 签订合同中应注意的事项

(1) 合同的基本条款要具备,尤其是交易的内容、履行方式和期限、违约责任要约定清楚。

(2) 查阅国家对该交易有无特殊规定,目的在于双方的权利义务是否合法有效。

(3) 向律师事务所、法律顾问咨询相关业务的实际开展情况,了解业务发生纠纷的概率和纠纷的起因、种类,以便在签订合同时尽可能避免此类事情发生。

(4) 可能的话,通过行政机关公证、律师见证和公证,通过相关机构的中介作用,使合同的内容尽可能完备。

(二) 合同纠纷的解决方法

1. 和解

和解是指由争议各方根据合同约定的违约责任和各方实际情况,自行协商而不需要通过司法程序解决纠纷的方式。这种方式缺乏法律约束力,有些人可能会出尔反尔,和解结果反而延误了纠纷的有效解决。

2. 调节

调节是指由争议各方选择信任的第三方，就合同争议问题进行调节处理。这种方式解决纠纷可能性较和解要大一些，但它同和解一样不具有强制性效力也会使纠纷的解决难尽如人意。

3. 仲裁

仲裁是指争议各方根据合同中的仲裁条款或者纠纷发生以后达成的仲裁协议，将争议提交法定的仲裁机构，由仲裁机构依据仲裁规则居间进行居中调节，依法做出裁定的方式。

4. 诉讼

诉讼是指人民法院根据争议双方的请求、事实和法律，依法做出裁判，解决争议的方式。它是解决争议的最后方式。当事人没有订立仲裁协议或仲裁协议无效的，可以向人民法院起诉。

因合同纠纷向人民法院请求保护民事权利的诉讼有效期间一般为两年，法律另有规定的除外。

（三）违约责任

违约责任是指合同当事人违反合同约定，造成一方或各方利益损失时，应当依法承担弥补利益损失的责任。

只要违反合同约定的义务，就应当承担违约责任，因为违约行为会给守约方带来利益上的损失。不管双方有没有对违约责任进行约定，违约方都要承担违约责任。不同的是，约定了违约责任，将按照约定方法来承担；没有约定的，按照法律规定的方法来承担。法律规定的违约责任承担方式主要有以下几种。

1. 违约补救

违约补救是发生质量问题后的违约责任承担方式。

(1) 发生违约事实后，为了防止损失发生或扩大，守约方根据标准的性质和损失的大小，合理选择要求对方承担修理、更换、重作、退货、减少价款或报酬等违约责任。

(2) 由于产品质量不合格，而导致买方根本无法使用该产品，给买方造成损失，违约方应当赔偿买方的损失，即损害赔偿。

(3) 如果因为产品质量问题导致买方蒙受其他损失，违约方应当赔偿买方实际损失，即瑕疵履行的加害给付。

2. 继续履行

对于金钱债务，肯定是要强制要求继续履行；对于非金钱债务，通常也可以要求强制其继续履行。但有三种债务不能强制违约方继续履行。

(1) 法律上或事实上不能履行。例如，商品房买卖合同中，如果开发商根本无法获得销售许可证，这是法律上不能履行的情况。这就无法强制其继续履行，只能选择要求其承担其他形式的违约责任。

(2) 债务标的不适合强制履行或履行费用过高。例如，演员违反演出合同，法院不能判决由法警押着他去演出。不能强制人身自由，这属于不适于强制履行的情况。又如，房屋装修合同中约定了埋设管道的品牌，装修完毕后，发现不是约定的管道，这时候不能强制其拆除，再把约定的管道埋设进去，这属于履行费用过高。

(3) 债权人在合理期限内未要求履行。债权人如果在合理期限内没有请求强制履行的话，就只能够金钱赔偿，不能再请求强制履行。

3. 支付违约金

支付违约金是指合同各方在合同中约定的，一方或各方违约时，违约方要支付给守约方一定数额的货币，以弥补守约方的损失，同时兼有惩罚违约行为违约责任的方式。合同法对违约金的立法思路是以对违约给对方的损失赔偿或补偿为主。所以约定的违约金小于造成的损失，当事人可以请求人民法院或仲裁机构予以增加；约定的违约金高于造成的损失，当事人可以请求适当减少。

如果当事人对迟延履行约定违约金，违约支付迟延履行的违约金后，还应当继续履行债务。

4. 损害赔偿

损害赔偿是指合同各方在合同中约定的，一方因违约给对方造成实际损害的，按实际损害数额给予赔偿的责任承担方式。当事人在履行义务或采取补救措施后，对方还有其他损失的，应当补偿损失。

确定损害赔偿数额的原则：

(1) 损失的可预见性。损失一定要是可以或应当预见到的，不能预见到的损失不在损害赔偿范围内。

(2) 可预见的时间起始点。可预见的时间起始点是在签订合同时，而不是违约发生时。

(3) 可预见的主体。预见的主体是违约方，而不是守约方。

(四) 合同诈骗的防范

合同是由人来订立的，有的骗子往往把这个最大安全的契约变成最危险的陷阱，他们精心编织圈套使企业和个人债务高筑，甚至濒于破产。利用合同进行诈骗的手段主要有以下几种。

1. 以定金为目标

利用合同的主从关系，迫使对方违约，“没收”定金。这里应分清两个概念：定金和订金。订金，不是一个规范的法律观念，只相当于预付款。而定金是《担保法》里规定的担保方式之一，它具有的效力是，给付定金的一方不履行约定的债务的，无权要求返还定金；收受定金的一方不履行约定的债务的，应当双倍返还定金。这就是定金罚则。

定金罚则，一定要在双方以书面形式的约定定金条款，以及实际交付了定金的情况下才生效。要注意，定金最多只能占主合同标的额的20%。定金罚则不能与违约金的支付同时使用，守约方在诉讼中只能在其中二选一。

2. 利用合同和图纸上规格的矛盾进行欺诈

在签订产品加工合同时，值得注意的就是应使合同上的产品规格与加工图纸上的规格一致，行骗者往往在厂房代表未觉察的情况下，故意与厂家订立与图纸要求不符的合同,使合同上所规定的产品计量单位、精度要求与图纸相应的标准产生矛盾,以此为借口榨取合同款、违约金及赔偿费等。

3. 以中介服务为名,介绍订立假合同,获取信息费

为扩大业务往来,有些企业往往委托一些消息灵通的人为其介绍业务。行骗者常常以这种介绍人的身份出现,通过虚设客户、谎报信息等方式与企业签订假合同,在获得信息费后,便以各种借口百般抵赖,以掩盖其诈骗的罪行。

4. 双方串通与厂家签订假合同

在收取信息费后,便以加工产品不合格为由,宣布合同无效,坑害企业。骗子事先串通一气,一方假扮客户,另一方假装介绍人,先由介绍人出面找到厂家,谎称有客户需要加工某产品,然后由客户出面与厂家签订加工供货合同。在厂家付给"介绍人"信息费后,"客户"便寻找借口,宣布合同无效。

5. 私刻某些单位公章,谎称接受委托,向外发包业务,利用合同进行诈骗

骗子们虚构大宗业务,伪造委托书、谎称自己是被委托人,与客户签订合同。收取"业务费"后,以合同不符规定等借口毁约,进行诈骗。

习　　题

【重要概念】

企业　企业法人　独资企业　合伙企业　有限责任公司　股份有限公司

商标　商标法　专利　合同　律师

【思考题】

1. 企业与企业法人的特征有哪些?
2. 个人独资企业与合伙企业各自的优势与劣势有哪些?
3. 创建有限责任公司的条件是什么?
4. 商标注册的条件是什么?
5. 专利的特征是什么?
6. 签订合同时应注意的事项有哪些? 违反合同的责任有哪些?
7. 创业者权益的法律保护主要有哪些?

【实训题】

调查一个你熟悉的新创建企业,了解它是怎样进行申请注册登记的及在经营中接触到的相关法律。

要求了解:

(1) 该企业的自然概况。

(2) 该企业是属于哪种企业的法律形式。

(3) 该企业申请注册登记的过程。

(4) 该企业申请商标注册的过程及采用的商标注册制度。

(5) 该企业是否申请专利？是哪种类型的专利？申请专利过程。

(6) 该企业与客户或供应商签订合同的过程。

【总结案例】

兴业公司诉长发公司专利侵权

1998年，兴业公司在对其研制的IC卡电话机申请专利后，决定投放市场。但一段时间后兴业公司发现自己的产品被另一家名为“长发”的公司仿冒。经多方搜集证据，兴业公司于2000年向人民法院递交诉状，状告长发公司。诉称：1998年4月，兴业公司向国家知识产权局申请名称为节能5N的实用新型专利。同年11月，国家知识产权局正式授予兴业公司专利证书。后来发现长发公司生产与兴业公司实用新型专利完全相同的产品。请求判令被告赔偿各种损失70余万元。

法院经审理后认定，专利权是一种需要公示的权利，只有向社会公告后，公众才能知晓某项发明创造是否已被授予专利权，专利权人才能开始行使其专利。由于现有证据只能证明长发公司在本案专利授权公告日前生产过IC卡电话机，虽然当时原告已向国家知识产权局提出专利申请，但是否可以得到专利权还要经过国家知识产权局一系列的审查后才能确定，因此，长发公司在原告专利权生效前的生产行为不能被认定为专利侵权。

法院经审理查明：诉争的长发公司在1998年11月原告获得正式外观设计前开始生产，但于1998年后还在继续销售，遂做出由被告立即停止对原告享有的专利权的侵害并且公开赔礼道歉，同时赔偿原告的各项经济损失9.7万元的判决。

资料来源：韩国文. 创业学. 第461～462页，作者进行了部分删减。

讨论：

(1) 被告是否构成侵权行为？为什么？

(2) 如何确定被告的赔偿数额？

第十五章

创业企业风险防范与危机管理

【学习目的与要求】

1. 掌握创业风险与防范的定义、特点和来源。
2. 理解创业前期、中期、后期的风险表现形式及风险防范。
3. 掌握常见的企业风险类型。
4. 掌握创业企业危机的定义和特点。
5. 理解风险与危机的关系。
6. 了解创业各阶段危机产生的原因。
7. 了解创业企业解决危机管理的一般方法。

【创业管理小故事】

创造危机

比尔·盖茨说过“微软离破产永远只有18个月。”而戴尔说得更加恐怖:“我有的时候半夜醒来一想起事情就会害怕,但如果不是这样的话,那么你很快就会被别人干掉,因为他如果比你更厉害,比你更害怕得睡不着觉,你就会被他干掉。所以我们有时候要自己创造危机,要创造自己的挑战,即使这个市场没有对手。”

启示:“人无远虑,必有近忧。”这句话同样适用于今天的创业者。在市场环境动态复杂与不确定性的条件下,任何创业企业都不能保证自己永远立于不败之地。因此创业管理者就离不开忧患意识、风险意识和危机意识,只有勇于挑战自己,才能促进创业企业持续发展。

第一节　风险与创业风险

一、风险的概念与特征

(一)风险的概念

对于风险的概念目前国内外学术界有多种解释与界定,但是,这一基本概念至今没有适用于所有学科领域的一致公认的定义,概括起来主要有三种解释:“风险客观说”的学者认为,风险是客观存在的损失的不确定性;“风险主观说”认为风险有不可确定性,但其强调个人对未来的不确定性的认识与估计会同个人的知识、经验、精神和心理状态相关,即使是相同的风险也可能产生不同的判断,因而风险的不确定性是来自主观的;“风险因素结合说”则着眼于风险产生的原因与结果,认为人类的行为即人为因素是风险事故发生的重要原因之一,正是人类及其财产的存在,风险事故才会造成损失,才能称为风险。基于上述学者的认识,本书对风险的定义为:是指发生损失或伤害的可能性以及这种可能性和损失的程度。它既侧重于某些偶然事件导致的损失,又重点强调损失可能性的大小是可以度量的。美国经济学家奈特(F. Knight)在其名著《风险不确定性和利润》一书中认为:“风险是可以测定的不确定性。”美国斯坦福大学的劳伦斯(W. Lawrence)教授也认为:“风险是对相反结果出现的可能性大小的综合测量。”

(二)风险的特征

为了全面地理解风险,对风险概念做进一步分析,风险具有如下特征。

1. 客观性和普遍性

风险是客观存在的,是不以人的意志为转移的。风险是无处不在、无时不有的。无论是自然界中的地震、台风、洪涝等灾害,社会领域中的战争、病疫、冲突等意外事件,还是经济领域中的股票、房地产、创业投资、破产等,都充分展示了风险的魅力。这是因为,无论是自然界的物质运动,还是社会经济发展的运动,都是由事物的内在因素决定的,由超越于人们主观意识而存在的客观规律所决定的。风险的客观性和普遍性还表明其发生的范围、程度、频率或形式、时空等都可能表现各异,但它总会以各自独特的方式表现自己的存在,是一种必然会出现的事情。

2. 风险的时空性

风险无时不有、无时不在。时空是导致风险的主要因素,只有当人们在某一时空上观测未来发生的事件时才存在风险。这是由于在未来发生的事件因客观不确定性而导致与事件有关的信息表现不充分以及因主观不确定而使观测者对已存在的客观信息不能准确把握、不能正确运用,从而形成风险。

3. 风险的偶然性与必然性

由于客观世界在运动过程中充满着大量的不确定性和人对客观事物认识的局限性,使得人们主观上对风险的认识与风险的实际情况之间存在差异,从而产生了风险的不确定性。风险所带来损失的后果往往是以偶然和不确定的形式呈现在人们面前,它可能来自自然界、人类社会以及经济主体的决策,完全是一种偶然的,出现往往带有随机的性质,处于复杂的变动之中,人们对其事物观察、记录何时何地发生风险及损害程度的掌握是非常困难的。对于创业者来说,风险具有偶然性,既可能发生也可能不会遇到。在不确定风险中,风险的大小与事件的变化范围有关;在概率性风险中,风险的大小与分布的离散度有关。一般来说,只有损失概率介于0和1(不等于0或于1)之间时才存在风险。损失概率为0时,损失必然不会发生;而损失概率为1时,损失必然发生:这两种情况都是必然的。这就是说,单个风险发生具有偶然性,大量风险发生具有必然性。风险发生可用概率加以测度。

4. 可计算性和不可计算性

风险的可计算性体现为人类已经发展了一系列计算方法和测量工具来估算风险造成的危害及其相应的补偿。可计算性说明了风险是一个现代概念。但可计算性是相对的，只是体现了人类控制和减少风险的企图，经济补偿无法完全抵消风险带来的损失与伤害，并且不能从根本上消除风险并阻止风险的发展，因此必须承认风险的不可计算性。不可计算性揭示了风险发生后的不可逆性。随着风险规模和影响的扩大，其不可计算性更加突出，而承认风险的不可计算性有利于人类反思其所处的现代性情景。

二、创业风险的概念与特征

（一）创业风险的概念

风险处处有，人人都在谈，创业也不例外。创业成功，就可以获得经济效益和体现自身价值；而创业失败，将蒙受经济上的损失和精神上的挫折打击。因此，创业风险贯穿于整个创业的全过程，特别是在创业初期，创业更是处于风险的高危期。

所谓创业风险，就是创业中存在的风险，具体是指由于创业环境的不确定性、创业机会与创业企业的复杂性，以及创业者、创业团队和创业投资者的能力与实力的有限性，而导致创业活动偏离预期目标的可能性程度及其后果。对这一概念可作进一步解释：

1. 创业风险是以环境的不确性为基础的一种客观存在

人们无法决定风险存在与否，而只能在充分认识风险的基础上采取适当的对策。

2. 创业风险与创业者行为有关

创业风险是行为后果的不确定性，或不良后果的可能性。正因为如此，许多创业风险种类是依据行为名称命名的，如投资风险、经营风险、决策风险等。

3. 创业风险的前提是存在承担行为后果的创业主体（创业者或创业组织）

即创业风险行为的创业者必须是行为后果的实际承担人。

4. 创业活动偏离预期目标的可能性程度及其后果

即没有达到预期的目标就是损失。以创业投资风险为例，创业投资者根据资金成本、通货膨胀以及应得到的风险报酬水平决定一个最低期望收益率（比如为 16%），如果某项创业投资的收益率估计可以在 13%～19%之间，则它是一个有风险的创业投资，因为实际收益率小于目标水平 16%。而实际得到的收益率为 14%，则有 2%的创业风险损失。

（二）创业风险的特征

1. 创业风险的客观存在性

创业风险是客观存在的，是不以人的意志为转移的，它们是独立于人的意识之外的客观现象。在创业过程中，由于内外部事物发展的不确定性是客观存在的，所以创业风险也必然是客观存在的。而且，由于创业风险是无处不在、无时不有的，因此人们只能在一定的时空内改变风险存在和发生的条件，降低风险发生的频率和损失程度，而不能彻底消除风险。客观性要求创业者正视创业风险，并积极地通过各种技术、管理手段减少损失程度。

2. 创业风险的不确定性

创业风险的不确定性是指创业风险的发生是不确定的。也就是说，创业风险的程度有多大、风险何时何地有可能转变为现实是不确定的。这是由于创业者对客观世界的认知能力不足，无法得到确定状态所必要的信息以及有关条件的限制，不能准确预测风险的发生。同时，创业过程是创业者将自己的创意智慧或创新技术变为现实的产品或服务的过程。在这一过程中，创业者面临着各种各样的不确定性因素。例如，原来预测的市场需求发生了变化、新技术难以实现、竞争对手采取了有效的对策、资金不足、自身管理制度安排上的缺陷等内外环境的不确定性导致创业风险的不确定性。

3. 创业风险的损益双重性

创业风险的损益双重性是指由创业风险所引发的结果可能是损失也可能是收益。创业风险这种双重性应使我们清楚认识到，对待风险不应只是消极对待其损失一面，还应将风险当作一种机会，通过风险管理尽量获得风险收益。另外，创业风险的来源也具有双重性，即引发创业风险的因素既来自自然界，也来自创业者本身，这也成为创业风险的根本性来源。这包括两层含义：一是创业者的创新技术、制度安排以及做出各种决定、采取的各种行动都可能带有风险，尽管其中大部分的目的是要预防、减少甚至控制风险。二是创业者的行为加重了自然界本身具有的风险。这一方面表现为创业者为了改善生产经营而破坏了自然环境和自然规律，从而引发了包括"温室效应"、添加剂、转基因食品等问题的风险。

4. 创业风险的可变性

风险在一定条件下是可以转化的。这种转化包括：①风险量的变化。随着创业者风险意识的增强和风险管理方法的进一步完善，某些风险在一定程度上可以控制，其发生频率和损失程度可降低。②某些风险在一定时空范围内被消除。③新的风险产生。

5. 创业风险行为相关性

这是指创业者面临的风险与其创业行为及决策是紧密相连的。同一风险事件对不同的创业者会产生不同的风险，而同一创业者由于其决策行为或采取的策略不同，将会面临不同的风险结果。创业风险行为相关性表明，任何一种风险实质上都是由创业者的决策行为与风险状态相结合而成的，是风险状态与决策行为的统一。

6. 创业风险的可控制性

所谓控制，是指可以通过适当的技术来规避风险，或控制风险发生导致的不利影响的程度。现代管理科学为风险识别和风险控制提供了理论、技术和方法。例如企业可以通过自己的经营发展轨迹、社会的政治经济发展变化的趋势等，对企业经营可能产生的风险及其发生的时间、范围、程度进行预测和把握，从而有效地对风险进行控制。

三、创业风险的来源

创业风险主要来自与创业活动有关因素的不确定性。创业环境的不确定性，创业企业的复杂性，创业者、创业团队与创业投资者的能力与实力的有限性，是创业风险的根本来源。由于创业的过程往往是将创业者的奇思妙想或创新技术变为现实的产品或服务的过程，所以在这一过程中，往往存在着一些基本的、相互联系的缺口，而在给定的宏微观环境条件下，这些缺口就成了企业风险的直接来源。

1. 融资缺口

融资缺口存在于学术支持和商业支持之间，是研究基金和投资基金之间存在的断层。其中，研究基金通常来自个人资产、政府机构或公司研究机构，它既支持概念的创建，也支持概念可行性的最初证实；投资基金则将概念转化为有市场的产品原型，这种产品原型有令人满意的性能，对生产成本有足够的了解并且能够识别是否有足够的市场。即创业者可以证明其构想的可行，但往往没有足够的资金将其实现商品化，从而给创业带来了一定的风险。通常，只有极少数基金愿意鼓励创业者跨越这个缺口，包括在建立公司或开发新产品方面有丰富经验的个人、专门投资于早期项目的风险投资公司以及政府资助计划等。

2. 研究缺口

研究缺口主要存在于仅凭个人兴趣所做的研究判断和基于市场潜力的商业判断之间。当一个创业者最初证明一个特定的科学突破或技术突破可以成为商业产品基础时，他仅仅停留在自己满意的论证程度上。然而，在将预想的产品真正转化为现实的商业化产品(大量生产的产品)的过程中，即具备有效的性能、低廉的成本和高质量的产品，能从市场竞争中生存下来的过程中，需要面对大量困难而且可能耗费巨大的研究工作(有时需要几年时间)，进而形成创业风险。

3. 信息和信任缺口

信息和信任缺口存在于技术人员和管理者(投资者)之间。也就是说，在创业中，存在两种不同类型的人：一是技术人员，一是管理者(投资者)。这两种人接受不同的教育，对创业有不同的预期、信息来源和表达方式。技术人员知道哪些内容在科学上是合理的，哪些内容在技术层面上是可行的，哪些内容根本就是天方夜谭，无法实现的。在失败的案例中，技术人员要承担的风险一般是学术上的声誉受到影响，以及没有金钱上的回报。管理者(投资者)通常比较了解将新产品引进市场的程序，但当涉及具体项目的技术部分时，他们不得不依赖于技术人员。可以说管理者(投资者)是在拿别人的钱冒险。如果技术人员和管理者(投资者)不能充分信任对方，或者不能够进行有效的交流，那么这一缺口将会扩大，带来更大的风险。

4. 资源缺口

资源与创业者之间的关系就如颜料和画笔与艺术家的关系。没有了颜料和画笔，艺术家的构思则无从实现。创业也是如此，没有所需的资源，创业者将一筹莫展，创业也就无从谈起。在大多数情况下，创业者不一定也不可能拥有所需的全部资源，这就形成了资源缺口。如果创业者没有能力弥补相应的资源缺口，要么创业无法起步，要么在创业过程中夭折。

5. 管理缺口

管理缺口是指创业者不具备相应的管理才能而产生的缺口。进行创业活动往往有两类情况：一是创业者利用某一创新技术进行创业，他可能是技术方面的专业人才，但却不一定具备专业的管理才能，从而形成管理缺口；二是创业者往往拥有“奇思妙想”，可能是新的创业点子或商业模式，但在战略规划和实施方面缺乏能力，或者不擅长具体的管理实务，从而形成管理缺口。

因此，企业应针对以上风险缺口采取相应的措施，以达到合理规避风险的目的。

四、创业风险的分类

基于创业风险的特征与创业风险来源的复杂性，对企业风险的分类可以从多种角度用多种标准来划分。

（一）按风险来源的主客观性划分

按风险来源的主客观性划分，可分为主观创业风险和客观创业风险。

1. 主观创业风险

主观创业风险是指在创业阶段，由于创业者的身体与心理素质等主观方面的因素导致创业失败的可能性。如洞察能力、承受能力和分析能力等。

2. 客观创业风险

客观创业风险是指在创业阶段，由于客观因素导致创业失败的可能性。如市场的变动、政策变化、竞争对手的出现、创业资金缺乏等。

（二）按创业风险的内容划分

按创业风险的内容划分，可分为技术风险、市场风险、政治风险、管理风险、生产风险和经济风险。

1. 技术风险

技术风险是指由于技术方面的因素及其变化的不确定性而导致企业失败的可能性。

2. 市场风险

市场风险是指由于市场情况的不确定性导致创业者或创业企业损失的可能性。

3. 政治风险

政治风险是指由于战争、国际关系变化或有些国家政权更迭、政策改变而使创业实际收益蒙受损失的风险。

4. 管理风险

管理风险是指因创业企业管理不善而产生的风险。

5. 生产风险

生产风险是指创业企业提供的产品或服务从小批试制到大批量生产的风险。

6. 经济风险

经济风险是指由于宏观经济发生大幅度波动或调整而使企业者或创业投资者蒙受实际经济损失的风险。

（三）按风险对所投入资金即创业投资的影响程度划分

创业投资的投资方包括专业的创业投资者与投入自身财产的创业者。

1. 安全性风险

安全性风险是指从创业投资的安全性角度来看，不仅预期实际收益有损失的可能，而且创业投资者与创业者自身投入的其他财产也可能会蒙受损失，即投资方财产的安全存在风险。

2. 收益性风险

收益性风险是指创业投资方的资本和其他财产不会蒙受损失，但预期实际收益有损失的可能。

3. 流动性风险

流动性风险是指投资方的资本财产和预期实际收益不会蒙受损失，但资金有可能不能按期转移或支持，造成资金的停滞，使投资方蒙受其他方面的损失的可能。

（四）按创业过程划分

按创业过程，可将创业风险划分为以下四个阶段，如图 15-1 所示。

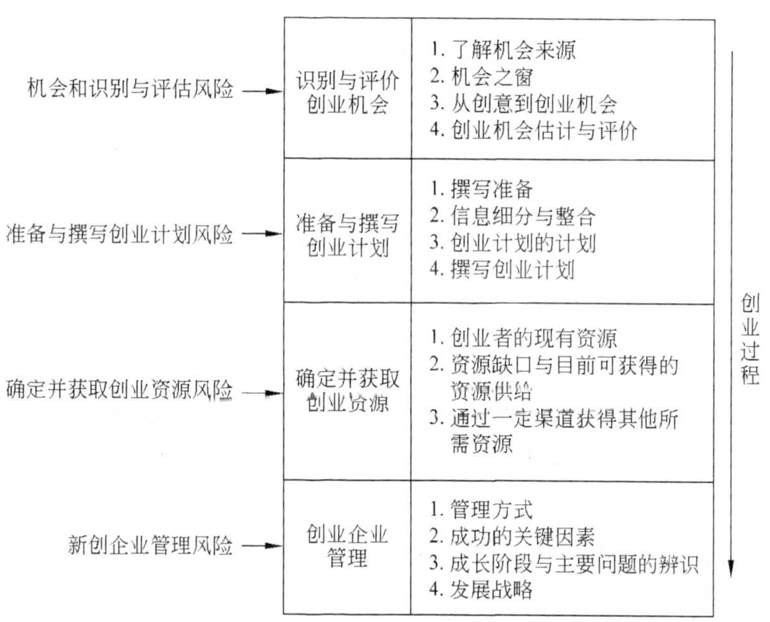

图 15-1　创业的过程风险

1. 机会的识别与评估风险

这是指在机会的识别与评估过程中，由于各种主客观因素，如信息获取量不足、把握不准确或推理偏误等都可能使创业面临一开始方向就错误的风险。

2. 准备与撰写创业计划风险

这是指创业计划的准备与撰写过程带来的风险。创业计划往往是创业投资者决定是否投资的依据，因此创业计划是否科学合理将对具体的创业项目产生影响。创业计划制订过程中各种不确定因素与制订者自身能力的限制，也会给创业活动带来风险。

3. 确定并获取创业资源风险

这是指由于存在资源缺口，无法获得所需的关键资源，或即使可获得但获得成本较高，从而给创业活动带来的风险。

4. 新创企业管理风险

主要包括管理方式、企业文化的选取与创建、发展战略的制定，以及组织、技术、营销等各方面的管理中存在的风险。

（五）按创业与市场和技术的关系划分

按创业与市场和技术的关系划分，可分为改良型风险、杠杆型风险、跨越型风险和激进型风险，如图 15-2 所示。

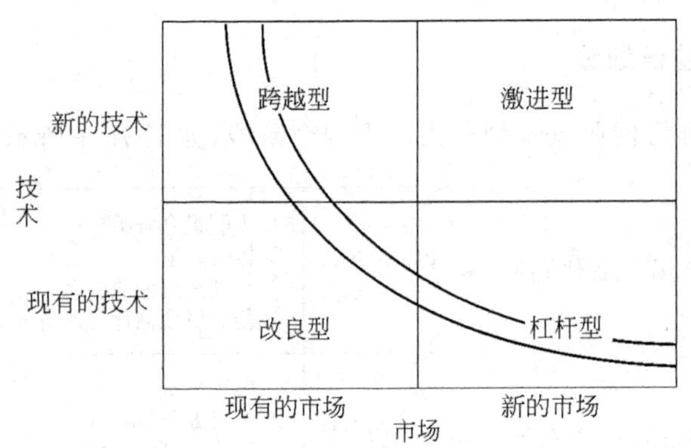

图 15-2　创业技术-市场组合风险矩阵模型

1. 改良型风险

它是指利用现有的市场、现有的技术进行创业所存在的风险。这种创业风险最低，但要想得以生存和发展，获取较高的经济回报也比较困难。一方面会受到已有市场竞争者的排斥或进入壁垒；另一方面即便进入，想要占有一定的市场份额也会非常困难。

2. 杠杆型风险

它是指利用新的市场、现有的技术进行创业存在的风险。该风险稍高，对一个全球性公司来说，这种风险往往是地理上的。多见于挖掘未开辟的市场，如彩电行业，利用原有技术进入农村市场。

3. 跨越型风险

它是指利用现有的市场、新的技术进行创业存在的风险。该风险稍高，主要体现为创新技术的应用，这种情况往往反映了技术的替代，是一种较常见的风险情况，常见于企业的二次创业。领先者可获得一定的竞争优势，但模仿者很快就会跟进。

4. 激进型风险

它是指利用新的市场、新的技术进行创业而存在的风险。该风险最大。如果市场很大，可能会带来巨大的机会。对第一个行动者而言，其优势在于竞争风险较低，但是知识产权保护力度很弱，市场需求很不确定，对于产品性能指标的确定有很大的风险。

（六）按风险的来源划分

按风险的来源划分，可分为创业的系统风险和创业的非系统风险。

1. 创业的系统风险

它是指由于创业外部环境的不确定性引发的风险。这种风险常常源于公司的大环境，是创业者和企业无法控制或无力排除的风险，因而也常称为“客观风险”或“外部风险”。比如，政策立法、宏观经济以及社会、文化等带来的风险。对于这类风险，创业者只能在创业过程中设法规避。

2. 创业的非系统风险

它是指非外部因素引发的风险，即指与创业者、创业投资和创业企业有关的不确定性因素引发的风险。非系统风险可以通过创业各方的主观努力，通过科学方法来加以控制甚至消除，它具有可分散性，因而又称主观风险。如技术风险、管理风险、市场风险等。对于这类风险，创业者应千方百计地加以控制。

（七）按企业中技术因素、市场因素与管理因素的关系划分

按企业中技术因素、市场因素与管理因素的关系，可将创业风险分为技术风险、市场风险和代理风险。

(1) 技术风险和市场风险在前面已提到，这里不再赘述。

(2) 代理风险，是指高级经营管理人才、组织结构以及生产管理等能否适应创业企业的快速增长，或战胜创业企业危机阶段的动态不确定性因素等。

这三类风险之间相互作用，使得创业企业运作的各个层面上的诸多因素的不确定性更加复杂，并且在创业企业不同的发展阶段，各要素的风险性质也将产生一定的变化。

（八）按创业过程风险的时间维度划分

按创业过程风险的时间维度划分，可分为短期创业风险和长期创业风险。

1. 短期创业风险

主要是指创业活动中的确定风险，因为这种风险扩张得相当快，在本质上是短期的。

2. 长期创业风险

主要是指那些只能在长期范围内测量的风险，包括创业者个人关系和心理收获的风险等。例如沉船风险在短期内表现得比较明显，而丢船风险则更可能是一种长期创业风险。

第二节 创业风险防范

人们常说，创业有“三高”：高难度、高风险、高不确定性。这“三高”合为“一高”，就是高失败率，有关数据表明，自创企业在一年内的失败比率高达50%～80%，创业的风险高发期是每一个创业者都必须面对的事实。正确地认识风险防范的含义、过程、评估和合理地防范风险，是创业成功的必要条件。

一、创业风险防范的概念及体系

（一）创业风险防范的概念

创业风险防范是创业企业在各阶段采用各种方式，调动各种资源来预防风险产生、预见风险发生的过程，是将风险消灭在萌芽状态的过程，也是创业企业制定各种策略、整合内外部资源加强内部管理的过程。

（二）创业风险防范体系

根据创业风险防范的概念可以看出，创业风险防范包括具体的体系如下。

1. 创业风险防范体系

该体系解决的是创业各阶段应避免或减少风险发生概率的问题。

2. 创业风险预警体系

该体系解决的是一旦创业风险产生，就能够及时识别和提示企业关注的问题。

3. 创业风险处理的措施体系

该体系解决的是一旦产生创业风险，创业企业能够及时化繁为简、化大为小的问题。

二、创业风险防范过程

创业风险发展各阶段，是一个发展演化和累积的过程，因此，创业风险的防范也是一个过程，具体归纳如下。

（一）学会分析风险

创业者对每一经营环节都要学会分析风险，做什么都不能满打满算，要留有余地，对可能出现的风险要有明确的认识和克服的预案。要认识和分析风险，就必须对自己将要采取的方案或计划有一定的认识。因此，又快又好地收集相关的信息是首要任务。对所投资的方案缺乏认识将会导致创业风险的发生。

【应用阅读】

对创业风险缺乏认知，大学生赔钱四千多

当了20天“小老板”就赔了四千多元的哈尔滨市两位大学生对记者说：“对创业风险缺乏认知，刚‘扬帆’就‘触礁’了。”

哈尔滨市某知名大学商业管理专业的大四学生刘小东等为了创业，从同学们手里每人三百元、五百元地借到了2万元，一个月前从中央大街赛丽斯商场6楼“佳佳乐”快餐排档老板手里购买了其经营权并签订了转让合同。不料，接手后才发现赛丽斯商场6楼近期就要转项经营，“佳佳乐”快餐排档无法续约，等于花了2万元购买来的经营权只能“有效”

一个月。刘小东在短短的二十来天内就赔了四千多元。

目前,"佳佳乐"快餐排档原老板杨某已答应退还给刘小东2万元"转让费"。刘小东告诉记者,转让前他曾专门咨询过赛丽斯商场6楼经理,后者明确告知刘小东"可以续约",并未提及商场近期将要转项经营之事。因此刘小东认为,赛丽斯商场未能告知其风险,应担负其损失。

启示:大学生创业值得鼓励,但是事先一定要把各种风险估计充分,同时要学会用法律手段保护自己的合法权益。

资料来源:摘自天下商机网,http://www.3158.cn/show/news.

(二)要善于评估风险

风险评估就是对所要采取的风险管理进行成本收益的量化分析。此类工作通常需要专家和专门技术的支持,如估计风险发生的概率、对风险带来的收益与风险的大小权衡等。通过分析,预测风险会带来的负面影响。例如,投资一旦失误,可能造成多大损失;投资款万一到期无法挽回,可能造成多大经济损失;贷款一旦无法收回,会产生多少影响;资金周转出现不良,对正常经营会造成哪些影响等。评估风险要遵循如下原则:

(1) 风险的重要性。风险的重要性往往更多地取决于其潜在损失幅度而不是损失频率。

(2) 风险的整体性。在衡量潜在损失幅度时,对于由同一事故所引起的所有财务损失必须一起考虑。

(3) 风险的安全性。一次事故可能会使很多人受伤,很多设备和设施损坏。

(4) 风险的损失性。事故最终的影响很可能超过事先估计的直接损失与间接损失之和。

(5) 风险的时间价值。估算损失幅度不仅要考虑损失数额,还要考虑损失的时间价值。

(三)风险回避

风险回避是指考虑到影响预定目标达成的诸多风险因素,结合决策者自身的风险偏好和风险承受能力,从而作出的中止、放弃某种决策方案或调整、改变某种决策方案的风险处理方式。风险回避的前提在于企业对自身条件和外部形势、客观存在的风险的属性和大小有准确的认识。相对于其他风险处理方式而言,风险回避的优点是:第一,在风险产生之前将其化解于无形,大大降低了风险发生的概率,有效避免了可能遭受的风险损失;第二,节省了企业的资源,减少了不必要的浪费,使得企业得以有的放矢,在市场竞争中有所为有所不为。但风险回避也存在一定的缺陷,其不足之处在于:首先,企业生产经营活动的最终目的是为了获得价值或利益的最大化,而风险与收益和机会常常相伴而生,回避风险的同时在很大程度上意味着企业放弃了获得收益的机会;其次,因为风险无时不有、无处不在,绝对的风险回避不大可能实现。

企业风险回避并不是指盲目地、一味地回避风险，而是在恰当的时候，以恰当的方式回避风险，是一种策略性回避。主要适用于以下几种情况。

(1) 当某项活动风险极大，企业确实无力加以防范和控制时。

(2) 当实现某项活动有许多种方案，而各种方案的风险程度高低不同时，可选择低风险的方案。

(3) 当实现某项活动的过程中遇到不可逾越的风险因素时，采取措施绕道行之，迂回包抄。

(四) 积极预防风险

不要等到风险转化成危机才去采取措施，积极预防风险能够尽可能地降低成本，获取收益。例如，对投资方案进行评估，对市场进行周密调查，制定科学的资金使用政策等。一旦某个环节出了问题，要有采取补救措施的预案，尽可能减少负面影响。同时，还要加强管理，建立健全企业各种规章制度，特别是合同管理、财务管理、专利及知识产权保护制度等；在平时的业务交往中要认真签订、审查各类合同，加强对合同履行过程的监督。比如，为公司研发的技术申请专利，为自己创建的品牌注册商标等，都是积极预防风险发生的措施。

【应用阅读】

重庆大学生毕业后回家种梨

在CCTV2的《财富故事会》中曾经播出一个重庆的大学生读完书后回到家乡种梨的故事。使人们深有感触的是，这个大学生能考虑到种梨环节的很多潜在风险，并尽可能地采取措施去避免这些风险的发生。比如针对传统的梨子不能存放太久的缺陷，他找到了一种可以存放几个月之久的梨子品种，这样就可以实现反季节销售；为预防天旱或者洪水等对梨树的不良影响，他在梨树下种植能够防止水土流失并能起到储水作用的草，而这些草又可以是牛和羊的食物，于是他养了许多的羊、牛，形成了一个较短的产业链，而不是单一的经济品种。这样的话一亩地就达到了1 000多元的产出。

启示：在创业过程中不要等到风险转化成危机才去采取措施，积极预防风险能够尽可能地降低成本，获取收益。

(五) 风险转移

风险转移是指风险承担主体将自身可能遭遇的损失或不确定性后果转嫁给他人的风险处理方式。风险转移一般有以下两种形式。

(1) 风险的财务转移，指将自己不能承担或不愿承担的风险导致的财务负担转移给其他经济单位。这种风险活动承担者不变，只是财务损失承担主体发生了转移。风险的财务转移方式主要是通过事先的财务计划、资金筹措，以便对风险事故造成的经济损失进行及时而充分的补偿的风险转移方式。

(2) 风险的非财务转移(或实体转移)。在这种形式中,风险活动连同其财务责任全部由一个承担主体转移到另一个承担主体,主要包括保险、外包、出售等方式。

1. 保险与风险转移

保险的基本运作机制是:投保人与保险人共同签订保险合同,投保人向保险人缴纳保费,换取保险人对投保方的经济损失给予补偿,或在约定事件发生时给予一定保险金的承诺。

保险制度是风险转移中的一项较为普遍的、非常重要的、易操作的方法,因此已在西方发达国家广泛应用。它可以规范各方关系,保护企业利益。保险可以理解为对资金的充分和有效的利用,如果缺少保险所提供的风险转移机制,企业将不得不预留更多的风险储备资金。相对而言,企业购买保险比储蓄更有利。正是由于保险的存在,企业维持其经营活动所需要的风险资金大大减少,从而增加了直接用于生产经营的资金数量,使得企业能够以更快的速度发展。

2. 外包与风险转移

企业在生产经营活动中注重核心竞争力的培养,强调根据企业自身特点,专门从事某一领域、某一业务,在某一方面形成自己的竞争优势,这必然要求企业将其非核心业务外包给其他企业,即所谓的业务外包。

业务外包的基本出发点在于:确定企业的核心竞争力,把企业内部优势资源集中在具有核心竞争力的活动上。剩余的其他企业活动交给最好的专业公司。例如,戴尔公司外包了所有的零部件、软件和非装配生产流程的设计和创新,重点投资于理解客户需求、物流管理和部件集成,发现核心能力的任何增值机会。通过外包策略,戴尔避免了零部件生产设备、人力资源和库存等巨额投资,而将这种风险转移给外包商(供应商)。业务外包有助于企业实现以下三方面的风险转移。

(1) 质量方面的风险转移。在业务外包中,企业通过采取严格、有效的合同契约方式,把产品质量、服务质量、交货质量等质量问题交由外包商来承担,同时也将由质量问题所导致的风险转移给外包商。

(2) 资金占用的风险转移。通过外包,合同制造商将帮助企业分担一部分资金占用,从而降低企业的资金占用风险。具体表现在:其一,通过外包,可以帮助组织重构财务预算,从而改善企业的平衡报表并避免企业对未来投资的不确定性;其二,通过外包将不能创造价值的业务单元或者设备资产转交给外包商,组织能够获得一笔现金,从而解放一部分资源用于其他战略投资;其三,外包信息服务能够避免或者减少未来持续的或大量的资本投入;其四,外包将固定成本业务转化为可变成本业务,有利于企业组织结构的扁平化。

(3) 技术风险转移。外包有利于企业获得原先无法凭借自身实力获取的技术和技能。通过外包,企业将价值链中的每个环节都交给最适合企业情况的、最好的专业公司来完成,常常能够获得最先进、最前沿的技术和技能。除此之外,企业能够获得外部可利用的设备、服务等方面的资源,能够将某些技术和技能易于过时的风险转移给外包商,能够使企业与外包商分担新技术推广的风险或将新技术的开发风险转嫁给外包商。对于一项新技术,大多数企业由于费用和学习曲线的缘故,很难立即将新技术纳入到实际应用中,然而借助外包商与现有的、未来的技术保持同步的优势,改善技术服务,提供接触新技术的机会,企业可以以花费更少、实效性更强、风险更低的方式使技术在企业的生存发展中发挥作用。

3. 出售与风险转移

出售作为一种重要的风险转移方式,其理论依据在于:转移实体所有权是买卖合同的主要特征和法律后果,风险和利益都是基于所有权而产生的,是所有权的法律后果。因此,当实体所有权因买卖合同生效而发生转移时,风险就随之发生转移。这类似于货物买卖中的“物主承担风险”的原则。

出售的风险转移方式常常发生在经济不景气、资源紧缩、产品滞销甚至企业出现重大的内部矛盾、财务状况恶化以及原先的经营领域处于明显劣势的时候。企业在减少投资、压缩开支、削减人员的同时,也会考虑将经营领域或是生产线出售给该领域的市场追随者或市场新进入者,从而实现企业长远的经营目标。

4. 利用金融衍生品对风险进行转移

企业经营经常会遇到产品价格、资产价格以及利率等发生变动而带来的风险,这通常被称为市场风险。在金融市场上,善于利用金融衍生品交易来达到规避价格风险的目的,在现代企业中尤为重要,对于那些经营产品价格波动频繁的企业或者受利率、汇率等影响较大的外贸企业更是如此。

【应用阅读】

预售牛奶给奶店老板带来的潜在价格风险

笔者曾经遇到一个奶店老板,他和一个事业单位有长期的合作,该单位每年都要从他那里购买一定的牛奶票(对一个小奶店而言数额很大,按照该单位的职工人数笔者估算了一下,一年有6万元的销售额)发给单位职工。他对我说,今年亏惨了,一件牛奶涨了几元,他卖出去的牛奶票在涨价后来提货的每件都亏好几元钱。

该奶店老板先卖货,实物交割在未来某个特定日期,类似于他出售了一系列的牛奶远期合约。但他不是牛奶制造商,因此实际上他面临了未来牛奶价格上涨的风险。如果你是该奶店老板,既想挣这笔钱,又不想承担价格风险,该怎么办呢?

启示:(1)对售出的牛奶票规定一个提货期限(并且严格执行),最好是卖出票的一两个月内。为了避免集中提货带来断货风险,可以将牛奶票的提货日期分批次,并且根据可能的提货数量提前几天进货,将每个批次已经提货的数量和未提货的数量进行详细记录。(2)向供货商买入类似的牛奶远期合约,把价格风险转移给供货商。

(六)化解风险

化解风险就是当风险已经转变成危机时,采取有效的补救措施,使危机变成有利的机会,从而达到化解风险的目的。这需要创业者开动脑筋,善于运用古代王守仁先生的思维智慧“知行合一”,不仅要知道应该做什么,而且要知道该如何去实现。

(七)风险控制

由于风险无处不在,绝对的风险回避是不可能的。即使有可能,企业所需支付的成本和所需花费的投入往往也是企业无法接受的。对于企业个体而言，其可承受的风险是一定的。因此，企业风险控制策略就在于将风险降低和化解到企业可以接受的程度，这样风险事件的发生就不足以影响企业正常的生产经营活动。目前国内学者对于风险控制的研究集中在财务、金融、保险、战略等方面。

广义的企业风险管理过程涵盖了风险发生前、风险发生过程中以及风险发生后整个过程中的一系列企业决策行为。企业风险管理过程一般由以下三个过程组成。

1. 风险识别过程

风险识别是指识别并记录可能对企业造成不利影响的因素，包括影响企业预期目标、业务进程、环境变化的诸多因素。由于企业处于不断发展变化的过程中，因此风险识别应该存在于企业发展的各个时期、各个阶段，并非一劳永逸的工作。特别是企业在创业初期的重大决策之前，风险识别显得尤为重要。

需要特别指出的是，并非所有的风险都可以通过风险识别来进行管理。风险识别只能发现那些显性的风险（如国家经济政策的调整、市场需求的变化、企业市场地位的转变等）和半显性的风险（当某一形势变化所产生的连锁反应可能带来的风险）。然而，企业在其生产经营活动中，由于判断能力的局限性，对于某些风险发生的时间、程度并不能准确估计，有时还会遭遇某些意想不到的突发事件。对于这些隐性风险就需要企业在实际风险管理过程中根据具体情况及时处理。

2. 风险度量过程

通过风险识别可以识别企业风险的属性、种类、成因。由于不同的风险对企业的影响是不同的，风险度量过程即是对已经识别的各种风险进行分析、比较和评估，并对风险排序及评估其对企业可能造成的后果，从而使企业能够对症下药，积极防御，为风险的有效控制和处理做好准备。

目前，企业在实际风险管理实践中经常采用的风险度量方法有以下几种。

(1) 风险概率度量方法。风险投资可用风险事件发生的可能性来表示，主要通过主观判断而获得，如头脑风暴法、访谈或者根据历史经验进行预测等。

(2) 风险程度度量方法。即风险发生可能对企业造成的影响的大小。这种影响是多方面的，既可以是企业的一种主观感受（如危机感），也可以是对企业的产品质量、生产成本、商业机会、市场地位、形象等的影响。

(3) 风险等级度量方法。即按企业风险发生的概率大小或风险影响程度的大小，将企业风险进行等级排列或聚类。此种度量方法对风险分门别类，有助于企业准确认识主要风险，在风险管理中抓大放小，合理配置资源。

(4) 风险值（或风险损失）度量方法。即将风险定义为风险损失等于风险影响和风险发生概率的乘积。此种度量方法兼顾了风险的影响程度和风险发生概率，是风险损失学说的具体体现。风险损失度量方法较之前几种度量方法，更有助于企业理性地进行生产经营决策和风险处理。

3. 风险处理过程

风险处理发生在对风险进行充分有效的识别和度量之后，是企业风险管理的重要阶段，直接关系到企业风险管理的成败。企业风险处理需要企业充分利用各种手段和技巧来应对各种风险。常见的风险处理方法包括风险回避、风险分摊、风险分担、风险转移等策略。风险自留是企业的其他风险处理策略失效后被迫接受或是企业认为自身有能力承担该风险而采取的一种风险处理策略。

一般而言，根据风险发生的时间顺序可以分为事前控制、事中控制和事后控制三个类别。

(1) 事前风险控制。事前风险控制又可称为避免型风险控制，即企业“未雨而绸缪”，积极应对风险，在做出经营决策之前对企业的内部条件因素和外部环境因素进行详尽的分析，综合估计各种风险因素，对企业的决策结果进行趋势预测。如果发现可能出现的风险因素，则提前采取预防性的纠偏措施，保证企业的经营决策始终沿着正确的轨道前进，从而实现企业目标。

(2) 事中风险控制。事中风险控制又可称为开关型风险控制，即在决策实施过程中或风险发生过程中，企业对自身的决策行为和形势变化进行检查，对照既定的标准判断是否合适，如果发现了风险成因，就立即采取措施，快速反应，对企业的决策行为进行调整、修正。这种方式类似于开关，故称为开关型风险控制。由于风险随时可能发生，并且风险事件的发生时间极其短暂，因此事中风险控制需要企业决策者具有高度的风险感知能力，能够对风险事件及时处理。

(3) 事后风险控制。事后风险控制又可称为反馈型风险控制，尤其是指企业风险发生后，潜在地或已经给企业带来了风险损失，为避免损失继续扩大和事态严重甚至恶化所采取的控制决策。事后风险控制要求企业将企业决策的结果与预期结果进行比较与评价，然后根据偏差情况查找具体的风险成因，总结经验教训，对已犯下的错误或过失进行弥补，同时调整企业的后续经营决策。事后风险控制需要完成两项任务：其一是尽可能地减少风险损失，其二是调整企业决策思路，减少风险再次发生的可能性，以指导企业今后的实践。

以上只是简要地概括了风险管理的各种方法与技巧，实际经营中面临的问题更多、更复杂，现实中应当根据创业所处的行业、经营的具体环境以及事件发生的具体情况来针对性地处理。

第三节 创业企业危机管理

一、企业危机与创业企业危机管理

(一) 企业危机的定义

危机的概念最初来源于希腊语，并被普遍用于医学领域，用它来表示一些至关重要的、需要立即做出决断的状况。到了18—19世纪，危机的概念被引入政治领域，表明政府或政治体制处于紧急状态。后来，逐渐在自然领域、社会领域和经济领域形成了危机管理的概念。那么，就我们所讨论企业危机管理而言，该如何定义危机呢？具有代表性的定义有以下几个。

巴顿(Barton)认为,危机是一个引起潜在负面影响的具有不确定性的大事件,这种事件及其后果可能对组织或员工、产品、服务、资产和声誉造成巨大的损害。巴顿将危机的影响范围扩大到组织和员工的声誉方面。

班克司(Banks)认为,危机是对一个组织、公司及其产品或声誉等产生潜在的负面影响事件。他对危机的定义也考虑了危机对声誉产生的影响。

里宾杰(Lerbinger)认为,危机是指对企业未来的获利性、成长乃至生存发生潜在威胁的事件。一个事件发展为危机,必须具备三个特征:一是该事件对企业造成威胁,管理者确信该威胁会阻碍企业目标的实现;二是如果不及时采取行动,局面会恶化而无法挽回;三是该事件具有突发性。

刘刚认为,危机是一种对组织基本目标的实现构成重大威胁,要求组织必须在极短的时间内做出关键性的决策和进行紧急回应的突发性事件。

综上所述,本书对企业危机的定义是:企业危机是指在复杂环境演化过程中而爆发的对企业及其利益相关者产生影响,且需要在各种资源不充分,特别是信息不完全情节中进行决策和解决问题的事件。

从危机理论研究方面看,危机管理学是危机学和管理学的交叉学科;从管理的角度来看,一些紧急事件或紧急状态之所以称为危机是由于:

(1) 这些事件对一个社会和组织系统会产生重大威胁和损害,使系统的性质和状态都发生质的变化。

(2) 这些事件是一些不合常规、突发的重大事件,社会和组织的反应时间非常有限。

(3) 组织必须快速做出决策。

(4) 在动因与时间方面,带有很大的偶然性,相关信息不确定或不完备。

(5) 应对这些危机事件所需要的人才、资金和设备可能超出实际可得到的。

(6) 需要采取特殊举措来应对。

【应用阅读】

高原地区苹果

美国新墨西哥州有个名叫杨格的果园主,有一天突降冰雹,将他的苹果打得伤痕累累的,就在大家都唉声叹气时,杨格突然来了灵感,他马上按合同原价将苹果输往全国各地,与往日不同的是每个苹果箱里都多放了一张小纸片,上面写了一段既幽默又亲切的文字:亲爱的买主们,这些苹果不幸受伤,但请看好,它们是冰雹留下的杰作,这正是高原地区苹果特有的标志,品尝后你们就会知道其特别的味道。买主将信将疑地品尝后,真切地感受到了高原地区苹果特有的风味。结果,杨格这年的苹果比以往任何一年都卖得好。

启示:危机无刻不在,企业在面临危机时,迅速采取有效措施,变“逆境”为“顺境”,成功化解危机,才是企业持久成长的重要法则。

（二）创业企业危机管理

创业企业快速成长极易发生不同性质或不同程度的危机，具体表现在以下几方面。

（1）创业企业信誉受损，包括银行信誉和商业信誉。

（2）创业企业遭受重大损失，其轻者可导致资金断链危机，重者可导致企业破产倒闭等后果。

（3）创业企业信任危机，市场经济由于不讲游戏规则而失去了信任，那么今后运营成本会大大提高，运营风险也会加大。

（4）忽视了员工培训，质量控制难以保证，创业企业生产陷于停顿，资产、账户被查封。

（5）创业企业破产，决策的重大失误，背离创业企业发展目标。

这些表现，给创业企业造成的危害，可能是重大损失，也可能危及企业的生存。所谓创业企业危机管理的本质并不在于营造一个根本没有"问题"的环境，而是要掌握创业生命周期的客观规律，为了预防、转化危机等所进行的一系列（系统）管理活动的总称。其目的在于新创企业在经营过程中，消除或降低危机所带来的威胁和损失。危机事件一般可划分为四个时期，即潜伏期、爆发期、发展期和控制恢复期。与此相对应，创业企业危机管理也被划分为四个阶段，即危机预防、危机确认、危机控制和危机化解，后面三个阶段属于事后管理，可以归纳为危机处理。

本书将从创业企业生命周期的视角研究不同成长阶段企业危机管理。

二、创业企业危机管理的原则

（一）制度化原则

危机发生的具体时间、实际规模、具体形态和影响深度是难以预测的。这种冲突事件往往在很短的时间内对企业或品牌会产生恶劣影响。因此，创业企业内部应该建立有关危机管理和灾难恢复方面的业务流程和组织机构。这些流程在正常时不起作用，但是危机发生时会及时启动并有效运转，对危机的处理发挥重要作用。国际上一些大公司在危机发生时往往能够应付自如，其关键之一是制度化的危机处理机制，从而在危机发生时可以快速启动相应机制，全面而井然有序地开展工作。因此，企业应建立明确的危机管理机制、有效的组织管理机构、成熟的危机管理培训制度，逐渐提高危机管理的快速反应能力。

（二）诚信形象原则

企业的诚信形象是企业的生命线。危机的发生必然给企业诚信形象带来损失，甚至危机企业的生存。矫正形象、塑造形象是企业危机管理的基本思路。在危机管理的全过程中，企业要努力减少对企业诚信形象带来的破坏，争取公众的谅解和信任。只要顾客或社会公众是由于使用本企业产品而受到了伤害，企业就应该在第一时间向社会公众公开道歉以示诚意，并且给受害者相应的物质补偿。对于那些确实存在问题的产品应该不惜代价迅速收回，赢得消费者的信任，维护企业诚信形象。

（三）信息应用原则

在信息化社会中，企业只有持续获得准确、及时、新鲜的信息资料，才能保证自己的生存和发展。预防危机必须建立高度灵敏、准确的信息监测系统，随时搜集各方面的信息，及时分析处理，从而把隐患消灭在萌芽状态。在危机处理时，信息系统有助于有效诊断危机原因，及时汇总和传达相关信息，并有助于企业各部门统一口径，协调作业，及时采取补救措施。2003 年的“进口假红牛”危机中，红牛维他命饮料公司及时查找信息来源，弄清事情真相。红牛公司立即同国内刊登该新闻的一些主要网站取得联系，向其说明真相。同时，红牛通知全国 30 多个分公司和办事处，要求他们向当地的经销商逐一说明事情的真相，并坚定经销商对红牛的信心和信任。及时、准确的信息应用使“假红牛”的负面影响控制在一定范围之内，把危机对于品牌和公司的危害降到了最低程度。

（四）预防原则

防患于未然永远是危机管理最基本和最重要的要求。危机管理的重点应放在危机发生前的预防，预防与控制是成本最低、最简便的方法。为此，建立一套规范、全面的危机管理预警系统是必要的。现实中，危机的前兆主要表现在产品、服务等存在缺陷，企业高层管理人员大量流失，企业负债过高，长期依赖银行贷款，企业销售额连续下降和企业连续多年亏损等。因此，企业要从危机征兆中透视企业存在的危机。企业及时认识到存在的危机并迅速采取措施，就可以尽早控制危机的发展。1985 年海尔集团总裁张瑞敏当着全体员工的面，将 76 台带有质量问题的电冰箱砸毁，力求消除质量危机的隐患，创造出了“永远战战兢兢，永远如履薄冰”的独具特色的海尔生存理念，给人一种强烈的忧患意识和危机意识，从而成为海尔集团打开成功之门的钥匙。

（五）企业领导重视及参与原则

企业高层的直接参与和领导是有效解决危机的重要措施，危机处理工作对内涉及从后勤、生产、营销到财务、法律、人事等各部门，对外不仅需要政府与媒体打交道，还要与消费者、客户、供应商、渠道商、股东、债权银行、工会等方方面面进行沟通。如果没有企业高层领导的统一指挥协调，很难想象这么多部门能做到协同一致，并快速行动。由于中国企业更多趋向于人治，企业高层的不重视往往会导致整个企业对危机麻木不仁、反应迟缓。因此，企业应组建危机管理领导小组，负责危机的处理工作。

（六）快速反应原则

危机的解决，速度是关键。危机降临时，当事人应冷静下来，采取有效措施，隔离危机。要在第一时间查出原因，寻找危机的根源，以便迅速消除公众的疑惑。同时，企业必须以最快的速度启动危机应变计划并立刻制定相应的对策。在 2003 年的“进口假红牛”危机中，红牛公司临阵不慌，出手“快、准、狠”，将危机的负面影响降到了最低，从容应对了这场关系品牌和产品的信任危机，体现了红牛公司危机管理的水平。

（七）创新性原则

知识经济时代创新已日益成为企业发展的核心因素。危机处理既要充分借鉴成功的处理经验，也要根据危机的实际情况，尤其要借助新技术，大胆创新。企业危机意外性、破坏性、紧迫性的特点，更需要企业采取超常规的创新手段处理危机。在遇到"非典"这种突发危机时，青岛啤酒公司通过"两个创新"牢牢地抓住了商机。一是渠道的创新。青啤在许多城市通过与配送桶装水公司的送水系统配合，利用他们的配送网络，实现了"非接触"式的送货上门。二是销售终端的创新。青啤改变了以城市酒店为重点的销售终端，把力量集中在小区、社区和农村市场，有计划、有步骤地进一步开发家庭消费这个终端。

（八）沟通原则

沟通是危机管理的中心内容。与企业员工、媒体、相关企业组织、股东、消费者、产品、销售商、政府部门等利益相关者的沟通是企业不可少的工作。沟通对危机带来的负面影响有很好的化解作用。企业必须树立强烈的沟通意识，及时将事件发生的真相、处理进展传达给公众，以正视听，杜绝谣言，稳定公众情绪，争取社会舆论的支持。在中美史克PPA遭禁事件中，中美史克在事发的第二天召开公司全体员工大会，向员工通报了事情的来龙去脉，宣布公司不会裁员。此举赢得了员工空前一致的团结，避免了外部危机转化为内部危机。

【应用阅读】

青蛙效应

19世纪末，美国康奈尔大学的教授们进行了一个实验，先把一只青蛙扔进沸腾的油锅中，青蛙非常敏捷地跳了出来；后来把它放进一锅温水里，慢慢加热，等青蛙感觉到烫，意识到危险时已经跳不出来了。这一实验说明青蛙机体只能感受到强烈的外部刺激，但对于渐进式的威胁却觉察不到，所以最后难逃死亡之命运。

启示：当企业出现突变事故时，管理者一般能马上发现并做出反应；如果危机慢慢出现时，管理者往往不在意，等到危机已经威胁到企业生存时才警觉，想要补救往往已经来不及了。

三、创业企业不同成长阶段的危机管理

（一）创业期的危机管理

初创期企业的关键在于求得生存。没有消费者，没有消费者需求的产品和服务，企业就无法生存。因此，创业期的新创企业必须执行组织成功所需的所有关键任务，但其中的重中之重在于用产品或服务把握市场机会，实践商业模式。从这个意义上讲，市场拓展危

机是创业期企业面临的最大危机。

1. 创业期的创业企业容易出现的错误，并可能导致危机的主要原因

(1) 简单估算市场前景。处于快速成长的新创企业，有时对市场需求的增长预测过多地依赖内部信息，而忽视了未来市场的客观走向。新创企业从上到下缺乏冷静的分析，而且对市场发展的客观规律缺乏理性分析。至此，新创企业还是把宝押在单一产品上，是一个危险的策略。

(2) 进入时机选择错误。以开拓新产品、新市场为己任的新创企业，当询问到产品的市场前景时，大部分创业团队对自己的产品抱有满腔热情，并描述可能的销售业绩。即使是对长期冷淡的市场反应，他们依然会信心百倍地勾画产品的未来。但仔细分析，仅仅具备企业家精神而缺乏对目标产品市场以及相应的配套条件的理智思考，会使原本资源相对缺乏的新创企业面对市场危机时，找不到有效的解决方案。唤起消费者对新产品的需求、加快产品市场成熟速度才是持续优秀的经营业绩的源头。想要在危机四伏的市场竞争中成为最终的胜利者，就需要从美好的创业构想中摆脱出来，在产品开发、投放市场等一系列过程中，冷静观察目标市场的发育状况，客观分析消费者对新产品的预期和可能的接受程度，尤其要随时监测目标市场成熟度的相关因素的发展情况。

(3) 营销模式的错误。这是那些在短期内快速成长，没有经历痛苦的市场导入过程的新创企业最容易犯的错误。20 世纪末的中国企业界，曾经涌现了一批让我们寄予厚望的企业，一度以惊人的速度发掘出大规模的消费需求，成功地把握住了中国市场的潜在机会。然而，暂短的辉煌只是昙花一现。一时间，巨人倒塌，飞龙折翼，三株、爱多第等昔日的明星企业纷纷如流星般陨落。虽然这些故事已经被社会大众从各种角度反复评析，但是当我们发现其他企业在市场营销过程中出现类似的失误，而且这种失误还在那些快速进入成长期的新创企业中重复出现时，再次剖析这些案例就显得十分必要了。

2. 创业期企业市场开拓危机的解决办法

(1) 搭建策略调整机制。在积累了市场开拓经验后，新创企业的创业团队必定会随着外部环境和内部资源条件的变化，修正最初的设想，形成在同一个方向上积累性投资行为，这样战略路线就会越来越清晰。而这些投资行为、战略路线，具体到市场营销的战术层面上，也同样需要很好地适应变化中的行业结构，需要高效地整合并运用企业各类资源。一个刚性的市场营销系统必然会受到内外环境的负面的反馈。建立市场监测及策略调整机制，也就是在企业运营过程中，定期重复市场分析过程，保持对关键市场信号的敏感度，结合产品试销推广阶段，调整先期制定的市场营销策略的机制。

(2) 放弃及等待策略。“有所为，有所不为”这句话不仅大公司进行多样化战略时需要时刻牢记，新创企业在选择业务内容时也可以作为参考。在实践创业设想的过程中，如果新创企业清楚自己提供的产品和服务不仅与短期市场需求不符，而且与三五年内的市场需求也不能接轨，那么就有必要终止对现有产品或服务的人力、物力和财力的投入；如果新创企业能够确定现有产品短期内不符合市场需求，但不能判断出三五年是否能够适应市场的变化，那么就暂时停止或大幅度减少对现有产品或服务的投入，等待市场趋势明朗不失为一种理性的选择。

(3) 与强者联合规避市场风险。新创企业在创业实践过程中，还会遇到一种情况，那就是虽然短期内市场对它们提供的产品或服务的需求不够明显，但经过一定时间的投入和培育，消费者的需求就会被唤起。当然，需求被唤起之后企业的经营业绩取决于当时的经营实力和资源情况。在这种背景下，借助行业中强势企业的力量，借船出海，是最为有效的。

(4) 顺应市场周期的营销策略。仔细分析一般产品销售历史，就会发现它们会经历从初创期到成长期然后进入成熟期，直至衰退期的生命周期。在每一阶段，企业将面对不同的利润潜力和销售增长潜力的机会与问题，所选择的营销策略也需要做出相应的调整。那些成功把握商机而迅速成长的企业，未能经历拓展初期的煎熬，最容易忽略行业竞争结构和生命周期的发展变化，也最容易将初期阶段市场营销上的技巧归纳为成功的经验继续推广使用。

（二）成长期的危机管理

新创企业成长期需要学会透过现象看本质，也就是要能够不被人员增加、客户增加、业务增加、机构增加等物质形态现象所蒙蔽，要时刻关注企业经营的货币化结果。而且，这种货币化的结果绝不仅仅是最终的利润表现，关键是现金流的实际状况。

1. 成长企业现金流容易出现的错误

(1) 融资计划的短期性。新创企业依照某一领域产品制订商业计划进行融资。在这期间，如果没能组织人员对产品的市场环境进行跟进研究，也没有对企业开拓市场所需要投入的人力、资金及各种资源进行必要的计划和准备，那么，等到研发过程结束后，产品市场可能并未按照经营者的融资计划那样成长起来，前期投资的成果无法得到市场的认可和回报，等到产品进入市场时，企业已无充分资金进行市场开拓。短期的辉煌和创业冲动过后，创业团队将陷入市场和资金双重困境中。缺乏长远的资金规划是产生这一现象的主要原因。

(2) 内部现金支出控制体系不规范。仔细盘点这样的财务失控问题在巨人、亚细亚、飞龙等当时轰动全国的类似案例中都有发生。它们在企业快速扩张的辉煌业绩掩盖下，过多地关注市场运作，使得企业现金支出内部控制系统严重滞后于经营发展的要求，导致了组织体系的坏死。

(3) 盲目投资导致现金流降低。巨人集团为追求资产的盈利性，以超过其资金实力的几十倍的规模投资于资金周转周期长的房地产业。固定资产的整体性和时间约束性，使公司的有限财务资源被冻结，资金周转产生困难，形成了十分严峻的资产盈利性与流动性矛盾，更严重的是，受房地产投资失误的影响，生物工程的基本费用和广告费用被抽调到房地产投资中，正常运作深受影响。多元化经营不仅没能在主营业务行业性低估的情况下帮助巨人集团分散风险，渡过难关，反而因为资金运作不当，在没有利用财务杠杆的情况下，将资金投入到固定资产中，降低了资金的流动性，而陷入了财务困境。

2. 成长创业企业现金流问题的解决办法

(1) 运用收付实现的财会制度控制现金流。权责发生制是在费用和销售发生时入账，收付实现制是在付出和收到现金时入账。前者不能真实反映现金的流入和流出，报表上的业务收入和净利润值，并不是企业实际交易发生的现金情况；后者与现金流量更一致,更利于现金流管理。一般而言,权责发生制适用于短期现金流充足的大企业,收付实现制更适用于新创企业。采用收付实现制的会计原则意味着新创企业必须时刻关注现金流量表,仔细分析预算的现金流量与现实的现金流量的差距,采取有针对性的措施改善现金流状况。

(2) 谨慎投资。即使在产品销售情况良好,市场前景看好,短期现金流充裕的情况下,新创企业仍然需要全面考虑新增投资的回报率、回收期,以及由于新增投资带来的对企业现有能力的挑战和管理复杂化等连带问题,需要客观评价新增投资方面的发展前景以及新增投资对现有业务发展的价值。新创企业应该明确战略边界,强调企业决策的自律和规则,树立"有所为,有所不为"的投资理念。

(3)以短期激励为主的节约现金流策略。以各类人才的择业风险来看,进入新创企业相比进入成熟企业来说要承担更大的风险,这种风险主要来自新创企业未来发展的不确定性,因此员工通常会要求高于成熟企业的回报,包括物质方面的回报和学习、能力增长等自身成长方面的回报。为了与成熟企业争夺优秀人才,新创企业不仅需要为员工规划清晰的发展前景,还必须支付相对较高的人工成本。高额的短期激励方式不仅会增加企业现金流的负担,而且不具备对员工长期的约束效果。国内许多企业,如华为,在初创阶段,创造性地采取了变短期激励为长期激励的策略,不仅承诺员工高于行业平均水平的个人收入,而且以企业年金、股权、股票期权等长期激励方式兑现个人收入的相当部分,给员工戴上了"金手铐",不仅解决了短期的现金流压力并将员工个人利益与企业的长期发展直接联系在一起。

(三) 成熟期的危机管理

随着新创企业的壮大,创业者越来越明显地感觉到每天都有处理不完的大小事务,凭借个人能力很难去应对所有问题,需要依赖更多的人来实现企业的日标。这个阶段的危机的主要来源是组织自身和人才资源。

1. 成熟期创业危机的来源

(1) 组织自身。由于缺乏构建一个组织的经验,成熟期的创业者往往会面临这些困难:用于内部沟通的时间越来越多,但沟通的效果越来越差。随着员工的增多、部门化的出现以及管理层级的增加,沟通问题逐渐成为组织内部发展的障碍。在成熟期之前,企业经营的信息就在家长里短的问候中完成了上传下达,销售计划基本都是在快餐店里讨论出来的,年底的奖励计划也基本都是在星巴克完成的。这种看似非正规的沟通渠道,但在企业的创业阶段发挥着关键性的信息传播作用。

进入成熟期之后,每个部门都会要求领导参加部门的会议,而部门之间的协调会议更是没有老板就基本无法形成任何决议。创业者被埋没在永远处理不完的文件与会议之中。创业者变成了现场问题的"处理者",而不是"管理者"。

(2) 人才资源。外部人力资源市场似乎永远也不可能为创业者提供满意的员工。高薪引进的人才,不断地以一个外来者的身份挑剔着企业种种毛病,而创业伙伴总是回顾创业时的艰难,表露出对后来者的不满。创业者感到员工似乎比顾客难管理,部门间的协调比产品调试更难。

2. 成熟期创业危机解决的办法

(1) 构建组织。成熟期创业危机解决的办法是构建组织。构建组织与创建商业模式是完全不同的两件事情。如杜兰特利用自己的商业天赋创建了通用汽车初期的发展模式,而斯隆则利用理性思维为通用汽车建立了一个能够运行近一个世纪的组织。与创立之初相比通用汽车的商业模式与经营理念发生了许多变化,但整个组织的基本原则与信念却没有太大变化。从这个角度来看,构建组织比创建商业模式需要更多的精心设计,与此相对应的是,构建组织的方法与经验更容易被传授学习。但这绝对不是一蹴而就的事情,这是需要精心权衡的过程。对于组织的设计者来说,既要保持企业原有的企业家精神和创新源泉,又要构建一整套制度体系保证组织运行不依赖任何人。

【应用阅读】

破窗理论

美国斯坦福大学心理学家詹巴斗曾做过一项实验,将两辆一模一样的汽车,一辆放在中产阶段社区,另一辆放在一个相对杂乱的街区。对于停在相对杂乱街区的那一辆,他摘掉车牌,并把车顶棚打开,结果这辆车在一天之内就被偷走了。而放在中产阶级社区的那一辆车,摆了一星期也安然无恙。后来,用锤子把汽车敲了一个大洞,结果仅仅几个小时后,这辆车就不见了。

启示:在日常管理中一定要"及时修补第一块玻璃","防微杜渐"。建立一种防范"破窗"的机制,从制度上建立及时修复"破窗"和严惩"破窗"的机制,保护"守窗"行为,确立人人"守窗"的意识,从而实现企业运营管理的良性运转。

(2) 引进人才。有计划、有针对性地引进一些在大公司工作过的职业经理人,有助于这一过程的实现。虽然职业经理人的引进可能会为组织的发展带来新的问题,但创业者应该学会把问题控制在最小的范围,并利用权威和职业经理人的经验构建一个更有张力和效率的宗旨。

习 题

【重要概念】

风险　　创业风险　　创业风险防范　　危机　　企业危机　　创业危机

【思考题】

1. 风险与创业风险各有哪些特征?
2. 创业风险的来源有哪些?
3. 创业风险的分类有哪些?
4. 创业风险防范包括哪些具体的体系?

5. 创业风险防范的过程包括哪些内容？
6. 企业危机管理的原则是什么？
7. 创业企业不同成长阶段的危机管理内容是什么？

【实训题】

1. 结合我国一个新创企业的实例，分析创业风险、风险防范和创业危机管理的情况。
要求：
(1) 简述新创企业的自然概况。
(2) 新创企业存在哪些风险？它是如何防范的？效果如何？
(3) 新创企业成长分为哪几个阶段？各阶段面临的危机是什么？怎样解决的？

2. 找一个你熟悉的创业者，请他谈谈是如何对待新创企业的风险的。如何防范的？面临的创业危机是什么？他讲的与本书讲的异同点是什么？你是怎样理解的？

【总结案例】

两名大学生开外卖店获得100万元风险投资

“陕客”是一家由福建农林大学工商管理专业大四学生戴仲明和黄进兴自主创业的套餐外卖店。对于福建农林大学昌融公寓的学生来说，“快客”套餐的外卖电话是再熟悉不过的了。这家套餐外卖店最多一天往公寓送了580份套餐。

然而5天前，这家套餐外卖店易主了，不是两人经营不下去，而是他们刚刚获得了100万元的风险投资，将开始新的创业历程。

1. 从“黑店”开始创业

戴仲明和黄进兴都是福建农林大学工商管理专业2005级学生。虽然是同专业的同学，但是两人大一下学期才在院辩论队中结识。“一认识，我们就有相见恨晚的感觉，因为我们都有创业的欲望。”戴仲明说。之后两人经常在一起探讨创业话题。

大二上学期，他们开始第一次创业。两人经过市场分析后认为，做快餐到学生宿舍卖，成本不高，可操作性强，肯定有赚头。而戴仲明家开过餐馆，他做菜的手艺也不赖。于是两人开始做快餐外卖，买菜、做菜、打包，全部由两人完成。两人每天做足100份快餐，抬到各个宿舍叫卖。没想到生意还真不错，100份快餐几乎每天都卖光。而两人也从中挣到了一学期的生活费和部分学费。

“现在想想，当时没有在工商局登记，这样的经营方式很像黑店。”戴仲明说。做了一学期后，考虑到大二、大三功课比较重，便没有再做下去。

2. 大四当起了老板

大四开学前，两人开始谋划第二次创业。这一次他们做的还是快餐，经营方式却发生了变化，两人做起了老板，雇佣师傅、帮手以及送餐员，专做外卖。

2008年9月，“快客”套餐外卖店在福建农林大学昌融公寓楼下开业，送餐对象主要是昌融公寓楼的学生。为了吸引顾客，外卖店承诺：接到点餐电话后，15分钟内送达，否则餐费全免。

戴仲明告诉记者，作出这样的承诺他们是有底气的。由于快餐店就开在公寓楼下，从快餐店到学生公寓楼步行只要5分钟时间。但是让他没有料到的是，开业前几天，由于忙不过来，每天免费送好几份快餐。

"当时我们做得还不够熟练。比如菜做好后，分菜、打包的速度不够快，导致在规定时间内无法送到顾客手中。"戴仲明说。随后总结经验，整体配合默契了，承诺终于兑现了。"后来有学生给我们打电话说，现在再想吃到免费快餐真是太难了。"

由于送餐及时且品质有保证，"快客"快餐店第一个月就实现了收支平衡，到了12月底，两人收回了创业成本3.6万元。

3. 一个鸡腿引发的危机

真正让"快客"深入人心的，却是缘于一次危机。2008年12月初的一天，由于冰冻鸡腿没有完全解冻就拿去卤，导致卤汁没有深入鸡腿内部，一名吃了鸡腿套餐的学生认为鸡腿没有煮熟，就拨打了工商局投诉电话。工作人员随后到"快客"店了解情况。

虽然最后的调查结果表明，卤鸡腿没有任何问题，但是戴仲明和黄进兴还是上门给这名投诉的同学道歉。不仅如此，当天购买了卤鸡腿饭的100多名顾客都得到了全额退款。

这件事后，打电话到"快客"点餐的学生更多了。最多的一天，卖出580多份套餐。

4. 获得100万元风险投资

2009年2月25日，戴仲明和黄进兴把"陕客"套餐店转手了。听说的人都很不理解：生意这么好，怎么就转手了？原来，经过几个月的努力，两人已经获得了风险投资100万元，目前他们正把所有精力投入新的创业中。

关于最新创业的具体详情，两人称细节不便透露。但是他们表示，3月底，一家"公司制"快餐店将在福州市出现，这种快餐模式将是福州乃至全省第一次出现。

之前自己做的是个体快餐，而"公司制"外卖快餐店的特点是制度规范化、生产规范化。按照戴仲明的计划，3月底，一个配有生产基地、快餐配送点的"公司制"快餐公司将会开始营业，主要针对写字楼市场。"我们要做成面包连锁店的模式，统一生产，再分配到各个外卖配送点，由配送点上门为顾客送餐。"

资料来源：天下商机网，http://www.3158.cn/show/news.

讨论：

(1) 个体快餐与"公司制"有何区别？

(2) 个体快餐与"公司制"各自的风险、风险防范和创业危机是什么？

第十六章

创业企业的前沿

【学习目的与要求】

1. 理解创业企业产权制度的概念。
2. 掌握创业团队及员工的产权安排。
3. 了解创业企业知识管理的内容。
4. 理解公司创业的概念及其意义。
5. 了解公司创业的模型。

【创业管理小故事】

米缸里的老鼠

在青黄不接的初夏，一只在农家仓库里觅食的老鼠意外地掉进一个盛得半满的米缸里。这个意外使老鼠喜出望外，它先是警惕地环顾了一下四周，确定没有危险之后，接下来便是一通猛吃，吃完倒头便睡。

老鼠就这样在米缸里吃了睡，睡了吃。日子在衣食无忧的休闲中过去了。有时老鼠也曾为是否跳出米缸进行思想斗争与痛苦抉择，但终究未能摆脱白花花大米的诱惑。直到有一天它发现大米缸见了底，才觉得以米缸现在的高度自己就是想跳出去，也无能为力了。管理学家把跳出缸外的高度称为“生命的高度”，而这个高度掌握在老鼠自己的手中。

启示：要创建一个成功的企业，仅仅有良好的前景项目、足够的资金来源和优秀的创业团队是远远不够的。因为在制度安排和运营管理过程中，新创企业还会面临严峻的内部或外部冲击，而某一个环节的疏忽就有可能导致严重的风险，甚至生存危机。只有处理好这些问题，企业才有可能获得稳定的、持续健康的发展。

创业企业的前沿问题，是指创业企业创建和发展过程中所产生的与企业生存息息相关的问题。本章主要介绍创业企业所面临的产权安排、知识管理和公司内部创业等一系列创业前沿问题。

第一节 创业企业产权安排

产权制度是现代企业三大制度(产权制度、组织制度、管理制度)之一,同时企业产权制度也是企业经营和管理以及发展的基础。适当的产权安排有利于创业企业健康快速发展。

一、企业产权制度的含义

产权是法定主体对财产所拥有的各项权利的总和,是指特定的人在特定的经济组织中对特定的物或对象的占有权。它主要有私有产权、国有产权和集体或法人产权三种形式。产权具有排他性,也就是某一事物的所有权只属于特定的人或者特定的利益集团,其他的个人和集体对其没有所有权。产权不仅仅是一种权利,也是一系列权利的集合体。

企业产权制度是指既定产权关系和产权规划结合而形成的且能对企业产权关系实现有效的组合、调节和保护的制度安排。在市场经济条件下,能保证资源最优配置的产权制度包括以下主要内容。

1. 产权安排

为使市场交易顺利进行,必须确定排他性的产权,即界定产权、确立规则、使有价值的权利得到激励。

2. 企业产权结构安排

确定与完善激励约束机制和内部治理结构,提高资源使用效率。

3. 有效地保护产权

促进产权关系明晰,保障其中有价值的经济利益得以有效的实现。在企业各项制度安排中,产权制度是核心,企业产权制度是否有效率是其他制度效率的决定因素。

二、创业企业产权安排的要求

产权安排是企业的"基本建设",创业企业应做好这一方面的基本建设。创业企业的产权安排应满足以下要求。

1. 确保财产权利的完整

企业必须有完整的财产权利,这是市场经济制度对于企业财产权利结构的基本要求。当且仅当企业对于自己的财产拥有独立的占有权、使用权、处置权和收益权,不受非所有者支配时,这样的企业财产权利才能算是完整的。

2. 有利于获取创业活动的关键资源

一般而言,创业需要技术、资金、社会关系、营销网络等资源,创业企业的产权安排一定要有利于创业企业整体上获得这些资源,特别是有利于创业需要。

3. 有利于形成团队精神

创业企业必须有团队精神。没有团队精神,任何创业活动都不可能取得成功。团队精神强弱在一定程度上决定着企业的存续期。特别是合伙制企业、股份制公司最忌讳的就是缺乏团队精神。因此,创业企业的产权安排,一定要有利于特定创业活动的参与者形成团队精神,否则,企业必将在发展中夭折。

【应用阅读】

珠海巨人集团

当年,巨人集团可谓红红火火,年销售额达数亿元,但企业的资产基本归某老板个人所有,整个产权安排没有考虑其他人的利益。因此,尽管企业越做越大,但企业内部的产权矛盾越来越突出,高层及关键部门的团队精神日益涣散,最终导致研发部门员工集体辞职、部分高层管理者集体出走,致使巨人大厦工程失败。

启示:巨人大厦工程的失败是导致巨人集团毁灭的更重要和深层原因;团队精神就是创业企业的产权安排,一定要激励和制约创业者一起同甘苦、共患难。

4. 有利于提高创业活动的效率

市场经济是大鱼吃小鱼、快鱼吃慢鱼的经济形态。一旦有适当的商业机会,即要求创业者有四快:快速集聚资源;快速建立企业,形成财富生产能力;快速形成产品;快速使创业企业的新产品进入市场。

【应用阅读】

快快快——晚了就没有机会了

快快快、快快快——这是美国硅谷流传着的一个俗语。为了快,就要求创业企业有一个制度基础,这就是合理有效的企业产权安排。

启示:由此可见快的重要性。要求创业者依据自己的实际情况,扬长避短选择适当的企业产权框架。

5. 有利于形成有效的激励机制

创业企业必须从产权制度上保证创业者的"剩余控制权和剩余索取权"。所谓剩余控制权,即控制企业剩余的权利;相应的剩余索取权,即索取企业剩余的权利。

传统产权理论强调的是所有者对于资产的占有权、支配权、处置权和收益权等,而现代产权理论则强调的是剩余控制权和剩余索取权。只有拥有剩余控制权和剩余索取权才能使创业者产生不断将企业做大的原动力,也就是决定着创业企业未来的发展。

三、对创业者和创业关键人员的产权安排

在创业企业中,对创业者、创业关键人员的产权安排是一个极为重要的问题。创业者、创业关键人员是创业企业的一种人力资本,对他们产权的安排实际上是对人力资本的一种激励和制约机制。人力资本与货币资本相比,人力资本是一种主动性的资本,其资本能力潜在人体当中。因此,对于他们的产权安排,其核心内容就是找到人力资本的激励和制约机制的平衡点,以充分发挥人力资本的作用。

(一)对创业者的产权安排

创业者在企业投入资源,自然应在企业占有股份。无论是占有100%的资产,还是占有部分股份,创业者都应拥有剩余控制权和剩余索取权。

创业者对创业企业的投入不仅仅是资本还有才能。他们具有杰出的经营管理协调能力,是创业企业的高层管理者或经理人。为了激励高层管理者的工作积极性,一般会对创业者做出一些特殊的产权安排。

(二)对科技人员的产权安排

在高新技术创业企业中,科技人员是关键人物之一,对他们的产权安排十分重要。因为高新技术企业的发展相当程度上依赖于科技人员的稳定和努力。如果对科技人员的产权安排不当,势必对企业产生颠覆性的打击;反之,如果对科技人员的产权安排得当,必然会促进企业的发展。

四、对员工的产权安排

在创业企业中,对员工的产权安排也非常重要。实行员工持股计划已经被实践证明是比较成功的产权制度安排和有效的激励方式。员工持股计划最早起源于美国,始于1974年,现在已经在美国企业中广泛地得到了运用。

【应用阅读】

员工持股计划

在美国500强企业中有90%的企业实施员工持股计划,在美国的上市企业中有90%实施员工持股计划,已有超过10 000个员工持股计划,参加人数超过1 000万人。

启示:员工持股计划在美国得到了广泛的运用。

所谓员工持股计划,即由企业内部员工出资认购本公司部分股权,委托"员工持股管理委员会"作为社团法人托管运作,集中管理,员工持股委员会作为社团法人进入董事会

参与按股份分享红利的一种新型股权形式。员工持股计划具有以下特点。

(1) 持股人或认购者必须是本企业员工。

(2) 股权持有：员工所认购的本企业的股份不能转让，不能交易，不能继承。

(3) 设置方式：一是通过增值扩股方式设置；二是通过产权转让方式设置。

(4) 股份分配：员工持股资格由各公司自行民主决定。

(5) 利润分配：员工持股计划参与人、集体以社团法人名义享受公司利润分配，再由专职机构，按员工个人持股数额进行二次利润分配。

(6) 员工认股应遵循的原则：坚持风险共担、利益共享的原则，坚持自愿的原则，坚持公开、公平、公正的原则。

(7) 员工持股规模：一般是根据企业规模、经营状况和员工的购买能力，自行确定企业员工股总额占公司总股本的比例。

(8) 员工股份形成方式，员工现金认购；企业设立员工持股专项贷款，员工贷款认购；企业为员工担保，员工贷款认购；企业将历年积累的公益金转为员工股份划转给员工；奖励红股形成员工持股。

(9) 员工持股的资金来源：员工直接的现金投入不得低于应认购额的 6%；贷款的认购不应高于认购额的 40%。

【应用阅读】

员工持股制

1995 年 1 月，某广告文化书店诞生在宣武门一个 19 平方米的小房子里；1997 年 10 月，上海店开业；1999 年 5 月，广州店开业；次年 3 月，长沙、南京、成都店相继诞生。目前，共有 7 家直营店及网上书店。它专门从事广告及相关专业书籍的零售、广告专业书籍的选题策划。

1997 年该企业开始实行员工持股，目前 2/3 的员工持股，持股数量共 30%。公司实行股东会、董事会制，将作坊与企业文化相结合。只要加入公司 1 年以上，期望继续合作 3 年以上的员工，都可以持有公司股份，股份数量为 1 万股起。取得股份方式主要为购买(部分实行两年期权)，股份来源于退出股东和增股。股东拥有《公司法》规定的所有权。退股时，其他股东按比例收购(成为股东 7 年以上的可自由选择；创业老员工保留)。每年收益按 3∶3∶4 分配。

启示：员工持股制有利于调动员工的积极性与创造性，使员工的利益与企业的利益捆绑在一起。

资料来源：http://www.bookbtob.com/old/default.aspx。

第二节　创业企业知识管理

创业企业知识管理是以知识为核心的管理，在创业企业成长过程中，知识的生产、获

取、使用、传播是贯穿于企业经营活动的主线之一。

一、创业企业知识管理概述

知识管理是适应知识经济时代要求的新型管理模式,是迎接新时代挑战的主要战略。企业作为经济社会的基本经营单位和经济主体,必须转变传统的管理观念和模式,实施适应经济时代要求的管理模式。

(一)创业企业知识管理的内涵

知识管理是以知识为核心的管理,是对知识进行管理和运用知识进行管理,通过知识共享和运用集体的智慧提供应变能力和创新能力。工业时代的主要资产以物质资源为主,但随着世界经济发展由工业经济向知识经济的快速转变,知识这一新的资源正日益发挥着重大作用。随着知识资源的广泛使用,知识管理也就应运而生,成为现代管理的一项重要内容。任何一种管理,管理的主体都是人。而知识管理恰恰是对知识资源中的活化部分——人的智慧资源的开发和利用,通过促进广大员工的学习、培训,以及创造有利于人的创造力发挥的良好环境等,使组织人员的智力素质不断提高,从而推动整个管理水平的提高,增强组织的市场竞争力。知识管理的出发点,就是将知识视为创业企业最为重要的资源之一,把最大限度地掌握和利用知识作为加快企业成长的关键。

(二)创业企业知识管理的目的与职能

在创业企业成长过程中,知识的生产、获取、使用、传播贯穿于企业经营活动之中。企业知识管理的根本目的,就是最大限度地生产、获取、使用和传播知识,为企业员工提供有效的知识共享平台,为市场了解企业提供窗口,以提升企业自身的竞争能力从而形成竞争优势。企业知识管理的主要职能如下。

1. 制定企业知识管理战略

创业企业必须有系统的知识生产、获取、应用和传播的战略构思。同时,要通过企业自身的努力,借助企业外部的帮助实现企业知识管理战略。在制定企业知识管理战略时,需要将组织内管理交易与组织同市场交易结合起来,对相关企业经营需要的知识资源进行合理的配置。

2. 建立和完善企业自身的知识管理系统

知识管理的核心内容是凭借一系列技术手段、制度建设及管理手段,建立知识生产、获取、传播、共享、集成和利用的平台。知识管理平台是一套智能化的有效知识管理系统。

3. 开发和保护自有知识产权

企业的研究开发人员所进行的科研实践,都是在生产大量最新的科技知识,企业无疑会拥有大量的知识性成果。因此,随着企业知识资产增长的加快,企业必须重视自有知识产权的开发与保护,并通过一系列的经营活动、资产重组,实现企业知识资产的价值。

4. 评估企业生产、获取、传播、共享、集成和利用知识的绩效

知识是经济增长、社会进步、组织发展等最为主要的生产要素。企业作为一类知识性组织，其生产、获取、传播、共享、集成和利用知识的绩效如何，存在哪些影响，需要采取哪些改进措施，这都需要通过系统的评估活动来回答。因此，创业企业的知识管理必须重视相应的评估工作。

二、创业企业知识管理的内容

（一）知识生产的管理

创业企业知识的生产，主要是通过专门组织的科学研究、研发人员直接的科技实践活动实现的。因此，知识生产的管理主要是对企业研究开发活动及其成果的管理，以及对企业科技实践活动及经验积累与理性化提升成果的管理。同时，将所生产的知识输入到所建立的“知识管理系统”中，以便在企业内部实现新知识的共享。

（二）知识获取的管理

创业企业知识的获取，主要是指企业从外部获取开展生产经营活动需要的知识的活动过程。创业企业知识获取管理需要提高从外部获取知识的综合性及其效率。在获取知识的途径与方法上，需要逐步引入计算机系统技术与网络技术。

（三）知识传播的管理

企业作为一类知识性组织，与外部存在着知识上的互动及交互关系。企业知识传播，主要指企业向外部传播企业产品及服务知识的活动。企业既要服务于市场，又要塑造企业本身的形象。创业企业迫切需要加强向外知识传播的管理。

（四）知识共享的管理

知识具有公共性，采取适当的制度安排、组织模式与技术途径，就可以在同一企业内实现知识共享。所谓共享，是指使来自同一知识源的知识同时服务于同一企业多个员工的业务活动。知识共享有利于提高员工的业务能力和水平。创业企业必须重视对知识共享的管理。

（五）知识集成的管理

知识集成是将属于不同学科的知识和来自不同专家的知识用于同一生产经营活动中。知识集成的前提是具备知识共享的制度氛围、组织氛围及技术条件。随着知识经济中企业生产经营活动的复杂化，在市场经营活动中，将属于不同学科的知识和来自不同专家的知识集成使用，已成为企业市场经营的重要趋势之一。所以，创业企业必须重视对于知识集成的引导与管理。

第三节 公司创业

一、公司创业概述

（一）公司创业的内涵

1. 公司创业的相关定义

关于公司创业（corporate entrepreneurship）的描述存在一些差异，不同的学者采用了不同的描述，例如公司内创业（corporate intrapreneurship）、内创业（intrapreneurship）等，但本书所描述的创业与上面的描述没有差异。

公司创业不仅包括大公司的创业活动，也包括成熟中小企业的创业活动。因此公司创业的概念、范围可以扩大到各种规模和类型企业的研究方面。

从公司再生的角度看。公司创业是组织更新的过程，包括两个相关但又显著不同的维度：创新并开创新的事业领域和战略更新。前者是指通过产品、过程、技术和管理创业来开发新的事业，后者则包括重新定义公司的概念、再造组织和引进能促进变革的创新系统。

公司创业就是在现有公司内部进行的创业和新业务创建，以及通过创业和新业务创建而进行的战略更新活动。这一概念可归纳为以下四方面的内容。

(1) 开发新事业。新开发的事业同核心事业分而治之，主要考查新开发事业的组织布局及将新事业与现有活动"结盟"的过程。

(2) 内部创业。主要研究开展创业活动的员工个体及偏好，其基本假设是大公司的现有体制和结构就总体而言束缚了员工能动性的发挥。这方面的研究主要侧重于公司内部创业家所采取的战术及个性与风格。

(3) 创业型改造。这方面的研究基于大公司能够并应该适应不断变化的环境的假设，认为公司创业型改造能够通过改变公司的文化和组织体系，进而引导员工以创业行动来实现创业型改造。

(4) 构建内部市场。公司组织结构变革会促进创业，大公司应该用市场机制来配置资源，在公司内部采用市场手段。

2. 公司创业与一般创业的比较

尽管公司创业与一般创业皆是创业活动，但从创业主体、创业活动及创业结果来看，两者有显著差异，如表 16-1 所示。

表 16-1 公司创业与一般创业的比较

比较项目	公司创业	一般创业
创业主体	实施主体是内企业家，也称公司企业家（内企业家是指在公司内部像创业者一样行动的个体，在现有公司内部而不是通过独立地建立一个新企业来创造新事物的人）	实施主体是企业家

续表

比较项目	公司创业	一般创业
创业活动	内企业家在受雇公司框架内发起并实施创业活动,因此内企业家可以依托公司现有资源优势开展创业活动;与独立创业相比具有更高的成功率,但内企业家在公司内会面临更大的阻力	独立企业家在自己营造的创业背景下开展个人的创业活动;企业家需要独自筹集创业资源
创业结果	公司创业的最终风险由公司承担,创业失败后,内企业家仍可以回到原部门工作;其目标不是建立新公司,其结果是现有组织的成长,且这种成长可能发生在产品、组织、战略和使命等多个层次	创业失败对企业家来讲,会导致企业破产;创业一旦成功,其结果是一个新企业诞生
起主导作用的时间	当企业达到一定规模时(成为大、中型企业)	大、中型企业成立初期;或小企业的全过程

资料来源:苗莉.基于企业内创业的企业持续成长研究[J].财经问题研究,2005(2).

(二)公司创业是内部创新活动的统一体

公司是一个有灵活性的组织,图 16-1 描述了公司创业活动的各维度。

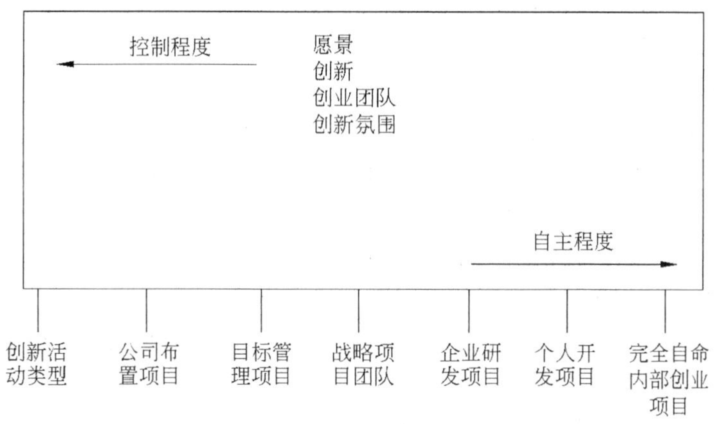

图 16-1　内部创业活动的统一体

资料来源:Kuratko D F,Welsch H P.企业成长战略[M].杨玉明,译.北京:清华大学出版社,2005.

在这个维度中,从左到右,个人主动性在增强,而公司的控制性在削弱。依次包括公司布置的项目、目标管理项目、战略项目团队、企业研发项目、个人开发项目等,两极之间存在不同形式的内部创业活动。公司内部创业是一种风险活动,但它必须从某处开始——即使它刚开始很小并处于公司控制之下。一旦开始,这个努力就很有可能通过连续、统一的步骤推进。一段时间后,人们倾向于越来越习惯这个主意,自信建立起来了,效果出现了,最初公司布置的项目也逐渐演化成更为主动地涵盖了所有团队成员创新能力的创业了。愿景、创新激励、创业团队的形成以及创新氛围的出现这些关键步骤必须在组织内依次出现。因此,公司创业能力的背后是公司创新活力的重振与公司的管理和发展。

（三）公司创业模式

公司创业既可以在公司现有部门内开展新业务，也可以成立一个独立的新组织。公司内部开展新业务主要强调两个方面：一是看这种新业务是否与现有业务有一定的相关性，从而可以利用公司各方面的资源和专长；二是看这种新业务是否能服务于公司整体战略，有利于增强公司的核心竞争力。可见，公司创业活动必定会涉及公司不同层面的问题，包括战略决策、组织结构及资源配置等。从目前众多公司创业模式看，公司创业模式主要有项目小组创业、内部创业、创业孵化器和公司风险投资四种。

1. 项目小组创业

按照传统的方式，公司将新业务按职能专长进行分解。这种方式的不足之处就是新业务的整体性差，成功率低。而项目小组创业是采用项目的方式，以任务为导向，按照公司战略规划和部署，从技术和理念等方面对公司现有业务进行创新和改造。

项目小组创业具有以下特点：一是它服务于公司的整体战略构想，与现有业务具有比较紧密的相关性；二是它有一个明确界定的目标，即一个时期的产品或成果；三是项目资金的投入全部由公司承担，而且项目过程中需要公司各部门的协作，可利用公司各种资源；四是应有具体的时间计划和成本预算。与传统方式相比，项目小组的创业形式有利于调集管理资源，协同各部门的力量，集中开发新业务。

2. 内部创业

内部创业是公司开展新业务的另一种模式，这种模式在一定程度上要比个人创业具有优势，因为创业者不仅熟悉企业环境，而且还可以从公司获得制造设备、供应商关系、技术、人才营销网络和商业品牌等资源支持。内部创业是在公司组织内部进行的非正规活动，当内创企业家感觉自己的创意很有发展潜力的时候，就可以向公司中层经理或高层管理者进行推荐，由他们选择和决定公司是否支持这项活动。

首先，公司要让员工深刻体会公司未来的愿景和目标，鼓励员工进行符合公司战略发展的创新和创业活动，并承诺给予政策和资源上的支持。其次，公司内必须拥有一批有影响力的创业支持者，由他们来协助内创业家获得资源、沟通信息，并帮助化解创业过程中来自公司内部的阻力，使内创业活动得以顺利展开。最后，由于创新和创业活动不仅要付出额外的辛苦，而且还要付出很大的风险，因此对内创业家的激励是影响公司内创业的重要因素。

这种模式在实践的过程中也会遇到一些问题：一是公司虽然在政策上支持和鼓励创业行为，而创业活动所要求的机制灵活、决策迅速、学习通畅的组织特性是那些层级较多的公司所不能满足的；二是内创业家不但要完成本职工作，而且还要利用额外的时间和资源进行创业活动，这两者之间有时会产生矛盾或冲突。

3. 创业孵化器

创业孵化器是通过提供一系列新创企业发展所需要的管理支持和资源网络，帮助和促进其成长的创业运作形式。孵化器通过提供场地和设施、培训和咨询、融资和市场推广等方面的支持，降低新创企业的创业风险和创业成本，提高成功率。主要目的是引入创新和创业的思维，为未来发展战略业务做储备。进入孵化器的新业务都是以独立的新创实体形式出现的，公司除了提供有偿的硬件和软件支持外，不过多地参与新创实体的经营管理，所以对新创事业的控制相对较松。公司在利用自身丰富的管理经验和市场运作经验为新创事业提供支持的同时，也时刻在用战略的眼光审视孵化企业，选择符合自己的战略发展的企业或团队作为未来的业务整合对象。

4. 公司风险投资

公司风险投资是指有明确主营业务的非金融企业对具有前景的企业或项目进行的风险投资活动。公司从事风险投资的形式主要有两种：一种是把用于风险投资的资金委托给专业的风险投资公司进行管理，由其成立的投资基金根据委托方的战略需要选择投资目标；另一种是公司直接成立独立的风险投资子公司，其运作方式与专业的风险投资公司相似。

二、公司创业的战略要素

一个企业要成功地推进公司内创业，首先要从战略高度来确立公司创业的地位，并考虑以下问题：

(1) 支持个人成长的公司会吸引最好的人员。

(2) 最优秀的人都要求拥有公司所有权，最优秀的公司也都愿意提供这种所有权，同时提供红利分配计划、股票激励计划、职工股选择权计划、利润共享，甚至实质上的员工所有权。

(3) 公司创业允许员工满意地开发其想法而不必冒离开公司的风险。

(4) 掌权的管理机构正在被以横向调整和支持为特征的管理的网络化所取代。

(5) 一些大公司正在从小企业中吸取教训，并学习如何灵活经营，促进创新和建立士气。

当建立起一套公司创业战略时，最初的公司性质和文化经常会发生戏剧性的变化。在这里，采用了创业学领域颇有建树的多纳德·F.库拉科教授的关于公司内部创业战略要素的理论，如图 16-2 所示。

(一) 建立愿景

确定一个公司内部创业战略的第一步是建立公司领导者所希望达到的创新愿景，并形成公司员工对这一愿景的共享。一般认为，公司内部创业来源于公司内部人员的创造才能，因此员工们需要知道并理解这一愿景。共享的愿景是否具有足够的号召力，是否能够激发公司员工对于未来的憧憬并进而为此奋斗，是追求高成效战略的关键要素。因此，愿景的确定要求公司创业战略各自目标之间以及实现这些目标所需的项目之间的一致。

(二) 鼓励创新

公司必须从战略关键因素的角度来理解和开展创新。许多研究者都探讨了公司环境对内部创新的重要性，一些研究者认为创新是混乱的、无计划的，而其他的研究者则坚持认为创新是一种系统方法。这两种观点都是正确的，其差别取决于对创新本质的理解。

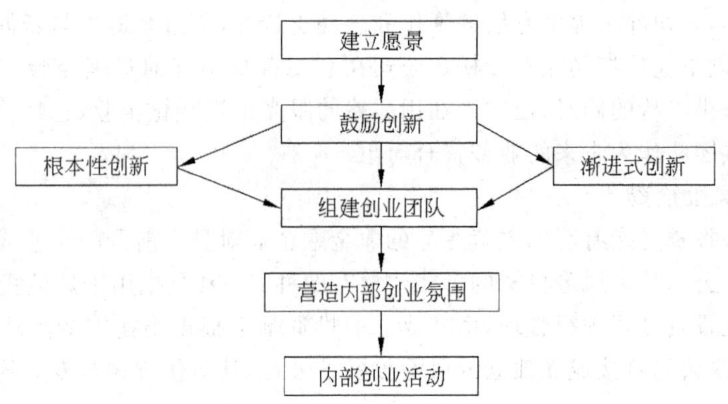

图 16-2 公司创业战略的关键步骤流程图

资料来源：Kuratko D F，Welsch H P. 企业成长战略[M]. 杨玉明，译. 北京：清华大学出版社，2005.

理解这一概念的一种方法是重点研究两种不同类型的创新——根本性创新（radical innovation）和渐进式创新（incremental innovation）。

（三）组建创业团队

公司创业并不仅仅是公司的创业者和高层管理人员的职责。在许多大公司甚至小公司中，创业活动遍及整个公司。在集体创业中，个人的技能被整合成一种组合，而这种集体创新能力要大于其各个部分之和；群体成员学习如何相互帮助以更好地工作；学习每个人能够对某个项目贡献什么；学习如何最好地利用其他人的经验等。每一个参与者都不断地注意进行小的调整，而这会加快这个群体的进化，并使得进化过程平稳进行。

（四）营造内部创业氛围

在重建公司创新机制的过程中，最关键的一步是将资金大量投入到公司创业活动中去，这些活动会使得一些新的想法在一个创新环境中产生并发展。结合创新战略的其他元素，这一观念能够激发出公司员工成为风险事业开发者的潜力。在将员工作为公司创新源头而加以开发的过程中，公司需要开展一些更能培养人、更能促进信息共享的活动。除了确立公司创业方式和培养公司内创业者之外，还需要确立一种有助于具有创新意识的人员发挥其全部潜能的氛围。高层管理者是否重视这种创新氛围的形成是十分重要的，它不仅影响创新者潜力的发挥，而且将对创新项目能否成功产生重大影响。

三、公司创业模型

在新的世纪中，关于公司创业的研究迅速增加，这些研究描述了这一新兴领域中的探索性工作。此外，不同的学者，试图为进一步理解以及研究内部创业活动提供一个更好的框架。以下是几位学者的公司创业模型。

（一）公司创业的域模型

威廉·D.古斯(William D. Guth)和阿里·金伯格(ArilGinsberg)提出了公司创业的域模型。在该模型中,公司创业领域包含两个过程:一是内部创新(internal innovation)或通过现有组织内的业务创新来创业;二是转变了组织的关键企业理念的战略性复兴(strategic renewal)。这个模型包括环境、战略领域、组织行为/模式和组织业绩关键部分,如图16-3所示。

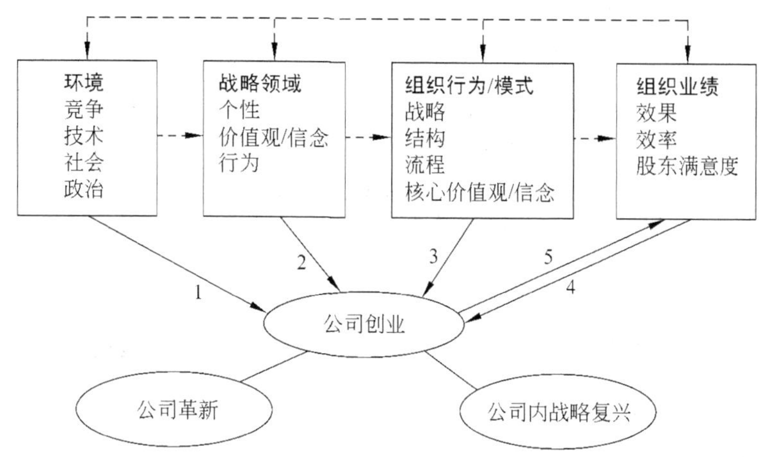

图16-3　公司创业适应战略模型

资料来源:Guth W D,Ginsberg A. corporate entrepreneurship[J]. Strategic Management,1990,11:5-15.

（二）公司行为的观念性模型

在考察企业家行为与他们对公司行动的影响中,学者杰弗里·G.库温(Jeffrey G. Covin)和戴内斯·P.斯莱文(Dennis P. Slevin)发展了公司层面的模型。他们主张,公司层面的创业行为受公司的特定战略、结构、系统和文化的影响。图16-4描述了这个模型的关键要素。这个行为模型的主要目的是允许相当大的管理层干涉,从而减少了把公司创业能力视为偶然的或神秘莫测的这种看法。

（三）内部发展创业的组织模型

在把公司创业定义为"一个通过创新产品、流程和技术的发展而涵盖了最终成长目标的内部过程"中(这个过程应该被制度化为一个长期繁荣的过程),德布拉·V.布拉基尔(Deborach V. Brazeal)创造了一个框架来解释这个概念,如图16-5所示。这个方法的关注点是创新理念的个人和组织因素之间的合作功能。于是,对于一个在其员工中促进创新的组织而言,对如何将个人的态度、价值观和行为导向与公司的结构性与奖励性因素融合起来要给予特别关注。最终,关键的目标是通过支持这些个人的组织环境来提升公司的创新能力。

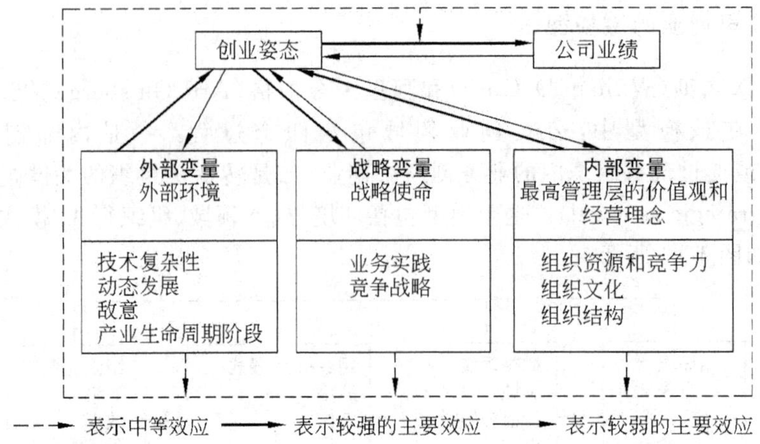

图 16-4 公司行为的观念性模型

资料来源：Covin J G，Slevin D P. A Conceptual Model of Entrepreneurship as Firm Behavior[J]. Entrepreneurship Theory and Practice，1991，16(1)：7-26.

图 16-5 内部创业中个人因素与组织因素的联合功能图

资料来源：Brazeal D V. Organizing for Internally Deveped Corporate Venture[J]. Journal of Business Venturing，1993，8：75-90.

（四）内部创业过程的交互式模型

杰弗里·S. 霍恩斯比(Jeffrey S. Hornsby)、道格拉斯·W. 纳夫齐格(Douglas W. Naffziger)等在对公司内部创业过程研究的基础上，提出了公司创业的交互式模型。该模型描述了组织因素、个体特征及突发事件之间的相互作用关系，认为三者的互动关系导致了成功的公司创业。并且这种相互作用通常是由突发事件引起的，突发事件可能是公司管理层的变化，竞争者的市场占有率提高、新技术发展和成本降低、消费者需求的变化以及经济变化等，还可能是一次充当着个人特征与公司因素之间相互作用的催化剂的事件。图 16-6 是公司创业过程的交互式模型，该模型以公司创业的过程为主线，分析了创业过程中的关键步骤。

1. 组织特征

管理支持与创业者推动公司创业的愿望有关，反映管理支持度的某些特殊条件；自主性/工作判断力，反映员工有能力判断，是最有效的工作方式；奖励/巩固，能够强化员工从

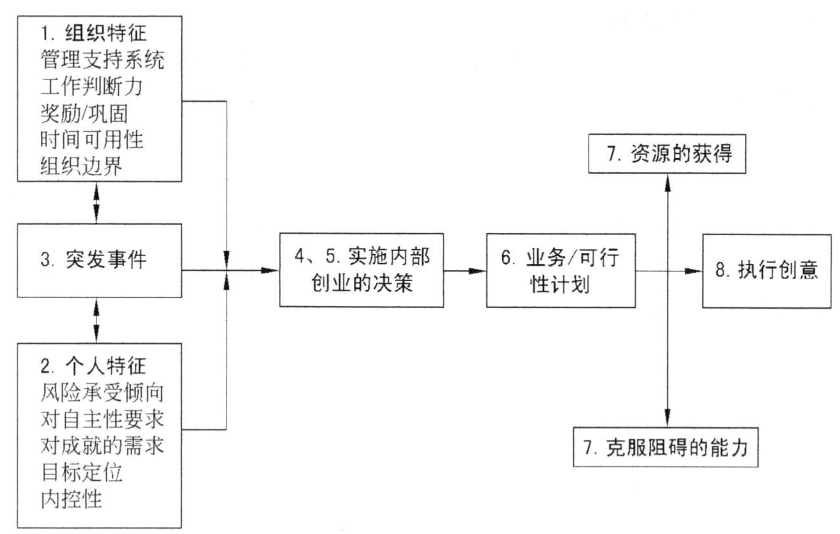

图 16-6 公司创业过程的交互式模型

资料来源：Hornsby J S, Kuratko D F, Montagno R V. An Interactive Model of the Corporate Entrepreneurship Process[J]. Entrepreneurship Theory and Practice, 1993, 17(2):31.

事创新行为的动机；时间可用性，激发新创意需要员工有时间来孵化其他想法；组织边界，是指限制员工了解其自身工作之外的问题的真实的和虚无的边界。

2. 个体特征

尽管许多组织还不能客观地评价其现有或潜在员工的个体特征，认识个体的差异性对创业行为的影响仍是非常重要的。组织应对其员工个体特征进行评估，进而将具有公司创业潜力的员工看作培育对象，或将其看作公司的又一个创业机会。

3. 突发事件/环境变化

当有利于进行公司创业的其他条件存在时，突发事件的存在就促进公司创业行为的产生。

4. 推动公司创业的互动关系

组织因素与个体特征可以在许多方面进行结合，形成互动过程。

5. 实施公司的创业决策

实施创业的决策。虽然组织特征、个体特征和突发事件之间的因果关系必须经过实证研究才能得出，但有一点是客观存在的，即三者之间的相互作用的最终结果就是促使组织做出实施公司创业的决策。

6. 业务/可行性规划

做出实施公司创业的决策后，紧接着便是制订有效的商业计划。商业计划能够提高新创事业成功的概率。通过制订商业计划，可以避免一些引起失败的因素。因此，商业计划对创业者或内创企业家来说，并不仅仅是一份财务建议，而是代表了对一项新事业可行性的全面分析。

7. 资源可获得性及克服障碍的能力

资源的可获得性是实施公司创业的关键特征。组织为创新事业提供资金或其他支持的能力是成功实施商业计划的关键。同时，在公司创业过程中克服障碍的能力也非常重要。

8. 执行创意

公司创业的执行是组织的特征、个体特征和突发事件相互作用最终的结果，在进行可行性分析、获得创建新事业所需的资源并克服了组织中存在障碍之后，内创企业家能够实施其创意并开始公司创业。

（五）公司创业的阶段模型

公司创业是通过不确定性管理使个人的创意转变成集体行动的一个组织过程，也是新价值创造和塑造创业家的一个互动过程。因此，公司创业过程是公司创业的重要内容之一。其重点在于：通过对公司创业过程进行阶段划分来描述成熟公司内部的创业行为，突出体现组织外部环境对公司实施创业战略的影响及组织内部要素在公司创业过程中的关键作用。在公司创业过程阶段模型的研究实践中，不同学者研究的侧重点不同，下面是几位学者研究的公司创业阶段模型。

1. 伯格曼(Burgelman)公司创业的阶段模型

伯格曼对多元化的大企业进行了案例研究，通过对六个新创企业的研究提出了阶段模型。该模型分四个阶段：概念期、准备期、推动期和融合期。在公司创业过程中的概念期和准备期内，从技术和市场的角度定义新业务领域出现的机会，并形成开创新业务的预备团队。这两个阶段都属于公司创业过程中的萌芽阶段。在创业推动期，公司内的新业务组织逐渐成形，负责管理新业务发展的中层经理(创业的支持者)在公司的组织层面之间进行沟通活动，力争高级管理层的支持，为新业务争取必要的资源。在创业融合期，公司高层在战略和结构框架中对新业务进行筛选，并决定是否将其整合到整体发展战略中。

伯格曼在阶段模型的基础上，提出了一个公司创业的战略决策过程模式，如图 16-7 所示。这一战略决策过程模式被描述为发生在三个组织层面上的多个同时发生的、相关的和连续的管理活动，并且包括四个分过程：两个互锁的核心过程——定义过程和推动过程，以及两个公司层面的合作过程——战略框架和结构框架的决定过程。

在伯格曼的公司创业过程中，公司内部的新业务管理部门在组织基层的自发性战略行为和公司战略概念的成功结合中发挥了这一作用，自主性创业活动的开展和传统的管理体制之间的矛盾和隔阂需要公司中层管理者来调和。在多元化的大公司里，中层经理在公司创业战略决策中起到了重要作用。一项新业务项目的成败在很大程度上取决于这个层面上的管理者的行政能力和战略洞察力。

2. 伯克(Block)和麦克米兰(MacMillan)公司创业的模型

他们认为，成功的公司创业过程需要两种不同的领导和管理角色巧妙配合。他们把公司的内部新事业开创的过程分为 6 个阶段，在每个阶段中都分别描述了作为新业务倡

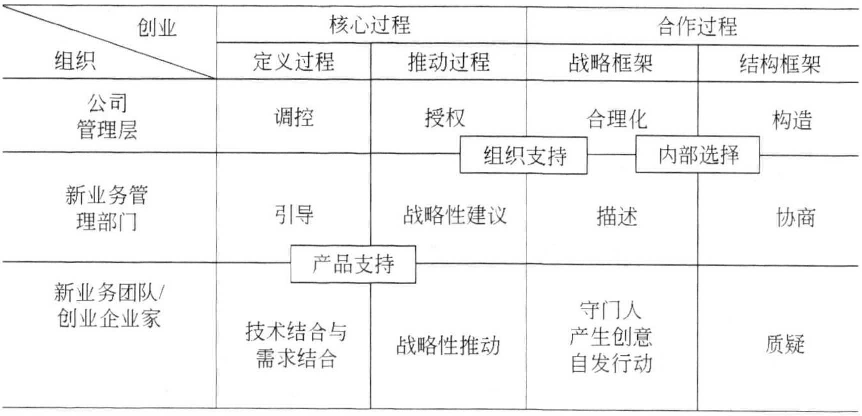

创业 组织	核心过程		合作过程	
	定义过程	推动过程	战略框架	结构框架
公司管理层	调控	授权	合理化	构造
		组织支持	内部选择	
新业务管理部门	引导	战略性建议	描述	协商
	产品支持			
新业务团队/创业企业家	技术结合与需求结合	战略性推动	守门人 产生创意 自发行动	质疑

图 16-7 公司创业的战略决策过程模式图

资料来源：Burgelman R A. A Process Model of International Corporate Venturing in the Diversified Major Firm[J]. Administrative Science Quarterly，1983，28(2)：233.

导者的公司高层管理和作为新业务实践者的创业家的责任及其之间的关系。表 16-2 显示了公司创业过程的六个阶段模型。

表 16-2 公司创业过程的六个阶段模型

阶段	公司高层	新业务管理层
新业务构想	决定公司创业举措在战略上是否必要，为激发创新和创业的思想与行动而创造组织条件，设计并构建管理创业活动的流程	
选择新业务	选择、评估新业务及其管理层，建立激励补偿机制	鉴别、评估和筛选市场机会，提出商业计划
计划、组织并启动新业务	决定各项新业务在企业内部如何定位，以及如何协调每项新业务之间的关系	在公司高层的支持下完善商业计划，并按计划着手进行组织和启动新业务
调控新业务	控制新业务的风险，调节公司整体风险水平	运用并管理新业务，控制风险
继续支持新业务		在不断推进新业务的同时，必须历练新业务的生存能力，学会如何积极应对新业务与公司内部政策的冲突
总结与提升	学会运用系统的信息收集和分析方法促进公司创业过程的有效管理	学会运用系统的信息收集和分析方法促进新业务本身的有效运作和管理

资料来源：Block Z，MacMillan I C. CorporateVenuring：Creating New the Businesses within Firm[J]. Boston：Harvard BusinessSchool Press，1993：11.

总之，在现有公司中进行类似产品创新的创业活动要求在不同的时期，公司组织成员在产品创新过程中应有不同的认识与应对机制，因为创新与创业的行为或者与例行的管理制度相互抵触，或者组织成员很难就新业务发展达成一致的共识。因此，为了提高公司创业的成功率,公司的高层和中层管理人员不应仅仅把目光集中在组织结构的变革上,而是要通过人们传统思维模式的改变,使产品创新活动融入大公司的制度体系中。

四、公司创业的障碍

(一)公司内部创意的障碍及解决方法

由于传统管理方法注重的是程序化和稳定性,而公司创业注重的是革新和风险承担。因此,公司创业时遇到的障碍通常表现在传统管理方法无法适应公司创业与创新的要求,使管理效率低下,同时,一些传统管理方法带来的负面效应足以使公司的员工对创业行为望而却步。表 16-3 描述了公司创业中可能遇到的障碍和解决方法。

表 16-3 公司内部创业中的障碍与解决方法

传统管理方式	负 面 效 应	建议解决的方法
为避免出错而实行标准化的工作流程	难以产生创新的解决方法,资金使用不当	仅对每个具体情形制定基本的原则
管理侧重于生产效率和投资回收率	失去了竞争力,市场渗透率降低	把管理的重心放在一些重要的问题上
针对计划的控制	过多地假设而忽略了事实	改变计划,以反映新知识
制订长期计划	锁定在一些不现实的目标上,一旦失败将付出很大的代价	预想一个最终目标,然后设立中间目标,在每个中间目标实现后再重新评价目标
功能管理	造成企业家的失败/或公司的失败	加强企业家的管理技能和各方面知识技能
在基础业务中回避风险	错过好机会	循序渐进,增强实力
不惜一切代价来保证基础业务	当基础业务受到威胁时,整个公司就会有倒闭的危险	确定公司的主管,承担适当的风险
通过以往的经验来决定下一步的发展	可能在竞争和市场方面作出错误决策	使用学习战略,对假设进行验证
统一的薪酬	积极性低,工作效率低	平衡风险和回报,运用相应的奖励机制
提升与同事和谐相处的员工	没有创新者	引入“掌舵者”和“实干家”

资料来源:Sykes H B, Block Z. Corporte Venturing Obstacles: Sourcesand Solutions[J]. Journal of Business Venluning, 1989, 1: 161.

(二)消除对内部创业的误解

公司内部创业体制的建立,是公司决定把创新作为自身发展战略之一所采取的重大举措。随着该体制的建立,公司内部存在对内部创业的种种误解。消除这些误解对于公司继续推进内部创业机制的建立具有举足轻重的作用。

(1) 内部创业者的主要动力来自创新过程,金钱并不是他们的主要目标。

(2) 内部创业者承担的是适中的风险,而并非巨大的风险,更不是为获取高报酬而赌一把。

(3) 内部创业者通常精于分析、充分准备、深入了解创新、准确把握市场,侥幸并不是其取胜的原因所在。

(4) 内部创业者注重把事情做好,而不是一味地、快速地发展创立的企业。

(5) 内部创业具有很高的商业道德和诚信,借此在公司内部创业。

公司开展内部创业活动,并非像有些人想象的那样,公司拿自己的资源成全了员工的美事。实际上,内部创业不仅可以满足优秀员工当老板的心态,留住人才,使企业趋于安定,有利于公司向前发展,也同时把创新精神注入公司当中,保持了公司持久健康发展。

习　　题

【重要概念】

企业产权制度　　知识　　公司创业　　知识管理

【思考题】

1. 创业企业产权安排的要求是什么?
2. 创业者和创业关键人员的产权如何安排?
3. 创业企业知识管理的内容是什么?
4. 公司创业的模式有哪些?
5. 公司创业的战略要素有哪些?
6. 公司创业模型有哪些?
7. 公司创业的障碍是什么? 应如何解决?

【实训题】

1. 调查一个你熟悉的新创企业,具体内容是:

(1) 公司自然概况。

(2) 创业者和关键人员产权的安排。

(3) 该新创企业是否进行知识管理? 如果进行,具体包括哪些内容?

(4) 该新创企业产权的安排。

2. 找一位你熟悉的公司创业者,了解该公司的创业战略是什么? 采用的是哪种战略模型? 公司创业的障碍有哪些? 对你有哪些启示?

【总结案例】

联想集团的知识管理

一、联想集团引入知识管理

联想集团成立于1984年,是全球第四大个人电脑厂商,为全球前五大电脑厂商中增长最快的企业。自1997年起，联想一直蝉联中国国内市场同行业销售量第一，现占中国个人电脑市场近三成份额。

2002年年底联想率先实施知识管理，2003年年底联想集团正式启动了知识管理项目，联想集团知识管理的方法及体系已成为中国企业知识管理成功实践的一个标杆。

二、联想集团实施知识管理的举措

1. 知识管理战略的定位

“基于活动的知识管理”是贯穿于联想知识管理实施始终的思想主线——先建立起流程体系，对流程中的每个活动，思考怎样完成这个活动以及支撑每个活动有效完成背后的“知识”应该是什么。基于这样的思路，联想知识管理部把所有活动的知识体系全部定义出来，并制定出“知识责任表”，规定每个岗位需要贡献什么样的知识组件。通过这种方式，联想梳理出了基于活动的整个知识体系，形成了组织的知识地图，从而能够对知识进行有效的管理。

2. 体制的保证

联想成立了由公司集团副总裁任CKO(首席知识官)的“知识管理委员会”(属于集团的常设部门)，成员有三四十人，其中8人为专职人员，其他成员则是分散在各个部门中的一些经理人员，很多知识管理工作都需要与各个业务部门相互配合。“知识管理委员会”的职责主要是知识管理系统的实施、知识管理流程的确立、知识的安全性控制、管理和知识审计等。

3. 信息技术的有力支持

联想引入了基于IBM系统架构开发的深圳“蓝凌LKSKM”系统，而实际上这个系统只是联想整个知识管理体系当中一个组成部分——主要用于文档管理。联想在一个大的框架下采用不同的软件工具来实现其完整的知识管理系统，其中包括数字化的学习、流程管理、在线服务、销售支持、产品开发等。

4. 管理制度与激励措施

联想有一个重要的做法就是定义知识责任表，规定某个流程里的活动要形成哪些知识模板，某一个岗位要产出什么样的知识组件，并把它规定为员工工作内容的一个必要组成部分，从而迫使每个员工和部门必须打破原来的利益范围。联想曾经有十几个知识小团体，在强化知识管理的过程中这些小团体被逐一打破，相应的知识组件被迁移到公司的知识体系之中。

5. 环境与文化

创造平等与公平是确保联想知识管理成功的又一个重要因素。作为源于中国的国际化公司，联想拥有一支国际化、多元化的员工队伍，在公司“联想全球新文化”的框架下，大家用坦诚、尊重、妥协的沟通三原则实现了多元融合，有力地推动了知识管理的成功实施。

三、联想知识管理的流程

1. 知识采集和组织

联想内部设立了专门的信息收集部——市场部信息处、热线电话、公开信箱和主页，由总公司的信息管理部和业务发展部综合负责信息的规划和处理。

2. 知识共享

联想为了实现知识共享，一方面，新员工从进入联想就接受团队学习的理念培训，创造团队学习的氛围，提供团队学习的机会；另一方面，联想采取了相关的激励政策，以提升组织绩效，同时实现个人愿望。

3. 知识转移

联想为了鼓励知识转移，定期评选出贡献知识最多的员工和学习知识最多的员工，这些信息会在其知识管理体系中动态显现，评选出来的员工将会在季度考核的奖励中得到相应的奖励。

4. 知识创新

员工将所学的知识运用到新的领域，是知识创新的一个重要方面。联想鼓励员工在其内部刊物上将自己的新发现、新运用发表出来，形成了鼓励知识创新的良好的企业文化。

资料来源：梁林海，等. 知识管理. 第116-119页，进行了部分删减。

讨论：

(1) 联想知识管理内容对新创企业有哪些借鉴?

(2) 结合联想知识管理流程，试分析新创企业应如何建立知识管理流程。

附录

创业计划书模板

创业计划书有很多模板，本书提供的是完整的创业计划书模板。

×××公司（或×××）

创业（或商业）计划书

年　月

（公司资料）

地址：

邮政编码：

联系人及职务：

电话：

传真：

网址/电子邮箱：

报告目录

第一部分　摘要（整个计划的概括）

　　一、公司简单描述

　　二、公司的宗旨和目标

　　三、公司目前的股权结构

　　四、已投入的资金及用途

　　五、公司目前的主要产品或服务介绍

　　六、市场概况和营销策略

　　七、主要业务部门及业绩简介

　　八、核心经营团队

　　九、公司优势说明

　　十、目前公司为实现目标的增资需求：原因、数量、方式、用途、偿还

　　十一、融资方案（资金筹措、投资方式及退出方案）

　　十二、财务分析

　　　　1. 财务历史数据（前 3～5 年销售汇总、利润、成长）

　　　　2. 财务预计（后 3～5 年）

3. 资产负债情况

第二部分 综述

第一章 公司介绍

一、公司的宗旨

二、公司的简介资料

三、公司的管理制度及劳动合同

四、公司的战略

五、公司的组织结构

六、各部门职能和经营目标

七、公司管理

1. 董事会

2. 经营团队

3. 外部支持(外聘人士/会计师事务所/律师事务所/顾问公司/行业协会等)

第二章 产品或服务

一、技术描述及技术持有

二、产品的基本状况

1. 主要产品目录

2. 产品特征及性能用途

3. 产品处于生命周期的哪一阶段

4. 产品为顾客提供的价值

5. 正在开发/待开发产品简介

二、产品的研发过程

四、产品的市场前景

五、产品的品牌和专利

1. 知识产权策略

2. 无形资产(品牌/商标/专利等)

第三章 市场分析

一、市场规模、市场结构与划分

二、目标市场的设定

三、产品消费群体、消费方式、消费习惯及影响市场的主要因素分析

四、目前公司产品市场状况、产品所处市场发展阶段、产品排名及品牌状况

五、市场趋势预测和市场机会

六、行业政策

第四章 竞争分析

一、有无行业垄断

二、从市场细分看竞争者市场份额

三、主要竞争对手情况：公司实力、产品情况（种类、价位、特点、包装、营销、市场占有率等）

四、潜在竞争对手情况和市场变化分析

五、公司产品竞争优势

第五章　管理团队

一、展示核心管理团队

1. 主要股东介绍

2. 董事会所有成员及高层管理人员介绍

3. 关键员工的经历与背景介绍

二、管理团队的知识结构和能力结构分析

三、激励与约束机制

1. 各职能部门的人员配备情况和薪资情况

2. 高层管理人员的职权分配情况

3. 主要股东的股权结构和红利分配原则

第六章　投资说明

一、资金需求说明(用量/期限)

二、资金使用计划及进度

三、投资形式(贷款/利率/利率支付条件/普通股、优先股/对应价格等)

四、资本结构

五、回报/偿还计划

六、资本原负债结构说明(每笔债务的时间/条件/抵押/利息等)

七、投资抵押(是否有抵押/抵押品价值及定价依据/定价凭证)

八、投资担保(是否有抵押/担保者财务报告)

九、吸纳投资后股权结构

十、股权成本

十一、投资者介入公司管理的程度说明

十二、报告(定期向投资者提供的报告和资金支出预算)

十三、杂费支付(是否支付中介手续费)

第七章　研发计划

一、公司研发计划的目标和方向

二、公司现有的研发力量

三、行业未来的技术发展趋势

四、公司研发新产品的成本预算及时间进度表

五、公司研发新产品的市场竞争力

第八章　生产经营计划

一、生产经营计划概述

二、公司现有的生产技术能力

1. 现有生产条件和生产能力

2. 扩建设施、要求及成本，扩建后的生产能力

3. 产品生产的过程

4. 产品生产的工艺复杂程度和成熟程度

三、设备、厂房和生产设施

四、基础配套设施（水、电、通信、道路等）需求

五、资源及原材料供应

六、质量管理

七、生产经营的成本分析

八、包装与储运

第九章　市场营销计划

一、概念营销计划（区域、方式、渠道、预估目标、份额）

二、销售政策的制定（以往/现行/计划）

三、销售渠道、方式、营销环节和售后服务

四、主要业务关系状况（代理商/经销商/直销商/零售商等），各级资格认定标准政策（销售量/回款期限/付款方式/应收账款/货运方式/折扣政策等）

五、销售队伍情况及销售福利分配政策

六、促销和市场渗透

1. 主要促销方式

2. 广告、公关策略、媒体评估

七、产品价格方案

1. 定价依据和价格结构

2. 影响价格变化的因素和对策

八、销售资料统计和销售记录方式，销售周期的计算

九、市场开发规划、销售目标（近期、中期）、预计销售额（3～5 年）、占有率及计算依据

第十章　人力资源计划

一、核心管理团队成员的职业发展与薪酬

二、公司的人力资源规划

三、工作分析与员工招聘

四、公司的绩效考评与奖酬制度

五、员工的培训与职业发展

第十一章　财务分析

一、财务分析说明

二、财务数据预测

1. 销售收入明细表

2. 成本费用明细表

3. 薪金水平明细表

4. 固定资产明细表

5. 资产负债表

6. 利润及利润分配明细表

7. 现金流量表

8. 财务指标分析

(1)反映财务盈利能力的指标

A. 财务内部收入益率(FIRR)

B. 投资回收期(Pt)

C. 财务净现值(FNPV)

D. 投资利润率

E. 投资利税率

F. 资本金利润率

G. 不确定性分析:盈亏平衡分析、概率分析、敏感性分析

(2) 反映项目清偿能力的指标

A. 资产负债率

B. 流动比率

C. 速动比率

D. 固定资产投资借偿还期

第十二章　风险分析

一、资源风险(原材料/供应商风险)

二、市场不确定性风险

三、研发风险

四、生产不确定性风险

五、成本控制风险

六、竞争风险

七、政策风险

八、财务风险(应收账款/坏账)

九、管理风险(包含人事、人员流动、关键雇员依赖)

十、破产风险

第十三章　投资报酬与退出策略

一、股票公开上市

二、股权协议转让

三、股权回购

四、股利

第三部分　附录

一、附件

1. 营业执照复印本

2. 董事会名单及简历

3. 主要经营团队名单及简历
4. 专业术语说明
5. 专利证书/生产许可证/鉴定证书等
6. 注册商标
7. 企业形象设计/宣传资料(标识设计、说明书、出版物、包装说明等)
8. 简报及报导
9. 场地租用证明
10. 工艺流程图
11. 产品市场成长预测图

二、附表

1. 主要产品目录
2. 主要客户名单
3. 主要供货商及经销商名单
4. 主要设备清单
5. 市场调查表
6. 预估分析表
7. 各种财务报表及财务预估表

参考文献

[1] 林嵩,谢作渺.创业学:原理与实践[M].北京:清华大学出版社,2008.

[2] 陈晓红,吴运迪.创业与中小企业管理[M].北京:清华大学出版社,2009.

[3] 李良智,查伟晨,钟运动.创业管理学[M].北京:中国社会科学出版社,2007.

[4] 彼得·德鲁克.创新和企业家精神[M].北京:企业管理出版社,1989.

[5] 郁义鸿,李志能.创业学[M].上海:复旦大学出版社,2000.

[6] [美]裴吉·A.兰姆英(Peggy A. Lambing),查尔斯·R.库尔(Charles R. Kuehl).创业学[M].胡英坤,孙宁,译.大连:东北财经大学出版社,2009.

[7] 彭建伯.创新哲学论[M].北京:人民出版社,2006.

[8] 傅晓霞.创业案例精编[M].上海:上海财经大学出版社,2008.

[9] 张玉利,薛志红,杨俊.论创业学科的发展及其对管理理论的挑战[J].外国经济与管理,2007,29(1):1-9.

[10] 张玉利.特质论之后的创业研究进展与启示[J].中国青年科技,2007(12):4-8.

[11] 何名申.创新思维技巧训练[M].北京:民主与建设出版社,2002.

[12] 杨连专,崔自力,等.创业法学[M].北京:中共中央党校出版社,2005.

[13] 王达林.创业天下[M].北京:清华大学出版社,2009.

[14] 苏瑜.创业不可不防的法律风险[M].北京:化学工业出版社,2011.

[15] 梁巧转,赵文红.创业管理[M].北京:北京大学出版社,2007.

[16] 李时椿,常建坤.创业学理论、过程与实物[M].北京:中国人民大学出版社,2011.

[17] 陈德智.创业管理[M].北京:清华大学出版社,2001.

[18] 丁栋虹.创业管理(2版)[M].北京:清华大学出版社,2011.

[19] 林嵩.创业学:原理与实践[M].上海:上海财经大学出版社,2008.

[20] 姜彦福,张帏.创业管理学[M].北京:清华大学出版社,2008.

[21] 韩国文.创业学[M].武汉:武汉大学出版社,2007.

[22] 孙富鑫.史玉柱谈创业[M].深圳:海天出版社,2009.

[23] 余蓉.新编创业实战教程[M].成都:西南财经大学出版社,2010.

[24] 芮明杰,等.再创业[M].北京:经济管理出版社,2004.

[25] 迟英庆,陈文华,张明林.创业理论与实物[M].南昌:江西人民出版社,2004.

[26] 许湘岳,邓峰.创新创业教程[M].北京:人民出版社,2011.

[27] 张光辉,戴育滨,张日新.创业管理概论[M].大连:东北财经大学出版社,2006.

[28] 李时椿.创业管理[M].北京:清华大学出版社,2008.

[29] 罗天虎.创业学教程[M].西安:西北工业大学出版社,2004.

[30] 孙振国.创业常识[M].北京:中国法制出版社,2011.

[31] 刘沁玲,陈文华.创业学[M].北京:北京大学出版社,2012.

[32] 吴雅冰.创业管理[M].北京:中国人民大学出版社,2012.

[33] 梁林梅.知识管理[M].北京:北京大学出版社,2011.

[34] 黄顺春,廖作鸿.现代企业管理教程[M].上海:上海财经大学出版社,2007.

[35] 谢明.管理智慧[M].北京:中国人民大学出版社,2009.

[36] 马克·J.多林格.创业学——战略与资源[M].北京：中国人民大学出版社，2006.
[37] 张玉利.创业研究经典文献述评[M].天津：南开大学出版社，2010.
[38] 郑炳章，朱燕空.创业研究：创业机会的发现、识别与评价[M].北京：北京理工大学出版社，2009.
[39] 斯莱沃斯基.发现利润区[M].北京：中信出版社，2003.
[40] 李振勇.商业模式：企业竞争的最高形态[M].北京：新华出版社，2006.
[41] 张秀娥.创业管理[M].厦门：厦门大学出版社，2012.
[42] 魏炜，朱武祥.发现商业模式[M].北京：机械工业出版社，2009.
[43] 李文忠.创业管理[M].北京：化学工业出版社，2011.
[44] 亚历山大·奥斯特瓦德，伊夫·皮尼厄.商业模式新生代[M].北京：机械工业出版社，2011.
[45] 樊一阳，徐玉良，等.创业学概论[M].北京：清华大学出版社，2010.
[46] 刘平.创业管理：理论与实践[M].北京：清华大学出版社，2011.
[47] 吴晓波，周伟华，杜健.创业管理[M].北京：机械工业出版社，2011.
[48] 丁栋虹.企业家精神[M].北京：清华大学出版社，2010.
[49] 卢飞成.创业能力[M].杭州：浙江大学出版社，2012.
[50] 唐靖，姜彦福.创业能力概念的理论构建及实证检验[J].科学学与科学技术管理，2008(8)：52-57.
[51] 刘预，朱秀梅.创业能力的构建与提升对策[J].中国职业技术教育，2008(3)：47-53.
[52] 贺小刚，李新春.企业家能力与企业成长：基于中国经验的实证研究[J].经济研究，2005(10)：101-111.
[53] 姚常晓.时间管理[M].北京：北京工业大学出版社，2004.
[54] 彼得·德鲁克.管理的实践[M].北京：机械工业出版社，2006.
[55] 史蒂芬·柯维，等.要事第一[M].北京：中国青年出版社，2003.
[56] 孙正林，曲珊.中小企业成长期人力资源管理存在的问题与对策[J].东北农业大学学报：社会科学版，2012，8(1).
[57] 刘怡，李丹，安义中，高洁.中小企业人力资源管理存在的问题及对策分析[J].商业研究，2006，总第334期.
[58] 董克用.人力资源管理概论[M].北京：中国人民大学出版社，2011.
[59] 黄顺春，廖作鸿.现代企业管理教程[M].上海：上海财经大学出版社，2007.
[60] 赵伊川.创业管理[M].北京：中国商务出版社，2004.
[61] 杨安，兰欣，刘玉.创业管理——成功创建新企业[M].北京：清华大学出版社，2009.
[62] 杨文凯，代桂勇.创业型企业的企业文化特征及其构建[J].中外企业家，2012.
[63] 李晶，陈忠卫.内部型创业文化：内部创业与企业文化的耦合[J].科研管理，2008.
[64] 杨文凯.中小企业的企业文化竞争力塑造[J].管理观察，2008.
[65] 朱甫.马云谈管理[M].深圳：海天出版社，2008.
[66] 梅强.创业管理[M].北京：经济科学出版社，2011.
[67] 盘华.论创业企业文化建设[M].长沙：湖南科技学院，2007.
[68] 石建勋.创业管理[M].北京：清华大学出版社，2012.
[69] 任志宏，等.企业文化[M].北京：经济科学出版社，2006.
[70] 定雄武.企业文化[M].北京：经济管理出版社，2012.
[71] 陈德志.创业管理[M].北京：清华大学出版社，2007.
[72] 郭复初.财务管理学(3版)[M].北京：高等教育出版社，2011.

[73] 夏徐迁.创业企业财务管理[M].北京：中国劳动社会保障出版社，2011.
[74] 财政部会计资格评价中心.财务管理[M].北京：中国财政经济出版社，2009.
[75] 李相国.企业财务管理[M].北京：中国审计出版社，1993.
[76] 王化成.财务管理教学案例[M].北京：中国人民大学出版社，2001.
[77] 王庆成.财务管理学[M].北京：中国财政经济出版社，1995.
[78] [美]道格拉斯·R.爱默瑞，等.公司财务管理(上、下)[M].北京：中国人民大学出版社，1999.
[79] 杨群祥.市场营销概论：理论、实务、案例、实训[M].北京：高等教育出版社，2012.
[80] 那薇，曹国林.市场营销理论与实务[M].北京：北京大学出版社，中国农业大学出版社，2010.
[81] 百度百科，http://baike.baidu.com/view/191189.htm.
[82] 吴健安.市场营销学[M].北京：高等教育出版社，2007.
[83] 丁栋虹.创业管理[M].北京：清华大学出版社，2006.
[84] 吴雅冰.创业管理[M].北京：中国人民大学出版社，2012.
[85] 刘亚娟，孙静，徐弥榆.创业融资[M].北京：中国劳动社会保障出版社，2011.
[86] 赵淑敏.创业融资[M].北京：清华大学出版社，2009.
[87] 徐飞.战略管理[M].北京：中国人民大学出版社，2009.
[88] 杨锡怀，王江.企业战略管理——理论与实务(3版)[M].北京：高等教育出版社，2010.
[89] 丁宁.企业战略管理(2版)[M].北京：清华大学出版社，北京交通大学出版社，2009.
[90] 威廉·A.萨尔曼，等.创业企业融资[M].李风云，等译.北京：中国人民大学出版社，2003.
[91] Baumol W J. Formal entrepreneurship theory in economics: existence and bounds. Journal of Business Venturing, 1993, 8(3): 197-210.
[92] Cole A H. Definition of entrepreneurship. In J. L. Komives (Eds.), Karl A. Bostrom Seminar in the Study of Enterprise, Milwaukee: Center for Venture Management, 10-22.
[93] Stevenson H. The heart of entrepreneurship[J]. Harvard Business Review, 1985, March-April: 85-94.
[94] Gartner W B. Who Is an Entrepreneur? Is the Wrong Question. American Journal of Small Business, 1988, 12(4): 22.
[95] Kirzner I M. Entrepreneurial Discovery and the Competitive Market Process: An Austrian Approach[J]. Journal of Economic Literature, March: 60-85.
[96] 2010GEM中国报告.
[97] http://www.cyechina.com 创业网.
[98] http://www.umiwi.com 优米网.
[99] 百度百科，http://baike.baidu.com/view/191189.htm.